# 고전 그리스어 기본 문법

## (개정판)

# 고전 그리스어 기본 문법

## (개정판)

A New **Introduction to Greek**

Third Edition
Revised and Enlarged

애스톤 체이스Aston Hurd Chase
헨리 필립스 주니어Henry Phillips Jr.

**Harvard University Press**

이 윤 철 / 유 재 민

인터하우스

# 저자 서문

지금까지 학생들이 짧은 기간에 고전 그리스어 구문에 대한 이해와 다양하고 넓은 범위에서의 독해를 할 수 있도록 도와줄 문법 입문서가 충분하지 않았습니다. 이러한 실정을 고려하여, 이 책은 기본적으로 고등 교육기관의 학생들을 위해, 그리고 점차 그 수가 증가하고 있는 고전 그리스어 기초 학습자를 위해 기획되었습니다.

이 책에 담겨 있는 독해 자료는 광범위한 범위의 그리스어 원전으로부터 발췌하여 이루어졌으며, 가능한 한 이야기들이 흐름에 맞도록 순차적으로 위치하게끔 꾸며졌습니다. 그리고 이 책에 포함된 다양한 이야기 자료들은 고전 그리스어를 탐구하는 학습자들이 그리스어의 문법 지식뿐만 아니라 그리스 문명과 문화 및 역사에 관련된 중요 개념들을 깨우칠 수 있도록 구성되었습니다.

저자들은 오늘날 고전 그리스어를 학습하는 분들의 대다수가, 과거에 그랬던 것과는 달리, 언어 학습에 오랜 시간을 지속적으로 투자하기엔 어려울 것이라고 보았습니다. 그러므로 초심자들이 고전 그리스어를 계속해서 공부할 수 있는 동기를 얻고자 한다면, 가능한 한 처음부터 데모크리토스나 플라톤, 투퀴디데스, 헤로도토스 등 주요한 그리스 사상가들의 텍스트들을 직접 접하면서 독해할 필요가 있다고 생각합니다.

이 책에 제시되어 있는 어휘들은 (시를 제외하고) 고등 교육기관에서 주로 읽게 될 그리스 작품들에서 빈번히 사용되는 단어들로 구성되어 있습니다. 따라서 이 단어들을 처음 접하는 순간부터 계속해서 지속적으로 익혀 두는 것은 고전 그리스어 독해 능력의 효과적인 증진에 유용하리라 생각합니다. 이 책에서 활용되는 어휘들의 선택은 J. R. Cheadle의 *Basic Greek Vocabulary* (New York: Macmillan, 1939)를 길잡이 삼아 이루어졌습니다.

이 책은 짧은 분량 안에서 제시되는 독해 예문의 한정된 성격으로 인해, 체계적으로 그리스어 어휘를 반복하여 학습할 수 있는 환경을 완벽히 제공한다고는 할 수 없습니다. 그러므로 제한된 상황 안에서 가능한 한 많은 수의 그리스어 어휘를 효율적으로 습득하기 위해, 이 책에 제시된 대부분의 예문들을 암기하는 것을 적극적으로 추천합니다. 그럼으로써 어휘에 대한 습득과 구문의 체계에 대한 자연스러운 이해가 보다 효과적으로 이루어질 것이라 기대됩니다. 그리고 이 책이 강의 교재로 사용되는 경우, 교수자가 어휘 반복 학습을 위한 자료들이나 학습에 도움이 될 중요 문장들을 보다 용이하게 암기할 수 있는 자료들을 학습자들에게 제공한다면, 이 또한 고전 그리스어 학습을 증진하는 좋은 계기가 되리라 생각합니다.

이 책의 15과부터는 독해에서 그리스어 알파벳(Α, Β, Γ, Δ) 순으로 표기한 예문들이 제시되어 있습니다. 이 예문들은 고대 그리스의 사상가들의 단편이나 전언들을 담고 있는 것들로서, 이를 주제 삼아 토론할 경우 그리스 사상에 대한 이해에도 일조할 것입니다. 따라서 교수자는 이 예문들을 단순히 독해를 위한 과제로 사용하기 보다는 그 의미와 맥락 그리고 배경 등을 학습자와 함께 따져 볼 수 있기를 추천합니다. 무엇보다도 이 예문들은 고대 그리스 사상사에서의 격언들이거나 명언들 또한 포함하고 있기에, 그 자체로 암기할 만한 문장들이라는 점을 유념하기 바랍니다.

각 과마다, 해당 과에서 학습한 내용을 숙지하는 데 도움이 될 수 있도록, 충분한 분량의 독해 자료를 싣고자 했습니다. 후반부의 과에서는 보다 속도 있는 독해를 위해 주석이 달린 추가 예문들 또한 제시되고 있습니다. 그러나 모든 독해 자료를 각 과에서 완전히 해결할 필요는 없습니다. 필요하면 앞의 과로 되돌아가더라도, 학습해 나가면서 전반적으로 고전 그리스어의 구문 체계를 익히는 것이 중요합니다.

이 책에서 과들의 배치 순서는 다른 고전 그리스어 학습서들과는 다소 다릅니다. 예를 들어, 다른 고전 그리스어 문법책에서는 μι-동사 및 축약동사와 관련된 부분을 주로 뒷부분에서 다루나, 이 책에서는 앞쪽에 배치하였습니다. 이는 고전 그리스어로 쓰인 다양한 원전들을 가능한 한 빠른 단계에서 독해할 수 있도록 도움을 주기 위해서입니다.

기본적으로 이 책은 대학 등의 고등교육과정에서 1주일에 3시간 분량씩, 한 학기 강의를 통해 마칠 수 있도록 고안되었습니다. 고등학교의 학습과정에서는, 상황에 따라, 그 이상의 시간이 걸릴 수도 있습니다.

저자들은 이 책의 이전 판본들을 통해 그리스어를 학습했던 독자들이 보내준 유용한 제안들에 감사드립니다. 특히 이 책을 저술하도록 고무하고 격려해주신 Harvard University의 Carl Newell Jackson 교수에게 감사하는 마음을 전하고 싶습니다. 이와 함께 Cedric Whitman 박사 역시 가치 있는 많은 조언들을 제시해 주었습니다. 아울러 무척이나 의미 있고 소중하며 또한 수고가 뒤따르는 조언들을 아낌없이 제시해 준 University of British Columbia 의 O. J. Todd 교수에게도 감사의 마음을 전합니다.

이 책에서 제시되고 있는 사진들과 해설들은 이 책을 쓰는데 다방면으로 도움을 준 Harvard University의 Sterling Dow 고고학 교수가 직접 선별하고 작성해 주었습니다. 그와 더불어 우리는 이 책을 위해 조언과 격려를 아끼지 않았던 뉴욕의 J. J. Whitehead Jr. 여사에게도 감사의 마음을 전합니다. 아울러 사진들을 이 책에 실을 수 있도록 Archaeological Institute of America에 지원금 보조를 아끼지 않은 Bollingen Foundation에도 감사의 마음을 전합니다.

애스톤 체이스[A. H. Chase]

헨리 필립스 주니어[H. Philips Jr.]

# 제3판 서문

이 책이 처음 출판된 이래로 이십년이 흘렀으며 두 차례의 세계대전이 있었습니다. 저자들은, 과거 솔론이 그랬듯, 나이를 먹어가면서 그만큼 더욱 지혜롭게 되기를 희망합니다. 그리고 그 희망을 담아 이번 3판은 저자들의 교육 경험뿐만 아니라 이 책을 고전 그리스어 학습 교재로 사용해 본 여러 동료 교수자들의 경험도 함께 반영하여 수정하였습니다.

변화표의 글자체는 더 커졌습니다. 그리스어 문장들은 어휘와 구문을 복습할 수 있도록 구성하였습니다. 그리고 전치사 및 가장 빈번하게 사용되는 불규칙 동사들의 목록이 추가로 포함되었습니다. 그리스어 어휘 사전도 다시 작성하였습니다.

사진들과 해설들은 이 책의 두드러진 장점 가운데 하나입니다.[1] 이번 판을 위해 S. Dow 교수는 해설들을 수정하고, 두 개의 새로운 사진을 추가해 주었습니다. 그리스 아테네 아고라<sup>Agora</sup> 발굴의 감독관인 Homer A. Thompson 교수는 사진 5를 위해 최신 사진들을 기꺼이 제공해 주었습니다. 고전 그리스어 학습을 위해, 모든 고전학은 단일한 학문이며 고고학 또한 처음부터 역할을 담당해야 할 것이라고 생각합니다.

저자들은 Harvard University의 Zeph Stewart 교수와 Phillips Exeter Academy의 Ernest Gillespie 박사, 그리고 고전 그리스어 학습 목적을 위해 이 책을 사용한 여러분들의 따뜻한 조언에 감사를 표하고자 합니다.

애스톤 체이스<sup>A. H. Chase</sup>

헨리 필립스 주니어<sup>H. Philips Jr.</sup>

---

[1] 이 책에 사용된 사진들과 해설들은 Sterling Dow 교수의 "Illustrations in Textbooks", *Journal of General Education*, 5 (1951), 101–115쪽에서 기초 자료로 사용되었습니다.

# 차례

# 사진들 순서

위의 순서는 연대순으로 배열되어 있어, 관련된 해설을 순차적으로 읽으면서 그리스의 역사를 시대 순으로 간략하게 파악할 수 있다.

위의 화병 사진은 *Monumenti Inediti: Pubblicati dall'Instituto di Corrispondenza archeologica*, I (1829~1833), 도판 LI에 기초한 것으로서, 기원전 560년경 칼키스 지역 화병에 그려져 있는 장면을 묘사하고 있다. 이 시기 그리스인들은 왼편에서 오른편으로 글을 썼으나, 가끔은 (페니키아인들처럼) 오른편에서 왼편으로도 글을 썼다. 그리고 여기에는 당시로서는 낯선 비-아티카 형태의 문자도 눈에 띈다. 사진 속 장면의 주제는 호메로스의 영웅들 중에서 가장 위대한 인물인 아킬레우스의 죽음이다. 아킬레우스가 치명적인 약점이었던 발목에 화살을 관통당한 채 쓰러져 있다. (그의 죽음을 확실히 하기 위해 옆구리에도 화살이 꽂혀 있다.) 글라우코스는 아킬레우스의 갑옷을 전리품으로 챙기기 위해 발목을 밧줄로 묶어서 끌고 가고 있지만, 강력한 아이아스의 창이 그의 몸을 관통하고 있다. 궁수 파리스는 숨어 돌아다니면서 활을 쏘고 있다.

(이 시기는 베르길리우스가 태어나기 거의 500년 전으로, 예술 작품에 나타난 가장 초창기 모습의) 아이네이아스가 다른 트로이 군인과 함께 이 싸움에 뛰어들고 있다. 이들 뒤로 에키포스와 라오도코스가 목숨을 건 전투를 벌이고 있으며, 이와 대조적으로 스테넬로스가 디오메데스의 다친 손가락을 붕대로 감고 있다. 한 편에는 이름 없이도 알아볼 수 있는 전쟁의 신 아테나가 있는데, 뱀으로 가장자리를 두룬 방패를 통해 이 여신을 알아볼 수 있다.

호메로스는 자신의 서사시에서 당시로부터도 까마득한 옛날 청동기 시대의 인물들과 사건들을 이야기한다. 수 세기에 걸쳐 서사시 작가들은 트로이 전쟁에 관한 이야기를 전해왔으며, 이를 호메로스 자신이 독창적인 방식으로 재탄생시켰고, 이후 『일리아스』와 『오뒷세이아』는 천 년 동안이나 모든 사람들에게 알려진 그리스 역사상 최고의 책이 되었다. 위 화병의 사진은 바로 이 이야기를 묘사한 것이다.

# 1. 그리스어 기록

'선형 B' 문자로 쓰인 그리스어: 점토판, 기원전 약 1400년.

그리스인들은 청동기 시기 크레테의 미노아인들에게서 글 쓰는 방식을 처음 배웠다. 미노아인들은 복잡한 기호를 사용했는데, 각 기호는 하나의 문자가 아니라, 하나의 음절을 가리킨다. 1952년에 영국의 건축가인 Michael Ventris가 이 음절문자 체계를 해독하여, 호메로스보다 500년 이전의 그리스어를 알 수 있게 해 주었다. 위 사진의 점토판에는 7개의 음절로 된 이름 뒤에 "숫양 202; 암양 750; 숫염소 125; 암염소 240; 수퇘지 21; 암퇘지 60(돼지 머리 모양을 볼 것); 황소 2; 암소 10"을 나타내는 상형문자가 적혀 있다. (선형문자는 60개가량의 음절 기호 외에 사물을 가리키는 상형문자를 함께 사용한다.)

대리석에 새겨진 그리스어, 기원전 약 334년.

트로이 전쟁 이후, 도리아인들이 그리스를 침략하여 청동기 문명을 파괴하였는데, 이때 당시 그리스인들이 사용하던 문자도 파괴되었다. 그리스인들은 (기원전 약 1200년부터 750년 혹은 그 이후까지) 수 세기 동안 문자 없이 지내다가, 처음부터 새로 글쓰기를 배웠다. 그들의 새 스승은 페니키아인들이었는데, 이들은 음절-기호(음절문자)가 아니라 문자-기호(음소문자)를 가르쳤다. (페니키아인들의 모든 글은 그림으로 시작하였는데) 그들의 첫 번째 문자 '알레프'는 황소의 그림을 단순화한 것으로 그리스인들의 귀에는 '알파'(A)로 이해되었고, 그 다음

문자인 '베이트'는 집의 그림을 단순화한 것으로 '베타'(B)로 이해되었으며, 나머지 알파벳 문자들도 이런 식으로 받아들여졌다. 초기 그리스인들은 대문자만을 사용했다. 띄어쓰기도 없고, 악센트도 없으며, 마침표(구두점)는 거의 사용되지 않거나, (위의 사진에서 볼 수 있는 것처럼) 전혀 사용되지 않았다. 위의 대리석 판에 새겨진 글은 "Βασιλεύς Ἀλέξανδρος ἀνέθηκε τὸν ναὸν Ἀθηναίηι Πολιάδι"로, 그 의미는 "알렉산더 왕이 이 신전을 도시의 수호자 아테나에게 바쳤다"이다.

파피루스에 철필로 쓰인 그리스어, 기원전 약 330~300년.

로마인들에 의해 발전되어 서구인들에게 전해진 알파벳은 (선형 B 문자와 비교해) 그 단순성과 명료함으로 인해 서양 문명의 초석 중 하나가 되었다. 문자 하나하나가 망치와 정으로 대리석에 새겨지거나, 철필로 파피루스에 쓰일 수 있었다. 수많은 비문과 파피루스가 살아남아 보존되어 있으며, 이에 대한 연구는 선형 B 문자의 연구와 더불어 흥미로운 도전이라고 할 수 있다. 파피루스로 된 가장 오래된 고전 그리스어 문학작품은, 이전에는 소실된 것으로 알려졌던, 티모테오스의 『페르시아인들』이라는 희곡이다. 위는 이 작품의 시작 부분이다.

# 1 과

## 그리스어 알파벳 · 구두점

1. 그리스어 24개 알파벳.

| 알파벳 | 이름 | 발음 | 발음설명 |
|---|---|---|---|
| A α | ἄλφα, 알파 | 아 | aha의 처음 a처럼 짧게 발음 혹은, archon의 a처럼 길게 발음 |
| B β | βῆτα, 베타 | ㅂ | biology의 b처럼 발음 |
| Γ γ | γάμμα, 감마 | ㄱ | graph의 g처럼 발음 |
| Δ δ | δέλτα, 델타 | ㄷ | democracy의 d처럼 발음 |
| E ε | ἔψιλόν, 엡실론 | 에 | epigram의 e처럼 짧게 발음 |
| Z ζ | ζῆτα, 제타 | ㅈ | galz'd(zd)나 adze(dz)의 z처럼 발음 |
| H η | ἦτα, 에타 | 에 | fête의 e나 paper의 a처럼 길게 발음 |
| Θ θ | θῆτα, 테타 | ㅌ(th), ㅆ | theater의 th처럼 발음 |
| I ι | ἰῶτα, 이오타 | 이 | geranium의 i처럼 짧게 발음 혹은, police의 i처럼 길게 발음 |
| K κ | κάππα, 카파 | ㅋ(k) | kinetic의 k처럼 발음 |
| Λ λ | λάμδα, 람다 | ㄹ(l) | labyrinth의 (강하게) l처럼 발음 |
| M μ | μῦ, 뮈 | ㅁ | metaphor의 m처럼 발음 |
| N ν | νῦ, 뉘 | ㄴ | naphtha의 n처럼 발음 |
| Ξ ξ | ξῖ, 크시 | ㅋㅅ(x) | axiom의 x처럼 발음 |
| O o | ὀμικρόν, 오미크론 | 오 | optics 혹은 polemic의 o처럼 짧게 발음 |
| Π π | παῖ, 파이 | ㅍ | perimeter의 p처럼 발음 |
| P ρ | ῥῶ, 료 | ㄹ(r) | rhinoceros의 (떨리며 약하게) r처럼 발음 |
| Σ σ / ς | σῖγμα, 시그마 | ㅅ | semaphore의 s처럼 발음 (단어 끝에서만 ς, 나머지는 σ 사용) |
| T τ | ταῦ, 타우 | ㅌ(t) | tactics의 t처럼 발음 |
| Y υ | ὔψιλόν, 윕실론 | 위 | 프랑스어 tu의 u처럼 짧게 발음 혹은, 프랑스어 sur의 u나 독일어 hübsch의 ü처럼 길게 발음 |
| Φ φ | φῖ, 피 | ㅍ(ph) | Philip 내지 philosophy의 ph처럼 발음 |
| X χ | χῖ, 키 | ㅋ(ch) | 독일어 machen의 ch 혹은 (다소 부정확하나) chorus의 ch처럼 발음 |
| Ψ ψ | ψῖ, 프시 | ㅍㅅ | eclipse의 ps처럼 발음 |
| Ω ω | ὦμέγα, 오메가 | 오 | ode의 o처럼 발음 혹은, ocean의 o와 orgy의 o의 사이 발음 |

위의 24개 알파벳 외에 Ϝ / ϝ (디감마), Ϙ / ϙ (콥파), Ⱶ / ⱶ (헤타), Ͳ / ͳ (삼피), Ϻ / ϻ (산) 등의 알파벳도 있었으나, 이것들은 퇴화되어 이미 고전 그리스어에서도 대부분 사용되지 않는다.

2. 대문자는 고유명사(이름)의 첫 번째 알파벳과 단락이나 인용문을 시작할 때 첫 단어의 첫 번째 알파벳에만 사용한다. 이어지는 문장의 시작 부분에선 대문자가 사용되지 않는다.

3. 숨표와 그리스어의 'ㅎ' 발음.

   그리스어에는 'ㅎ' 발음을 나타내는 알파벳이 따로 있지 않다. 이와 같은 소리는 강숨표 기호로 나타낸다.

   ① 강숨표<sup>rough breathing</sup>: 모음으로 시작하는 단어의 모음 위에 (복모음의 경우에는 두 번째 모음 위에) ' 기호를 붙여 'ㅎ' 소리를 낸다.
      예) ὅμοιος (호모이오스), αὐτον (하우톤)

   ② 약숨표<sup>smooth breathing</sup>: 모음으로 시작하는 단어의 모음 위에 (복모음의 경우에는 두 번째 모음 위에) ' 기호를 붙이나 'ㅎ' 소리를 내지는 않는다.
      예) ὄψις (옵시스), εὐγενής (에우게네스)

   ③ ρ 또는 υ로 시작하는 단어는 항상 강숨표를 가지며, 따라서 'ㅎ' 발음이 포함된다.
      예) ῥητορική (레토리케: 레+ㅎ = rhetoric), ῥεῦμα (레우마: 레+ㅎ), ὕβρις (휘브리스), ὕπνος (휩노스)

4. γ가 γ, κ, ξ, χ 앞에 오면 받침이응 발음이 난다.
      예) ἄγγελος (앙겔로스), ἄγκυρα (앙퀴라), λάρυγξ (라륑스 ≒ 라링크스), ἄγχουσα (앙쿠사)

5. ν의 변화.
   ① ν가 γ, κ, ξ, χ 앞에 오면 γ로 변하고 받침이응 소리가 난다.
      예) ἐν + γενέτης → ἐγγενέτης (타고남, 천성, 낳는 자 안에 있음)

   ② ν가 β, μ, π, φ, ψ 앞에 오면 μ로 변한다.
      예) σύν + μαχος → σύμμαχος (동맹인, 함께 싸우는)

   ③ ν가 λ 및 ρ와 함께 쓰이면, λ와 ρ로 바뀐다.
      예) σύν + ληψις → σύλληψις (결합, 함께 붙잡음)

6. 그리스어 자음들 가운데 ζ, ξ, ψ는 이중자음<sup>double consonats</sup>으로서 두 자음의 소리(dz, ks, ps)를 동시에 함께 지니며, θ, φ, χ는 기식자음<sup>aspirated consonants</sup>으로서 기식된 거친 숨소리(th, ph, ch)를 동반하는 소리를 지닌다.

7. ε, ο는 항상 단모음이고 η, ω는 항상 장모음인 반면에, α, ι, υ는 때로는 단모음이 때로는 장모음이 된다.

8. 복모음<sup>diphthong</sup>의 발음은 다음과 같다.
   αι, 아이 (aisle의 ai처럼 발음)
   αυ, 아우 (house 내지 now의 ou 혹은 ow처럼 발음)
   ει, 에이 (feign의 ei처럼 발음)
   ευ, 에우 (met의 e 그리고 moon의 oo처럼 발음)
   ηυ, 에우 (fête의 e 그리고 moon의 oo처럼 발음)
   οι, 오이 (foil 내지 boy의 oi 혹은 oy처럼 발음)
   ου, 우 (moon의 oo처럼 발음)
   υι, 위 (we처럼 발음)

9. ι는 종종 α, η, ω의 아래에 표기되며 이때는 따로 발음하지 않는다. 이를 '아래에 쓰는 ι'ⁱᵒᵗᵃ ˢᵘᵇˢᶜʳⁱᵖᵗ(밑첨자 ι)라고 한다. 그러나 이 ι가 대문자에 수반될 때는 아래가 아니라 옆에 나란히 쓰인다. 하지만 여전히 발음은 되지 않는다.

① 아래에 쓰는 ι: ᾳ, ῃ, ῳ

② 나란히 쓰는 ι: Αι, Ηι, Ωι

10. 그리스어의 구두점에는 물음표, 세미콜론, 마침표, 쉼표 그리고 (철자가 생략된 곳에 사용되는) 생략기호가 있다. 그것들의 기호 모양은 다음과 같다.

① 물음표: ; (영어의 세미콜론과 같은 형태)

    예) τί μοι λέξεις; 당신은 나에게 무엇을 말할 것인가?

② 세미콜론: · (어깻점 형태로, 부연설명 내지 대구 형성 등, 영어의 콜론 및 세미콜론과 유사한 기능)

    예) μηδὲν ἄγαν· καιρῷ πάντα πρόσεστι καλά. 무엇이든 지나치지 말라. 적시(適時)를 모든 훌륭한 것들이 향하고 있으니.

③ 마침표와 쉼표: . 와 , (일반적인 사용 형태와 같은 형태)

④ 생략기호: ' (영어의 아포스트로피와 같은 형태, 강숨표와 혼동하지 말 것) (17과 4번 참조)

    예) τ' ἀσέβημα (타세베마 = 타 아세베마), 불경한 것들

11. 발음 연습.

| | |
|---|---|
| δρᾶμα, ἄσβεστος | νάφθα, νέκταρ |
| βιογραφία, βιβλίον | ἀξίωμα, ἔξοδος |
| γράφή, γυμνάσιον, γένεσις | ὄρνις, ὄψις |
| δημοκρατία, διάγνωσις | ποιητής, περίμετρον |
| ἐπίγραμμα | ῥινόκερως, ῥεῦμα |
| ζῷον, ζώνη, σχίζω | συνώνυμος, νέμεσις |
| ἀστήρ, ὑπερβολή | τακτικός, τονή |
| θέατρον, πάνθηρ | ὕβρις, ὕμνος |
| γεράνιον, πολίτης, βίος | Φίλιππος, φύλαξ, φίλος |
| κρίσις | χορός, χαρακτήρ |
| λόγος, λαβύρινθος | ψυχή, ἔκλειψις |
| μετραφορά, μέτρον | ᾠδή, ὠκεανός |

복모음(δίφθογγοι)

| | |
|---|---|
| φαινόμενον, δαίμων | εὐγενής, ἰχνεύμων |
| παύω, ναῦς | ὅμοιος |
| σπονδεῖος | πλοῦτος |

# 2 과

## 악센트

1. 그리스어의 악센트<sup>accent</sup>.

그리스어에서 악센트는 소리의 '세기'<sup>stress</sup>가 아니라 '높낮이'<sup>pitch</sup>를 표시하였으며, 단어에서 뒤에서부터의 세 음절에만 올 수 있다. (하지만 현재는 일반적으로 세기를 표시하기 위해 사용된다.)

그리스어 단어는 모음과 복모음의 수에 따라 음절의 수가 정해진다. 음절은 뒤에서부터 차례로 울티마<sup>ultima</sup>(뒤에서 첫째 음절), 페널트<sup>penult</sup>(뒤에서 둘째 음절), 안티페널트<sup>antepenult</sup>(뒤에서 셋째 음절)라 부른다.

① 악센트 종류.

(a) 에큐트<sup>acute</sup> 악센트 ( ´ ): 높아지는 소리를 나타내는 악센트

예) ά, έ, ή, ί, ό, ύ, ώ

에큐트 악센트는 세 음절 모두에 올 수 있다. 하지만 에큐트 악센트가 안티페널트에 오는 일은 울티마가 단음인 경우에서만 발생한다.

(b) 그레이브<sup>grave</sup> 악센트 ( ` ): 낮아지는 소리를 나타내는 악센트

예) ὰ, ὲ, ὴ, ὶ, ὸ, ὺ, ὼ

문장 안에서 어떤 단어가 울티마에 에큐트 악센트를 가지는 경우, 이 에큐트 악센트는 뒤이어 오는 단어에 영향을 받아 그레이브 악센트로 바뀐다. 따라서 그레이브 악센트는 오직 울티마에서만 발견된다. 그러나 전접어<sup>enclitic</sup>는 이 영향을 받지 않는다. (전접어의 악센트와 관련하여, 11과 5번 참조)

(c) 써컴플렉스<sup>circumflex</sup> 악센트 ( ˜ ): 높아지다 다시 낮아지는 소리를 나타내는 악센트

예) ᾶ, ῆ, ῖ, ῦ, ῶ, αῖ, αῦ, εῖ, εῦ, οῖ, οῦ 등

써컴플렉스 악센트는 장모음이나 복모음에만 오며, 울티마와 페널트에만 올 수 있다. 울티마가 장모음이면, 울티마에 써컴플렉스 악센트가 온다. 그러나 울티마가 단모음이고 페널트가 장모음이면, 페널트에 써컴플렉스 악센트가 온다.

② 악센트 명칭.

(a) 옥시톤<sup>oxytone</sup>: 울티마에 에큐트 악센트

(b) 파록시톤<sup>paroxytone</sup>: 페널트에 에큐트 악센트

(c) 프로파록시톤<sup>proparoxytone</sup>: 안티페널트에 에큐트 악센트

(d) 페리스포메논<sup>perispomenon</sup>: 울티마에 써컴플렉스 악센트

(e) 프로페리스포메논<sup>properispomenon</sup>: 페널트에 써컴플렉스 악센트

2. 악센트 규칙.

① (위의 1에서 보았듯) 악센트는 뒤에서부터의 세 음절, 즉 울티마, 페널트, 안티페널트에만 올 수 있다. 따라서 어떤 단어가 네 음절 이상이더라도, 악센트가 안티페널트보다 더 앞쪽에 있는 경우는 없다.

예) λόγος (2음절), ἄνθρωπος (3음절), στρατιώτης (4음절)

② 그리스어에서 악센트의 위치는 울티마의 길이에 따라서 (즉, 울티마가 장음인지 혹은 단음인지에 따라서) 결정된다. (라틴어의 경우에는 페널트의 길이에 따라 악센트의 위치가 결정)

예) Κικέρων (그리스어) vs. Cícero (라틴어)

③ 명사, 형용사, 분사의 격변화에서 악센트는 울티마에 의존하여 유지된다. 다시 말해, 격변화에서 울티마의 길이가 유지되면 악센트도 같이 유지되나, 울티마의 길이가 바뀌면 그에 맞추어 악센트도 바뀐다. 그러므로 주격의 악센트를 익혀둘 경우, 그 외의 격들에서도 악센트를 유추할 수 있다.

예) 명사: ἄνθρωπος (주격), ἀνθρώπου (속격), ἀνθρώπῳ (여격) ἄνθρωπον (대격) ἄνθρωπε (호격)

(주/대/호격 단음 울티마와 프로파록시톤, 속/여격 장음 울티마와 파록시톤: 단음 울티마와 안티페널트 = 장음 울티마와 페널트)

형용사: ἀγαθός (주격), ἀγαθοῦ (속격), ἀγαθῷ (여격), ἀγαθόν (대격), ἀγαθέ (호격)

(주/대/호격 단음 울티마와 옥시톤, 속/여격 장음 울티마와 페리스포메논)

분사: παιδεύων (주격), παιδεύοντος (속격), παιδεύοντι (여격), παιδεύοντα (대격)

(주격 장음 울티마와 파록시톤, 속/여/대격 단음 울티마와 프로파록시톤: 장음 울티마와 페널트 = 단음 울티마와 안티페널트)

④ 동사의 악센트는, 울티마의 길이가 허용하는 한,[2] 단어의 앞쪽 음절로 거슬러[recessive] 올라간다.

예) λαμβάνω (장음 울티마와 파록시톤) → λαμβάνουσι (단음 울티마와 프로파록시톤)

⑤ 울티마가 장모음이나 복모음을 포함하는 경우, 안티페널트에는 악센트가 올 수 없다.

예) λαμβάνω (장음(장모음) 울티마와 파록시톤), λαμβάνειν (장음(이중모음) 울티마와 파록시톤)

⑥ 울티마가 장모음이나 복모음을 포함하는 경우, 페널트에는 써컴플렉스 악센트가 올 수 없다.

예) πλοῖα (단음 울티마와 프로페리스포메논) → πλοίων (장음 울티마와 파록시톤)

⑦ 울티마가 단음이고 페널트가 장음인 상태에서 뒤에서 둘째 음절에 악센트가 오는 경우, 그 악센트는 써컴플렉스 악센트여야 한다.

예) πλοῖον, πλοῖα (단음 울티마와 프로페리스포메논)

⑧ 이상의 악센트 규칙을 도표로 나타내 이해하면 다음과 같다. (s = 음절, š = 단음절, s̄ = 장음절)

| | | | | |
|---|---|---|---|---|
| 에큐트 | ś | s | š | 예) ἄνθρωπος, |
| | s | ś | š | 예) ὀδόντος |
| | s | ś | s̄ | 예) βελτίων |
| | s | s | ś | 예) βλαβερός |
| 써컴플렉스 | s̄̃ | š | | 예) μοῖρα |
| | s | s̄̃ | | 예) ὀρθῶς |
| 그레이브 | s̀ (다른 단어 앞에서) | | | 예) ἐπὶ δὲ τὸ κατεργάζεσθαι |

---

[2] '울티마의 길이가 허용하는 한'이란 울티마가 장음인가 혹은 단음인가에 따라 거슬러 올라간 앞 음절의 위치를 결정한다는 것을 의미한다. 가령, 어떤 단어가 장음 울티마를 가지면서 파록시톤(페널트에 에큐트 악센트)인 경우, 이 단어가 변화하여 단음 울티마를 가지게 될 때, 파록시톤이 프로파록시톤으로 바뀐다. 이는 장음 울티마와 파록시톤을 '단음절(소리) + 장음절 (소리/소리)'로 보아 결국 마지막 소리에서 두 소리 앞(페널트)에 악센트가 온 것으로 파악하여, 이것이 단음 울티마로 바뀌는 경우 '단음절(소리) + 단음절(소리) + 단음절(소리)'로 보아 다시 마지막 소리에서 두 소리 앞(안티페널트)에 악센트가 놓여야 한다고 이해한 것이다. 악센트의 위치가, 음절을 기준으로 볼 경우에는 바뀌어 있으나(페널트 → 안티페널트), 소리의 측면에서 볼 경우에는 같다고 이해할 수 있다. 따라서 에큐트 악센트와 써컴플렉스 악센트는 뒤쪽 모음으로부터 앞쪽 모음으로 거슬러 올라갈 수 있는데, 이는 오직 울티마가 단음일 경우에만 허용된다.

3. 장모음과 복모음의 길이.

　① 원칙적으로 그리스어에서는 장모음이나 복모음을 길게 간주한다.

　　예) πλοῖον, πλοῖα (장음 οι)

　② 단어의 마지막에 복모음 αι 또는 οι가 오면 단음으로 간주하여 악센트를 처리한다.

　　예) ἄνθρωποι, θάλατται (단음 οι 및 단음 αι)

　③ 단, 기원법 어미에 오는 –αι 내지 –οι 또는 부사 οἴκοι는 원래대로 장음으로 간주한다.

　　예) παιδεύοις, οἴκοι (장음 οι)

4. 숨표와 악센트 표기.

　① 하나의 모음에 숨표와 악센트를 같이 써줘야 하는 경우, 에큐트와 그레이브 악센트는 이것들 앞에 숨표를 붙인다.

　　예) ἄ, ἅ, ἂ, ἃ

　② 써컴플렉스 악센트는 아래에 숨표를 붙인다.

　　예) ἆ, ἇ

　③ 모음이 대문자인 경우도 같은 순서로 붙인다.

　　예) Ἄ, Ἅ, Ὤ

　④ 복모음인 경우에는 두 번째 모음 위에 붙인다.

　　예) οὖ, οἵ, Αἵ

5. 후접어[proclitic]라 불리는 몇몇 단어들과 전접어[enclitic]라 불리는 일부 단어들은 악센트를 갖지 않는다.[3]

6. 후접어는 뒤에 따라오는 단어와 악센트가 합쳐지고, 전접어는 선행하는 단어와 악센트가 합쳐진다.

---

[3] 후접어에는 관사에서 ὁ, ἡ, οἱ, αἱ, 전치사 ἐν (~안에), ἐκ (~부터), εἰς (~으로), 접속어 εἰ (만일), ὡς (~처럼, 그 결과), 그리고 부정을 의미하는 οὐ 등이 있다. (전접어와 관련해선 11과 5번 참조)

# 3과

## 제1격변화 및 제2격변화 · ἀγαθός 격변화 · 관사

1. 그리스어에는 단수<sup>singular</sup>, 복수<sup>plural</sup>, (두 명 혹은 두 개를 가리키는) 쌍수<sup>dual</sup>가 있다. (쌍수 형태는 부록 참조)

   ① 쌍수는 호메로스의 문장에는 자주 등장하나, 고전기에 이르러서는 점차 사라진다.

   ② 아티카 지방의 고전 그리스어에서 대부분의 쌍수는 (가령 한 쌍의 손, 멍에를 함께 메는 한 쌍의 소 등) 자연적으로 쌍을 이루는 대상에 한정되어 쓰이나, 이런 경우에도 대체로 복수가 대신 발견되기도 한다.

2. 그리스어에는 세 가지의 성(性)<sup>gender</sup>, 즉 남성<sup>masculine</sup>, 여성<sup>feminine</sup>, 중성<sup>neuter</sup>이 있다.

3. 그리스어에는 다섯 가지의 격<sup>case</sup>이 있으며 그 역할은 다음과 같다.

   ① 주격<sup>nominative</sup>: 단어의 기본형, 동사의 주어

   ② 속격<sup>genitive</sup>: 소유, 기원, 분리 등

   ③ 여격(與格)<sup>dative</sup>: 간접목적어, 위치와 도구 및 관점과 작인 등

   ④ 대격(對格)<sup>accusative</sup>: 직접목적어, 관점 등

   ⑤ 호격<sup>vocative</sup>: 직접호명

4. 형용사 ἀγαθός (좋은) 격변화. (남성의 경우 제2격변화 사례, 여성의 경우 제1격변화 사례)

|  | 단수 | | | 복수 | | |
| --- | --- | --- | --- | --- | --- | --- |
|  | 남성 | 여성 | 중성 | 남성 | 여성 | 중성 |
| 주격 | ἀγαθός | ἀγαθή | ἀγαθόν | ἀγαθοί | ἀγαθαί | ἀγαθά |
| 속격 | ἀγαθοῦ | ἀγαθῆς | ἀγαθοῦ | ἀγαθῶν | ἀγαθῶν | ἀγαθῶν |
| 여격 | ἀγαθῷ | ἀγαθῇ | ἀγαθῷ | ἀγαθοῖς | ἀγαθαῖς | ἀγαθοῖς |
| 대격 | ἀγαθόν | ἀγαθήν | ἀγαθόν | ἀγαθούς | ἀγαθάς | ἀγαθά |
| 호격 | ἀγαθέ | ἀγαθή | ἀγαθόν | ἀγαθοί | ἀγαθαί | ἀγαθά |

5. 명사 제1격변화 및 제2격변화.

   ① 형용사 ἀγαθός의 여성형(ἀγαθή) 격변화 형태는 제1격변화(명사 –α 격변화 혹은 –η 격변화) 형태를 보여주는 사례이다. (많은 수의 명사 제1격변화형은 ἀγαθή처럼 변한다.)

   예) θεά, θεᾶς, θεᾷ, θεάν, θεά; θεαί, θεῶν, θεαῖς, θεάς, θεαί (여신: 여성 명사)

   φυγή, φυγῆς, φυγῇ, φυγήν, φυγή; φυγαί, φυγῶν, φυγαῖς, φυγᾶς, φυγαί (달아남, 회피, 추방: 여성 명사)

   ② 형용사 ἀγαθός의 남성형(ἀγαθός)과 중성형(ἀγαθόν) 격변화 형태는 제2격변화(명사 –o 격변화) 형태를 보여주는 사례이다. (제2격변화의 남성 명사는 ἀγαθός처럼 변하고, 중성 명사는 ἀγαθόν처럼 변한다. 제2격변화는 대부분 남성 명사와 중성 명사로 이루어진다.)

   예) λόγος, λόγου, λόγῳ, λόγον, λόγε; λόγοι, λόγων, λόγοις, λόγους, λόγοι (말, 언어, 이성: 남성 명사)

   ἔργον, ἔργου, ἔργῳ, ἔργον, ἔργον; ἔργα, ἔργων, ἔργοις, ἔργα, ἔργα (일, 행동: 중성 명사)

   (예외적으로 ὁδός같이 남성형 어미를 지니나 실질적으로는 여성 명사인 것들도 있다. 하지만 이 경우에도 어미변화는 남성 명사의 변화 형태 따른다. 아래 13번 참조)

6. 관사 격변화. (ὁ와 τό만 ἀγαθός의 어미와 다르다는 점에 유의)

| | 단수 | | | 복수 | | |
|---|---|---|---|---|---|---|
| | 남성 | 여성 | 중성 | 남성 | 여성 | 중성 |
| 주격 | ὁ | ἡ | τό | οἱ | αἱ | τά |
| 속격 | τοῦ | τῆς | τοῦ | τῶν | τῶν | τῶν |
| 여격 | τῷ | τῇ | τῷ | τοῖς | ταῖς | τοῖς |
| 대격 | τόν | τήν | τό | τούς | τάς | τά |

7. 일반적으로 그리스어의 관사는 영어의 정관사와 비슷하게 쓰인다.

   예) ὁ ἀγαθός ἄνθρωπος. 그 좋은 사람

   ἡ καλὴ πόλις. 그 아름다운 도시

   τό θεῶν δῶρον. 신들의 그 선물

8. 형용사의 한정적attributive 위치.

   ① 한정적 위치: 대부분의 형용사가 취하는 위치로, 보통 '관사-명사 묶음'의 안쪽에 위치하며, 혹은 '관사 + 형용사 (혹은 수식어구)'의 형태를 취한다.

   예) (관사 + 형용사 + 명사)     ὁ ἀγαθός ἄνθρωπος. 그 좋은 사람

   (관사 + 형용사 + 관사 + 명사)     ὁ ἀγαθός ὁ ἄνθρωπος. 그 좋은 사람

   (관사 + 명사 + 관사 + 형용사)     ὁ ἄνθρωπος ὁ ἀγαθός. 그 좋은 사람

   (명사 + 관사 + 형용사)     ἄνθρωπος ὁ ἀγαθός. 그 좋은 사람

   ② 한정적 위치에, 형용사 대신, 소유 의미의 속격이나 부사 또는 전치사구가 와서 수식할 수 있다.

   예) (관사 + 소유 의미의 속격 + 명사)     ὁ Κύρου φίλος. 퀴로스의 친구

   (관사 + 부사 + 명사)     οἱ τότε ἄνθρωποι (간단히 οἱ τότε). 그때 그 사람들

   (관사 + 전치사구 + 명사)     οἱ ἐν τῷ πεδίῳ ἵπποι. 그 들판에 있는 말들

   ③ 관사가 집합적 의미를 가질 수도 있으며, 이와 같은 경우의 관사를 종족 대표 관사generic article라고 부른다.

   예) ὁ ἄνθρωπος = (집합적 혹은 종족 대표의 의미로서) 인간

9. 형용사의 서술적predicative 위치.

   ① 서술적 위치: '관사-명사 묶음' 바깥에 위치하며, 관사에 동반되지 않는다.

   ② 형용사가 서술적 위치에 있는 경우, ('~이다'를 의미하는) εἰμί 동사 없이, 술어로 역할 한다. (즉, 그리스어에서는 주어 역할을 하는 명사와 대명사 그리고 서술적 위치의 형용사만으로 완전한 의미의 문장을 구성할 수 있다.)

   예) (관사 + 명사 + 형용사)     ὁ ἄνθρωπος ἀγαθός. 그 사람은 좋다.

   (형용사 + 관사 + 명사)     ἀγαθός ὁ ἄνθρωπος. 그 사람은 좋다.

   (관사 + 명사 + 형용사)     τὰ τοῦ ἀνθρώπου παιδία καλά. 그 사람의 아이들은 아름답다.

10. 일반적으로 문장 속에서 소유 관계가 분명한 경우, 소유자를 지칭하기 위해 주로 관사가 사용되기도 한다.

    예) ἔλαβε τὸ βιβλίον. 그는 자신의 책을 잡았다.

11. 관사 + μέν, 관사 + δέ 구문. (μέν – δέ 대구 구문)

   ① ὁ μέν ····· ὁ δέ ····· : 이것(사람)은 ~, 반면에 다른 것(사람)은 ~.

   ② οἱ μέν ····· οἱ δέ ····· : 이것(사람)들은 ~, 반면에 다른 것(사람)들은 ~.

12. 그리스어에는 부정관사가 따로 존재하지 않는다. 그 대신, 경우에 따라 부정대명사가 형용사적 용법으로 사용되어 부정관사 역할을 하기도 한다. (부정대명사와 관련하여, 11과 4번 참조)

13. 제1격변화 및 제2격변화 명사들 사례.

   ① 명사 제1격변화 및 제2격변화 주격 형태가 울티마(뒤에서 첫째 음절)에 에큐트 악센트가 오는 옥시톤인 경우, 단수와 복수의 속격과 여격에는 써컴플렉스 악센트가 온다.

   예) ὁδός → ὁδοῦ, ὁδῶν

   ② 제1격변화의 복수 속격은 항상 울티마에 써컴플렉스 악센트가 오는 페리스포메논이다.

   예) γνώμη → γνωμῶν, θεά → θεῶν, φυγή → φυγῶν

   ③ 명사 λόγος, ἄνθρωπος, ὁδός, γνώμη, δῶρον 격변화.

| | 말(남) | 인간(남) | 길(여) | 의견(여) | 선물(중) |
|---|---|---|---|---|---|
| | | | 단수 | | |
| 주격 | λόγος | ἄνθρωπος | ὁδός | γνώμη | δῶρον |
| 속격 | λόγου | ἀνθρώπου | ὁδοῦ | γνώμης | δώρου |
| 여격 | λόγῳ | ἀνθρώπῳ | ὁδῷ | γνώμῃ | δώρῳ |
| 대격 | λόγον | ἄνθρωπον | ὁδόν | γνώμην | δῶρον |
| 호격 | λόγε | ἄνθρωπε | ὁδέ | γνώμη | δῶρον |
| | | | 복수 | | |
| 주격 | λόγοι | ἄνθρωποι | ὁδοί | γνῶμαι | δῶρα |
| 속격 | λόγων | ἀνθρώπων | ὁδῶν | γνωμῶν | δώρων |
| 여격 | λόγοις | ἀνθρώποις | ὁδοῖς | γνώμαις | δώροις |
| 대격 | λόγους | ἀνθρώπους | ὁδούς | γνώμας | δῶρα |
| 호격 | λόγοι | ἄνθρωποι | ὁδοί | γνῶμαι | δῶρα |

## 독해

   1. ἀθάνατος ἡ ψυχή.

   2. χαλεπὰ τὰ καλά.

   3. μέτρον ἄριστον.

   4. τῷ σοφῷ ξένον οὐδέν. – 안티스테네스

   5. κοινὰ τὰ τῶν φίλων. – 아리스토텔레스

   6. ὁ χρόνος ἰατρὸς τῶν πόνων ἐστίν.

   7. λόγος γὰρ ἔργου σκιά.

   8. λύπης ἰατρός ἐστιν ἀνθρώποις χρόνος.

9. εἴδωλον ἔργων ἐστὶν ἀνθρώπου λόγος.

10. μέτρον γὰρ τοῦ βίου τὸ καλόν, οὐ τὸ τοῦ χρόνου μῆκος. – 플루타르코스

도움말: 1. ἀθάνατος, 불사의 (복합형용사와 그 밖의 몇몇 형용사들은 여성이지만 남성형의 어미 형태를 가짐). 2. τὰ καλά, 훌륭한 것들, 훌륭함(들) 혹은 아름다움(들) (중성 단수 혹은 복수의 형용사는 관사와 결합하여 종종 실명사로 쓰임. 아래 10번의 τὸ καλόν 역시 마찬가지 경우). 3. μέτρον, 중용, 적도, 척도, '황금률'. 4. ξένον, (형용사) 외국의, 이국의, 낯선 [xenophobia, 외국(인)혐오증]; οὐδέν, 아무 것도 ~아니다, 무엇도 ~아니다. 5. τά, (~) 것들, (중성 복수 관사가 여기서는 명사적으로 사용되어 그 자체로 '것들'을 지칭하며, 재산 내지 소유물의 의미를 가짐 = τὰ τῶν φίλων, 친구들의 것들, 친구들의 재산). 6. ἰατρός, 의사 [psychiatry, 정신병학]; πόνων, 고통들의, 고통과 관련된 (속격 형태가 다루어지는 대상을 가리키며, '~와 관련된'의 의미를 지님); ἐστίν, ~이다, 있다 (12과 3번 참조). 7. σκιά, (여성 주격 명사) 그림자 [skiagraph, X선 사진]. 8. λύπης (λύπη의 속격), 고통의; ἰατρός, 의사. 9. εἴδωλον, 상(像), 닮은꼴, 유사 [idol, 우상, 환영]. 10. τὸ καλόν, 훌륭함 (형용사가 관사와 함께 실명사로 사용); μῆκος, (중성 명사, 명사 제3격변화 변화형) 길이.

## 어휘

ἄνθρωπος, –ου, ὁ, 사람, 인간 [anthropology, 인류학]

βίος, –ου, ὁ, 삶, 인생 [biography, 전기, 일대기]

γνώμη, –ης, ἡ, 의견, 견해, 인식, 지성

δῶρον, –ου, τό, 선물

ἔργον, –ου, τό, 일, 행동, 행위, 업적 [erg-, '일'을 뜻하는 결합사]

λόγος, –ου, ὁ, 말, 연설, 이성, 설명 [logic, 논리학]

μέτρον, –ου, τό, 척도, 적도, 중용

ὁδός, –οῦ, ἡ, 길

παιδίον, –ου, τό, 아이

φίλος, –ου, ὁ, 친구

χρόνος, –ου, ὁ, 시간 [chronometer, 크로노미터, 정밀시계]

ψυχή, –ῆς, ἡ, 혼, 숨


ἀγαθός, –ή, –όν, 훌륭한, 좋은

ἀθάνατος, –ον, 불사의, 죽지 않는 (결여 의미 접두어 ἀ + θάνατος 죽음 = 죽음의 결여, 즉 불사) [Athanasius, 성(聖) 아타나시우스]

ἄριστος, –η, –ον, 최고의 [aristocrat, 귀족(주의자)]

καλός, –ή, –όν, 아름다운, 훌륭한, 좋은

κοινός, –ή, –όν, 공통의, 공동의 [epicene, 양성통용의]

σοφός, –ή, –όν, 현명한, 지혜로운 [Sophomore, 2학년생]

χαλεπός, –ή, –όν, 어려운, 거친


ἐστί(ν), ~이다, 있다 (εἰμί 3인칭 단수 현재형, 12과 3번 참조)


ἀεί, (부사) 언제나, 늘, 항상

γάρ, (접속사, 후치사) 왜냐하면 ~때문이다

ὁ, ἡ, τό, (관사) 그

οὐ, (부사, 후접어) 아닌, ~아니다 (약숨표 앞에서는 οὐκ, 강숨표 앞에서는 οὐχ)

## 작문

1. 사람들의 혼은 불사이다.
2. 왜냐하면 친구들의 말이 최고이기 때문이다.
3. 좋은 사람들이 언제나 불사이지는 않다.
4. 가장 훌륭한 자들의 것들(재산)은 공동이다.
5. 고귀한 사람들의 의견은 지혜롭다.
6. 최고의 길은 아이에게(여격) 어렵다.

## 복습

다음의 단어들을 지시하는 형태로 만드시오. (악센트와 숨표 또한 유의)

τὸ δῶρον 속격 복수             ἡ γνώμη 속격 복수

ὁ βίος 여격 단수              σοφός 여성 대격 단수

ὁ ἄνθρωπος 주격 복수          ὁ ἄνθρωπος 대격 복수

ἀθάνατος 중성 속격 단수       τὸ παιδίον 주격 복수

κοινός 여성 여격 단수         ἄριστος 중성 여격 단수

## 2. 델포이, 파르나소스 산 기슭에 세워진 도시

올림피아와 델포이는 다른 도시들보다 더욱 중요한 그리스 민족 전체의 성역이었다. 위 사진의 왼쪽에는 현재의 델포이 마을이 있고, 중앙 능선의 오른편에는 델포이 신전의 고대 유적이 있다. 오른쪽에서 위쪽 숲 사이에는 가로로 뻗어 있는 경기장이 있으며, 그보다 약간 오른쪽 아래 부분, 산의 골짜기 근처에서 흰 색의 사발 모양은 신전 안에 있는 극장이다. 신탁을 받는 곳과 아폴론 신전은 극장에서 약간 아래쪽에 있다.

그보다 아래 쪽으로, 올리브 평지에서 뻗어 나온 길이 지그재그 형태로 (사진 바깥의) 마을까지 이어져 있다. 위쪽 고지대의 여름 목초지로 난 산책로는 파르나소스로 가는 길로, 아마도 아폴론 신의 성소로 사용되기 이전부터 수세기 동안 양치기들의 통행으로 인해 만들어졌으리라 추정된다. 아폴론 신전이 들어서기에 앞서 이곳은 고대 그리스인들 이전에 살던 사람들이 섬기던 대지의 여신 '게'(가이아: Γῆ)의 땅이었으며, 그 이후에도 게를 믿는 소수의 종교 공동체들이 이곳에 존속했다. 이후 디오뉘소스(Διόνυσος, 디오니소스) 신에 대한 새롭고도 열광적인 숭배가 시작되자, 아폴론 신의 사제들은 "μηδὲν ἄγαν"('그 무엇도 지나치지 않게')라는 문구를 자신들의 좌우명으로 삼았으며, 디오뉘소스를 숭배하는 신앙은 차차 보다 문명화된 형태로 변화하였다. 실제로 건전하고 지혜로우며, 본질적으로 인간적인 형태의 절제가 중용임을 모든 그리스인들에게 가르친 곳이 바로 델포이였다.

(신탁소를 관리하던) 도시국가 시민들의 거주지는 예전이나 지금이나 크게 다르지 않았을 것이라고 추정된다. 당시에도 지금처럼 시민들은 주로 올리브 경작과 방목을 하면서 살았다. 고대 그리스의 경제적 기반은, 초기 왕정에서부터 시작되어 그 이후에 이르기까지 전 시기에 걸쳐 그랬듯, 거의 농업이었다. 초기 호메로스 시대로부터 시작되어, 그리스 문화의 전통들 자신의 저술들 안에 담았던 플루타르코스가 델포이의 사제로서 역할 했던 로마 시대에 이르기까지 이어져 내려온 천 년이 넘는 델포이의 역사는 현재 고고학 발굴 작업을 통해 그 대부분이 밝혀졌다.

# 4 과

## 제1격변화(계속)·관계대명사

1. 제1격변화(-α 격변화 혹은 -η 격변화) 네 그룹.

   ① 어미가 -η로 끝나고 여성 형용사 ἀγαθή처럼 변하는 여성 명사.

      예) γνώμη, φυγή

   ② 어간이 ε, ι, ρ로 끝나며, 어미에 -η 대신 -α (장음) 또는 -α (단음)를 가진 여성 명사.

      예) πεῖρα (장음 α), θεά (단음 α)

   ③ 어미가 -α (단음)로 끝나는 여성 명사.

      예) θάλαττα (단음 α)

   ④ 주격 단수가 -της 또는 -ης 형태의 어미 혹은 (어간이 ε, ι, ρ로 끝나는 경우엔) -ας 형태의 어미를 지니지만, 속격 단수는 -ου로 끝나는 일부 남성 명사. (이러한 명사는, 남성 명사라 하더라도, 주격 단수와 속격 단수를 제외하곤, 여격과 대격에서는 모두 ἀγαθή처럼 격변화)

      예) στρατιώτης → στρατιώτου (속격), στρατιώτῃ (여격), στρατιώτην (대격)

         νεανίας → νεανίᾳ (여격), νεανίαν (대격)

         Βορέας → Βορέου (속격), Βορέᾳ (여격), Βορέαν (대격)

2. 명사 제1격변화형은 복수에서 똑같이 격변화 한다.

   예) -αι (주격), -ῶν (속격), -αις (여격), -ας (대격), -αι (호격)

3. 모든 -α로 끝나는 제1격변화 명사와 형용사의 속격과 여격의 α는 장음이다.

   예) πεῖρα, πείρας (장음 α), πείρᾳ (장음 α), πεῖραν

4. 제1격변화 명사들 사례 및 형용사 ἄξιος (가치 있는) 격변화. (ἄξιος는 여성에서 어미에 장음 α를 가짐)

| | 여신(여) | 바다(여) | 시도(여) | 군인(남) | 가치 있는(형용사) | | |
|---|---|---|---|---|---|---|---|
| | | | 단수 | | | | |
| 주격 | θεά | θάλαττα | πεῖρα | στρατιώτης | ἄξιος | ἀξία | ἄξιον |
| 속격 | θεᾶς | θαλάττης | πείρας | στρατιώτου | ἀξίου | ἀξίας | ἀξίου |
| 여격 | θεᾷ | θαλάττῃ | πείρᾳ | στρατιώτῃ | ἀξίῳ | ἀξίᾳ | ἀξίῳ |
| 대격 | θεάν | θάλατταν | πεῖραν | στρατιώτην | ἄξιον | ἀξίαν | ἄξιον |
| 호격 | θεά | θάλαττα | πεῖρα | στρατιῶτα | ἄξιε | ἀξία | ἄξιον |
| | | | 복수 | | | | |
| 주격 | θεαί | θάλατται | πεῖραι | στρατιῶται | ἄξιοι | ἄξιαι | ἄξια |
| 속격 | θεῶν | θαλαττῶν | πειρῶν | στρατιωτῶν | ἀξίων | ἀξίων | ἀξίων |
| 여격 | θεαῖς | θαλάτταις | πείραις | στρατιώταις | ἀξίοις | ἀξίαις | ἀξίοις |
| 대격 | θεάς | θαλάττας | πείρας | στρατιώτας | ἀξίους | ἀξίας | ἄξια |
| 호격 | θεαί | θάλατται | πεῖραι | στρατιῶται | ἄξιοι | ἄξιαι | ἄξια |

5. 격변화 연습.

τιμή (명예), γέφυρα (다리, 교량), ἡμέρα (날, 하루), ὑγίεια (건강), χώρα (나라, 땅), νίκη (승리), φυγή (회피, 추방), μοῖρα (운명), γλῶττα (혀), στοά (주랑), βοή (외침, 큰 소리), ἀκοή (듣기, 청각), βασιλεία (왕국), τράπεζα (탁자), ἀλήθεια (진리, 참), νεανίας (-ου) (청년), ναύτης (-ου) (선원), δεσπότης (-ου) (주인), ποιητής (-οῦ) (시인, 제작자)

6. 관계대명사 격변화.

|  | 단수 | | | 복수 | | |
|---|---|---|---|---|---|---|
|  | 남성 | 여성 | 중성 | 남성 | 여성 | 중성 |
| 주격 | ὅς | ἥ | ὅ | οἵ | αἵ | ἅ |
| 속격 | οὗ | ἧς | οὗ | ὧν | ὧν | ὧν |
| 여격 | ᾧ | ᾗ | ᾧ | οἷς | αἷς | οἷς |
| 대격 | ὅν | ἥν | ὅ | οὕς | ἅς | ἅ |

7. 관계대명사.

① 관계대명사의 성(性)과 수(數): 선행사의 성과 수에 맞추어 일치시킨다.

② 관계대명사의 격(格): 관계대명사 절 안에서 자신이 하는 역할에 맞춘다.

예) αἱ πόλεις ἅς ἔχει εἰσίν ἄξιαι (αἵ ἔχει가 아님에 유의). 그가 소유한 도시들은 가치 있다.

(관계대명사의 성과 수는 선행사 πόλεις에 일치시켜 여성, 복수를 가지며, 격은 관계대명사 절 안에서 ἔχει 동사의 목적어로 역할하기에 대격으로 쓰이고 있음 → ἅς)

③ 단, 관계대명사가 속격이나 여격을 선행사로 가지지만, 자신의 절 안에서 대격으로 사용되는 경우, 격 또한 선행사에 맞추어 일치시킨다.

예) ἐκ τῶν πόλεων ὧν ἔχει (ἅς ἔχει가 아님에 유의). 그가 소유한 도시들로부터.

(관계대명사의 성과 수는 선행사 πόλεων에 일치시켜 여성과 복수를 가지며, 격은 관계대명사 절 안에서 ἔχει 동사의 목적으로 역할하기에 대격이 쓰여야 하나, 선행사 πόλεων이 속격이므로 이에 맞추어 관계대명사도 속격으로 쓰이고 있음 → ὧν)

## 독해

1. καλὸν ἡσυχία.

2. ἡ τοῦ σοφοῦ ψυχὴ ἥσυχός ἐστιν ἐν ταῖς τοῦ βίου συμφοραῖς.

3. ἄδικος πλοῦτος οὔποτε βέβαιός ἐστιν.

4. φεῦγε τὴν τῶν κακῶν φιλίαν καὶ τὴν τῶν ἀγαθῶν ἔχθραν.

5. οἱ νόμοι ψυχὴ τῆς πολιτείας εἰσίν.

6. σκηνὴ πᾶς ὁ βίος.

7. ὁ τῶν ἀνθρώπων βίος δῶρον τῶν θεῶν ἐστιν.

8. ἀνθρώπῳ σοφῷ ὁ κόσμος πατρίς ἐστιν.

9. ἐν τῇ τῶν πολιτῶν (시민들의) εὐσεβείᾳ καὶ ἐν τῇ τῶν στρατιωτῶν (병사들의) ἀνδρείᾳ καὶ ἐν τῇ τῶν δικαστῶν (판관들의) δικαιοσύνῃ ἡ τῆς πολιτείας ῥώμη ἐστίν.

10. τὰ δίκαια ἀεὶ καλά.

11. βεβαία ἡ πόλις ἧς δίκαιοι οἱ πολῖται.

도움말: 1. καλὸν, 훌륭한 것 (술어에서 관사 없이 추상화된 실명사로 쓰임). 2. ἥσυχός, –ον, 고요한, 조용한. 3. βέβαιός, 안전한, 위험이 없는. 4. φεῦγε, 너는 도망쳐라, 너는 달아나라, 너는 피해라 (명령법 2인칭 단수, 명령법의 변화형과 관련해 34과 5번 참조); ἔχθραν, 증오, 미움, 원한, 악의. 5. πολιτεία, 정부, 정치체제 [polity]. 6. πᾶς, 모두 (서술적 위치에서 βίος 수식, 관련하여 18과 2번 참조). 8. κόσμος, 세계, 우주, 질서 [cosmos]; πατρίς, 고향, 조국 (제3격변화를 하는 여성 명사로서 주격 형태, 제3격변화와 관련하여 6과 1번 참조). 9. εὐσέβεια, 경배, 공경, 숭배; ἀνδρεία, 용기, 용맹; δικαιοσύνη, 정의, 올바름; ῥώμη, (육체적인) 힘, 권력. 11. πόλις, 도시, 도시국가, 공동체.

## 어휘

δικαστής, –οῦ, ὁ, 재판관, 배심원

ἡσυχία, –ας, ἡ, 침묵, 고요

θάλαττα, –ης, ἡ, 바다

θεά, –ᾶς, ἡ, 여신

θεός, –οῦ, ὁ, (남)신 [theology, 신학]

νόμος, –ου, ὁ, 법(률), 법칙, 규범

πεῖρα, –ας, ἡ, 시도, 노력

πλοῦτος, –ου, ὁ, 부(富), 재산 [plutocrat, 금권정치가, 부호]

πολίτης, –ου, ὁ, 시민 [politician, 정치가]

σκηνή, –ῆς, ἡ, 천막, 무대 [scene, 장면]

στρατιώτης, –ου, ὁ, 군인, 병사

συμφορά, –ᾶς, ἡ, 불운, 불행, 재앙

φιλία, –ας, ἡ, 친애, 우애, 우정


ἄδικος, –ον, 정의롭지 않은, 부정의한, 올바르지 않은

ἄξιος, –α, –ον, 가치 있는, 훌륭한, ~할 만한, ~의 가치가 있는

δίκαιος, δικαία, δίκαιον, 정의로운, 올바른, 공정한, 정당한

κακός, –ή, –όν, 나쁜, 해로운, 사악한

μικρός, –ά, –όν, 작은


ὅς, ἥ, ὅ, (관계대명사) 그, 그녀, 그것 = 누구 (~하는 사람), 어느 것 (~인 것)

ἐν, (전치사) (+ 여격) ~안에, ~사이에

καί, (접속사) 그리고, 그래서; (부사) 또한, 심지어, ~도 (부사인 경우엔 수식하는 어휘에 선행)

οὔποτε, (부사) 결코 ~않다, 절대 ~않다

## 작문

1. 부(富)는 재앙 안에서 결코 안전하지 않다.

2. 좋은 병사들과 정의로운 배심원들은 시민들의 우정 또한 가진다(ἔχουσι).

3. 그 아이들은 친구들 사이에 있다.

4. 법률은 시민들과 관련해(속격 사용) 정의롭고 가치가 있다.

5. 인생의 불운 또한 공동이다.

6. 배심원의 그 친구가 도망가고 있다(φεύγει).

7. 병사들의 불운은 올바르지 않다.

8. 배심원들의 정의는 안전하다.

9. 시민들의 말들은 올바르지 않다.

## 복습

### I. 독해

1. οἱ γὰρ τῶν ἀρίστων λόγοι σοφοί.

2. κοινὰ τὰ δῶρα τὰ τῶν φίλων.

3. ἀθάνατός ἐστιν ὁ τῶν ἀγαθῶν ἀνθρώπων βίος.

4. ἔργον χαλεπὸν ψυχῆς ἀγαθῆς καλόν ἐστι μέτρον.

5. ἡ τῶν παιδίων γνώμη οὐκ ἀεὶ σοφή ἐστιν.

### II. 작문

1. 시간은 아이들에게 좋지 않다.

2. 현명한 자들이 언제나 최고로 훌륭한 자들은 아니다.

3. 아름다운 길은 어렵다.

4. 아이의 선물이 최고다.

5. 좋은 사람의 견해는 현명하다.

# 5과

## 규칙동사: 현재 직설법 능동태와 미래 직설법 능동태·간접구문에서 부정사 용법

1. 그리스어 동사의 태(態)voice.

    ① 능동태active: 주어가 행위를 하는 경우를 나타낸다.

    ② 수동태passive: 주어가 행위를 겪는 경우를 나타낸다.

    ③ 중간태middle: 주어가 자신에게 행하는 행동이나 자신의 관심에서 행동하는 경우를 나타낸다. (영어와 프랑스어의 재귀동사와 유사)

2. 그리스어 동사의 법(法)mood.

    직설법indicative, 가정법subjunctive, 기원법optative, 명령법imperative, 부정사infinitive, 분사participle

3. 그리스어 동사에는 전체 일곱 개의 시제tense가 있으며,[4] 이는 크게 일차시제와 이차시제로 분류할 수 있다. 분류는 다음과 같다.

| 일차시제primary | 현재present | 이차시제secondary | 미완료imperfect |
|---|---|---|---|
| | 현재완료perfect | | 부정과거aorist[5] |
| | 미래future | | 과거완료pluperfect |
| | 미래완료future perfect | | |

4. 현재 직설법 능동태와 미래 직설법 능동태의 인칭 어미.

    그리스어에서 규칙적으로 변화하는 동사들의 현재 및 미래 직설법 능동태는 똑같은 인칭 어미를 갖는다. (라틴어와 마찬가지로) 대명사 주어는 대체로 생략되며, 동사를 통해 생략된 주어가 파악된다.

| | 단수 | 복수 |
|---|---|---|
| 1인칭 | –ω | –ομεν |
| 2인칭 | –εις | –ετε |
| 3인칭 | –ει | –ουσι(ν)[6] |

5. 미래시제는 어간과 현재형 어미 사이에 미래시제 형성사 σ를 넣는다.

| | 단수 | 복수 |
|---|---|---|
| 1인칭 | –σ–ω | –σ–ομεν |
| 2인칭 | –σ–εις | –σ–ετε |
| 3인칭 | –σ–ει | –σ–ουσι(ν) |

---

[4] 고전 그리스어에서 시제는 단순히 행동의 시간적 구분에 따른 특징만이 아니라 행동의 상태나 양상 또한 드러낸다. 특히 행동의 양상이 강조되는 경우에는 시간적 특징이 크게 의미를 지니지 않기도 한다. 그래서 고전 그리스어의 시제는 종종 시상 혹은 시칭으로 이해되기도 한다.

[5] 부정과거는 일회적 행위를 나타내는 과거시제이다. (프랑스어 및 스페인어 preterite와 유사)

[6] 모음으로 시작하는 단어가 뒤이어 오거나, 문장의 마지막에 쓰일 때, 끝이 –σι로 끝나는 단어와 –ε로 끝나는 모든 3인칭 인칭어미에 'ν'를 붙일 수 있다. 이를 'ν–이동자음'(ν–movable)이라고 부른다.

6. παιδεύω (가르치다, 교육하다) 현재 및 미래 직설법 변화.

|  | 현재 직설법<br>(가르친다/가르치고 있다) | 미래 직설법<br>(가르칠 것이다) |
|---|---|---|
| 1인칭 단수 | παιδεύ-ω[7] | παιδεύ-σ-ω |
| 2인칭 단수 | παιδεύ-εις | παιδεύ-σ-εις |
| 3인칭 단수 | παιδεύ-ει | παιδεύ-σ-ει |
| 1인칭 복수 | παιδεύ-ομεν | παιδεύ-σ-ομεν |
| 2인칭 복수 | παιδεύ-ετε | παιδεύ-σ-ετε |
| 3인칭 복수 | παιδεύ-ουσι(ν) | παιδεύ-σ-ουσι(ν) |

7. 어간이 폐쇄음<sup>mute</sup>으로 끝나는 동사는 미래형에서 다음의 규칙을 따른다.

① 순(입술)<sup>labial</sup> 폐쇄음: (동사 어간의 마지막 자음) π, β, φ + (미래시제 형성사) σ → ψ (ps 소리)

예) πέμπω (보내다) → πέμψω (보낼 것이다)

② 구개<sup>palatal</sup> 폐쇄음: (동사 어간의 마지막 자음) κ, γ, χ + (미래시제 형성사) σ → ξ (ks 소리)

예) ἄγω (이끌다) → ἄξω (이끌 것이다)

③ 치<sup>dental</sup> 폐쇄음: (동사 어간의 마지막 자음) τ, δ, θ + (미래시제 형성사) σ → (τ, δ, θ 탈락) σ

(유성치음인 ζ는 폐쇄음이 아니지만 치 폐쇄음처럼 변화)

예) πέιθω (설득하다) → πέισω (설득할 것이다)

8. 현재 능동태 부정사: 동사의 어간 + -ειν.

예) παιδεύειν. 교육함, 교육하기, 가르침, 가르치기

9. 미래 능동태 부정사: 동사의 어간 + -σειν.

예) παιδεύσειν. 교육할 것임, 가르칠 것임

10. φημί (말하다, 주장하다) 또는 νομίζω (생각하다) 등의 동사가 목적어로 가지는 간접구문.

'말하다' 내지 '생각하다'를 의미하는 동사를 활용한 문장 구성의 규칙은 다음과 같다.

① 간접구문이 되면 동사가 부정사로 바뀐다. 간접구문 부정사의 시제는 원래 직접구문이었을 때의 동사와 같은 시제를 사용한다. 그리고 간접구문의 주어로는 대격이 사용된다.

예) ὁ διδάσκαλος παιδεύει τὸ παιδίον. 그 선생은 그 소년을 가르친다.

νομίζει τὸν διδάσκαλον παιδεύειν τὸ παιδίον. 그는 그 선생이 그 소년을 가르친다고 생각한다.

ἔφη[8] τὸν διδάσκαλον παιδεύειν τὸ παιδίον. 그는 그 선생이 그 소년을 가르친다고 말했다.

예) ὁ διδάσκαλος παιδεύσει τὸ παιδίον. 그 선생은 그 소년을 가르칠 것이다.

νομίζει τὸν διδάσκαλον παιδεύσειν τὸ παιδίον. 그는 그 선생이 그 소년을 가르칠 것이라고 생각한다.

ἔφη τὸν διδάσκαλον παιδεύσειν τὸ παιδίον. 그는 그 선생이 그 소년을 가르칠 것이라고 말했다.

---

<sup>7</sup> 동사의 악센트는 앞쪽 음절로 거슬러 올라간다. (2과 2번 ④ 참조)

<sup>8</sup> φημί 3인칭 단수 미완료. (40과 1번 참조)

② '말하다' 내지 '생각하다'를 나타내는 동사의 주어가 간접구문에서 부정사의 주어와 같고 특별히 강조할 필요가 없는 경우, 부정사의 주어는 생략하고 수식어구도 주격 형태로 남겨둔다.

예) ὁ διδάσκαλος ἔφη τὸ παιδίον παιδεύσειν. 그 선생은 (자신이) 그 소년을 가르칠 것이라고 말했다.

## 독해

1. οἱ νόμοι τοὺς ἀνθρώπους παιδεύουσιν.

2. πιστεύομεν τοῖς τῶν φίλων λόγοις.

3. τοὺς φίλους πείθει πιστεύειν τοῖς νόμοις.

4. ἡ ἐπιθυμία ἡδονῶν πολλάκις ἀνθρώπους εἰς ἀδικίαν ἄγει.

5. κακὸν φέρουσι καρπὸν οἱ κακοὶ φίλοι.

6. ἔφη κακοὺς φίλους φέρειν καρπὸν κακόν.

7. νομίζουσιν οἱ Ἀθηναῖοι τὸν θάνατον εἶναι καὶ ὕπνον.

8. τοὺς νόμους οἱ Ἀθηναῖοι εἰς λίθους γράφουσιν.

9. οὐκ ἔφασαν τὸν θάνατον κακὸν εἶναι ἀνθρώποις.

10. νομίζουσιν οἱ ἄνθρωποι καλὸν εἶναι ἀγαθοὺς φίλους ἔχειν.

도움말: 4. ἐπιθυμία, 욕구, 욕망; ἡδονῶν, 즐거움들을, 쾌락들을 (목적을 의미하는 속격); ἀδικίαν, 부정의, 올바르지 않음, 불공정 (결여 의미 접두어 ἀ + δικ-). 5. καρπὸν, 열매, 결실 [carpology, 과실(분류)학]. 9. οὐκ ἔφασαν, 그들은 말하지 않았다 = 부정했다, 부인했다 (라틴어 nego, '부정하다' 혹은 '부인하다').

## 어휘

Ἀθηναῖοι, –ων, οἱ, 아테네인들

ἡδονή, –ῆς, ἡ, 즐거움, 쾌락 [hedonism, 쾌락주의, 향락주의]

θάνατος, –ου, ὁ, 죽음

λίθος, –ου, ὁ, 돌 [lithography, 석판인쇄(술)]

ὕπνος, –ου, ὁ, 잠, 수면 [hypnotism, 최면술]

ἄγω, ἄξω, 이끌다, 몰다 [pedagogue, 교육자, 선생]

γράφω, γράψω, (글 등을) 쓰다, 새기다 [graphite, 흑연]

εἶναι, 있음, ~임, (εἰμί 동사의 부정사, 12과 3번 참조)

ἔφη, (그/그녀가) 말했다, 답했다, ἔφασαν, (그들이) 말했다, 답했다 (부정사로 표현되는 간접구문을 목적어로 가질 수 있음) [euphemism, 완곡어법]

ἔχω, ἔξω 혹은 σχήσω, 가지다, 소유하다, 고수하다, 지키다

νομίζω, 생각하다 (부정사로 표현되는 간접구문을 목적어로 가질 수 있음)

παιδεύω, –σω, 가르치다, 교육하다

πείθω, πείσω, (+ 대격) 설득하다

πέμπω, πέμψω, 보내다

πιστεύω, πιστεύσω, (+ 여격) 믿다, 따르다, 복종하다

φέφω, 낳다, 맺다, 견디다, 나르다

εἰς, (전치사) (+ 대격) ~으로, ~안으로, ~을 향해

πολλάκις, (부사) 종종, 자주, 대개

## 작문

1. 나는 아테네인들의 법률을 믿는다.

2. 그는 자기 친구들을 설득하는 중이라고 말했다.

3. 우리는 돌들을 나르고 있지 않다.

4. 그들은 죽음이 잠이라고 말했다.

5. 그는 아테네인들을 믿으라고 병사들을 설득할 것이다.

6. 삶의 즐거움은 종종 작다.

7. 그는 아테네인들더러 자신들의 법률을 돌에 쓰라고(새기라고) 설득할 것이다.

8. 사람들이 종종 자신의 친구를 부정의로 이끈다고 그 정의로운 시민들은 말했다.

## 복습

I. 독해

1. μικρὰ ἡ σκηνὴ ἐν ᾗ ἐστιν ὁ στρατιώτης.

2. δικαία ἡ τῶν ἀδίκων συμφορά.

3. ἡ ἐν τῇ θαλάττῃ ἡσυχία καλή ἐστιν.

4. οἱ νόμοι τῶν πολιτῶν ἄξιοι.

5. οἱ θεοὶ καὶ αἱ θεαὶ οὔποτε ἄδικοι τοῖς ἀγαθοῖς.

II. 작문

1. 부정의한 배심원들에게 부(재물)는 나쁜 것이다.

2. 좋은 시민의 말들(λόγοι)은 공정하다.

3. 신들의 친구는 불사이다.

4. 어려운(험한) 길은 병사들에게 재앙이다.

5. 그 배심원을 위한 그 시민의 우정은 올바르지 않다.

# 6과

## 제3격변화 · 결과 표현

1. 제3격변화.

   ① 남성, 여성, 중성에 걸쳐 많은 명사들이 제3격변화를 하는데, 주로 어간이 자음으로 끝나는 명사들이 이에 해당한다. (이런 특징으로 인해, 제3격변화는 자음 격변화라고 불리기도 한다.)

   ② 명사 주격 단수는 매우 다양한 형태를 취하나 대체로 –ς로 끝난다. 그 외의 나머지 형태는 보통 규칙적이다.[9] 제3격변화 명사들의 사례는 다음과 같다.

| | 방패(여) | 도둑(남) | 수호자(남) | 정령(남) | 노인(남) | 호의(여) |
|---|---|---|---|---|---|---|
| | | | **단수** | | | |
| 주격 | ἀσπίς | κλώψ | φύλαξ | δαίμων | γέρων | χάρις |
| 속격 | ἀσπίδος | κλωπός | φύλακος | δαίμονος | γέροντος | χάριτος |
| 여격 | ἀσπίδι | κλωπί | φύλακι | δαίμονι | γέροντι | χάριτι |
| 대격 | ἀσπίδα | κλῶπα | φύλακα | δαίμονα | γέροντα | χάριν |
| 호격 | ἀσπί | κλώψ | φύλαξ | δαῖμον | γέρον | χάρι |
| | | | **복수** | | | |
| 주격 | ἀσπίδες | κλῶπες | φύλακες | δαίμονες | γέροντες | χάριτες |
| 속격 | ἀσπίδων | κλωπῶν | φυλάκων | δαιμόνων | γερόντων | χαρίτων |
| 여격 | ἀσπίσι | κλωψί | φύλαξι | δαίμοσι | γέρουσι | χάρισι |
| 대격 | ἀσπίδας | κλῶπας | φύλακας | δαίμονας | γέροντας | χάριτας |
| 호격 | ἀσπίδες | κλῶπες | φύλακες | δαίμονες | γέροντες | χάριτες |

   ③ 어간은 속격 단수 형태에서 –ος를 뺀 형태이다.

     예) ἀσπίς → 어간: 속격 ἀσπίδος에서 –ος를 뺀 형태인 ἀσπίδ (자음으로 끝난 어간)

     κλώψ → 어간: 속격 κλωπός에서 –ος를 뺀 형태인 κλωπ (자음으로 끝난 어간)

2. 특정 명사들이 어떻게 격변화를 하는지 이해하기 위해서는 우선 제3격변화를 하는 명사의 성과 함께 주격 단수와 속격 단수의 형태를 익혀야 한다.

3. 여격 복수 어미는 –σι로 끝나는데, 이 다음에 모음으로 시작하는 단어가 오면 'ν–이동자음'을 붙인다. 이 어미는 종종 어간의 마지막 자음을 변화시키는 원인이 되기도 하는데, 이와 같은 경우들은 다양한 명사들의 변화 형태를 통해 익혀야 한다. ('ν–이동자음'과 관련하여, 5과 4번 각주 6 참조)

---

[9] 남성과 여성 명사들은 대개 어간이 자음으로 끝나면 α를 붙여서 대격 단수를 만들고(예: ἀσπίδα), 어간이 ι 또는 υ로 끝나면 ν를 붙여서 대격 단수를 만든다. 남성과 여성 명사의 호격 단수는, ἀσπί–의 경우에서와 같이, 대개 어간에 마지막 자음을 뺀 형태(pure stem: 순수 어간)를 취하지만, φύλαξ 같이 예외적인 경우들도 많다. 울티마(뒤에서 첫째 음절)에 악센트가 없는 명사는 어간의 치음을 탈락시키고 ι 또는 υ에 ν을 덧붙인다(예: χάριν). 하지만 주격에서 울티마(뒤에서 첫째 음절)에 악센트가 오고, 치음 어간을 갖는 명사들은 치음을 그대로 두고 α를 붙여준다(예: ἀσπίδα).

4. 제3격변화 명사의 악센트.

① 제3격변화 명사의 악센트는, 단음절 어간의 경우 및 일부 불규칙 명사를 제외하곤, 위치를 유지한다.

예) δαίμων (2음절 어간 제3격변화 명사) → δαίμων, δαίμονος, δαίμονι, δαίμονα, δαῖμον ……

② 어간이 단음절인 제3격변화 명사는 속격과 여격 단수에서 울티마(뒤에서 첫째 음절)에 에큐트가 온다.

예) κλώψ (단음절 어간 제3격변화 명사) → κλωπός, κλωπί

5. 결과 표현.

① 사실적 결과: 어떤 일이 실제로 일어난 결과를 서술, 'ὥστε + 직설법' 형태로 구성. (부정은 οὐ)

예) οὐχ ἧκεν· ὥσθ' οἱ Ἕλληνες ἐφρόντιζον. 그가 오지 않아서, 그리스인들이 걱정했다.

② 자연적 결과: (어떤 일이 실제로 일어났음을 긍정하거나 부정하지 않은 채로 의도, 경향, 가능, 능력, 예상이나 기대(미래)의 결과를 표현, 'ὥστε + 부정사'의 형태로 구성. (부정은 μή)

예) οὕτως ἀγαθὸς ἦν ὥστε μὴ φεύγειν. 그는 도망치지 않을 정도로 그처럼 용감했다.


## 독해

1. ἡ σωφροσύνη κόσμος ἐστὶ γέρουσι καὶ νεανίαις.

2. τὸν οὐρανὸν οἱ ποιηταὶ αἰθέρα ὀνομάζουσιν.

3. τὸν ἥλιον λέγουσιν ὀφθαλμὸν τοῦ οὐρανοῦ.

4. ἔχω πλοῦτον ὥστε ἀγοράζειν τὰ δῶρα.

5. καλὸν καὶ γέρουσι μανθάνειν σοφά.

6. ὁ γέρων τοῖς νεανίαις ἔφη τὴν σωφροσύνην εἶναι κόσμον.

7. ὁ πολίτης τοῖς Ἀθηναίοις πιστεύσει οἳ φίλιοί εἰσιν.

8. τοὺς στρατιώτας ἄξει εἰς τὴν σκηνὴν ἐν ᾗ ἐστιν ὁ πλοῦτος.

9. ὥστε οὐ νομίζουσι τὸν θάνατον καὶ ὕπνον εἶναι.

10. ὁ σοφὸς ἡσυχίαν ἄγει ἐν ταῖς συμφοραῖς.

11. οὐκ ἔφη εἶναι ποιητής, ἀλλὰ κριτὴς τῶν ποιητῶν.

도움말: 1. σωφροσύνη, 절제, 분별; κόσμος, 장식, 치장, 꾸밈 [cosmetics], 우주, 세계, 질서. 2. αἰθέρα (αἰθήρ의 대격), 하늘, 창공, 에테르 [ethereal, 하늘의, 천상의]; ὀνομάζουσιν, 부르다, 명명하다 [synonym, 동의어]. 3. λέγουσιν, 그들은 말한다, 사람들은 말한다; ὀφθαλμὸν (ὀφθαλμός의 대격), 눈[目] [ophthalmia, 안염]. 4. ἀγοράζειν, 사다 (ἀγορά, 시장, 광장). 5. μανθάνειν, 배우다, 알다 [mathematics, 수학] (부정사가, 관사와 함께 혹은 관사 없이, 실명사 역할 하는 경우, 주어나 목적어로 사용될 수 있음). 10. ἡσυχίαν ἄγει, 고요함을 이끌다 = 고요하다, 조용하다. 11. κριτὴς, 재판관, 판단하는 자 (κρίνω, 판단하다, 결정하다); οὐκ ἔφη, 말하지 않았다.

## 어휘

ἄρχων, –οντος, ὁ, 지배자, 통치자, 행정관

ἀσπίς, –ίδος, ἡ, 방패

γέρων, γέροντος, ὁ, 노인 [Gerotion, T. S. 엘리엇의 시]

δαίμων, –ονος, ὁ, 신, 정령

ἥλιος, –ου, ὁ, 태양, 해 [helium, 헬륨]

κλώψ, κλωπός, ὁ, 도둑

νεανίας, –ου, ὁ, 청년, 젊은이

οὐρανός, –οῦ, ὁ, 하늘, 천상 [uranium, 우라늄]

ποιητής, –οῦ, ὁ, 시인, 제작자

φύλαξ, –ακος, ὁ, 수호자, 파수꾼, 보초

χάρις, χάριτος, ἡ, 우호, 호의


ἐσθλός, –ή, –όν, 고귀한

μόνος, –η, –ον, 유일한, 단독의 [monolith, 단일암, 단일비석]

φίλιος, –α, –ον, 우정 어린, 사이가 좋은, 친한, 친구사이인 (φίλος, 친구; φιλία, 친애, 우애, 우정)


ἦν, 있었다, ~이었다 (εἰμί 3인칭 단수 미완료); ἦσαν, 있었다, ~이었다 (εἰμί 3인칭 복수 미완료) (12과 3번 참조)


ἀλλά, 그러나, 하지만 (뒤에 모음으로 시작하는 단어가 오면 모음탈락과 함께 ἀλλ’, 17과 4번 참조)

μή, 아닌 (부정어, 간접구문의 부정사를 제외한 조건문이나 부정사에 사용)

οὕτω, (모음 앞에서는 οὕτως), 이처럼, 이렇게, 이와 같이; 그처럼, 그렇게, 그와 같이

ὥστε, 그래서, 그 결과 (숨표와 함께 모음탈락, 약숨표 앞에서는 ὥστ’, 강숨표 앞에서는 ὥσθ’)

## 작문

1. 침착함을 배우는 것은 젊은이들에게 좋은 일이었다.

2. 지배자들은 그 방패들을 그 노인들에게 보낼 것이다.

3. 훌륭한 시인들은 자신들을(αὐτοῖς) 믿으라고 젊은이들을 설득할 것이다.

4. 수호자들은 현명하며, 그래서 그들은 시민들을 설득한다.

5. 정령들은 시인들과 지배자들을 가르치기 위해 그들에게 자신들의 호의를 보낼 것이다.

6. 그들은 도둑들을 보초가 있던 천막 안으로 이끌어 들인다.

## 복습

I. 독해

1. ἔφασαν τοὺς Ἀθηναίους πιστεύσειν τοῖς σοφοῖς καὶ δικαίοις πολίταις.

2. τὰ παιδία φέρει τοὺς λίθους εἰς τὴν ὁδόν.

3. ἔφη τοὺς σοφοὺς νομίζειν τὸν θάνατον ὕπνον εἶναι.

4. οὐ πολλάκις παιδεύει τοὺς ἀνθρώπους ἡ ἡδονή.

5. πείσει τοὺς σοφοὺς πολίτας νόμους γράφειν καὶ πέμπειν τοῖς στρατιώταις.

도움말: 2. τὰ παιδία, 아이들은 (중성 복수 주어는 일반적으로 단수 동사를 취할 수 있음).

II. 작문

1. 그는 병사들이 말들을 길로 이끌 것이라고 말했다.

2. 그들은 쾌락이 좋은 것이 아니라고 생각한다.

3. 그들은 자기들이 천막을 가지고 있지 않을 것이라고 말했다.

4. 잠은 병사들을 죽음으로 이끌 것이다.

5. 우리는 우리 친구들을 위해 돌들을 나르는 것이 즐거움이라고 생각하지 않는다.

# 7 과

## 제3격변화의 불규칙 명사와 중성 명사 · 시간 표현 · 소유의 여격

1. 제3격변화 명사들의 사례.

|  | 왕(남) | 도시(여) | 군대(중) | 종(種)(중) | 아버지(남) | 남자(남) |
|---|---|---|---|---|---|---|
|  | | | 단수 | | | |
| 주격 | βασιλεύς | πόλις | στράτευμα | γένος | πατήρ[10] | ἀνήρ |
| 속격 | βασιλέως | πόλεως | στρατεύματος | γένους | πατρός | ἀνδρός |
| 여격 | βασιλεῖ | πόλει | στρατεύματι | γένει | πατρί | ἀνδρί |
| 대격 | βασιλέα | πόλιν | στράτευμα | γένος | πατέρα | ἄνδρα |
| 호격 | βασιλεῦ | πόλι | στράτευμα | γένος | πάτερ | ἄνερ |
|  | | | 복수 | | | |
| 주격 | βασιλεῖς | πόλεις | στρατεύματα | γένη | πατέρες | ἄνδρες |
| 속격 | βασιλέων | πόλεων | στρατευμάτων | γενῶν | πατέρων | ἀνδρῶν |
| 여격 | βασιλεῦσι | πόλεσι | στρατεύμασι | γένεσι | πατράσι | ἀνδράσι |
| 대격 | βασιλέας | πόλεις | στρατεύματα | γένη | πατέρας | ἄνδρας |
| 호격 | βασιλεῖς | πόλεις | στρατεύματα | γένη | πατέρες | ἄνδρες |

2. 위 사례들 가운데 처음 네 명사들인 βασιλεύς, πόλις, στράτευμα, γένος는 제3격변화 유형을 대표한다.

   네 번째 사례인 γένος와 같은 명사들은 –εσ 어간을 가지는데, 이 어간에서 ς는 탈락하고 남은 ε가 뒤이어 오는 모음과 축약하여 변화 형태를 구성한다.

   예) γένεσ–ος → γένους; γένεσ–α → γένη

3. 시간 표현.
   ① 시간에서의 지속(공간의 연장)은 전치사 없이 대격으로 표현한다.
   예) ἤλαυνε πέντε ἡμέρας. 그는 5일 동안 행군했다.

   ② 시간에서의 순간(시점)은 전치사 없이 여격으로 표현한다.
   예) ἥξει τῇ ὑστεραίᾳ. 그는 그 다음날에 올 것이다.

   ③ 시간에서의 영역(범위)은 전치사 없이 속격으로 표현한다.
   예) ἥξει δέκα ἡμερῶν. 그는 열흘 안에 올 것이다.

4. 소유의 여격 dative of possession.

   간단히 'ἐστί + 여격'의 구성으로 소유를 나타낼 수 있다. 이 경우 여격은 소유자를 가리킨다.
   예) τῷ Κύρῳ ἐστί στρατηγός. 퀴로스에게 장군이 있다.

---

[10] μήτηρ (어머니) 격변화: μήτηρ (주격), μητρός (속격), μητρί (여격), μητέρα (대격), μῆτερ (호격); μητέρες (주격), μητέρων (속격), μητράσι (여격), μητέρας (대격), μητέρες (호격).

## 독해

1. Ἕλληνές εἰσιν ἄνδρες οὐκ ἀγνώμονες καὶ μετὰ λογισμοῦ πάντα πράττουσιν.

2. κρίνει φίλους ὁ καιρός, ὡς χρυσὸν τὸ πῦρ.

3. οἱ ἰατροὶ τὰ τῶν πολιτῶν σώματα θεραπεύουσιν.

4. ἀλλ' εἰσὶ μητρὶ παῖδες ἄγκυραι βίου.

5. ἡ ἡμέρα μικρὸν μέρος τοῦ ἔτους ἐστίν.

6. γύναι, γυναιξὶ κόσμον ἡ σιγὴ φέρει.

7. χεὶρ χεῖρα νίζει.

8. ὁ ἐσθλὸς βασιλεὺς νομίζει τὴν δικαιοσύνην δῶρον εἶναι τῶν θεῶν.

9. οἱ γὰρ ἀγαθοὶ δαίμονες πέμπουσι τοῖς ἀνθρώποις πάντα (모든 것들) ἃ ἄξει εἰς βίον ἀθάνατον. ὥστε οἱ ἄνθρωποι ἀποδώσουσι (돌려줄 것이다) τοῖς θεοῖς ὃ φίλον ἔσται (~일 것이다), ὥστε ἔχειν τὴν φιλίαν αὐτῶν (그들의 = 신들의).

10. χάρις χάριν φέρει.

11. ὁ χρόνος ἐστὶν ἐν ᾧ καιρός, καιρὸς ἐν ᾧ χρόνος οὐ πολύς. – 힙포크라테스/히포크라테스

도움말: 1. ἀγνώμονες (ἀγνώμων의 복수 주격), 몰지각한; λογισμοῦ (λογισμός의 속격), 추론, 헤아림, (이성적으로) 따짐; πάντα, 모든 것들을 (중성 복수 대격 형태로 실명사화). 2. χρυσὸν (χρυσός의 대격), 황금을, 금을. 3. ἰατροί, 의사들; θεραπεύουσιν, 돌보다, 치료하다. 4. ἄγκυραι, 닻들. 5. μέρος, τό, 부분; ἔτους (ἔτος의 속격), 년, 해. 6. σιγή, 침묵, 정적, 고요. 7. νίζει, 씻다. 8. δικαιοσύνην (δικαιοσύνη의 대격), 정의 (–σύνη, 단어를 여성형 명사로 만들어주는 접미사). 9. ἄξει, 이끌 것이다 (ἃ의 선행사는 πάντα로서 중성 복수이며 단수 동사를 취하고 있음. 이와 관련하여 6과 복습 I. 독해의 도움말 참조); φίλον, 친애하는, 소중한.

## 어휘

ἀνήρ, ἀνδρός, ὁ, 남자, 남편

βασιλεύς, –έως, ὁ, 왕

γένος, –ους, τό, 종(種), 가계, 일족

γυνή,[11] γυναικός, ἡ, 여자, 아내 [gynecology, 산부인과, 부인학과]

Ἕλλην, Ἕλληνος, ὁ, 그리스인

ἡμέρα, –ας, ἡ, 날, 하루 [ephemeral, 하루살이]

καιρός, –οῦ, ὁ, 적시, 기회, 때

μήτηρ, μητρός, ἡ, 어머니 (격변화와 관련하여 위의 각주 10 참조)

παῖς, παιδός, ὁ, 아이 (단수 호격 παῖ, 복수 속격 παίδων) (παιδεύω, 가르치다, 교육하다)

πατήρ, πατρός, ὁ, 아버지

πόλις, –εως, ἡ, 도시, 도시국가, 공동체

πῦρ, πυρός, τό, 불 [pyromaniac, 방화광]

στράτευμα, –ατος, τό, 군대

σῶμα, σώματος, τό, 몸, 신체, 물체, 물질적인 것 [chromosome, 염색체]

χείρ, χειρός, ἡ, 손 [chiropractor, 지압사]

---

[11] γυνή (여자, 아내) 격변화: γυνή (주격), γυναικός (속격), γυναικί (여격), γυναῖκα (대격), γύναι (호격); γυναῖκες (주격), γυναικῶν (속격), γυναιξί (여격), γυναῖκας (대격), γυναῖκες (호격).

χρῆμα, –ατος, τό, 사물, 것, 필요한 것, 쓸모 있는 것; (복수) 재물, 재화, 돈

κρίνω, 분별하다. 판단하다, 결정하다

πράττω, πράξω, 행하다. 실천하다 [practical, 실용적인, 실천적인]

μετά, (전치사) (+ 속격) 함께; (+ 대격) 이후에, 다음에 [metaphysics, 형이상학]

ὡς, (후접어) ~로서, ~처럼

δέκα, 열, 십(10). (격변화 없음)

## 작문

1. 그 아이는 열흘 안에 자신의 아버지에게 편지(ἐπιστολή)를 쓸 것이다.

2. 그 그리스인은 자기가 그 사람들에게 불을 보낼 것이라고 말했다.

3. 그 아이의 어머니는 자신의 손 안에(수중에) 돈을 가지고 있다(ἔχει).

4. 그 그리스인의 아내는 열흘 동안 자신의 어머니 곁으로(παρά + 대격) 불을 나르는 중이다.

5. 그 배심원들은 자신들이 고요함 및 즐거움과 함께(μετά + 속격) 판단한다고 생각한다.

6. 그 왕은 침묵과 정의가 치장들이라고 생각한다.

## 복습

### I. 독해

1. ἦν γὰρ οὕτω καλὴ ὥστε τοὺς νεανίας δῶρα πέμπειν.

2. οὐ δίκαιοι ἀλλὰ ἄδικοι ἦσαν οἱ δικασταί, ὥστε τοὺς πολίτας μὴ πιστεύειν τοῖς λόγοις.

3. ἕξει γὰρ ὁ νεανίας ἡδονὴν καὶ τὴν χάριν τὴν τῶν θεῶν.

4. τὰς τῶν ποιητῶν γνώμας οὐ γράψομεν.

5. ἔφη ὁ σοφὸς τὰ τῶν δαιμόνων ἔργα καλὰ εἶναι.

### II. 작문

1. 그 통치자들은 오직 현명하고 훌륭한 시민들만 믿을 정도로 현명하였다.

2. 그 노인은 친절하지 않으며, 그래서 그는 방패를 그 젊은이에게 보내지 않을 것이다.

3. 그 시인들은 태양이 하늘의 정령이라고 생각한다.

4. 그 보초들은 그 도둑을 자기들 통치자의 천막으로 이끌고 갈 것이다.

5. 정의로운 자는 신들의 호의를 가진다.

## 미완료·제1부정과거와 제2부정과거의 직설법과 부정사

1. 그리스어 동사 과거시제는 현재 및 미래와 다른 유형의 인칭 어미들 및 동사 어간의 접두모음을 가진다.

2. 접두모음<sup>augment</sup> 두 종류.

   ① 음절 접두모음: 자음으로 시작하는 동사의 경우, 그 앞에 ε–를 붙여 과거(이차시제)를 형성한다.

      예) πέμπω → ἔπεμπον (미완료), ἔπεμψα (부정과거)

   ② 장음화 접두모음: 모음으로 시작하는 동사의 경우, 그 모음을 길게 변화시켜 과거(이차시제)를 형성한다. 장음화의 규칙은 다음과 같다.

   | | | |
   |---|---|---|
   | α → η | αι → η | ι (단음) → ι (장음) |
   | ε → η, (일부 동사의 경우) ε → ει | αυ → ηυ | υ (단음) → υ (장음) |
   | ο → ω | οι → ῳ | |

      예) ἄγω → ἦγον (미완료), ἔχω → εἶχον (미완료)

3. 제1부정과거와 제2부정과거.

   ① 제1부정과거와 제2부정과거는 같은 시제를 보여주는 두 가지 다른 형태이며, 의미의 차이는 없다.

   ② 대부분의 동사는 제1부정과거의 형태를 가지지만, 일부 주요 동사들은 제2부정과거의 형태를 가진다.

   ③ 제2부정과거는 보통 자음으로 끝나는 어간에서 나타나며, 영어의 과거 강변화동사(sing, sang)와 유사하다.

      예) λείπω → ἔλιπον (제2부정과거)

   ④ 미완료와 제1부정과거의 어간은 현재시제의 어간인 반면, 2부정과거의 어간은 현재시제의 어근<sup>root</sup>이다.

   ⑤ 제2부정과거의 인칭 어미는 미완료의 인칭 어미와 같으며, 두 시제의 동사 모두, 제1부정과거의 인칭 어미와는 달리, 어간과 어미 사이에 σ를 붙이지 않는다.

   ⑥ 동사가 제1부정과거를 갖는지 아니면 제2부정과거를 갖는지는 동사 기본형을 보고 익혀야 한다. (책 말미의 그리스어–한글 어휘에 표기된 1인칭 단수 현재형–미래형–부정과거형 참조)

4. παιδεύω (가르치다) 미완료와 제1부정과거, λείπω (떠나다) 미완료와 제2부정과거, μένω (머무르다) 제1부정과거

| | 미완료 (가르치고 있었다/ 가르치곤 했다) | 제1부정과거 (가르쳤다) | 미완료 (떠나고 있었다/ 떠나곤 했다) | 제2부정과거 (떠났다) | 제1부정과거 (머물렀다) |
|---|---|---|---|---|---|
| 1인칭 단수 | ἐ–παίδευ–ο–ν | ἐ–παίδευ–σα | ἔ–λειπ–ο–ν | ἔ–λιπ–ο–ν | ἔ–μειν–α |
| 2인칭 단수 | ἐ–παίδευ–ε–ς | ἐ–παίδευ–σα–ς | ἔ–λειπ–ε–ς | ἔ–λιπ–ε–ς | ἔ–μειν–α–ς |
| 3인칭 단수 | ἐ–παίδευ–ε(ν) | ἐ–παίδευ–σε(ν) | ἔ–λειπ–ε(ν) | ἔ–λιπ–ε(ν) | ἔ–μειν–ε(ν) |
| 1인칭 복수 | ἐ–παιδεύ–ο–μεν | ἐ–παιδεύ–σα–μεν | ἐ–λείπ–ο–μεν | ἐ–λίπ–ο–μεν | ἐ–μείν–α–μεν |
| 2인칭 복수 | ἐ–παιδεύ–ε–τε | ἐ–παιδεύ–σα–τε | ἐ–λείπ–ε–τε | ἐ–λίπ–ε–τε | ἐ–μείν–α–τε |
| 3인칭 복수 | ἐ–παίδευ–ο–ν | ἐ–παίδευ–σα–ν | ἔ–λειπ–ο–ν | ἔ–λιπ–ο–ν | ἔ–μειν–α–ν |

5. 제1부정과거 시제 표현 어미: –σα.

예외적으로 제1부정과거의 어간이 폐쇄음(π, β, φ)이나 ζ로 끝나면, (미래시제 구성에서의) 자음변화가 일어난다. (5과 7번 참조)

예) παιδεύω → ἐπαίδευσα (부정과거), πέμπω → ἔπεμψα (부정과거)

6. 동사의 어간이 유음(λ, μ, ν, ρ)으로 끝나면, 제1부정과거의 어미는 σ 없이 직접 어간에 붙는다.

대개 이 경우 어간의 모음은 길어진다. α → η, ε → ει, ι (단음) → ι (장음), υ (단음) → υ (장음)

예) μένω → ἔμεινα (부정과거)

7. 제1부정과거 능동태 부정사 어미: –σαι.

① 접두모음 없이 –σαι 어미를 붙여 부정사를 형성하고, 악센트는 항상 페널트(뒤에서 둘째 음절)에 놓는다.

예) παιδεύω → παιδεῦσαι (제1부정과거 부정사)

② 폐쇄음(π, β, φ)으로 어간이 끝나면, –σαι 어미의 σ 앞에서 (미래시제 구성에서의) 자음변화가 일어난다. (5과 7번 참조) 여전히 접두모음은 붙이지 않고, 악센트도 페널트에 놓는다.

예) πέμπω → πέμψαι (제1부정과거 부정사)

③ 유음(λ, μ, ν, ρ)으로 끝나는 어간에서는 부정사 어미가 –αι로 된다. 여전히 접두모음은 붙이지 않고, 악센트도 페널트에 놓는다.

예) μένω → μεῖναι (제1부정과거 부정사)

8. 미완료에는 부정사가 없다.

9. 제2부정과거 능동태 부정사 어미: –εῖν.

접두모음은 붙이지 않고, 항상 울티마(뒤에서 첫째 음절) 위에 써컴플렉스 악센트(페리스포메논)를 갖는다.

예) λείπω → λιπεῖν (제2부정과거 부정사)

10. 동사 기본 정리.

① 지금까지 여섯 개의 그리스어 동사 기본형 가운데 현재 직설법 1인칭 단수, 미래 직설법 1인칭 단수, 그리고 과거 직설법 1인칭 단수(부정과거/미완료)의 세 형태를 살폈다.

예) παιδεύω (현재), παιδεύσω (미래), ἐπαίδευσα (제1부정과거); λείπω (현재), λείψω (미래), ἔλιπον (제2부정과거)

② 그리스어 구문 이해는 동사의 이해에 달려 있으므로, 위의 세 형태와 함께 나머지 세 형태(현재완료, 미래완료, 과거완료) 또한 함께 익힐 필요가 있다.

③ 주요 기본 동사들의 직설법 1인칭 단수 현재, 미래, 그리고 부정과거의 세 형태는, 몇몇 불규칙 동사를 제외하고, 다음과 같다. (κρίνω와 νομίζω의 미래형과 관련해선 16과 3번 및 4번 참조)

ἄγω, ἄξω, ἤγαγον. 이끌다, 몰다

γράφω, γράψω, ἔγραψα. 쓰다, 새기다

ἔχω, ἕξω 혹은 σχήσω, ἔσχον. 가지다, 고수하다, 소유하다

λείπω, λείψω, ἔλιπον. 떠나다, 남겨두다, 내버려두다

κρίνω, ———, ἔκρινα. 판단하다, 결정하다

νομίζω, ———, ἐνόμισα. 생각하다

παιδεύω, παιδεύσω, ἐπαίδευσα. 가르치다, 교육하다

πείθω, πείσω, ἔπεισα. 설득하다

πέμπω, πέμψω, ἔπεμψα. 보내다

πιστεύω, πιστεύσω, ἐπίστευσα. 믿다, 신뢰하다

πράττω, πράξω, ἔπραξα. 행하다, 하다

φέρω, οἴσω, ἤνεγκον. 나르다 (불규칙)

## 독해

1. ἴσον ἐστὶν ὀργῇ καὶ θάλαττα καὶ γυνή.

2. οἱ Πέρσαι τὰ τέκνα εἰς ἀλήθειαν ἐπαίδευον.

3. ἐν Ἀθήναις οἱ πολῖται ἐν ταῖς ἐκκλησίαις ἐβούλευον.

4. οἱ Πέρσαι τῷ ἡλίῳ καὶ τῇ σελήνῃ καὶ τῇ γῇ καὶ τοῖς ἀνέμοις ἔθυον.

5. ὁ μὲν ἀγαθὸς ἄνθρωπος ἐκ τοῦ ἀγαθοῦ θησαυροῦ τῆς καρδίας (마음의 선한 보고로부터) προφέρει τὸ ἀγαθόν, ὁ δὲ πονηρὸς ἐκ τοῦ πονηροῦ τὸ πονηρόν.

6. 카이사르가 브루투스에게. καὶ σύ, τέκνον! — 수에토니우스

7. Ἀχιλλεὺς ἐπὶ τὸν πόλεμον οὐκ ἐξῄει (나갔다), μηνίων (화가 나서) διὰ Βρισηίδα. ὥστε οἱ Τρῶες θαρσήσαντες (용기 내서) ἐκ τῆς πόλεως προῆλθον. οἱ δὲ Ἕλληνες τεῖχος ἔπραττον καὶ τάφρον. καὶ οἱ Τρῶες τοὺς Ἕλληνας εἰς τὸ τεῖχος ἐδίωκον (쫓았다). — 아폴로도로스.

도움말: 1. ἴσον, 같은, 동등한; ὀργῇ (ὀργή의 여격), 성질에서, 기질에서 (관점의 여격, 11과 7번 참조); καὶ …… καὶ ……, ~도 ~도, ~와 ~ 둘 모두. 2. Πέρσαι, 페르시아인들; τέκνον, 아이, 어린이. 3. ἐκκλησία, 민회, 집회. 4. σελήνη, 달. 5. θησαυροῦ (θησαυρός의 속격), 보고, 보물의 집, 보물성 [Thesaurus, 보고]. καρδία, 마음, 심장 [cardiac, 심장(병)의, 강심제, 심장병 환자]. προφέρει, 낳다, 맺다, 생기다 (πρό + φέρει = 앞으로 내어 이끌다). 6. σύ, 너, 당신. 7. προῆλθον, 돌진했다 (πρό + ἦλθον = 앞으로 갔다); Βρισηίδα (Βρισηίς의 대격), 브리세이스; ἔπραττον, 그들은 지었다.

## 어휘

ἀλήθεια, –ας, ἡ, 진리, 참

ἄνεμος, –ου, ὁ, 바람 [anemone, 아네모네 꽃]

γῆ, γῆς, γῇ, γῆν, ἡ, 땅, 지구, 흙 [geology, 지질학]

ὀργή, –ῆς, ἡ, 성질, 기질, 화, 분노, 성미 [orgy, 탐닉, 유흥, 방탕]

πόλεμος, –ου, ὁ, 전쟁 [polemics, 논쟁술(법)]

τεῖχος, –ους, τό, 벽, 성벽


πονηρός, –ά, –όν, 사악한, 악한, 심술궂은


βουλεύω, βουλεύσω, ἐβούλευσα, 계획하다, 숙고하다, 따져 생각하다

θύω, θύσω, ἔθυσα, (+ 여격) 희생하다, 제사를 지내다, 제물을 바치다

ἦλθον, ἔρχομαι의 제2부정과거 (불규칙), 나는 왔다, 나는 갔다. (부정과거 부정사, ἐλθεῖν)

λείπω, λείψω, ἔλιπον, 떠나다, 남겨두다, 내버려두다

μένω, 부정과거 ἔμεινα, 머무르다, 남다 (미래형과 관련해, 16과 3번 참조)

παιδεύω, παιδεύσω, ἐπαίδευσα, 가르치다, 교육하다

διά, (전치사) (+ 속격) ~을 통해; (+ 대격) ~때문에, ~을 이유로, ~로 인해

ἐκ, (전치사) (+ 속격) ~으로부터 (모음 앞에서는 ἐξ)

ἐπί, (전치사) (+ 속격) ~위에, ~에서; (+ 여격) ~위에, ~에 더하여, ~때문에, ~에 반하여; (+ 대격) ~에 대하여, ~에 반하여, ~동안

μέν …… δέ ……, 한편으론 ~ 다른 한편으론 ~, 한편 ~ 반면에 ~ (동등한 대구를 표현하는데 사용되며, 종종 μέν은 번역되지 않음)

## 작문

1. 아테네에서 그들은 신에게 제사를 지냈다.

2. 그 페르시아인들의 그 왕은 그 도시에 남았다.

3. 그 페르시아인들은 진리를 배우라고(μαθεῖν) 자신들의 아이들을 설득하였다.

4. 그 아테네인들은 도시로 왔으나, 그 페르시아인들은 남아서 자신들의 신에게 제사를 지내고자 계획했다.

5. 분노에 찬 그 사악한 왕은 성벽 위에 머무르곤 했다.

6. 바람이 하늘로부터 온다고 생각했던 그 아테네인들은 현명하지 않았다.

## 복습

I. 독해

1. ὁ πατὴρ δέκα ἡμερῶν πέμψει τὰ δῶρα τοῖς παισί.

2. οὕτως ἀγαθὸς ἦν ὁ ἀνὴρ ὥστε τοὺς πολίτας ἄριστον αὐτὸν(그를) κρίνειν.

3. ἔφη τὸν βασιλέα τὴν γυναῖκα καλὴν εἶναι νομίζειν.

4. οἱ Ἕλληνες ἐν καιρῷ πείσουσι τὰς πόλεις χρήματα τῷ στρατεύματι πέμπειν.

5. ἡ μήτηρ μετὰ τῶν παίδων φέρει δῶρα ἐν χερσὶ τοῖς θεοῖς.

II. 작문

1. 그리스인들의 종족은 아름다운 신체가 정령들의 선물이라고 생각한다.

2. 그들은 그 왕이 공정하고 정의롭다고 믿는다.

3. 그는 그 도시에서 좋은 것들을/좋게 행할 것이다.

4. 그들이 말했듯, 불은 군대의 천막 안에 있다.

5. 그 왕은 열 아내의 남편이다.

# 9과

## 형용사와 부사의 비교급 및 최상급 · ἡδίων 격변화

1. 형용사 비교급.

　① 규칙적으로 변하는 형용사 비교급: 원급의 어간에 –τερος, –τερα, –τερον을 붙여 비교급을 형성한다.

　　(여성형의 –τερα에서 α는 장음이므로, 강세가 페널트(뒤에서 둘째 음절)에 놓임)

　　예) δίκαιος → δικαιότερος (남성), δικαιοτέρα (여성), δικαιότερον (중성). 정의로운 → 더욱 정의로운

　② 규칙적으로 변하는 형용사 최상급: 원급의 어간에 –τατος, –τατη, –τατον을 붙여 최상급을 형성한다. (최상급은 '가장'의 의미만이 아니라 '매우', '무척'의 의미 또한 지님)

　　(여성형의 –τατη에서 η는 장음이므로, 강세가 페널트에 놓임)

　　예) δίκαιος → δικαιότατος (남성), δικαιοτάτη (여성), δικαιότατον (중성). 정의로운 → 가장 정의로운

2. 장음 페널트 및 단음 페널트.

　① 페널트가 장음이고 –ος로 끝나는 경우, 원급 어간의 ο를 유지한다.

| (장음 페널트) | 원급 | 비교급 | 최상급 |
|---|---|---|---|
| 사악한 | πονηρός | πονηρότερος | πονηρότατος |
| 고귀한 | ἐσθλός | ἐσθλότερος | ἐσθλότατος |
| 쓴 | πικρός | πικρότερος | πικρότατος |

　② 페널트가 단음이고 –ος로 끝나는 경우, 비교급과 최상급의 어미 앞에서 ο를 ω로 변화시킨다.

　　(페널트에 장모음이나 이중모음이 오거나, 단모음이 오지만 곧바로 이중자음이나 둘 이상의 자음이 따라오면, 이 페널트는 장음으로 간주)

| (단음 페널트) | 원급 | 비교급 | 최상급 |
|---|---|---|---|
| 가치 있는 | ἄξιος | ἀξιώτερος | ἀξιώτατος |
| 두려운 | φοβερός | φοβερώτερος | φοβερώτατος |

3. 일부 형용사들은 비교급에서 –ίων, 최상급에서 –ιστος형태를 갖는다.

| | 남성 | 남성/여성, 중성 | 남성, 여성, 중성 |
|---|---|---|---|
| 달콤한, 즐거운 | ἡδύς[12] | ἡδίων, ἥδιον | ἥδιστος, –η, –ον |
| 아름다운, 좋은 | καλός | καλλίων, κάλλιον | κάλλιστος, –η, –ον |

4. 주요 불규칙 형용사 사례.

| | 원급 | 비교급(남/여, 중) | 최상급(남, 여, 중) |
|---|---|---|---|
| 좋은, 나은 | ἀγαθός | ἀμείνων, ἄμεινον | ἄριστος, –η, –ον |
| 좋은, 고귀한 | ἀγαθός | βελτίων, βέλτιον | βέλτιστος, –η, –ον |
| 좋은, 강한 | ἀγαθός | κρείττων, κρεῖττον | κράτιστος, –η, –ον |

---

[12] ἡδύς 기본형 격변화는 17과 1번 참조.

| 나쁜 | κακός | κακίων, κάκιον | κάκιστος, -η, -ον |
|------|-------|----------------|-------------------|
| 열등한 | κακός | χείρων, χεῖρον | χείριστος, -η, -ον |
| 큰 | μέγας[13] | μείζων, μεῖζον | μέγιστος, -η, -ον |
| 많은 | πολύς[14] | πλείων, πλέον (πλεῖον) | πλεῖστος, -η, -ον |
| 쉬운 | ῥάδιος | ῥάων, ῥᾶον | ῥᾷστος, -η, -ον |
| 적은 | ὀλίγος | ὀλείζων, ὄλειζον | ὀλίγιστος, -η, -ον |
| 작은 | μικρός | ἐλάττων, ἔλαττον | ἐλάχιστος, -η, -ον |
| 빠른 | ταχύς | θάττων, θᾶττον | τάχιστος, -η, -ον |

5. 그리스어 부사: 형용사의 속격 복수 형태 –ων을 –ως로 바꿔서 만든다.

예) καλός → καλῶν (속격 복수) → καλῶς (부사). 아름다운 → 아름답게

6. 부사 비교급 및 최상급.

① 부사 비교급: 형용사의 비교급에서 중성 대격 단수 형태를 사용한다.

예) δικαίως → δικαιότερον. 정의롭게 → 보다 정의롭게

② 부사 최상급: 형용사의 최상급에서 중성 대격 복수 형태를 사용한다.

예) δικαίως → δικαιότατα. 정의롭게 → 가장 정의롭게

7. 비교 대상 표현.

① ἤ 사용: ἤ가 쓰일 때는 비교되는 두 대상이 같은 격을 유지한다.

예) οὔποτε εἶδον ἄνδρα ἀμείνονα ἢ Κῦρον. 나는 퀴로스보다 더 나은 사람을 결코 본 적이 없다.

② 속격 사용: 비교시키고 있는 대상에만 속격을 적용한다.

예) οὔποτε εἶδον ἄνδρα ἀμείνονα Κῦρου. 나는 퀴로스보다 더 나은 사람을 결코 본 적이 없다.

8. 정도 차이 표현: 비교급과 함께 얼마만큼의 정도 차이를 표현할 때는 전치사 없이 여격을 사용한다.

예) Κῦρος δέκα ἔτεσι νεώτερος ἦν τοῦ ἀδελφοῦ. 퀴로스는 자신의 형보다 10년(여격) 정도 더 젊었다.

9. ἡδύς (달콤한, 즐거운) 비교급 격변화.[15] (여타 –ίων으로 끝나는 형용사들의 비교급도 이와 유사하게 변화)

| | 단수 | | 복수 | |
|------|------|------|------|------|
| | 남성/여성 | 중성 | 남성/여성 | 중성 |
| 주격 | ἡδίων | ἥδιον | ἡδίονες (ἡδίους) | ἡδίονα (ἡδίω) |
| 속격 | ἡδίονος | ἡδίονος | ἡδιόνων | ἡδιόνων |
| 여격 | ἡδίονι | ἡδίονι | ἡδίοσι | ἡδίοσι |
| 대격 | ἡδίονα (ἡδίω) | ἥδιον | ἡδίονας (ἡδίους) | ἡδίονα (ἡδίω) |
| 호격 | ἥδιον | ἥδιον | ἡδίονες | ἡδίονα |

---

[13] μέγας 기본형 격변화는 18과 1번 참조.

[14] πολύς 기본형 격변화는 18과 1번 참조.

[15] 괄호 안의 ἡδίω 및 ἡδίους는 보통 구어체에서 사용되고, 문어체에서는 잘 사용되지 않는다.

## 독해

1. σοφὸς Σοφοκλῆς, σοφώτερος δ' Εὐριπίδης, ἀνδρῶν δὲ πάντων Σωκράτης σοφώτατος.

2. καὶ τὸ ὅλον μεῖζον τοῦ μέρους ἐστίν. – 에우클레이데스/유클리드

3. οὐκ ἔστι λύπης μεῖζον ἀνθρώποις κακόν.

4. οὐκ ἔσθ' ὑγιείας κρεῖττον οὐδὲν ἐν βίῳ.

5. οὐκ ἔστιν οὐδὲν κτῆμα κάλλιον φίλου.

6. δημοκρατία κρεῖττον τυραννίδος. – 페리안드로스

7. 에우클레이데스(유클리드) 정리. παντὸς τριγώνου ὑπὸ τὴν μείζονα γωνίαν (각[角]) ἡ μείζων πλευρὰ (변[邊]) ὑποτείνει. ἔστω τρίγωνον τὸ ΑΒΓ, μείζονα ἔχον (가지는) τὴν ὑπὸ ΑΒΓ γωνίαν τῆς ὑπὸ ΒΓΑ. λέγω (의미한다) ὅτι καὶ πλευρὰ ἡ ΑΓ πλευρᾶς τῆς ΑΒ μείζων ἐστίν. εἰ γὰρ μή (아니라면, ~이기 때문이다), ἤτοι ἴση ἐστὶν ἡ ΑΓ τῇ ΑΒ ἢ ἐλάττων (더 작은). ἴση μέν οὖν οὐκ ἔστιν ἡ ΑΓ τῇ ΑΒ. ἴση γὰρ ἂν ἦν (~일 것이다) καὶ γωνία ἡ ὑπὸ ΑΒΓ τῇ ΑΓΒ. οὐκ ἔστι δέ (그런데 그렇지 않다). οὐκ ἄρα (고로) ἴση ἐστὶν ἡ ΑΓ τῇ ΑΒ. οὐδὲ ἐλάττων ἐστὶν ἡ ΑΓ τῆς ΑΒ. ἐλάττων γὰρ ἂν ἦν καὶ γωνία ἡ ὑπὸ ΑΒΓ τῆς ὑπὸ ΑΓΒ. οὐκ ἔστι δέ. οὐκ ἄρα ἐλάττων ἐστὶν ἡ ΑΓ τῆς ΑΒ. ἐδείχθη (~이 보였다, ~이 증명되었다) δὲ ὅτι οὐδὲ ἴση ἐστίν. μείζων ἄρα ἐστὶν ἡ ΑΓ τῆς ΑΒ. παντὸς ἄρα τριγώνου ὑπὸ τὴν μείζονα γωνίαν ἡ μείζων πλευρὰ ὑποτείνει. ὅπερ ἔδει δεῖξαι (보여야만 했던 바로 그것, Quod Erat Demonstrandum / Q.E.D.).

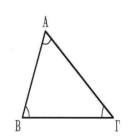

도움말. 1. πάντων (πᾶς의 속격 복수), 모든. 2. μέρους, (μέρος의 속격) 부분. 3. λύπης, (λύπη의 속격) 고통, 통증; κακόν, 나쁨, 악 (실명사로 사용되고 있음). 5. κτῆμα, 소유, 소유물. 7. παντός, 모든 것의(속격 단수); τριγώνου (τρίγωνος의 속격, τρί + γωνος = 3 + 각), 삼각형; μείζονα, 보다 더 큰; γωνία, 각, 각도; ὑπό, (전치사) ~에 의해, ~아래에; πλευρά, 변, 면; ἔστω, (3인칭 단수 명령법) ~있게 하라, ~이게 하라, ~라고 하자; ἤτοι …… ἤ ……, ~이든지 ~이든지 (양자택일); ἴση, 같은, 동등한; ἄν, 불변화사 (번역하지 않으나, '아마 ~일 것이다' 등으로 약화된 의미를 표현); ὅπερ, 바로 이것, 바로 그것.

## 어휘

δημοκρατία, –ας, ἡ, 민주주의, 민주정

τυραννίς, –ίδος, ἡ, 독재정, 참주정, 전제정치

ὑγίεια, –ας, ἡ, 건강 [hygiene, 위생학]

ἡδύς, ἡδεῖα, ἡδύ, 달콤한, 즐거운 (격변화는 17과 1번 참조)

νέος, –α, –ον, 젊은, 새로운 [neolith, 신(新)석기 = 새로운 neo + lithos 돌]

ὅλος, –η, –ον, 전체의

οὐδέν, 아무 것도 ~이 아니다, 무엇도 ~이 아니다 (부정어로 시작하는 문장에서, 뒤 따라 나오는 또 다른 부정어가 있다면 이것은 긍정어로 취급); (형용사) 아무 것도 아닌, 무(無)의, 비(非)의 (οὐδὲν κτῆμα, 아무런 소유물이 없음 = 무소유)

ἔστι(ν), ~에 있다, ~이다. (그리스어 문장에서 ἔστι는 흔히 생략되나, 대상의 존재 혹은 가능성을 강조하기 위해 사용되기도 함, 12과 10번 참조)

λέγω, λέξω, ἔλεξα, 말하다. (직설법으로 구성된 ὅτι 절을 간접구문으로 수용, 24와 3~7번 참조)

τείνω, 부정과거 ἔτεινα, 뻗치다, 늘이다, 펴다 (ὑποτείνω, 대(응)하다)

δέ, (후치사) 그런데, 그러나, 그리고

εἰ, (후접어) 만약

ἤ, 혹은 (선택지 표현); ~보다 (비교대상 표현)

ὅτι, (접속사) (간접구문을 이끄는) ~라고, ~라는 것; 왜냐하면

οὐδέ, ~도 아닌, ~도 아니다

οὖν, (후치사) 그러면, 그렇담, 그러므로, 그러니까; (구어체에서) 이제, 자

ὑπό, (전치사) (+ 속격 혹은 + 대격) ~아래; (+ 속격) ~에 의해서 (이 경우 속격은 행동의 작인 표현)

ὡς, (형용사나 부사의 최상급 형태와 함께) 가능한 ~한, 가능한 ~하게

## 작문

1. 모든 사람들 가운데 가장 현명한 소크라테스가 말하곤 했듯, 인생에서 참주정보다 더 나쁜 것은 없다.

2. 그러므로 그 그리스인들은 건강이 사람들에게 최고의 소유물이라고 생각했다.

3. 나는 참주정이 사람들에게 가장 나쁜 것이라고 말한다.

4. 민주정은 그 그리스인들에게 늘 침착하라고 가르치지 않았고, 참주정 또한 그들에게(αὐτούς) 엄하라고 가르치지 않았다.

5. 그들은 건강이 신체와 혼 모두에 즐거운 것이라고 말한다.

6. 무엇도 민주주의보다 좋지 않다고 그 현자가 말했다.

## 복습

I. 독해

1. ἤλθετε εἰς τὴν τῶν Ἑλλήνων γῆν.

2. ἔθυσαν οἱ στρατιῶται διὰ τὴν τῶν ἀνέμων ὀργήν.

3. ἡ ἀλήθεια οὐκ ἐπαίδευσε τοὺς κακοὺς ἄνδρας.

4. ἔμενον δέκα ἡμέρας ἐν τοῖς τείχεσι διὰ τὸν πόλεμον.

5. οἱ μὲν πονηροὶ πολῖται ἐβούλευσαν λείπειν τοὺς φίλους ἐν τῇ θαλάττῃ, οἱ δὲ ἀγαθοὶ ἔπεμψαν πλοῖα (선박들을).

II. 작문

1. 그 병사들은 도시로부터 전쟁터를 향해 갔다.

2. 그들은 그 젊은이들 중 가장 뛰어난 자를 돌 위에다 제물로 바쳤다.

3. 그리스인들은 자신들이 용감하다고 생각하였으나, 페르시아인들은 그렇게 생각하지 않았다.

4. 진리는 정의와 공정함을 위한 방벽이다.

5. 그는 시민들이 그가 왕이 될 만하지 않다고 판단할 정도로 그처럼 사악했다.

# 10 과

## 지시사

1. 세 지시사 οὖτος, ἐκεῖνος, ὅδε. (이 지시사들은 대명사나 형용사로 사용할 수 있음)

   ① οὖτος: '이것' 또는 둘 이상의 사람이나 사물을 열거한 후 '후자', 혹은 '앞서 말한 것'을 가리킨다.

   ② ἐκεῖνος: '그것', '저것' 또는 둘 이상의 사람이나 사물을 열거한 후 '전자'를 가리킨다.

   ③ ὅδε:[16] (아주 가까이에 있는) '이것'과 '그것' 및 '저것', 또는 '뒤따르는 것' 내지 '다음의 것'을 가리킨다.

      (ὅδε는 관사 ὁ에 불변화사 δέ가 더해진 것으로, 상대적으로 약한 의미의 지시사)

2. 지시사 οὖτος, ἐκεῖνος, ὅδε 격변화.

| | 단수 | | | 복수 | | |
| | 남성 | 여성 | 중성 | 남성 | 여성 | 중성 |
|---|---|---|---|---|---|---|
| 주격 | οὖτος | αὕτη | τοῦτο | οὖτοι | αὖται | ταῦτα |
| 속격 | τούτου | ταύτης | τούτου | τούτων | τούτων | τούτων |
| 여격 | τούτῳ | ταύτῃ | τούτῳ | τούτοις | ταύταις | τούτοις |
| 대격 | τοῦτον | ταύτην | τοῦτο | τούτους | ταύτας | ταῦτα |
| | | | | | | |
| 주격 | ἐκεῖνος | ἐκείνη | ἐκεῖνο | ἐκεῖνοι | ἐκεῖναι | ἐκεῖνα |
| 속격 | ἐκείνου | ἐκείνης | ἐκείνου | ἐκείνων | ἐκείνων | ἐκείνων |
| 여격 | ἐκείνῳ | ἐκείνῃ | ἐκείνῳ | ἐκείνοις | ἐκείναις | ἐκείνοις |
| 대격 | ἐκεῖνον | ἐκείνην | ἐκεῖνο | ἐκείνους | ἐκείνας | ἐκεῖνα |
| | | | | | | |
| 주격 | ὅδε | ἥδε | τόδε | οἵδε | αἵδε | τάδε |
| 속격 | τοῦδε | τῆσδε | τοῦδε | τῶνδε | τῶνδε | τῶνδε |
| 여격 | τῷδε | τῇδε | τῷδε | τοῖσδε | ταῖσδε | τοῖσδε |
| 대격 | τόνδε | τήνδε | τόδε | τούσδε | τάσδε | τάδε |

3. 지시사들이 대명사가 아니라 형용사로 쓰일 때는 서술적 위치에 놓인다. (3과 9번 참조)

    예) οὖτος ὁ ἄνθρωπος (지시사 + 관사 + 명사). 이 사람

      ἐκείνη ἡ κώμη (지시사 + 관사 + 명사) / ἡ κώμη ἐκείνη (관사 + 명사 + 지시사). 그 마을, 저 마을

4. οὖτος 격변화. (3과 6번 관사 변화형 참조)

   ① 관사가 강숨표를 갖는 곳에선 οὖτος도 마찬가지로 강숨표를 갖는다.

    예) ὁ (관사 남성 주격) = οὖτος (지시사 남성 주격), ἡ (관사 여성 주격) = αὕτη (지시사 여성 주격)

   ② 관사가 τ를 가지면 οὖτος도 τ를 갖는다.

    예) τοῦ, τῷ, τόν (관사 속격, 여격, 대격) = τούτου, τούτῳ, τοῦτον (지시사 속격, 여격, 대격)

---

[16] ὅδε에서 δέ는 전접어. 이로 인해 몇몇 변화 형태에서 악센트가 불규칙하게 된다. 전접어의 악센트에 대해서는 11과 5번 참조.

③ 관사가 o 또는 ω를 가지면 οὗτος는 ου를, 관사가 α 또는 η를 가지면 οὗτος는 αυ를 갖는 식으로 변화한다.

　예) ὁ, τοῦ, τῷ, τό, τόν, τό, τῶν, τοῖς, τούς → οὗτος, τούτου, τούτῳ, τοῦτον, τοῦτο, τούτων, τούτοις, τούτους

　　αἱ, ταῖς, τάς, τά → αὗται, ταύταις, ταύτας, ταῦτα

　　ἡ, τῆς, τῇ, τήν → αὕτη, ταύτης, ταύτῃ, ταύτην

## 독해

1. μέγιστον ὀργῆς ἐστι φάρμακον λόγος.

2. μετὰ δὲ ταῦτα, τούτοις τοῖς θεοῖς ἔθυον.

3. τοῖσδε τοῖς ἀνδράσι μᾶλλον ἢ ἐκείνοις ἐπίστευσα, ὅτι φίλιοί εἰσι τοῖς Ἕλλησιν.

4. λέγουσιν ὅτι οἱ Ἀθηναῖοι θύουσι τοῖς θεοῖς τοῖς τῆς πόλεως.

5. οὗτος ὁ στρατιώτης ὃς ἔπεμψε τῷ στρατηγῷ τὰς ἀσπίδας ἔλεξε τάδε.

6. ὅρκους γυναικὸς εἰς ὕδωρ γράφω.

7. ἀκούσας (듣고서는, 들었기에) ταῦτα, ἔλεξε τάδε.

8. ὁ Προμηθεὺς πρῶτον μὲν ἀνθρώπους καὶ θηρία ἐποίησε (만들었다). ἔπειτα ὁρῶν (보고서는) ὅτι τὰ θηρία πλείονά ἐστι, ἤλλαξέ (변화시켰다) τινα εἰς ἀνθρώπους. διὰ δὲ τοῦτο (그런데 이로 인해) ἔτι εἰσὶν οἳ τὰ μὲν σώματα ἀνθτώπων τὰς δὲ ψυχὰς θηρίων ἔχουσι.

9. 아테네 입법가, 드라콘. Δράκων, ὃς πολίτης ἦν ποτε (한때) ἐν ταῖς Ἀθήναις, οὕτω σοφὸς καὶ δίκαιος ἦν ὥστε οἱ Ἀθηναῖοι ἤθελον αὐτὸν (그 = 드라콘) νόμους νέους γράφειν. ἀλλὰ χαλεποὶ ἦσαν (~였다) οἱ νόμοι οὓς ἔγραψεν. ἦν γὰρ ἐν ἐκείνοις τοῖς νόμοις μία (하나의) ζημία (처벌), θάνατος. οἱ οὖν Ἀθηναῖοι ἔλεγον ὅτι οἱ Δράκοντος νόμοι οὐκ ἀνθρώπου ἦσαν ἀλλὰ δράκοντος.

도움말. 1. φάρμακον, 약, 치료. [pharmacist, 약제사]. 3. εἰσι (ἔστι 3인칭 복수 현재, 12과 3번 참조), ~있다, ~이다. 6. ὅρκους (ὅρκος의 복수 대격), 맹세들을, 서약들을. 9. δράκοντος (δράκων의 속격), 뱀의.

## 어휘

θηρίον, –ου, τό, 짐승, 야생 동물

στρατηγός, –οῦ, ὁ, 장군 [strategic, 전략적인]

ὕδωρ, ὕδατος, τό, 물 [hydroplane, 수상 비행기, 수상 활주정]

ἐκεῖνος, –η, –ο, 그것, 저것, (둘 중의) 전자

ὅδε, ἥδε, τόδε, 이것, 그것; 다음의 것

οὗτος, αὕτη, τοῦτο, 이것, (둘 중의) 후자; 앞서 말한 것

πρῶτος, –η, –ον, 처음인, 최초의, 우선하는

πρῶτον, (부사) 처음으로, 최초로, 우선 [protoplasm, 원형질]

ἐθέλω, ἐθελήσω, ἠθέλησα, 바라다, 소망하다, 원하다

ἔπειτα, (접속사) 그리고 나서, 그 다음에, 그 후로

ἔτι, 여전히, 아직

μᾶλλον, 오히려, ~보다 ('매우'를 의미하는 μάλα의 비교급 형태)

μᾶλλον ······ ἤ ······, ~보다는 오히려 ~인

## 작문

1. 그들은 내가 머물길 원하는 그 도시에 물이 있다고 말한다.

2. 드라콘은 그 사람들이 아테네에서 엄한 법률을 가지길 원했다고 생각했다. 그래서 그는 그것들을(αὐτούς) 썼다.

3. 그 그리스인들은 들짐승들을 신에게 제물로 바치지 않았다.

4. 이 장군들은 자신들이 지배자라고 말하는 그 도시들을 향해 가기를 원했다.

5. 그 노인들은 정의롭기보다는 엄하고자 계획하지 않았다.

6. 드라콘은 너무나도 훌륭하여, 그가 엄하다고 말하는 것은 올바르지 않다.

## 복습

I. 독해

1. οὐδὲν τῆς ὑγιείας ἥδιόν ἐστιν.

2. ἡ δημοκρατία οὐ ῥᾴστη ἐστίν.

3. ἔφυγε δὲ ἡ ὅλη πόλις τὴν τυραννίδα.

4. ὁ οὖν στρατιώτης ἔλεξεν ὅτι τὸ παιδίον κρεῖττον ἦν ἢ ὁ πατήρ.

5. οὐδὲ ἡ ὁδὸς ἔτεινε ὑπὸ τὰ τείχη· ἔλεξεν δὲ ὁ νεανίας ὅτι ἄμεινόν ἐστι τῷ στρατεύματι χρόνον ἐλάττονα μεῖναι.

II. 작문

1. 그 군대는 가능한 한 빨리 왔다.

2. 무척이나 많은 병사들이 자신들의 천막 안에서 하루 종일(하루 전부를) 머물렀다.

3. 심지어 참주정도 소수의 정의로운 시민들보다 더 강하지 않다.

4. 그 현자들은 건강이 아주 많은 소유물들보다 더 좋다고 말했다. (λέγω 사용)

5. 그 시인들은 땅의 돌들이 인간들의 아버지(조상)들이라고 말한다.

## 3. 실레노스, 헤르메스, 아기사슴

그리스의 여러 도시국가들은, 호메로스의 서사시에서 묘사되고 있는 시점부터 그 이래로, 수세기 동안 왕정 (군주제) 체제로 유지되었다. 그러다가 델포이가 마침내 문명화된 아폴론의 교리를 가르치기 시작하고, 페니키아인들이 그리스인들에게 거의 완벽한 형태의 알파벳을 전파한 이래로, 곧 대부분의 도시국가들이 정치체제를 귀족정으로 바꾸었다.

귀족들은 문명화 과정을 촉진시켰다. 그들은 현악기인 뤼라(λύρα)에 맞춰 부르는 운문을 즐겼으며, 이를 새로운 형태로 발전시켜 문학과 음악의 혼합 형태를 만들어 냈다. 그리고 그리스인들은 이를 'μουσική'(무시케)라고 불렀다. 이는 그리스인들의 취향에 호의적이면서 또 이들에게 영감을 제공하던 Μοῦσαι(무사 여신들, 뮤즈)를 어원으로 한다.

위의 뚜껑 달린 화병은, 기원전 5세기 무렵, 귀족정이 민주정으로 대체되기 시작할 즈음 아테네인들의 문화 및 예술을 보여주는 상징적인 사례이다. 말 꼬리를 달고서 주저하는 모습을 보이는 들창코의 늙은 실레노스와 달리고 있는 모습의 젊은 신 헤르메스를 공들여 대비시킨 점이 돋보이는데, 이는 매우 뛰어난 예술적 대립구도를 보여주고 있다. 그리고 위의 사진 속 아기사슴은 비교할 수 없을 만큼 섬세하게 그려져 있다.

귀족들은 자신들의 정신과 생각만이 아니라 손과 눈 그리고 목소리까지 영예롭고 우아하게 가꿈으로써, 당시 그 외의 그리스인들에게 (아울러 현재의 우리들에게도) 엄격하지만 가혹하지 않고, 정밀함과 절제를 잃지 않으면서도 자유롭고 강건하게 표현되는 올바른 균형이 무엇인지를 보여주었다.

# 11 과

## 의문사와 부정대명사 · 전접어 · 관점의 여격과 관점의 대격

1. 의문사와 부정대명사의 격변화 규칙.

　① 의문사와 부정대명사는 같은 형태이며, 둘 모두 명사 제3격변화와 유사하게 격변화 한다.

　② 의문사는 (단음절이든 복음절이든) 항상 첫 음절에 에큐트 악센트를 가지며, 이는 그레이브 악센트로 바뀌지 않는다.

　③ 부정대명사는 단음절일 경우에는 강세를 가지지 않고 복음절일 경우에는 울티마(뒤에서 첫째 음절)에 에큐트 악센트를 (복수 속격일 때는 써컴플렉스 악센트를) 가진다.

2. 의문사 τίς, τί (누구? 어느? 무엇?: who? which? what?) 격변화.

|  | 남성/여성 | 중성 | 남성/여성 | 중성 |
|---|---|---|---|---|
|  | 단수 |  | 복수 |  |
| 주격 | τίς | τί | τίνες | τίνα |
| 속격 | τίνος (τοῦ) | τίνος (τοῦ) | τίνων | τίνων |
| 여격 | τίνι (τῷ) | τίνι (τῷ) | τίσι | τίσι |
| 대격 | τίνα | τί | τίνας | τίνα |

3. 의문사의 중성 단수 대격 τί는 종종 '왜(why)?'의 의미를 가짐.

4. 부정대명사 τις, τι (누군가, 무엇인가, 어떤, 일종의: anyone, anything, someone, a, an) 격변화.

|  | 남성/여성 | 중성 | 남성/여성 | 중성 |
|---|---|---|---|---|
|  | 단수 |  | 복수 |  |
| 주격 | τις | τι | τινές | τινά |
| 속격 | τινός (του) | τινός (του) | τινῶν | τινῶν |
| 여격 | τινί (τῳ) | τινί (τῳ) | τισί | τισί |
| 대격 | τινά | τι | τινάς | τινά |

5. 부정대명사의 악센트 규칙.

부정대명사는 (자신 앞의 단어에 의존해 악센트를 갖는) 전접어enclitic이자 후치사이다. 전접어와 그 앞에 오는 단어들의 악센트 규칙은 다음과 같다. (s = 음절, e = 전접어 음절)

　① 단음절의 전접어는 모두 악센트를 가지지 않는다.

　　예) τις (e), τι (e) (위의 1번 ③ 참조)

　② 2음절 전접어는, 페널트(뒤에서 둘째 음절)에 에큐트 악센트가 오는 파록시톤이 그 앞에 올 때를 제외하고는, 악센트를 잃는다.

　　예) ἀνθρώπων τις (sśs e), ἀνθρώπων τινῶν (sśs eē)

③ 전접어 앞에 놓인 단어가 안티페널트(뒤에서 셋째 음절)에 에큐트 악센트(프로파록시톤) 혹은 페널트에 써컴플렉스 악센트(프로페리스포메논)를 가질 경우, 그 단어는 울티마에 에큐트 악센트가 추가로 붙는다.

예) ἄνθρωπός τις (śśś e), ἄνθρωποί τινες (śśś ee)

④ 울티마에 에큐트 악센트가 오는 옥시톤을 지닌 단어가 전접어 앞에 놓이는 경우, 그 단어는 에큐트 악센트를 유지한다. 울티마에 써컴플렉스 악센트가 오는 페리스포메논을 지닌 단어가 전접어에 앞서는 경우, 그 단어는 써컴플렉스 악센트를 유지한다.

예) ποταμός τις (sss é), κωμῶν τις (ss̃ e), κωμῶν τινων (ss̃ ee)

⑤ 둘 혹은 그 이상의 전접어가 함께 오는 경우, 앞서는 전접어(들)에는 일반적으로 다른 단어들처럼 악센트가 붙는다. 하지만 마지막 전접어에는 악센트가 붙지 않는다.

예) εἴ τίς τί ποτε ἀκούει (ś é é ee) (ποτε 또한 전접어)

⑥ 후접어가 전접어에 앞서는 경우, 후접어는 에큐트 악센트를 가지며 전접어는 악센트를 갖지 않는다.

위의 규칙들을 종합하여 도식화할 경우 다음과 같이 정리할 수 있다. (s = 음절, e = 전접어 음절)

| | |
|---|---|
| śśś e 또는 śśś ee: | ἄνθρωπός τις (śśś e), ἄνθρωποί τινες (śśś ee) |
| sśs e / sśs eẽ 또는 sśs eé: | ἀνθρώπων τις (sśs e), ἀνθρώπων τινῶν (sśs eẽ), ἀνθρώπου τινός (sśs eé) |
| sss é 또는 sss ee: | ποταμός τις (sss é), ποταμοί τινες (sss ee) |
| s̃ś e 또는 s̃ś ee: | πλοῖόν τι (s̃ś e), πλοῖά τινα (s̃ś ee) |
| ss̃ e 또는 ss̃ ee: | κωμῶν τις (ss̃ e), κωμῶν τινων (ss̃ ee) |
| ś e: | οὔ τις (ś e) |
| ś é é ee: | εἴ τίς τί ποτε ἀκούει (ś é é ee) |

6. 부정관계대명사 ὅστις (누구든, ~하는 사람은 누구나: whoever) 격변화 및 악센트.

① 부정관계대명사는 관계대명사와 부정대명사가 결합된 형태.
② 부정대명사 형태의 악센트는 사라졌지만, 관계대명사 형태의 악센트는 유지한 채, 이 둘이 한 단어 형성.
③ 부정관계대명사는 간접의문사로도 쓰임. (간접의문문과 관련해, 24과 참조)

| | 단수 | | | 복수 | | |
|---|---|---|---|---|---|---|
| | 남성 | 여성 | 중성 | 남성 | 여성 | 중성 |
| 주격 | ὅστις | ἥτις | ὅ τι | οἵτινες | αἵτινες | ἅτινα |
| 속격 | οὗτινος / ὅτου | ἧστινος | οὗτινος / ὅτου | ὧντινων / ὅτων | ὧντινων | ὧντινων / ὅτων |
| 여격 | ᾧτινι / ὅτῳ | ᾗτινι | ᾧτινι / ὅτῳ | οἷστισι / ὅτοις | αἷστισι | οἷστισι / ὅτοις |
| 대격 | ὅντινα | ἥντινα | ὅ τι | οὕστινας | ἅστινας | ἅτινα |

7. 관점의 여격 dative of respect 및 관점의 대격 accusative of respect.

여격과 대격은 전치사 없이 어떤 진술이 성립되는 관점 내지 측면이나 조건을 나타내는데 사용될 수 있다.

예) ἀνὴρ ἡλικίᾳ ἔτι νέος. 나이에서 여전히 젊은 남자 (ἡλικίᾳ, 여격)

πόδας ὠκὺς Ἀχιλλεύς. 발에서 재빠른 아킬레우스 (πόδας, 대격)

## 독해

1. τίς ἄρα οὗτός ἐστιν, ὅτι καὶ ὁ ἄνεμος καὶ ἡ θάλαττα ὑπακούει αὐτῷ; – 성(聖) 마르쿠스

2. τί δέ τις; τί δ' οὔ τις; σκιᾶς ὄναρ ἄνθρωπος. – 핀다로스

3. τί δ' ἄλλο; φωνὴ καὶ σκιὰ γέρων ἀνήρ. – 에우리피데스

4. ἔστι τις οὕτως ἄφρων ὅστις νομίζει θεοὺς οὐκ εἶναι; – 소크라테스

5. τί λέγεις ἀρετὴν εἶναι;

6. τυφλὸς τά τ' ὦτα τόν τε νοῦν τά τ' ὄμματ' εἶ. – 소포클레스

7. ἦν τις ἐν τῇ στρατιᾷ Ξενοφῶν Ἀθηναῖος, ὃς οὔτε στρατηγὸς οὔτε στρατιώτης ἦν. – 크세노폰

8. 통치자의 정의. Ἀθηναῖός τις ἠρώτησέ (물었다) ποτε τὸν Περικλέα, "ὦ Περίκλεις," ἔφη, "τί ἐστι τὸ πρῶτον ὃ τὸν ἄρχοντα δεῖ ἐν νῷ ἔχειν;" ὁ δὲ (상대편 = 페리클레스) ἔφη, "ὅτι ἄνθρωπός ἐστι." "τί δ' ἐστὶ τὸ δεύτερον;" "ὅτι καὶ δεῖ (~해야 한다) ἄρχειν καλῶς καὶ δικαίως." τέλος (마지막으로) δ' ὁ ἀνὴρ ἔλεγε, "τί ἐστι τὸ τρίτον;" καὶ Περικλῆς ἔφη "ὅτι οὐκ ἀεὶ ἄρξει."

도움말. 1. ὑπακούω, (+ 여격) ~에 귀를 기울이다, 복종하다 (ἀκούω, 듣다) [acoustics, 음향학, 음향효과]; αὐτῷ, 그에게. 2. σκιά, 그림자; ὄναρ, 꿈. 3. φωνή, 소리, 목소리, 음성 [telephone, 전화]; ἄλλο, 그 외, 달리, 그 밖에; ἄλλο τί, 달리 무엇이겠는가, 그 외 무엇이겠는가; γέρων, 노인 (여기서 형용사처럼 쓰이면서 ἀνήρ를 수식). 4. ἄφρων, 의식을 잃은, 무분별한, 몰지각한 (결여 의미 접두어 ἀ + φρήν 마음 = 마음 없음, 의식 없음, 몰지각). 6. τυφλός, 눈먼, 장님의; ὦτα (οὖς의 복수 대격), 귀들을;[17] ὄμμα, 눈[目];[18] εἶ, 너는 ~이다 (ἔστι 2인칭 단수 현재, 12과 3번 참조). 8. Περίκλεις (Περικλῆς의 호격) 페리클레스여; ὁ δέ, 상대편 (문장에서 주어로 제시되었던 인물이 아니라 그 상대편 혹은 앞선 문장 등에서 언급이 되었던 사람을 주로 가리킴).

## 어휘

ἀρετή, –ῆς, ἡ, 탁월함, 덕

νοῦς, νοῦ, νῷ, νοῦν, νοῦ, ὁ, 마음, 지성, (νόος의 축약된 형태)

στρατιά, –ᾶς, ἡ, 군대. (στράτευμα, 군대, 부대)

τέλος, –ους, τό, 끝, 목적; (대격 형태로서 부사) 끝으로, 최후로, 마지막으로, 마침내, 결국 [teleology, 목적론]

δεύτερος, –α, –ον, 두 번째 [Deuteronomy, 신명기]

τίς, τί, 누구? 어느? 무엇?

τις, τι, 누군가, 무엇인가, 어떤, 일종의

ὅστις, ἥτις, ὅ τι, 누구든지, ~하는 사람은 누구나

ἄρχω, ἄρξω, ἦρξα, 다스리다, 지배하다, 통치하다; (종종 중간태로) (+ 속격) 시작하다 (중간태와 관련해, 25과 참조)

δεῖ, (비인칭) ~해야 한다, ~임이 틀림없다, ~일 수밖에 없다 (+ 대격 & 부정사) (미완료 형태 ἔδει 및 부정사 형태 δεῖν로도 사용)

ἄρα, 그러므로, 고로 (후치사)

---

[17] οὖς (귀, 중성명사) 격변화: οὖς (주격), ὠτός (속격), ὠτί (여격), οὖς (대격); ὦτα (주격), ὤτων (속격), ὠσί (여격), ὦτα (대격)

[18] ὄμμα (눈, 중성명사) 격변화: ὄμμα (주격), ὄμματος (속격), ὄμματι (여격), ὄμμα (대격); ὄμματα (주격), ὀμμάτων (속격), ὄμμασι (여격), ὄμματα (대격)

οὔτε, ~도 아니다 (종종 문장에서 다른 οὔτε와 함께 쌍을 이루어, '~도 또 ~도 아닌')

πότε, 언제? ~때?

ποτέ, (전접어, 후치사) 한때, 언젠가, 이전의 어느 불특정한 때

τε, (전접어, 후치사) 그리고 (종종 문장에서 다른 τε와 쌍을 이루어, '~도 그리고 ~도')

ὦ (주로 호격과 함께), 오, ~여 (ὦ Σώκρατες = 오, 소크라테스 / 소크라테스여)

## 작문

1. 누가 군대를 그 도시 안으로 이끌고 있었는가?

2. 무엇이든(ὅστις 변화형 사용) 통치자가 마음 안에 간직해야만 하는 것을 묻지(ἐρωτᾷ) 않는 자가 있는가?

3. 현명한 자란 무엇이라고 당신은 생각하는가?

4. 누군가 신에게 제물을 바치고자 계획했다.

5. 어떤 때라도 진리를 말하지 않을 정도로(ὥστε) 누군가 그처럼 사악한가?

6. 그러므로 탁월함(덕)이 인간의 삶에서 최고의 목적이라고 생각해야만 한다(생각할 필요가 있다).

## 복습

I. 전접어의 악센트 변화: 다음의 단어들을 형용사로 사용되는 부정대명사(τις, τι)와 함께 격변화 시킬 것.
ἄνθρωπος, δῶρον, στρατηγός, κλώψ.

II. 독해

1. τοῦτο τὸ θηρίον μᾶλλον κακὸν ἢ καλόν ἐστι.

2. ἐκεῖνον τὸν στρατηγὸν πρῶτον ἔπεμψαν οἱ Ἀθηναῖοι μετὰ τῶν στρατιωτῶν εἰς τὸν πόλεμον.

3. ἔπειτα ἔφερε ὁ παῖς τὸ ὕδωρ τῇ μητρί.

4. οἵδε οἱ νέοι οὐκ ἐθέλουσι πιστεύειν ἐκείνῃ τῇ γυναικί.

5. ἔτι γράφει ὁ δικαστὴς τὴν γνώμην.

III. 작문

1. (중성 복수 지시사를 사용) 이것들을 그는 저것들에 더해 보낼 것이다.

2. 그들은 그 여자들과 아이들을 도시 밖으로 내몰았다.

3. 그 의견으로 인하여, 그 시민들은 그 재판관들을 믿지 않을 것이다.

4. 소년이여, 그 병사가 선물을 보냈다.

5. 그 날에, 그 도시의 그 지배자들은 땅과 바다와 하늘의 정령들에게 제물을 바칠 것이다.

## 12 과
### 동사 εἰμί · 대명사 αὐτός

1. μι-동사. (현재 직설법이 1인칭 단수 형태가 -μι로 끝나는 동사)

　① μι-동사는 (ω-동사에서 어간과 어미 사이의 -ο/ε- 같은) 연결모음이 없는 비-연결[nonthematic] 동사이다.

　② μι-동사는 현재, 미완료, 제2부정과거에서 ω-동사와 다른 형태를 취하지만, 그 외의 시제들에서는 ω-동사와 비슷하게 변화한다.

2. μι-동사의 유형.

　① 어근 유형: 인칭 어미가 직접 어근에 붙으며, 이 형태의 동사들은 모두 불규칙 변화를 한다.

　② 자음중복[reduplicating] 현재시제 유형: 맨 처음 자음이 ι와 함께 중복된다.

　　예) 어간 δο-, δίδωμι (현재 직설법 1인칭 단수)

　③ νυμι-유형: 어간형성사[formant]인 -νυ-가 어간과 어미 사이에 오며, 이 유형의 동사들은 대부분 (제2부정과거가 아니라) 제1부정과거를 가진다.

　　예) δείκ-νυ-μι

3. εἰμί (있다, ~이다) 현재 직설법, 미완료 직설법 변화 및 현재 부정사. (어근 유형)

|  | 현재 직설법<br>(있다/~이다) | 미완료 직설법<br>(있었다/~였다) | 현재 부정사 |
|---|---|---|---|
| 1인칭 단수 | εἰμί | ἦν / ἦ | εἶναι |
| 2인칭 단수 | εἶ | ἦσθα |  |
| 3인칭 단수 | ἐστί(ν) | ἦν |  |
| 1인칭 복수 | ἐσμέν | ἦμεν |  |
| 2인칭 복수 | ἐστέ | ἦτε |  |
| 3인칭 복수 | εἰσί(ν) | ἦσαν |  |

4. 현재 직설법 형태는, 2인칭 단수와 부정사를 제외하고, 전접어이다.

5. 부정사 -ναι 형태는 규칙적으로 페널트(뒤에서 둘째 음절)에 악센트를 갖는다.

6. 강조대명사 αὐτός 격변화.

|  | 단수 | | | 복수 | | |
|---|---|---|---|---|---|---|
|  | 남성 | 여성 | 중성 | 남성 | 여성 | 중성 |
| 주격 | αὐτός | αὐτή | αὐτό | αὐτοί | αὐταί | αὐτά |
| 속격 | αὐτοῦ | αὐτῆς | αὐτοῦ | αὐτῶν | αὐτῶν | αὐτῶν |
| 여격 | αὐτῷ | αὐτῇ | αὐτῷ | αὐτοῖς | αὐταῖς | αὐτοῖς |
| 대격 | αὐτόν | αὐτήν | αὐτό | αὐτούς | αὐτάς | αὐτά |

7. αὐτός의 세 의미.

   ① 강조대명사나 형용사로 서술적 위치에 오면 '자신, 자체'(self)를 의미한다.

      예) αὐτός ἔφη. 그 자신이 말했다.

      εἶδεν τὴν μητέρα αὐτήν. 그는 어머니 자신을 보았다. (프랑스어의 'le jour même'와 유사)

   ② 형용사로서 한정적 위치에 오면 '같은'(same)을 의미한다.

      예) εἴδομεν τὸν αὐτόν ἄνδρα. 우리는 같은 남자를 보았다. (프랑스어의 'le même jour'와 유사)

   ③ (주격과 호격을 제외한 나머지 격들인) 사격oblique case에서는 3인칭대명사를 의미한다.

      예) εἶδεν αὐτούς. 그는 그들을 보았다.

      εἶδεν τοὺς φίλους αὐτῶν. 그는 그들의 친구들을 보았다.

      아래의 문장은 αὐτός의 세 가지 의미를 모두 보여준다.

      예) τῇ αὐτῇ ἡμέρᾳ Κυρος αὐτος εἶδεν αὐτούς. 같은 날 퀴로스 자신이 그들을 보았다.

8. αὐτός의 형태는 모든 격변화에서 항상 αὐ-와 함께 시작한다는 점과, 악센트는 항상 마지막 음절(울티마)에 온다는 점을, 특히 속격과 여격에서는 써컴플렉스 악센트가 온다는 점을 유의해야 한다.

9. 소유와 부분의 속격: 인칭대명사와 명사.

   ① 소유의 의미를 갖는 속격과 부분의 의미를 갖는 속격의 인칭대명사는 서술적 위치에 놓인다.

      예) οἱ πλεῖστοι τῶν πολιτῶν. 시민들의 대부분 (부분의 속격)

      ὁ φίλος αὐτοῦ. 그의 친구 (소유의 속격)

   ② 소유의 의미를 갖는 속격의 명사는 한정적 위치에 놓인다.

      예) ὁ τοῦ σοφιστοῦ φίλος. 그 현자의 친구

10. ἔστι 활용.

   ① ἔστι가 종종 비인칭 구문에서 부정사를 (혹은 분사를) 동반해 '~이 가능하다' 혹은 '~이 허락(용)되다' 의미를 가진다.

      예) ἔστι δὲ τερπομένοισιν ἀκούειν. 즐거운 것(이야기)들을 수 있다.

   ② 부정사 없이 사용되는 ἔστι는 주어의 존재를 강조하여 '~있다'의 의미를 가질 수 있다. 이 때 ἔστι는 전접어가 아니다.

      예) οὐκ ἔσθ' οὗτος ἀνήρ, οὐδ' ἔσσεται. 이 남성은 있지도 않거니와, 있을 것이지도 않다.


## 독해

1. ἔστιν ὁ μὲν χείρων ὁ δ' ἀμείνων ἔργον ἕκαστον, / οὐδεὶς δ' ἀνθρώπων αὐτὸς ἅπαντα σοφός.

2. τὸ τῆς Σφιγγὸς αἴνιγμα ἦν τόδε, "τί ἐστι τὸ αὐτὸ τετράπουν καὶ δίπουν καὶ τρίπουν;"

3. τί ἐστι φίλος; ἄλλος ἐγώ.

4. οὐκ ἔστιν οὐδὲν ἀνθρώπῳ χωρὶς θεῶν.

5. τοῖς τῶν αὐτῶν γονέων παισὶ πολλάκις οὐχ οἱ αὐτοὶ τρόποι εἰσίν.

6. εἰρήνη γεωργὸν κἂν πέτραις τρέφει καλῶς, πόλεμος δὲ κἂν πεδίῳ κακῶς.

7. 두 개의 자루. ἕκαστος ἄνθρωπος δύο πήρας (자루들) φέρει, τὴν μὲν ἔμπροσθεν, τὴν δ' ὄπισθεν. καὶ ἑκατέρα κακῶν (잘못들, 나쁜 점들) μεστή (가득 찬) ἐστι. ἡ δὲ ἔμπροσθεν τὰ ἀλλότρια κακὰ φέρει, ἡ δὲ ἑτέρα τὰ αὐτοῦ τοῦ ἀνδρός. διὰ τοῦτο οἱ ἄνθρωποι τὰ ἑαυτῶν κακὰ οὐχ ὁρῶσι (본다), τὰ δὲ ἀλλότρια πάνυ ἀκριβῶς (정확하게) θεῶνται.

도움말: 1. ὁ μέν …… ὁ δέ ……, 이 사람은 ~, 반면에 다른 사람은 ~ (3과 11번 참조); ἔργον, 행위에서, 행동에서, 일에서 (관점의 대격); ἅπαντα, 모든 면에서, 모든 관점에서 (관점의 대격). 2. Σφιγγός (Σφίγξ의 대격), 스핑크스의; αἴνιγμα, 수수께끼 [enigma]; τετράπουν, 네 발 달린. 3. ἐγώ, 나. 4. χωρίς, (부사) (+ 속격) ~와 떨어져서, 분리되어. 5. γονέων (γονεύς의 속격), 어버이의; παισί (παῖς의 여격), 아이에게 (소유 의미의 여격, 7과 4번 참조). 6. γεωργός, 농부 [George의 어원]; κἄν = καὶ ἐν (모음축약). 7. μεστή, (+ 속격) ~으로 가득 차다, 채워지다; θεῶνται (θεάομαι의 3인칭 복수 현재 직설법 중간태, 이태동사), 보다, 주목하다, 주시하다 (이태동사와 관련하여 25과 1번 참조).

## 어휘

εἰρήνη, –ης, ἡ, 평화 [Irene의 어원]

πεδίον, –ου, τό, 평야, 평원

πέτρα, –ας, ἡ, 돌, 바위 [Peter의 어원] [petrify, 돌이 되게 하다, 깜짝 놀라게 하다]

τρόπος, –ου, ὁ, 특성, 성격, 식, 특질

ἄλλος, –η, –ο, 다른, 타자의, 또 다른 (αὐτός와 같이 격변화)

αὐτός, –ή, –ό, 자기, 자신, 같음, 3인칭대명사(그), 바로 그 것

δύο, 둘, 둘의, 두 개의 (주격과 대격)

ἕκαστος, –η, –ον, (여럿의) 각각 (서술적 위치)

ἑκάτερος, –α, –ον, (둘 중의) 각각, 둘 모두, 둘 중 어느 하나의 (서술적 위치)

ἕτερος, –α, –ον, 다른 것, (둘 중의) 다른 하나 [heterodox, 이단의]

οὐδείς, 아무도 ~아닌, 누구도 ~않는 (격변화는 37과 4번 참조)

εἶδον, 나는 보았다 (제2부정과거 형태, 부정사 형태는 ἰδεῖν)

εἰμί, ~이다, 있다

τρέφω, θρέψω, ἔθρεψα, 양육하다, 돌보다, 기르다, 부양하다

ἔμπροσθεν, (부사) 전방에, ~앞에, ~에 앞서서

ὄπισθεν, (부사) 후방에, ~뒤에, ~에 뒤서서

## 작문

1. 같은 부모의 자녀들은 종종 같은 특성을 가진다(ἔχω 사용).
2. 너는 한때 저 도시에서 같은 사람들을 보았다.
3. 너는 저 사람들을 친구들이라고 생각했다.
4. 그 지배자의 친구 그 자신은 매우 큰 바위들이 있었던 바로 저 평원 안에 있었다.
5. 신들이 각 사람을 잘 돌보지 않았다고 누가 말하는가?
6. (둘 지배자 중에서) 다른 한 지배자의 특성은 좋지도 또 정의롭지도 않았다.

## 복습

I. 독해

1. τίς ἄρα ἦλθε μετὰ τούτου τοῦ γέροντος ἐκείνῃ τῇ ἡμέρᾳ;

2. ἔκριναν οἱ δικασταὶ τὸν Ἀθηναῖον οὐ κλῶπα εἶναι.

3. δῶρά τε ἔπεμψε ὁ βασιλεὺς τῷ στρατιώτῃ ὅστις τὴν ἀσπίδα ἤνεγκε.

4. ἐκεῖνος ὁ πολίτης τὸ μὲν σῶμα καλός, τὴν δὲ ψυχὴν πονηρός ἐστι.

5. οὔτε ὁ πατὴρ οὔτε ὁ παῖς ἦλθέ ποτε εἰς τὴν πόλιν.

## II. 작문

1. 왕에 속한 군대의 탁월함은 매우 컸다.

2. 결국, 아름다운 정신이 아름다운 신체보다 더 낫다.

3. 누구든 두 번째로 왔던 자가 열등했다.

4. 누가 아테네인들의 도시를 다스리겠는가?

5. 그러므로 누군가 열흘 안에 그 소년의 아버지에게 (편지를) 써야만 한다(쓸 필요가 있다).

# 13 과

## μι–동사: ἵστημι, δίδωμι 현재, 미완료, 제1 및 제2부정과거 직설법 능동태 · 복합동사

1. (앞의 12과에서 설명한 것처럼) 모든 μι–동사들은 현재시제 및 미완료시제에서 ι와 함께 어간의 첫 자음이 중복된다.

   현재시제와 미완료시제에서, 어간모음은 단수의 경우 장음이고 복수의 경우 단음이다.

   μι–동사 어형변화의 특징은 인칭 어미가 어간에 직접 붙는다는 점이다. 인칭어미들은 다음과 같다.
   ① 일차시제(현재, 미래, 현재완료, 미래완료) 어미: –μι, –ς, –σι, –μεν, –τε, –ασι
   ② 이차시제(미완료, 부정과거, 과거완료) 어미: –ν, –ς, —, –μεν, –τε, –σαν

2. ἵστημι (세우다, 서게 하다) 변화. 어간은 –στα.[19]

|  | 현재 (세우다) | 미완료 (세우고 있었다) | 현재 부정사 |
|---|---|---|---|
| 1인칭 단수 | ἵστημι | ἵστην | ἱστάναι |
| 2인칭 단수 | ἵστης | ἵστης | |
| 3인칭 단수 | ἵστησι | ἵστη | |
| 1인칭 복수 | ἵσταμεν | ἵσταμεν | |
| 2인칭 복수 | ἵστατε | ἵστατε | |
| 3인칭 복수 | ἱστᾶσι | ἵστασαν | |

|  | 제1부정과거 (세웠다) | 제2부정과거[20] (섰다) | 제1부정과거 부정사 | 제2부정과거 부정사 |
|---|---|---|---|---|
| 1인칭 단수 | ἔστησα | ἔστην | στῆσαι | στῆναι |
| 2인칭 단수 | ἔστησας | ἔστης | | |
| 3인칭 단수 | ἔστησε | ἔστη | | |
| 1인칭 복수 | ἐστήσαμεν | ἔστημεν | | |
| 2인칭 복수 | ἐστήσατε | ἔστητε | | |
| 3인칭 복수 | ἔστησαν | ἔστησαν | | |

3. ἵστημι 동사 어간.
   ① 동사 어간은 –στα이지만, 현재와 미완료의 단수 및 부정과거 부정사는 어간에 (α 대신) η를 가진다.
   ② 복수 및 현재 부정사는 어간에서 그대로 α를 유지한다.

---

[19] 그리스어에서 원래의 단어가 σ로 시작하는 경우, 종종 이 σ가 탈락하고 대신 바로 뒤에 오는 모음에 강숨표가 온다. 따라서 ἵστημι의 원래 형태는 σίστημι이다. (라틴어 sisto와 비교)

[20] ἵστημι는 자동사로서의 제1부정과거와 타동사로서의 제2부정과거 형태를 모두 가지며, 각각 다른 의미를 보인다. 제1부정과거는 타동사로 쓰여 '~을 세웠다'의 의미를, 반면에 제2부정과거는 자동사로 쓰여 (재귀적 맥락에서) '(자신이) 섰다'의 의미를 지닌다.

61

4. δίδωμι (주다) 변화.

|  | 현재<br>(주다) | 미완료<br>(주고 있었다) | 제2부정과거<br>(주었다) | 현재 부정사 | 제2부정과거 부정사 |
|---|---|---|---|---|---|
| 1인칭 단수 | δίδωμι | ἐδίδουν | ἔδωκα[21] | διδόναι | δοῦναι |
| 2인칭 단수 | δίδως | ἐδίδους | ἔδωκας | | |
| 3인칭 단수 | δίδωσι | ἐδίδου | ἔδωκε | | |
| 1인칭 복수 | δίδομεν | ἐδίδομεν | ἔδομεν | | |
| 2인칭 복수 | δίδοτε | ἐδίδοτε | ἔδοτε | | |
| 3인칭 복수 | διδόασι | ἐδίδοσαν | ἔδοσαν | | |

5. μι–동사의 미래시제는 어간에 ω–동사 변화와 같은 형식을 붙여 형성한다.

예) στήσω (ἵστημι: 어간 –στα → 현재 단수 –στη + 미래시제 형성사 σ + 1인칭 어미 –ω)

δώσω (δίδωμι: 어간 δω + 미래시제 형성사 σ + 1인칭 어미 –ω)

6. 복합동사.

동사 앞에 하나나 그 이상의 전치사를 붙여서 복합동사들을 구성할 수 있다. 이와 같은 복합동사들의 구성과 철자법에 관련된 중요한 규칙들은 다음과 같다.

① 모음으로 끝나는 전치사가 모음으로 시작하는 동사 앞에 붙을 경우, 전치사의 마지막 모음은 생략된다.[22]

예) ἀπό + ἄγω = ἀπάγω

② 동사가 강숨표를 가지고, 전치사의 생략되는 모음 앞에 오는 자음이 폐쇄음일 경우, 그 폐쇄음은 기식자음으로 바뀐다.[23]

예) ἐπί + ἵημι = ἐφίημι

③ 전치사가 ν로 끝날 때, ν는 몇 가지 형태로 변화한다. (ν의 변화와 관련해 1과 5번 참조)

(a) 순 폐쇄음(π, β, φ) 또는 μ 앞에서 ν는 μ가 된다.

예) σύν + πέμπω = συμπέμπω

σύν + μάχομαι = συμμάχομαι

(b) 구개 폐쇄음(κ, γ, χ) 앞에서 ν는 γ가 된다.

예) ἐν + γράφω = ἐγγράφω

(c) λ앞에서 ν는 λ로 변한다.

예) σύν + λαμβάνω = συλλαμβάνω

(d) σ와 ζ앞에서 ν는 탈락된다.

예) σύν + στρατεύω = συστρατεύω

---

[21] δίδωμι, τίθημι, ἵημι의 제2부정과거 단수 어미는 불규칙이다. (14과 참조)

[22] 전치사 περί 및 πρό는 이 규칙에서 제외된다. 즉, 이것들의 마지막 모음인 ι와 ο는 복합동사에서도 유지된다. (예: περί + ἄγω = περιάγω; πρό + ἄγω = προάγω)

[23] 폐쇄음이 기식자음으로 변하는 규칙과 관련하여, 5과 7번 참조.

④ 복합동사는 전치사 부분 뒤에 접두모음이 붙어 만들어지고, 접두모음 앞에선 모음탈락이 일어난다. (특히 과거시제를 구성할 때 접두모음이 붙는 경우, 이 원칙이 적용된다.)

예) ἀπό + δίδωμι = ἀποδίδωμι (현재) → ἀπέδωκα (부정과거)

예) ἀπό + πέμπω = ἀποπέμπω (현재) → ἀπέπεμψα (부정과거)

이때 활음조<sup>euphony</sup> 법칙에 맞춰 변화된 자음은 접두모음 앞에서 원래의 형태로 돌아간다.

예) συμπέμπω → συνέπεμψα (μ → ν)

⑤ 복합동사의 악센트는 접두모음을 넘어 거슬러 올라가지 않는다.

예) ἀπάγω → ἀπῆγον (페널트에서 악센트 유지)

⑥ 부정사와 분사는 복합되기 이전 형태의 악센트를 계속 유지한다.

예) ἀπό + ἀγαγεῖν (ἄγω의 부정과거 부정사) → ἀπαγαγεῖν (ἀπάγω의 부정과거 부정사)

예) ἀπό + ἄγον (ἄγω의 현재 분사 남성 및 중성 주격) → ἀπάγον (ἀπάγω의 현재 분사 남성 및 중성 주격)

## 독해

1. ἐνταῦθα οὖν ἔστησαν οἱ Ἕλληνες.

2. τότε δὲ ἀπέστησαν πρὸς Κῦρον αἱ πόλεις πλὴν Μιλήτου.

3. ὅστις ἄνδρα φίλον μὴ προδίδωσιν, μεγάλην ἔχει τιμὴν ἔν τε βροτοῖς (가사자들 안에서) ἔν τε θεοῖσιν κατ' ἐμὸν νόον.
   – 아티카 주연가(酒宴歌)

4. ἡ μωρία δίδωσιν ἀνθρώποις κακά.

5. λέγουσιν ὅτι, ἐν ταύτῃ τῇ μάχῃ, τῶν στρατιωτῶν οἱ μὲν ἔφευγον (달아났다) πρὸς τὸ στρατόπεδον, οἱ δὲ ἐνόμιζον αἰσχρὸν εἶναι φυγεῖν. ἀλλὰ ἄλλος ἄλλο λέγει· ἐγὼ δὲ οὐ πιστεύω τοῖς τῶν πολιτῶν λόγοις.

6. ποιητής τις λέγει ὅτι οἱ θεοί, ἐπειδὴ ἐποίησαν τὰ ζῷα (생물들), ἔδοσαν ἑκάστῳ γέρας τι (어떤 선물 = 한 선물). καὶ τοῖς ταύροις (황소들) κέρα (뿔들) ἔδοσαν, τοῖς δὲ ὄρνισι (새들) πτέρυγας (날개들) καὶ τοῖς ἄλλοις ἄλλο τι τοιοῦτον. ἀνθρώποις (인간들) δὲ οὐδὲν τοιοῦτον ἔδοσαν, ἀλλὰ τοῖς μὲν ἀνδράσι ἀρετήν, ταῖς δὲ γυναιξὶ κάλλος (아름다움 [美]). διὰ δὲ ταῦτα ἡ γυνὴ πάντων (모든 것들 중에서) κρατίστη ἐστί. οἱ γὰρ ἄνδρες βελτίονές εἰσι τῇ ἀρετῇ. αἱ δὲ γυναῖκες νικῶσι (정복하다) τοὺς ἄνδρας τῷ κάλλει.

도움말: 2. ἀφίστημι, 반기를 들다 (~로부터 돌아서다); Κῦρον (Κῦρος의 대격), 퀴로스; Μιλήτου, 밀레토스의 (소아시아 지역의 그리스 도시). 3. μεγάλην, 큰, 위대한; βροτοῖς (βροτός의 대격 복수), 가사자들, 인간들; θεοῖσιν = θεοῖς; κατ' ἐμὸν νόον, 내 마음(정신)에 따르면 = 내 의견으로는, 내 생각엔. 4. μωρία, 어리석음, 우둔 [moron, 우둔아, 어리석은 사람. sophomore, (경험이 아직 2년 정도밖에 되지 않아, 아직은) 미숙한, (대학 등의) 2년생]. 5. ἄλλος ἄλλο λέγει, 다른 이는 또 달리 말한다.

## 어휘

μάχη, –ης, ἡ, 전투 [logomachy, 말싸움, 설전, 언쟁]

στρατόπεδον, –ου, τό, 진지, 막사

τιμή, –ῆς, ἡ, 존중, 평판, 명예 [timocracy, 명예정]

αἰσχρός, –ά, –όν, 수치스러운, 불명예스러운

τοιοῦτος, τοιαύτη, τοιοῦτο 혹은 τοιοῦτον, 그러한, 그와 같은, 그런

δίδωμι, δώσω, ἔδωκα, 주다

ἵστημι, στήσω, 제1부정과거 ἔστησα, 제2부정과거 ἔστην, 세우다, 서다

προδίδωμι, 배신하다, 배반하다

φεύγω, 제2부정과거 ἔφυγον, 탈출하다, 도망치다, 달아나다

ἐνταῦθα, (부사) 여기, 거기, 저기

ἐπεί, ἐπειδή, 언제, ~이래로, ~후에

πλήν, (전치사) (+ 속격) ~을 제외하고, ~외에

πρός, (전치사) (+ 속격) ~으로부터; (+ 여격) ~근처에, 근방에; (+ 대격) ~을 향해, ~에 반하여, ~에 대항하여

τότε, (부사) 그때 (과거의 특정한 때)

## 작문

1. 그 왕이 그들에게 선물을 주었기에, 밀레토스의 그 그리스인들은 반기를 들지 않았다.

2. 그러고 나서 그 장군은 자신의 군인들을 성벽 근처에 세웠고 그들이 거기에 남기를 원했다.

3. 친구들을 배반하는 것은 어리석다.

4. 그들은 그 시인들이 저 전투로부터 수치스럽게 도망쳤다고 말했다.

5. 그런 선물을 왕에게 주는 것은 결코 수치스럽지 않았다.

6. 자신들의 친구들을 배반한 자들은 그리스인들 사이에서 명예를 가지지 않는다.

## 복습

I. 독해

1. ἔφη ἐν μὲν τῇ θαλάττῃ εἰρήνην εἶναι, ἐν δὲ τῇ πόλει οὔ.

2. ἔμπροσθεν μὲν τὴν θάλατταν εἴδομεν, ὄπισθεν δὲ ἐν τῷ πεδίῳ πέτρας μεγίστας.

3. τί τοὺς ἐκείνου τοῦ παιδὸς τρόπους ἰδεῖν ἠθέλετε;

4. δύο ἵπποι εἰσί· τοῦτον μὲν ἄξομεν, τὸν δὲ ἕτερον τῇ μητρὶ λείψομεν, αὐτὴ γὰρ ἔθρεψεν αὐτόν.

5. οὐδείς ἐστιν οὕτω πονηρὸς τοῖς τρόποις ὥστε μὴ ἐθέλειν φίλους ἔχειν.

II. 작문

1. 각 아이가 자신의 아버지를 위해 한 선물을 날랐다(가져왔다).

2. 이 사람들은 평화를 지니길 원하는 반면, 다른 이들은 전쟁으로 가기를 계획하고 있다.

3. 우리는 그가 사악하다고 생각하지는 않으나, 그 재판관들은 그의 방식들이 매우 나쁘다고 말한다.

4. 누가 저 왕의 아이들을 양육했는가?

5. 그 막사 안에 있던 자가 누구였든 도둑은 아니었다.

# 14 과

## μι-동사: τίθημι, ἵημι, δείκνυμι 현재, 미완료, 부정과거 능동태

1. τίθημι (두다, 놓다) 변화. 어간은 –θε, –θη.[24]

|  | 현재<br>(두다) | 미완료<br>(두고 있었다) | 제2부정과거<br>(두었다) | 현재 부정사 | 제2부정과거 부정사 |
|---|---|---|---|---|---|
| 1인칭 단수 | τίθημι | ἐτίθην | ἔθηκα | τιθέναι | θεῖναι |
| 2인칭 단수 | τίθης | ἐτίθεις | ἔθηκας |  |  |
| 3인칭 단수 | τίθησι | ἐτίθει | ἔθηκε |  |  |
| 1인칭 복수 | τίθεμεν | ἐτίθεμεν | ἔθεμεν |  |  |
| 2인칭 복수 | τίθετε | ἐτίθετε | ἔθετε |  |  |
| 3인칭 복수 | τιθέασι | ἐτίθεσαν | ἔθεσαν |  |  |

2. ἵημι (던지다, 내던지다) 변화. 어간은 ἑ 또는 ἡ.[25]

|  | 현재<br>(던지다) | 미완료<br>(던지고 있었다) | 제2부정과거<br>(던졌다) | 현재 부정사 | 제2부정과거 부정사 |
|---|---|---|---|---|---|
| 1인칭 단수 | ἵημι | ἵην | ἧκα | ἱέναι | εἷναι |
| 2인칭 단수 | ἵης | ἵεις | ἧκας |  |  |
| 3인칭 단수 | ἵησι | ἵει | ἧκε |  |  |
| 1인칭 복수 | ἵεμεν | ἵεμεν | –εἷμεν[26] |  |  |
| 2인칭 복수 | ἵετε | ἵετε | –εἷτε |  |  |
| 3인칭 복수 | ἱᾶσι | ἵεσαν | –εἷσαν |  |  |

3. δείκνυμι (보여주다, 보이다) 변화. (규칙변화의 제1부정과거를 가지며, νυ는 현재와 미완료 어간에서만 활용)

|  | 현재<br>(보여준다) | 미완료<br>(보여주고 있었다) | 제1부정과거<br>(보여줬다) | 현재 부정사 | 제1부정과거 부정사 |
|---|---|---|---|---|---|
| 1인칭 단수 | δείκνυμι | ἐδείκνυν | ἐδείξα | δεικνύναι | δεῖξαι |
| 2인칭 단수 | δείκνυς | ἐδείκνυς | ἐδείξας |  |  |
| 3인칭 단수 | δείκνυσι | ἐδείκνυ | ἐδείξε(ν) |  |  |
| 1인칭 복수 | δείκνυμεν | ἐδείκνυμεν | ἐδείξαμεν |  |  |
| 2인칭 복수 | δείκνυτε | ἐδείκνυτε | ἐδείξατε |  |  |
| 3인칭 복수 | δεικνύασι | ἐδείκνυσαν | ἐδείξαν |  |  |

---

[24] τίθημι의 원래 형태는 θίθημι이다. τίθημι의 제2부정과거 단수에서 어미들은 불규칙 변화한다.

[25] ἵημι의 원래 형태는 불확실하나, 라틴어 iacio와 어원이 같을 것으로 유추된다. ἵημι의 제2부정과거 단수에서 어미들은 불규칙 변화한다.

[26] 어미 형태 앞에 보이는 하이픈 기호(–)는 이 형태들이 오직 복합동사에서만 나타난다는 것을 의미한다.

4. δείκνυμι의 변화 규칙 및 어간형성사.

① δείκνυμι 동사의 제1부정과거 ἔδειξα는, 구개 폐쇄음 변화와 함께(κ + ς → ξ), 규칙적으로 변화한다.

예) –ξα, –ξας, –ξε(ν), –ξαμεν, –ξατε, –ξαν; –ξαι (폐쇄음 변화 규칙과 관련해 5과 7번 ②, 제1부정과거 어미 변화와 관련해 8과 4번 참조)

② 어간형성사 –νυ–는 오직 현재와 미완료에서만 나타나고, 어간과 어미 사이에 놓인다.

## 독해

1. τὰ δὲ χρήματα ταῦτα κατετίθην.

2. Μίνως τοῖς Κρησὶ νόμους ἔθηκε καὶ ἔλεγεν ὅτι παρὰ Διὸς τοῦ πατρὸς ἔλαβεν αὐτούς.

3. ὁ ἥλιος ἐντίθησι τῇ σελήνῃ τὸ λαμπρόν.

4. Ὦτος καὶ Ἐφιάλτης, οἱ δύο παῖδες τοῦ Ποσειδῶνος, τὴν μὲν Ὄσσαν ἐπὶ (~위에) τὸν Ὄλυμπον, ἐπὶ δὲ τὴν Ὄσσαν τὸ Πήλιον ἔθεσαν. οὕτω γὰρ ἐνόμιζον εἰς οὐρανὸν ἀναβήσεσθαι (오를 것이다). –아폴로도로스

5. ἐπεὶ δὲ εἶδον ἀλλήλους, οἱ Ἕλληνες ἵεσαν τοὺς λίθους.

6. χρόνος δίκαιον ἄνδρα δείκνυσιν μόνος. – 소포클레스

7. οἱ ποιηταὶ ἐπιδεικνύασι τὰ τῶν παλαιῶν ἀνδρῶν ἔργα καὶ πράξεις θαυμαστὰς καὶ λόγους.

8. τῶν Ἑλληνικῶν πόλεων ἡ πόλις τῶν Ἀθηναίων πρώτη νόμους ἐτίθει.

9. ὅπερ ἔδει δεῖξαι (= Quod Erat Demonstrandum / Q.E.D.). – 에우클레이데스/유클리드

10. 퀴로스의 첫 원정. Δαρείου καὶ Παρυσάτιδος γίγνονται (태어났다) παῖδες δύο, πρεσβύτερος μὲν Ἀρταξέρξης, νεώτερος δὲ Κῦρος. ἐπειδὴ δὲ Δαρεῖος ὑπώπτευε (여겼다) τὴν τελευτὴν (끝, τέλος) τοῦ βίου παρεῖναι (곁에 있다), ἤθελε τοὺς παῖδας ἰδεῖν. Ἀρταξέρξης μὲν οὖν παρῆν (곁에 있었다). ἄγγελον δὲ ἔπεμψεν ὁ βασιλεὺς τῷ Κύρῳ ὃς ἔμενεν ἐν τῇ ἀρχῇ ἧς σατράπης (태수, 총독) ἦν. – 크세노폰 『아나바시스』 1권 1장 (부분 각색).

도움말: 2. Μίνως, 미노스 (크레테의 전설적인 왕); Κρησί (Κρής의 여격 복수), 크레테인들에게; Διός (Ζεύς의 속격), 제우스로부터. 3. ἐντίθησι, 안에 넣다 (ἐν + τίθημι); σελήνη, 달; τὸ λαμπρόν, 광채 (형용사 λαμπρός의 중성 형태가 관사와 함께 실명사처럼 사용되고 있음) [lamp, 램프]. 4. Ὄσσα, 오싸; Πήλιον, 펠리온; Ὄλυμπος, 올림포스 (Ὄσσα, Πήλιον, Ὄλυμπος는 그리스 북부에 있는 산의 이름들); ἔθεσαν (τίθημι의 3인칭 복수 부정과거 직설법), 놓았다. 7. πράξεις (πρᾶξις의 주격 복수), 행위들, 실천들 (πόλις처럼 제3격변화를 하는 명사) (πράττω, 행하다, 실천하다). 8. πρώτη, (πρῶτος가 서술적 위치에서 형용사로 사용되는 경우) 처음으로 ~하다 (πρῶτος가 부사로서 '처음으로'의 의미를 가질 때는 πρῶτον 형태). 10. Δαρείου καὶ Παρυσάτιδος (Δαρεῖος와 Παρύσατις의 속격), 다레이오스(다리우스)와 파뤼사티스의, 다레이오스와 파뤼사티스로부터 (기원 혹은 출처의 속격); πρεσβύτερος, (형용사) 나이가 더 많은, 더 오래된, 더 늙은.

## 어휘

ἄγγελος, –ου, ὁ, 전령, 전달자, 메신저 [angel, 천사]

ἀρχή, –ῆς, ἡ, 관할지역, 지배지, 다스림, 지배; 시작, 시초; 원리 (ἄρχω, 시작하다, 지배하다)

ἀλλήλων, –οις, –ους, 서로 서로 (복수형태만 있음) [parallel, 병렬의]

Ἑλληνικός, –ή, –όν, 그리스인의

θαυμαστός, –ή, –όν, 놀라운, 경탄할만한 [thaumaturgy, 마술, 요술]

παλαιός, –ά, –όν, 오래된, 고대의, [palaeolith, 구(舊)석기 = 오래된 paleo + lithos 돌]

δείκνυμι, δείξω, ἔδειξα, 보여주다, 전시하다

ἐπιδείκνυμι, 내보이다, 앞으로 내어 보이다, 드러내 보이다, 전시하다

ἵημι, ἥσω, ἧκα (-εἷμεν), 던지다, 내던지다

κατατίθημι, 맡기다, 예치하다

λαμβάνω, 제2부정과거 ἔλαβον, 잡다, 붙잡다, 취하다, 가지다, 획득하다, 얻다

πάρειμι, 곁에 있다, 지금 있다 (곁에 παρά + εἰμί 있다)

τίθημι, θήσω, ἔθηκα (ἔθεμεν), 놓다, 두다, 정립하다

παρά, (전치사) (+ 속격) ~로부터; (+ 여격) ~곁에; (+ 대격) ~으로, ~에게로, ~을 향해

–περ, 바로, 그 (종종 관계사에 붙여 사용: ὅσπερ, ~인 바로 그 사람)

## 작문

1. 우리는 돈을 여기에 맡길 것이다. 그래서 아무도 네가 그것을 가졌다고 말하지 않을 것이다.

2. 다레이오스(다리우스)의 더 나이 많은 아들이 왕이었다.

3. 그들은 이 문제들을(πράγματα) 자기들이 그 왕으로부터 받은 돌들에다 새겼다.

4. 그들은 그 그리스인들을 위해 처음으로 법률을 세웠으며, 그래서 그들은 명예를 얻었다.

5. 고대인들은 결코 서로를 배반하지 않았다.

6. 그들의 친구들이 그처럼 좋은 것들을 주었던 바로 그들이다.

## 복습

### I. 독해

1. οἱ στρατιῶται οἱ ἐν τῷ στρατοπέδῳ οὐκ ἐδίδοσαν τιμὴν τῷ στρατηγῷ.

2. τί οὐκ ἔστη τότε ἡ τῶν Ἑλλήνων στρατιὰ ἐν ἐκείνῃ τῇ μάχῃ; αἰσχρὸν γὰρ ἦν τοὺς ἄλλους προδοῦναι.

3. ἐνταῦθα οὖν ἔφυγε ὁ τοῦ ἄρχοντος παῖς.

4. πρὸς τῷ τείχει ὁ στρατηγὸς ἔστησε τοὺς Ἕλληνας πλὴν τῶν Ἀθηναίων.

5. οἵ τε κακοὶ οἵ τε ἀγαθοὶ ἔφευγον πρὸς τὴν πόλιν.

### II. 작문

1. 누가 그런 선물들을 저 거친 여자에게 주었는가?

2. 인간들은 아름다움에 대한 공통의 척도를 세우지 않는다.

3. 그러한 것이 그 장군과 함께 있었던 그 군대의 의견이었다.

4. 침착함은 신들이 현명한 자들의 혼들에 주는 최고의 선물이다.

5. 그 시도 후에, 그 군대는 그 도시의 성벽들 아래에 머물길 원하지 않았다.

# 15 과

## 축약동사: τιμάω와 φιλέω

1. 그리스어에는 세 유형(α–동사형, ε–동사형, ο–동사형)의 축약동사가 있다.

   ① 각 유형에서 동사의 어간은 모음으로 끝나는데, 이 모음이 현재시제와 미완료시제에서 모음으로 시작하는 인칭 어미와 결합할 때 두 모음이 만나 축약된다.

   ② 그 외의 다른 시제의 경우에는 규칙 동사처럼 변하지만, 단 어간의 마지막 어미가 α나 ε일 때 η로, ο일 때 ω로 길어지는 것은 예외이다.

   ③ 가장 일반적인 유형은 α–동사형(어간이 α로 끝나는 동사들) 그리고 ε–동사형(어간이 ε로 끝나는 동사들)이다. 이 외에 ο–동사형(어간이 ο로 끝나는 동사들)도 있는데, 이와 관련해서는 16과에서 다룬다.

2. 모음으로 끝나는 어간과 모음으로 시작하는 인칭어미가 만나 이 모음들 사이에서 발생하는 축약은 규칙적으로 이루어진다. α–동사형과 ε–동사형의 축약 규칙은 다음과 같다. (ο–동사형의 축약 규칙은 16과 참조)

   ① α–동사형

      (a) 인칭어미의 ι 또는 법 표시 기호<sup>modal sign</sup>의 ι[27] → 아래에 쓰는 ι

         예) τιμάει → τιμᾶι → τιμᾷ

      (b) α (어간의 모음) + ο–소리 (인칭어미 ο, ω) → ω (ῳ)

         (ο 또는 ω와 같은 ο–소리는 다른 모음의 소리보다 우세하기에, ο–소리로 남는다.)

         예) τιμάω → τιμῶ

      (c) α (어간의 모음) + ε–소리 (인칭어미 ε, η) → α (ᾳ)

         예) τιμάεις → τιμᾷς

   ② ε–동사형

      (a) ε (어간의 모음) + ε (인칭어미) → ει

         예) φιλέει → φιλεῖ

      (b) ε (어간의 모음) + ο (인칭어미) → ου

         예) φιλέομεν → φιλοῦμεν

      (c) ε (어간의 모음) + 장모음 또는 이중모음 (인칭어미) → ε 탈락 (이때 ε는 이어지는 모음에 흡수)[28]

         예) φιλέουσι → φιλοῦσι

3. 축약동사의 악센트와 관련하여,

   ① 축약되기 전 두 모음 중 하나가 악센트를 가지고 있었을 경우, 축약된 후에도 악센트를 갖는다.

   ② 축약 전에 어간의 첫 모음에 에큐트 악센트가 있었으면, 축약 후엔 써컴플렉스 악센트가 된다.

   ③ 축약 전에 두 번째 모음에 에큐트 악센트가 있었으면, 축약 후에도 에큐트 악센트로 남는다.

---

[27] 법 표시 기호의 ι는 동사가 가정법 혹은 기원법이라는 것을 나타내는 ι를 의미한다. 22과 및 23과 참조.

[28] πλέω (항해하다) 혹은 δέω (~할 필요가 있다, ~해야 한다) 처럼, -έω로 끝나는 두 개 음절짜리 동사는 -ει로 될 때만 축약된다. 다른 경우에는 축약되지 않은 형태로 유지된다.

4. τιμάω (존중하다: α–동사형), φιλέω (사랑하다: ε–동사형) 변화. (아래에서 ( )안은 축약되기 전의 형태)

|  | 현재 |  | 미완료 |  | 현재 |  | 미완료 |  |
|---|---|---|---|---|---|---|---|---|
| 1인칭 단수 | τιμῶ | (τιμάω) | ἐτίμων | (ἐτίμαον) | φιλῶ | (φιλέω) | ἐφίλουν | (ἐφίλεον) |
| 2인칭 단수 | τιμᾷς | (τιμάεις) | ἐτίμας | (ἐτίμαες) | φιλεῖς | (φιλέεις) | ἐφίλεις | (ἐφίλεες) |
| 3인칭 단수 | τιμᾷ | (τιμάει) | ἐτίμα | (ἐτίμαε) | φιλεῖ | (φιλέει) | ἐφίλει | (ἐφίλεε) |
| 1인칭 복수 | τιμῶμεν | (τιμάομεν) | ἐτιμῶμεν | (ἐτιμάομεν) | φιλοῦμεν | (φιλέομεν) | ἐφιλοῦμεν | (ἐφιλέομεν) |
| 2인칭 복수 | τιμᾶτε | (τιμάετε) | ἐτιμᾶτε | (ἐτιμάετε) | φιλεῖτε | (φιλέετε) | ἐφιλεῖτε | (ἐφιλέετε) |
| 3인칭 복수 | τιμῶσι | (τιμάουσι) | ἐτίμων | (ἐτίμαον) | φιλοῦσι | (φιλέουσι) | ἐφίλουν | (ἐφίλεον) |

현재 부정사　　　　　　　　　　　　　현재 부정사

τιμᾶν　(τιμάειν)　　　　　　　　　φιλεῖν　(φιλέειν)

## 독해

A.[29] τίμα τὸν πατέρα σου καὶ τὴν μητέρα σου. – 구약성경

B. ἄλλον τρόπον / ἄλλων ἐγείρει φροντὶς ἀνθρώπων. – 저자불명의 서정시 단편

1. χαλεπὸν τὸ ποιεῖν, τὸ δὲ κελεῦσαι ῥάδιον.

2. οὐ γὰρ δοκεῖν ἄριστος, ἀλλ᾽ εἶναι θέλει. – 아이스퀼로스

3. ὃν οἱ θεοὶ φιλοῦσιν ἀποθνήσκει νέος.

4. βέλτιόν ἐστι σῶμά γ᾽ ἢ ψυχὴν νοσεῖν.

5. ὀργὴν ἑταίρου καὶ φίλου πειρῶ φέρειν.

6. τῶν φιλοσόφων ἔργον ἐστὶν εἰδέναι τί μὲν βλαβερὸν τί δὲ ὠφέλιμον ἀνθρώποις.

7. Θεμιστοκλῆς ἐνόμισεν αὐτοὺς τοὺς θεοὺς κωλῦσαι τὸν Ξέρξην τοῦ βασιλεῦσαι καὶ τῆς Ἀσίας καὶ τῆς Εὐρώπης.

8. 북풍과 태양. ὁ Βορέας ποτὲ καὶ ὁ ἥλιος ἤριζον ὁπότερός ἐστι κρείττων. ἰδών (보고서는) δὲ ἄνθρωπον ἔχοντα (가지고 있는 = 입고 있는) ἱμάτιον, ἔφη ὁ ἥλιος, "τί μάτην (헛되이) λέγομεν; ὁρᾷς τὸν ἄνδρα ἐκεῖνον· ὁπότερος ἂν οὖν ἡμῶν δύνηται ἐκδῦσαι (벗기다) τὸ ἱμάτιον, οὗτος νικήσει." ὁ δὲ ἕτερος ἐπὶ τούτοις ὡμολόγησε. πρῶτον μὲν οὖν ὁ Βορέας ἔπνευσε, ὁ δὲ ἀνὴρ ἑαυτὸν τῷ ἱματίῳ ἐκάλυπτε. ἔπειτα δὲ ὁ ἥλιος ἐξῆλθεν. τέλος δὲ ὁ ἀνήρ, θερμὸς ὤν (~이기에, ~이므로, ~임으로써), τὸ ἱμάτιον ἀπέρριψε.

도움말: A. τίμα, 너는 존경하라, 너는 공경하라 (τιμάω의 2인칭 단수 명령법, 34과 7번 참조). 1. τὸ ποιεῖν, 행하는 것 (부정사가 관사와 함께 실명사로 사용). 2. θέλω = ἐθέλω, 나는 원한다. 4. σῶμα, 몸에서, 몸의 측면에서 (관점의 대격); ψυχήν, 혼에서, 혼의 측면에서 (관점의 대격); γε (전접어, 후치사) 적어도. 5. πειρῶ, 너는 시도하라 (πειράω 동사의 단수 2인칭 명령법, 34과 5번 참조). 6. φιλοσόφων (φιλόσοφος의 복수 속격), 지혜를 사랑하는 자들의, 철학자들의 (친애하는, 사랑하는 φίλος + σοφός 지혜 = 철학자); εἰδέναι (οἶδα의 부정사), 아는 일, 알기, 알다; βλαβερόν, 해로운, 유해한, 위험한, 악한; ὠφέλιμον, 유용한, 이로운, 도움이 되는, 이익이 되는. 7. Θεμιστοκλῆς, 테미스토클레스 (아테네의 정치가); κωλύω (+ 대격), 막다, 금하다, 방해하다; τοῦ βασιλεῦσαι, 왕이 되는 것을 (속격 형태의 관사와 결합된 부정사); Ἀσίας καὶ Εὐρώπης, 아시아와 에우로페(유럽)의 (βασιλεῦσαι의 목적어로서 사용된 속격으로, '아시아와 유럽의 왕이 되는 것' 혹은 '아시아와 유럽을 지배하는 것'의 의미). 8. ἤριζον (ἐρίζω의 3인칭 복수 미완료 직설법 능동태), 다퉜

---

[29] 15과부터는 독해 부분에서 A, B, Γ, Δ 등으로 제시되는 사례 문장들이 제시된다. 이 사례 문장들을 여러 격언이나 명언 혹은 속담들로부터 발췌된 것으로, 독해를 하는 가운데 관련된 내용을 살펴볼 경우 보다 풍부하게 그리스의 사상이나 문화 등을 이해할 수 있다. 이 문장들 안의 단어들은, 각 과의 어휘 부분이 아니라, 책 말미의 어휘 부분에서 소개된다.

다, 싸웠다, 논쟁했다; ἱμάτιον, τό, 외투, 겉옷; ἂν δύνηται, ~할 수 있는 (가정법, 22과 참조); ὡμολόγησε (ὁμολογέω의 3인칭 복수 부정과거 능동태 직설법), 동의했다, 인정했다, 합의했다 (~와 같은 말을 하다); ἔπνευσε (πνέω의 3인칭 단수 부정과거 능동태 직설법), 불었다, 숨쉬었다; ἐκάλυπτε (καλύπτω의 3인칭 단수 미완료 능동태 직설법), 감쌌다; τέλος (중성 대격 형태로 부사적 용법), 마침내, 결국; ἀπέρριψε (ἀπορρίπτω의 3인칭 단수 부정과거 능동태 직설법), 내던졌다, 버렸다 (시적 표현으로는 ἀπορίπτω).

## 어휘

ἑταῖρος, –ου, ὁ, 동료, 벗, 친구,

ὁπότερος, –α, –ον, (둘 중의) 어느 것, 무엇, ~한 쪽, ~한 것

ῥάδιος, –α, –ον, 쉬운, 손쉬운

ἀποθνήσκω, 제2부정과거 ἀπέθανον, 죽다, 사망하다

βασιλεύω, –σω, ἐβασίλευσα, 왕이다, 왕이 되다, 지배하다, 통치하다 (βασιλεύς, 왕)

δοκέω, δόξω, ἔδοξα, ~으로 보이다, 여겨지다, 판단하다; (비인칭) 최고로 보이다, 최고로 여겨지다 [heterodox, 이단의]

ἐρωτάω, –ήσω, ἠρώτησα, 묻다, 질문하다

κελεύω, –σω, ἐκέλευσα, 명하다, 명령하다, 지시하다 (부정사를 동반해 '~하라고 명하다'의 의미)

νικάω, –ήσω, ἐνίκησα, 정복하다, 승리하다

νοσέω, νοσοῦν, ἐνόσησα, 아프다, 병에 걸리다, 병들다

ὁράω, 부정과거 εἶδον, 미완료 ἑώρων, 보다, 알다

ποιέω, –ήσω, ἐποίησα, 하다, 행하다, 만들다, 제작하다; (목적어로 두 개의 대격을 취해) ~에게 ~을 하다, ~를 ~로 만들다

τιμάω, –ήσω, ἐτίμησα, 존중하다, 경의를 표하다, ~에게 영예를 주다

φιλέω, 사랑하다

## 작문

1. 신들 자신들이 크세륵세스에게 병사들을 보내라고 명할 것이다.
2. 철학자들은 사람들에게 무엇이 그들에게 해로운지를 보여준다.
3. 최고로 보이는 것은 쉬우나, (그렇게) 있기는 어렵다.
4. 동료들은 마침내 그들에게(대격으로) 둘 중 어느 것이 더욱 빨라 보이는지 물었다.
5. 누가 왔는지 보기가(알기가) 쉽지 않다.
6. 어머니는 명하고, 아버지는 행한다.

## 복습

I. 독해

1. ὁ ἄγγελος ἔδειξεν ἐκεῖνα τὰ θαυμαστὰ ἃ ἔλαβον οἱ στρατιῶται.

2. κατέθεσαν οἱ πολῖται τὰ χρήματα ἀλλήλοις.

3. ἐπεὶ εἰς τὴν πόλιν ἦλθον ἢ παλαιοτάτη τῆς ἀρχῆς ἦν, πῦρ ἵεσαν εἰς τὰς οἰκίας (집들로).

4. οὐ λέξεις ὅστις παρῆν καὶ ἔδειξε τῷ ἄρχοντι τὰ δῶρα;

5. οἱ πολῖται οἱ παρὰ τῷ βασιλεῖ εἰσιν οἵπερ τιθέασι τοὺς νόμους τῇ πόλει.

II. 작문

1. 이 시간에(ἐν 사용), 바다 위에 바람이 있었다.

2. 부정한 자들이 시민들에게는 불행이었던 새로운 법률들을 세웠다.

3. 우리는 그 여자에게 아름다운 돌을 주라고 그 지배자를 설득할 것이다. 그것은 그녀에게(αὐτῇ) 기쁨을 줄 것이다.

4. 신들은 그 노인들에게 호의로서 잠을 보낼 것이다.

5. 수호자들은 그 날 왕의 부인의 신체(몸) 곁에 서 있었다.

# 4. 아테네

많은 도시국가에서 귀족정은 귀족 출신의 전제군주에 의해 전복되고, 이들 전제군주는 후에 귀족적 특권과 귀족 문화가 널리 확장되는 발판이 되었다. 이렇게 해서 기원전 5세기에는 민주정이 시작되었는데, 그 중에서는 아테네 민주정이 가장 잘 알려져 있다.

각각의 도시국가(폴리스: πόλις)는 실상 성벽을 갖추고 공성전에 대비하기 위해 언덕 위에 세운 작은 크기의 정치공동체였다. 이렇게 만들어진 성채는 ἀκρόπολις(아크로폴리스)라고 불렸다. 초창기 이곳에는 왕이 거주하였고, 여기서 왕은 ἀκρόπολις의 신전들 중앙에서 국가가 주도하는 종교 행사 및 제사를 주관하였다. 언덕이 시작되는 밑자락 둘레로는 시민들, 즉 πολῖται(폴리타이)의 집들이 몰려 있는데, 이것들이 모여 있는 집단은 ἄστυ(아스튀)[30]라고 불렸다. 적이 공격해 오면 시민들은 집을 버리고 ἀκρόπολις로 서둘러 올라갔다. 평화로운 시기에는 χώρα(코라)라 불리는 주변 경작지에서 날마다 농사를 지었다.

위 사진에서 중앙의 약간 왼쪽 편에 뾰족하게 솟아오른 모양의 산인 Λυκαβηττός(뤼카벳토스)[31]가 있는데, 이곳은 거점으로 쓰기에 알맞지 않았다. 대신 중간의 오른편에 위치한 평평한 언덕은 일찍부터 ἀκρόπολις로 사용되기에 적당한 형태를 지녔다. 페리클레스의 민주정은, 기원전 447~432년 사이, 이곳에 파르테논 신전을 지었다. 이 신전은 지금도 아테네 전역 어느 곳에서나 볼 수 있다. 아래쪽 왼편 끝쪽 가까이에 거의 온전한 형태로 보존되어 있는 헤파이스토스 신전이 있다. 이 신전과 ἀκρόπολις 사이의 장소, 즉 중앙부에 위치한 장소는 대중 집회 장소로서의 광장인 ἀγορά(아고라)로 사용되었다. 여기에는 여러 공공건물들이 들어섰다. 또한 ἀκρόπολις는 여러 신들을 위해 마련된 곳이었다.

---

[30] ἄστυ는 '성채', '거점', '주둔지', '마을'이라는 뜻을 지니며, 그 자체로 아테네 도시를 가리키는 표현이기도 했다.

[31] Λυκαβηττός는 현대 그리스어로는 '리카비토스' 혹은 '리카비또스'라 불린다. 이 산에 늑대(λύκος)들이 많이 서식하였기에 그와 같은 이름이 붙게 된 것으로 전해진다.

아테네에 있는 American School of Classical Studies가 1931년부터 고대 ἀγορά를 발굴하였다. 지금 이곳을 방문하는 사람들은 옛날 소크라테스가 제자들을 가르치고, 사도 바울이 전도하던 장소를 밟아볼 수 있다. 로마제국 시기 후반에는 골동품 수집가 파우사니아스가 적어 놓은 건물들의 목록이 있는데, 그 목록의 건물들이 이제 다시금 빛을 보게 되었다. American School of Classical Studies는 ἀγορά에서 멀리 떨어진 고대의 건물 중의 하나였으며, 현재는 박물관과 연구 공간으로 세밀하고 충실하게 복원되었다. 이렇게 해서 오랫동안 문헌과 사상으로 알려져 온 아테네의 창조적 에너지가 건축의 형태로도 생생히 되살아났다. 여기에는 귀족정의 유산인 자유롭지만 통제가 잘 이루어지던 전통이 새로운 민주적 기운과 한데 섞여 있다.

# 16 과

## δηλόω · 유음동사의 미래 · 인칭대명사

1. ο-동사형.

   ① ο (어간의 모음) + ε, ο, ου (인칭어미) → ου

     예) δηλοομεν → δηλοῦμεν

   ② ο (어간의 모음) + η, ω (인칭어미) → ω

     예) δηλοω → δηλω

   ③ ο (어간의 모음) + ι를 포함한 이중모음 (인칭어미) → οι

     예) δηλοει → δηλοῖ

     (단, 현재 부정사 형태는 이 규칙을 따르지 않고 –οῦν 어미를 지님)

     예) δηλοεῖν → δηλοῦν (현재 부정사, δηλοῖν이 아님에 유의)

2. δηλόω (보이다, 보여주다) 변화. (아래에서 ( )안은 축약되기 전의 형태)

|  | 현재 |  | 미완료 |  | 현재 부정사 |
|---|---|---|---|---|---|
| 1인칭 단수 | δηλῶ | (δηλοω) | ἐδήλουν | (εδηλοον) | δηλοῦν |
| 2인칭 단수 | δηλοῖς | (δηλοεις) | ἐδήλους | (εδηλοες) |  |
| 3인칭 단수 | δηλοῖ | (δηλοει) | ἐδήλου | (εδηλοε) |  |
| 1인칭 복수 | δηλοῦμεν | (δηλοομεν) | ἐδηλοῦμεν | (εδηλοομεν) |  |
| 2인칭 복수 | δηλοῦτε | (δηλοετε) | ἐδηλοῦτε | (εδηλοετε) |  |
| 3인칭 복수 | δηλοῦσι | (δηλοουσι) | ἐδήλουν | (εδηλοον) |  |

3. 유음동사의 미래시제.

   ① 유음(λ, μ, ν, ρ)으로 어간이 끝나는 동사는 미래시제에서 –έω 축약동사의 현재형과 같은 (즉, σ가 탈락된 것과 같은) 형태를 갖는다. (8과 6번 참조)

     예) μένω (현재) → μενῶ, μενεῖς, μενεῖ, μενοῦμεν, μενεῖτε, μενοῦσι (미래)

     κρίνω (현재) → κρίνω, κρίνεις, κρίνει, κρινοῦμεν, κρινεῖτε, κρίνουσι (미래)

   ② 미래시제에서 종종 동사 어간에 변화가 생긴다.

     예) φαίνω (현재) → φανῶ (미래)

     βάλλω (현재) → βαλῶ (미래)

     ἀγγέλλω (현재) → ἀγγελῶ (미래)

4. –ίζω로 끝나는 동사들은 ζ가 탈락된 뒤, 유음동사와 유사한 축약 미래형을 갖는다.

     예) νομίζω (현재) → νομιῶ (미래)

     νομίζω (현재) → ἐνόμισα (제1부정과거)

5. 아티카 그리스어의 미래시제.

① 아티카 그리스어에서 몇몇 –έω와 –άω로 끝나는 동사들은 미래시제에서 σ를 탈락시키고, 현재시제에서처럼 ε 또는 α로 축약되기도 한다.

예) καλέω (현재 기본형) → καλῶ, καλεῖς, …… (미래)

ἐλαύνω (현재 기본형, 어간: ἐλα–) → ἐλῶ, ἐλᾷς, …… (미래)

② –άννυμι로 끝나는 모든 동사는 –άω로 끝나는 동사들과 같은 미래시제를 갖는다.

예) σκεδάννυμι (현재, 어간: σκεδ–) → σκεδῶ, σκεδᾷς, …… (미래)

6. 유음동사의 제1부정과거는 인칭어미에서 σ가 탈락한다.

예) μένω → ἔμεινα (제1부정과거) (8과 6번 참조)

7. 1인칭과 2인칭 인칭대명사 격변화.

|  | 1인칭 | | 2인칭 | |
|---|---|---|---|---|
|  | 단수 | 복수 | 단수 | 복수 |
| 주격 | ἐγώ | ἡμεῖς | σύ | ὑμεῖς |
| 속격 | ἐμοῦ (μου) | ἡμῶν | σοῦ (σου) | ὑμῶν |
| 여격 | ἐμοί (μοι) | ἡμῖν | σοί (σοι) | ὑμῖν |
| 대격 | ἐμέ (με) | ἡμᾶς | σέ (σε) | ὑμᾶς |

① ἐγώ의 사격(속격, 여격, 대격) 단수 축소 형태(괄호 안의 형태)는 전접어이다.
② σύ의 사격(속격, 여격, 대격) 단수는 악센트가 붙은 전접어이다.

8. 3인칭 인칭대명사는 관례적으로 αὐτός에서 사격을 사용한다. (12과 7번 참조)

9. 인칭대명사의 소유의 속격은 서술적 위치에 놓인다. (12과 9번 ① 참조)


**독해**

A. πατρὸς σωφροσύνη μέγιστον τέκνοις παράγγελμα. – 데모크리토스

B. αἱ δεύτεραί πως φροντίδες σοφώτεραι. – 에우리피데스

1. ὁ χρόνος τὰ ἄδηλα δηλοῖ.

2. οὐκ ἔστιν ἡδέως (즐겁게) ζῆν ἄνευ τοῦ φρονίμως καὶ καλῶς καὶ δικαίως ζῆν, οὐδὲ φρονίμως καὶ καλῶς καὶ δικαίως ἄνευ τοῦ ἡδέως ζῆν. εἰ δὲ τῳ (누군가에게) μὴ ἔξεστι ζῆν φρονίμως καὶ καλῶς καὶ δικαίως, οὐκ ἔστι τοῦτον ἡδέως ζῆν.

3. ὁ θεὸς καὶ ἡ φύσις οὐδὲν μάτην ποιοῦσιν.

4. τὴν γυναῖκα τὴν σώφρονα οὐ δεῖ τὰς τρίχας ξανθὰς ποιεῖν.

5. ἀποβαλεῖτε τὴν ἀρετὴν ἣν ἐλάβετε ἀπὸ τῶν πατέρων ὑμῶν;

6. ὁμονοοῦντες ἰσχυροὶ μενοῦμεν.

7. Πλάτων φησὶ τὰς Μούσας ἐν ταῖς ψυχαῖς τῶν εὐφυῶν οἰκεῖν.

8. ἀξιοῖς ἄλλο τι ἢ ἀποθανεῖν; – 뤼시아스

9. 나팔수. στρατιῶταί τινες οἳ ἐνίκησαν τοὺς πολεμίους σαλπιγκτὴν (나팔수) ἔλαβον. ἐπεὶ δὲ ἔμελλον ἀποκτείνειν

αὐτόν, "ὦ ἄνδρες," ἔφη, "μὴ ἀποκτείνητέ (죽이지 마시오) με. ἐγὼ γὰρ ὑμᾶς οὐκ ἀπέκτεινα. ὁρᾶτε ὅτι οὐδὲν ὅπλον (무기) ἔχω, εἰ μὴ τὴν σάλπιγγα ταύτην." οἱ δὲ ἔλεξαν, "διὰ αὐτὸ τοῦτο (바로 그 때문에) δίκαιος εἶ ἀποθανεῖν, ὅτι σὺ μὲν αὐτὸς οὐ πολεμεῖς, τοὺς δὲ ἄλλους εἰς μάχην ἐγείρεις (도발하다 = 내몰다)."

도움말: 1. ἄδηλος (형용사), 드러나지 않은, 명확하지 않은, 불분명한 (↔ δηλόω, 보이다, 분명히 하다). 2. ζῆν (ζάω의 현재 부정사), 사는 것, 살기, 사는 일; ἄνευ (+ 속격) ~없이; φρονίμως, 분별 있게, 현명하게, 지혜롭게, 슬기롭게; ἔστι, ~이 가능하다 (비인칭, 12과 10번 ① 참조). 3. φύσις, 자연, 본성, 천성, 타고난 성격, 타고난 소질 (φύω, 자라다, 나다); μάτην, 헛되이. 4. σώφρων, σώφρονος (형용사), 현명한, 지혜로운; τρίχας (θρίξ의 복수 대격, 단수 속격은 τριχος), 털, 머리카락, 머리털; ξανθός, 노란, 금색의, 금발의. 6. ὁμονοοῦντες (분사), 동의함으로써, 동의함에 따라 (분사의 용법과 관련하여, 21과 참조). 7. Μοῦσαι, 무사이 여신들, 뮤즈들; εὐφυής, 가문이 좋은, 태생이 좋은, 좋은 출생의; φησί, 말하다, 주장하다 (40과 1번 참조). 9. ἀποκτείνητέ (ἀποκτείνω의 2인칭 복수 부정과거 가정법), 죽이시오 (μὴ ἀποκτείνητέ = 당신들은 [나를] 죽이지 마시오, 부정과거 가정법의 금지 명령 의미와 관련해 34과 2번 참조); εἰ μή, ~을 제외하곤, ~외에는; οἱ δέ, 그 병사들; πολεμεῖς (πολεμέω의 2인칭 현재 직설법 단수), 너는 싸운다, 너는 전투한다 (πόλεμος, 전투, 전쟁).

## 어휘

πολέμιοι, –ων, οἱ, 적, 적군

ἰσχυρός, –ά, –όν, 강한, 강력한, 힘이 센

ἀξιόω, –ώσω, ἠξίωσα, 기대하다, 요청하다, 요구하다

ἀποκτείνω, ἀποκτενῶ, ἀπέκτεινα, 죽이다, 살해하다

βάλλω, βαλῶ, ἔβαλον, 던지다 [ballistics, 탄도학]

δηλόω, –ώσω, ἐδήλωσα, 드러내다, 분명히 하다, 명확히 하다 (δῆλος)

ἐλαύνω, ἐλῶ, ἤλασα, 이끌다, 몰다, 진격하다, 행진(행군)하다

ἔξεστιν, (비인칭) ~이 가능하다, ~이 허용된다 (의미상 주어는 여격 혹은 대격, 의미상 동사는 부정사)

ζάω, ζήσω, 미완료 ἔζων, 살다 (α가 아닌 η로 축약, 부정사는 ζῆν)

καλέω, καλῶ, ἐκάλεσα, 부르다, 소환하다, 모집하다

μέλλω, μελλήσω, ἐμέλλησα, ~할 예정이다, ~하려고 하다 (의미를 보충해주는 부정사와 함께 쓰이며, 주로 미래를 나타냄)

νοέω, νοήσω, ἐνόησα, 생각하다 (전치사와 결합된 복합동사 형태로 자주 사용, 13과 6번 참조) (νοῦς, 지성, 정신, 마음)

οἰκέω, –ήσω, ᾤκησα, ~에 살다, ~에 거주하다 [economy, 절약, 경제]

σκεδάννυμι, σκεδῶ, ἐσκέδασα, 흩어지게 하다, 분산시키다

## 작문

1. 공정하고 행복하게 사는 것 그리고 사람들을 위해 좋은 것들을 행하는 것은 가능하다.
2. 며칠 동안 우리는 우리의 친구들과 함께 여기에 머무를 것이다.
3. 나는 너에게 잘 사는 것이 무엇인지를 보여줄 것이다. 그렇게 해서 너 또한 친구들 사이에서 행복하게 살 것이다.
4. 우리가 강하기에, 우리 자신은 살 것이라 기대한다.
5. 그 적들이 우리의 지배지 안에 거주하려 한다고 너는 말한다.
6. 한 나팔수가 자신의 병사들을 부추겼고, 그래서 그들은 적과 싸웠다.

# 복습

## I. 독해

1. ὁ τοῦ Ἕλληνος ἑταῖρος ἔδοξεν ὕδωρ ὁρᾶν, ἀλλὰ τῷ νῷ ἐνόσει.

2. ὁ δαίμων τὰ θηρία ἐν καιρῷ ἐνίκα.

3. οὐ δοκεῖ ῥᾴδιον εἶναι τιμᾶν βασιλέα πονηρόν.

4. ἐρωτᾷ ἡ γυνὴ ὁπότερος ὁποτέραν φιλεῖ.

5. ὁ βασιλεὺς τότε ἀπέθνῃσκε καὶ ἐκέλευσε τὸν παῖδα βασιλεύειν ἐσθλῶς καὶ ἀγαθὰ ποιεῖν τοὺς πολίτας.

## II. 작문

1. 가계(종족) 또는 재물, 어느 것을 너는 더욱 존중하는가?

2. 우리는 병들었고 그래서 오길 원하지 않았다. 아울러 그들과 함께 남는 것도 최고로 보이지는 않았다.

3. 그 장군은 어떤 바람이 불었는지 물었다.

4. 나는 인간의 분노가 정신보다 강할 것이라고 생각한다.

5. 나는 그 지배자가 자신의 방패를 저 돌 위에 남겼던 것을 보았다.

# 17과

## –ύς, –εῖα, –ύ 그리고 –ής, –ές로 끝나는 형용사 · 축약형용사

1. ἡδύς (즐거운, 달콤한) 격변화. (어미가 –ύς, –εῖα, –ύ로 끝나는 형용사들의 격변화 형태 대표 사례)

| | 단수 | | | 복수 | | |
|---|---|---|---|---|---|---|
| | 남성 | 여성 | 중성 | 남성 | 여성 | 중성 |
| 주격 | ἡδύς | ἡδεῖα | ἡδύ | ἡδεῖς | ἡδεῖαι | ἡδέα |
| 속격 | ἡδέος | ἡδείας | ἡδέος | ἡδέων | ἡδειῶν | ἡδέων |
| 여격 | ἡδεῖ | ἡδείᾳ | ἡδεῖ | ἡδέσι | ἡδείαις | ἡδέσι |
| 대격 | ἡδύν | ἡδεῖαν | ἡδύ | ἡδεῖς | ἡδείας | ἡδέα |
| 호격 | ἡδύ | ἡδεῖα | ἡδύ | ἡδεῖς | ἡδεῖαι | ἡδέα |

2. ἀσφαλής (안전한) 격변화. (남성과 여성에서 어미가 –ής로 끝나고, 중성에서 –ές로 끝나는 유형의 형용사들은 단수 속격과 여격, 복수 속격에서 γένος와 유사하게 축약이 일어난다. 7과 1번 참조)

| | 단수 | | 복수 | |
|---|---|---|---|---|
| | 남성/여성 | 중성 | 남성/여성 | 중성 |
| 주격 | ἀσφαλής | ἀσφαλές | ἀσφαλεῖς | ἀσφαλῆ |
| 속격 | ἀσφαλοῦς | ἀσφαλοῦς | ἀσφαλῶν | ἀσφαλῶν |
| 여격 | ἀσφαλεῖ | ἀσφαλεῖ | ἀσφαλέσι | ἀσφαλέσι |
| 대격 | ἀσφαλῆ | ἀσφαλές | ἀσφαλεῖς | ἀσφαλῆ |
| 호격 | ἀσφαλές | ἀσφαλές | ἀσφαλεῖς | ἀσφαλῆ |

3. 몇몇 제1격변화 및 제2격변화 형용사 축약 규칙.

   ① 단수 주격, 호격: –οῦς (남성), –ῆ (–ᾶ) (여성), –οῦν (중성).

   ② 단수 대격: –οῦν (남성), –ῆν (–ᾶν) (여성), –οῦν (중성).

   ③ 그 외의 격에서는 ἀγαθός 내지 ἄξιος의 변화형과 같은 어미 형태를 지니나, 모든 격과 수에서 울티마(뒤에서 첫째 음절)에 써컴플렉스 악센트가 온다.

   예) χρυσοῦς, χρυσῆ, χρυσοῦν. 금의, 금으로 된

   ἀργυροῦς, ἀργυρᾶ, ἀργυροῦν. 은의, 은으로 된 (χρυσοῦς 및 ἀργυροῦς 격변화는 부록 2의 3번 참조)

4. 모음탈락[elision]: 단모음으로 끝나는 단어 다음에 모음으로 시작하는 단어가 올 때, 앞 단어의 마지막 모음은 탈락되고 그 자리에 모음 탈락을 나타내는 표기인 아포스트로피( ’ )가 쓰일 수 있다.

   예) ἀλλὰ ἄγε → ἀλλ’ ἄγε

5. 모음축합[crasis]: 단어의 마지막 모음이나 이중모음이 다음 단어의 첫 모음과 축합되어, 두 단어가 한 단어로 쓰일 수 있다. 이때 축합된 모음 위에 약숨표가 놓인다.

   예) τὰ αὐτά → ταὐτά

   τὰ ἀλλά → τἄλλα

## 독해

A. οὐ μετανοεῖν ἀλλὰ προνοεῖν χρὴ τὸν ἄνδρα τὸν σοφόν. – 에피카르모스

B. γλυκὺς ἀπείρῳ πόλεμος.

1. πολλάκις χαλεπόν ἐστι τῶν ἀληθῶν τὰ ψευδῆ χωρίζειν.

2. ἀγαθὸν οὐ τὸ μὴ ἀδικεῖν ἀλλὰ τὸ μηδὲ ἐθέλειν. – 데모크리토스

3. τὸ μὲν ἀληθὲς πικρόν ἐστι τοῖς ἀνοήτοις, τὸ δὲ ψευδὲς γλυκύ.

4. παιδεία τοῖς μὲν εὐτυχέσι κόσμος ἐστί, τοῖς δὲ δυστυχέσι καταφυγή.

5. βραχεῖα τέρψις ἡδονῆς κακῆς.

6. γαστὴρ παχεῖα λεπτὸν οὐ τίκτει νόον.

7. ὁ ποιητὴς τραχεῖαν ἐκάλει τῆς ἀρετῆς τὴν ὁδόν.

8. ἡ παιδεία ὁμοία ἐστὶ χρυσῷ στεφάνῳ.

9. τἀληθῆ λέγοντες οὐκ ἀεὶ τοὺς ἀνθρώπους εὐφραίνομεν.

10. πλεῖστοί τοι ὄντες εὐγενεῖς εἰσιν κακοί.

도움말: 1. χωρίζειν (χωρίζω의 부정사), 구분하기, 구분하는 일, 분리하기, 분리하는 일 (χωρίς, 분리된, 떨어진); τῶν ἀληθῶν, 진실된 것들로부터 (분리의 속격, 관사와 함께 실명사로 사용되는 형용사). 3. τοῖς ἀανοήτοις, 어리석은 자들에게, 지각없는 자들에게, 분별력 없는 자들에게 (관사와 함께 실명사로 사용되는 형용사). 4. καταφυγή, 피난, 도피, 피난처, 도피처. 5. τέρψις, 유쾌, 기쁨, 즐거움. 6. γαστήρ, 배, 복부; παχεῖα, 두꺼운, 육중한; λεπτόν, 미세한, 섬세한, 가벼운, 가는. 7. τραχεῖα, 거친, 엄한. 9. λέγοντες (λέγω의 현재 분사 복수 주격), 말하면서, 말함으로써, 말하기에 (분사의 현재 형태와 관련해선 19과, 분사의 용법과 관련해선 21과 참조); εὐφραίνομεν, 우리는 기쁘게 한다, 우리는 즐겁게 한다. 10. τοι, (구어체) 너도 알다시피; ὄντες (εἰμί의 현재 분사 복수 주격), ~이면서, ~임에도 불구하고, ~이기에 (현재 분사의 격변화 형태와 관련해선 19과, 분사의 용법과 관련해선 21과 참조).

## 어휘

παιδεία, –ας, ἡ, 교육, 훈련, 가르침

στέφανος, –ου, ὁ, 왕관

ἀληθής, –ές, 참된, 사실의, 진실된

ἀργυροῦς, –ᾶ, –οῦν, 은의, 은으로 된

βραχύς, –εῖα, –ύ, 짧은, 간결한

γλυκύς, –εῖα, –ύ, 달콤한, 기분 좋은, 유쾌한

δυστυχής, –ές, 운이 나쁜, 불운한, 액운을 타고난

εὐγενής, –ές, 가문이 좋은, 태생이 좋은, 좋은 출생의, 잘난

εὐτυχής, –ές, 운이 좋은, 행운의, 부유한

ὅμοιος, –α, –ον, 유사한, 비슷한, 닮은, 마찬가지인

πικρός, –ά, –όν, 쓴, 고된, 모진, 혹독한

χρυσοῦς, –ῆ, –οῦν, 금의, 금으로 된

ψευδής, –ές, 거짓된, 그릇된, 옳지 않은, 진짜가 아닌

ἀδικέω, –ήσω, ἠδίκησα, 부정의하다, 올바르지 않다, 해치다, 해를 끼치다

τίκτω, 제2부정과거 ἔτεκον, 낳다, 출산하다, 생산하다

χρή, (비인칭) ~할 필요가 있다, ~해야만 하다 (의미상 주어는 대격, 의미상 동사는 부정사)

μηδέ, ~도 아닌, ~조차 아닌 (οὐ 대신에 μή가 사용되는 경우에서 οὐδέ 대신 사용)

## 작문

1. 그들에게 진리를 보여주는 것은 어렵지 않다.

2. 진리는 종종 불운한 자에게조차 달콤하다.

3. 진리를 말할 그리고 간략하게(βραχέως) 말할 필요가 있다.

4. 교육은 결코 누구에게도 해를 끼치지 않는다.

5. 왕관은 잘난 자에겐 즐거운 것이다.

6. 해를 끼치는 것은 씁쓸하나, 누군가에게 좋게 행하길 바라는 것은 즐겁다.

## 복습

### I. 독해

1. ἀποκτενοῦμεν τοὺς πολεμίους οἳ λίθοις ἔβαλον τὰς γυναῖκας καὶ τοὺς παῖδας ἡμῶν ἐπὶ τοῦ τείχους.

2. τί ἀξιοῖς λαβεῖν εἰ ἔξεστι διδόναι σοί τι;

3. οὐκ ἰσχυρά ἐστιν ἡ μήτηρ αὐτοῦ. οὐκ οὖν μέλλει ζήσειν εἰς τὸ τοῦ πολέμου τέλος.

4. εἴ τι νοεῖς περὶ τοῦ πολέμου, δοκεῖ μοι ἄμεινον εἶναι δηλοῦν αὐτὸ τοῖς στρατηγοῖς.

5. τίνες οἰκοῦσιν ἐν τῇ γῇ ἐκείνῃ μεθ' ὑμῶν;

### II. 작문

1. 그는 그 그리스인들이 우리의 적들을 흩어지게 할 것이라고 생각한다.

2. 우리의 땅에선 바람이 항상 강하다.

3. 전투의 그 날에 누가 너를 부르겠는가?

4. 그 소년들이 너의 말들을 부대 안으로 몰고 갈 것이다.

5. 우리는 우리의 친구들과 함께 성벽 위에서 머물러야만 한다.

# 18 과

## πᾶς, μέγας, πολύς 격변화

1. πᾶς (모든), μέγας (큰, 위대한), πολύς (많은, 매우) 격변화. (불규칙)

|  | 단수 | | | 복수 | | |
|---|---|---|---|---|---|---|
|  | 남성 | 여성 | 중성 | 남성 | 여성 | 중성 |
| 주격 | πᾶς | πᾶσα | πᾶν | πάντες | πᾶσαι | πάντα |
| 속격 | παντός | πάσης | παντός | πάντων | πασῶν | πάντων |
| 여격 | παντί | πάσῃ | παντί | πᾶσι | πάσαις | πᾶσι |
| 대격 | πάντα | πᾶσαν | πᾶν | πάντας | πάσας | πάντα |
| 주격 | μέγας | μεγάλη | μέγα | μεγάλοι | μεγάλαι | μεγάλα |
| 속격 | μεγάλου | μεγάλης | μεγάλου | μεγάλων | μεγάλων | μεγάλων |
| 여격 | μεγάλῳ | μεγάλῃ | μεγάλῳ | μεγάλοις | μεγάλαις | μεγάλοις |
| 대격 | μέγαν | μεγάλην | μέγα | μεγάλους | μεγάλας | μεγάλα |
| 주격 | πολύς | πολλή | πολύ | πολλοί | πολλαί | πολλά |
| 속격 | πολλοῦ | πολλῆς | πολλοῦ | πολλῶν | πολλῶν | πολλῶν |
| 여격 | πολλῷ | πολλῇ | πολλῷ | πολλοῖς | πολλαῖς | πολλοῖς |
| 대격 | πολύν | πολλήν | πολύ | πολλούς | πολλάς | πολλά |

2. πᾶς는 위치에 따라 그 의미가 바뀐다. 그 규칙은 다음과 같다.

① 서술적 위치 (πᾶς + 관사 + 명사) (관사 + 명사 + πᾶς): '모두'(all).

예) πᾶσαι αἱ πόλεις. (전부로서) 도시들 모두 (= all the cities)

② 한정적 위치 (관사 + πᾶς + 명사): '전체'(whole).

예) ἡ πᾶσα πόλις. 도시 전체 (= the whole city)

③ 관사 없이: (하나하나) '모든'(every).

예) πᾶν βιβλίον. (빠짐 없이 하나하나) 모든 책 (= every book)

④ 관사와 함께 중성 단수 주격 형태 τό πᾶν: '우주', '세계', '전부'.

3. πολύς (많은) 두 의미.

① πολύς는 가산적 대상과 불가산적 대상 모두에 쓰일 수 있다.

② 대체로 단수일 경우에는 불가산적 맥락에서의 '많은'(much)을, 반면에 복수일 경우에는 가산적 맥락에서의 '많은'(many)을 의미한다. (관련하여, 아래 독해 3번 참조)

## 독해

A. ἀνδρὶ σοφῷ πᾶσα γῆ βατή· ψυχῆς γὰρ ἀγαθῆς πατρὶς ὁ ξύμπας κόσμος. — 데모크리토스

B. μέγα βιβλίον μέγα κακόν. — 칼리마코스

Γ. οὐ παντὸς ἀνδρὸς εἰς Κόρινθόν ἐσθ' ὁ πλοῦς.

1. χρόνος τὰ κρυπτὰ πάντα πρὸς τὸ φῶς φέρει. – 메난드로스

2. ὁ βίος πολλὰ ἔχει παράδοξα.

3. οὐ πολλά, ἀλλὰ πολύ.

4. νῦν ὑπὲρ πάντων ὁ ἀγών ἐστιν. – 아이스퀼로스

5. ἐν τῷ ἐν Δελφοῖς ἱερῷ χρυσοῖ καὶ ἀργυροῖ κρατῆρες ἦσαν.

6. ἔλεγε δὲ τῷ Θεμιστοκλεῖ ὁ διδάσκαλος, Οὐδὲν ἔσῃ, παῖ, σὺ (너) μικρόν, ἀλλὰ μέγα πάντως ἀγαθὸν ἢ κακόν.

7. 테르모퓔라이에서 공격 중인 크세륵세스 휘하의 메도이(메데)인들과 페르시아인들. ἐπειδὴ δὲ οἱ Πέρσαι ἦσαν ἐγγὺς τῶν ἐν Θερμοπύλαις Ἑλλήνων, Ξέρξης ἐνόμιζεν ἐκείνους ὀλίγων ἡμερῶν ἀπιέναι (철수할 것이다). οἱ δὲ οὐκ ἐποίουν τοῦτο. ἐν νῷ (마음 속에) οὖν εἶχεν ὁ βασιλεὺς τοὺς στρατιώτας πέμπειν ἐπὶ τοὺς πολεμίους. ἐκέλευσεν δὲ τοὺς Μήδους λαβεῖν τινας τῶν Ἑλλήνων αἰχμαλώτους (포로들) καὶ ἀπάγειν πρὸς ἑαυτόν. πρῶτον μὲν οὖν οἱ Μῆδοι ἐπολέμουν τοῖς Ἕλλησι καὶ οὐδὲν κακὸν αὐτοὺς ἐποίησαν. διὰ δὲ ταῦτα (이런 일들로 인해, 이로 인해) δῆλον ἦν οὐ μόνον τῷ Ξέρξῃ ἀλλὰ καὶ πᾶσιν ὅτι πολλοὶ μὲν ἄνθρωποί εἰσιν ὀλίγοι δὲ ἄνδρες. – 헤로도토스 (부분 각색)

도움말: 2. παράδοξα, 패러독스, 역설 (δόξα, 의견, 믿음, 판단, 평판) (δοκέω, 기대하다, ~로 여기다, ~로 보이다). 5. Δελφοῖς (Δελφοί의 여격), 델포이; κρατήρ, 혼주기(混酒器, 술을 섞을 때 사용하던 그릇). 6. ἔσῃ, 너는 ~일 것이다 (εἰμί 2인칭 미래 단수); παῖ (παῖς의 호격), 아이야. 7. ἐν νῷ εἶχεν, 마음 속에 가졌다 = 마음먹었다, 생각했다 (+ 부정사); ἐκέλευσεν (κελεύω의 3인칭 단수 부정과거 직설법 능동태), 명령했다, 촉구했다 (+ 부정사); κακὸν αὐτοὺς ἐποίησαν, 그들에게 해를 입혔다 (이중 대격); οὐ μόνον, ~뿐만 아니라 (οὐ μόνον …… ἀλλὰ καὶ ……, ~뿐만 아니라 ~도).

## 어휘

ἀγών, –ῶνος, ὁ, 경합, 경쟁, 겨루기, (ἄγω, 이끌다, 인도하다) [agony, 고통, 몸부림, 괴로움, 격정]

βιβλίον, –ου, τό, 책

διδάσκαλος, –ου, ὁ, 선생, 스승, 교사

ἱερόν, –οῦ, τό, 사원, 신전, 성소 [hierarchy, 계급제 (성직 계급 제도에서 유래)]

φῶς, φωτός, τό, 빛 [photograph, 사진]

δῆλος, –η, –ον, 분명한, 명백한

κρυπτός, –ή, –όν, 숨겨진, 감추어진, 드러나지 않은, 비밀의 (κρύπτω, 감추다, 숨기다) [crypt, 토굴, 지하실]

μέγας, μεγάλη, μέγα, 큰, 거대한, 위대한

πᾶς, πᾶσα, πᾶν, 모두, 모든, 전체, 전부

πολύς, πολλή, πολύ, 많은, 매우

ἀπάγω, 끌고 오다, 끌고 가다, (~로부터) 데려오다, 퇴각하다

πίπτω, 제2부정과거 ἔπεσον, 떨어지다, 부딪치다, 접하다, 쓰러지다

ἐγγύς, (부사) (+ 속격) 근방의, 근처의, 가까이

νῦν, (시간 부사) 지금, 이제

πάντως, (부사) 전적으로, 완전히, 아주

ὑπέρ, (전치사) (+ 속격) ~을 넘어서, ~위에, ~대신해, ~을 대표해, ~을 위해; (+ 대격) ~을 넘어, ~위에

**작문**

1. 그리스인들 모두 테르모퓔라이로 갔고 많은 페르시아인들과 싸웠다(ἐμαχέσαντο + 여격).

2. 크세륵세스 왕에게는 큰 군대가 있었다.

3. 하루 전체 동안 그들은 라케다이모니아인들을 정복하려 시도했다(ἐπειρῶντο).

4. 테르모퓔라이의 그리스인들 모두 가운에, 하나하나 모든 스파르타인들이 쓰러졌다.

5. 인생에는 많은 역설들(가산)과 많은 해악(불가산)이 있다.

6. 크세륵세스가 처음 그리스 안으로 왔을 때, 그는 그 그리스 병사들이 자신들의 나라를 배신할 것이라고 생각했다.

**복습**

I. 독해

1. ἔδωκεν ὁ κλὼψ δῶρα χρυσᾶ ὡς πλεῖστα τοῖς δικασταῖς.

2. τὰν τῇ πόλει ὡς πικρότατα ἦν τοῖς πολίταις.

3. οὐκ ἀεὶ ἥδιον τὸ ἀληθὲς τοῦ ψευδοῦς ἐστιν.

4. ὁ τοῦ ἄρχοντος βίος δέκα ἡμέραις βραχίων ἦν ἢ ὁ τοῦ ἀδελφοῦ αὐτοῦ.

5. χρὴ νομίζειν τὸ μὲν ἀδικεῖν πικρόν, τὸ δὲ δίκαια πράττειν γλυκύ.

II. 작문

1. 교육은 운 좋은 자들의 가장 훌륭한 선물이다.

2. 민주주의의 가장 아름다운 왕관은 정의이다.

3. 교육은 불운한 자들을 잘난 자들과 비슷하도록 만든다.

4. 대부분의 시민들에게 참주정은 가장 쉬운 것으로 보였다.

5. 사람들이 참된 자보다 거짓된 자에게 더 많이 주는 것을 보는 것은 매우 씁쓸한 일이다.

# 19 과

## ω–동사와 축약동사의 현재, 미래, 제2부정과거 능동태 분사

1. εἰμί (있다, ~이다) 현재 분사 격변화.

|  | 단수 | | | 복수 | | |
|---|---|---|---|---|---|---|
|  | 남성 | 여성 | 중성 | 남성 | 여성 | 중성 |
| 주격 | ὤν | οὖσα | ὄν | ὄντες | οὖσαι | ὄντα |
| 속격 | ὄντος | οὔσης | ὄντος | ὄντων | οὐσῶν | ὄντων |
| 여격 | ὄντι | οὔσῃ | ὄντι | οὖσι | οὔσαις | οὖσι |
| 대격 | ὄντα | οὖσαν | ὄν | ὄντας | οὔσας | ὄντα |

2. 분사의 악센트는, 형용사의 악센트처럼, 고정적으로 유지된다.

3. παιδεύω (가르치다) 현재 능동태 분사 및 λείπω (떠나다) 제2부정과거 능동태 분사 격변화.

|  | 남성 | 여성 | 중성 | 남성 | 여성 | 중성 |
|---|---|---|---|---|---|---|
|  | 단수 | | | 단수 | | |
| 주격 | παιδεύων | παιδεύουσα | παιδεῦον | λιπών | λιποῦσα | λιπόν |
| 속격 | παιδεύοντος | παιδευούσης | παιδεύοντος | λιπόντος | λιπούσης | λιπόντος |
| 여격 | παιδεύοντι | παιδευούσῃ | παιδεύοντι | λιπόντι | λιπούσῃ | λιπόντι |
| 대격 | παιδεύοντα | παιδεύουσαν | παιδεῦον | λιπόντα | λιποῦσαν | λιπόν |
|  | 복수 | | | 복수 | | |
| 주격 | παιδεύοντες | παιδεύουσαι | παιδεύοντα | λιπόντες | λιποῦσαι | λιπόντα |
| 속격 | παιδευόντων | παιδευουσῶν | παιδευόντων | λιπόντων | λιπουσῶν | λιπόντων |
| 여격 | παιδεύουσι | παιδευούσαις | παιδεύουσι | λιποῦσι | λιπούσαις | λιποῦσι |
| 대격 | παιδεύοντας | παιδευούσας | παιδεύοντα | λιπόντας | λιπούσας | λιπόντα |

① λείπω 제2부정과거 능동태 분사 주격인 λιπών의 악센트에 유의할 것.

② 모든 제2부정과거 분사는 λιπών처럼 악센트를 지진다.

4. 미래 능동태 분사는 현재형 어미 앞에 미래시제 형성사 σ 첨가 후 현재와 똑같이 격변화 한다.

① παιδεύω 미래 능동태 분사.

예) (남성 단수) παιδεύσων, –σοντος, –σοντι, –σοντα; (복수) παιδεύσοντες, ……

(여성 단수) παιδεύσουσα, –σούσης, –σούσῃ, –σουσαν; (복수) παιδεύσουσαι, ……

(중성 단수) παίδεῦσον, –σοντος, –σοντι, –σον; (복수) παιδεύσοντα, ……

② λείπω 미래 능동태 분사. (폐쇄음과 미래시제 형성사 σ의 결합과 관련해, 5과 7번 참조)

예) (남성 단수) λείψων, –ψοντος, –ψοντι, –ψοντα; (복수) λείψοντες, ……

(여성 단수) λείψουσα, –ψούσης, –ψούσῃ, –ψουσαν; (복수) λείψουσαι, ……

(중성 단수) λεῖψον, –ψοντος, –ψοντι, –ψον; (복수) λείψοντα, ……

5. 축약동사 τιμάω (존중하다) 현재 능동태 분사 및 φιλέω (사랑하다) 현재 능동태 분사 격변화.[32]

(이 동사들은 어간모음과 어미가 결합해 축약되는 경우를 제외하곤, παιδεύων 및 λιπών와 유사하게 변화한다.)

| | 남성 | 여성 | 중성 | 남성 | 여성 | 중성 |
|---|---|---|---|---|---|---|
| | | 단수 | | | 단수 | |
| 주격 | τιμῶν | τιμῶσα | τιμῶν | φιλῶν | φιλοῦσα | φιλοῦν |
| 속격 | τιμῶντος | τιμώσης | τιμῶντος | φιλοῦντος | φιλούσης | φιλοῦντος |
| 여격 | τιμῶντι | τιμώσῃ | τιμῶντι | φιλοῦντι | φιλούσῃ | φιλοῦντι |
| 대격 | τιμῶντα | τιμῶσαν | τιμῶν | φιλοῦντα | φιλοῦσαν | φιλοῦν |
| | | 복수 | | | 복수 | |
| 주격 | τιμῶντες | τιμῶσαι | τιμῶντα | φιλοῦντες | φιλοῦσαι | φιλοῦντα |
| 속격 | τιμώντων | τιμωσῶν | τιμώντων | φιλούντων | φιλουσῶν | φιλούντων |
| 여격 | τιμῶσι | τιμώσαις | τιμῶσι | φιλοῦσι | φιλούσαις | φιλοῦσι |
| 대격 | τιμῶντας | τιμώσας | τιμῶντα | φιλοῦντας | φιλούσας | φιλοῦντα |

## 독해

A. ὁ ἄνθρωπος φύσει πολιτικὸν ζῷον. – 아리스토텔레스 『정치학』

B. ὁ κόσμος σκηνή, ὁ βίος πάροδος. ἦλθες, εἶδες, ἀπῆλθες.

1. πιστεύειν δεῖ τοῖς μαθοῦσιν.

2. ὁ μὲν δὴ θεός, ὥσπερ καὶ ὁ παλαιὸς λόγος, ἀρχήν τε καὶ τελευτὴν καὶ μέσα τῶν ὄντων πάντων (있는 것들 모두의, 존재하는 것들 모두의) ἔχει. – 플라톤

3. αἱ Γοργόνες θυγατέρες ἦσαν Φόρκυος καὶ Κητοῦς. εἶχον δὲ κεφαλὰς μὲν περιεσπειραμένας δρακοῦσι ὀδόντας (이빨들) δὲ μεγάλους καὶ χεῖρας χαλκᾶς καὶ πτέρυγας χρυσᾶς. τοὺς δὲ ἰδόντας αὐτάς, λίθους ἐποίουν.

4. ἡ Κύπρις τὴν Κύπριν ἐνὶ Κνίδῳ εἶπεν ἰδοῦσα / φεῦ, φεῦ, ποῦ γυμνὴν εἶδέ με Πραξιτέλης; – 『그리스 명문선집』

5. 테르모퓔라이 전투 (이어서). ἔπειτα δὲ ὁ Ξέρξης ἔπεμψεν τοὺς Πέρσας οἳ ἦσαν βέλτιστοι καὶ κράτιστοι τῶν στρατιωτῶν πάντων. τούτους δὲ οἱ τότε ἐκάλουν τοὺς ἀθανάτους (불사자들), ὧν ἦρχεν Ὑδάρνης. ἐπεὶ δὲ οὗτοι ἐπολέμουν τοῖς Λακεδαιμονίοις καὶ τοῖς συμμάχοις (동맹들) οὐδὲν πλέον ἐποίουν τοῦ στρατεύματος τοῦ Μηδικοῦ, ἀλλὰ τὰ αὐτά, οἱ δὲ Λακεδαιμόνιοι ἐμάχοντο ἀξίως λόγου (두드러지게, 언급될 가치 있게) καὶ ἔπιπτον αὐτῶν τῶν Σπαρτιατῶν ἐνταῦθα ὀλίγοι. – 헤로도토스 (부분 각색)

도움말: 2. τε ⋯⋯ καὶ ⋯⋯, ~와 ~ 모두, ~도 ~도; τελευτή, 끝, 마지막 (τέλος, 끝, 목적). 3. Γοργόνες (Γοργών의 복수 주격), 고르곤들 (그리스 신화에 등장하는 괴물 세 자매로, 바다의 신 포르퀴스와 케토 사이에서 난 스테노(Σθενώ), 에우뤼알레(Εὐρυάλη), 그리고 메두사(Μέδουσα)를 가리킴); θυγάτηρ, 딸; Φόρκυος καὶ Κητοῦς (Φόρκυς와 Κητώ의 속격), 포르퀴스와 케토의, 포르퀴스와 케토로부터 (기원 혹은 출처의 속격); περιεσπειραμένας δράκουσι, 뱀들로 주위가 감싸인 [spiral, 소용돌이 모양, 나선]; χαλκᾶς, 청동의, 청동으로 된 (형용사); πτέρυξ, 날개 [pterodactyl, 익룡]; χρυσᾶς, 금의, 금으로 된 (형용사). 4. Κύπρις, 퀴프리스, 아프로디테의 다른 이름; τὴν Κύπριν, 그 퀴프리스를 (목적어로 쓰인 이 퀴프리스는 프락시텔레스가 제작한 아프로디테의 조각상을 가리킴); ἐνὶ (= ἐν); Κνίδῳ (Κνίδος의 여격), 크니도스, 아나톨리아 지역의 고대 그리스 도시; φεῦ, φεῦ, 아! 아! (놀람이나 경탄의 표현); ἰδοῦσα (εἶδον의

---

[32] δηλόω (보이다, 보여주다) 현재 능동태 분사 δηλῶν 또한 φιλῶν처럼 변화한다.

제2부정과거 능동태 분사 여성 주격), 보고서는. 5. ἔπειτα, 그 다음으로, 그리고 나서, 그리고 난 후; ἐμάχοντο (μάχομαι의 3인칭 복수 미완료 중간태) 싸웠다, 다퉜다, 전쟁했다 (+ 여격).

## 어휘

κεφαλή, –ῆς, ἡ, 머리 [brachycephalic]

ὀδούς, ὀδόντος, ὁ, 이빨, 치아 [orthodontist]

γυμνός, –ή, –όν, 벌거벗은, 나체의, [gymnasium, 체육관, 경기장]

μέσος, –η, –ον, 중간의, 가운데의, 한복판에, (서술적 위치) ~의 중간, ~사이 [Mesozoic, 중생대]

εἶπον, 제2부정과거, 나는 말했다 (부정과거 부정사 εἰπεῖν, 분사 εἰπών)

μανθάνω, 제2부정과거 ἔμαθον, 배우다, 알다, 학습하다 [mathematics, 수학]

δή, 확실히, 실로, 물론 (후치사)

ποῦ, 어디? 어디에? 어디서?

ὥσπερ, 마치 ~처럼, 마치 ~와 같이

## 작문

1. 나는 고르곤들을 보았다고(부정과거 사용) 말했다. 그러나 그들은 나를 돌로 만들지 않았다.

2. 마침내 크세륵세스는 자신의 남자들에게 그 적을 정복하라고 명하였다.

3. 그가 자신의 병사들을 거기에 남겼을 때, 그는 그 장군을 그 도시 안으로 보냈다.

4. 힙피아스(Ἱππίας)는, 자기 이빨이 마라톤(Μαραθῶνι) (안)에서 떨어졌을(빠졌을) 때, 뭐라 말했는가?

5. 그가 이것을 보았을 때 그는 확실히 그리스를(τὴν Ἑλλάδα) 정복하지 못할 것을 알았다.

6. 있는 것들 모두를(τὰ ὄντα πάντα = 존재하는 것들 모두를) 신이 지배한다고 플라톤은(ὁ Πλάτων) 말했다.

## 복습

### I. 독해

1. πολλοὶ στρατιῶται ἦσαν ἐν τῷ ἀγῶνι.

2. δῆλον ἔδοξεν εἶναι ὅτι ὁ διδάσκαλος τὸ μέγα βιβλίον ἐν τῷ ἱερῷ οὐκ ἔλιπε.

3. πάντες οἱ νέοι νῦν ἐθέλουσι τόδε τὸ θηρίον λαμβάνειν.

4. ὁ ἄρχων πρῶτος ὑπὲρ τῶν πολιτῶν πολλὰς ἀσπίδας ἀργυρᾶς τῇ θεῷ ἀνέθηκε (바쳤다).

5. ταῦτα τὰ κρυπτὰ εἰς φῶς ἔτι ἀπάξομεν.

### II. 작문

1. 그 장군 곁에 서 있던 그 병사가 전적으로 나쁘다.

2. 소수가 다수에게 그 진리를 보여주길 원하는 걸로 보이지만, 후자(다수)는 이를 받아들이려 하지 않는다.

3. 모든 아이들이 이 교사를 저 교사보다 더 사랑한다.

4. 그는 그가 그 위대한 왕을 정복할 것이라고 여긴다(δοκεῖ 사용).

5. 그 책은 너무 커서 그 선생이 나를 수 없었다.

# 20 과

## ω–동사의 제1부정과거 능동태 분사 · μι–동사의 현재, 제2부정과거 능동태 분사

1. παιδεύω (가르치다) 제1부정과거 능동태 분사 격변화.

|  | 남성 | 여성 | 중성 |
|---|---|---|---|
|  | | 단수 | |
| 주격 | παιδεύσας | παιδεύσασα | παιδεῦσαν |
| 속격 | παιδεύσαντος | παιδευσάσης | παιδεύσαντος |
| 여격 | παιδεύσαντι | παιδευσάσῃ | παιδεύσαντι |
| 대격 | παιδεύσαντα | παιδεύσασαν | παιδεῦσαν |
|  | | 복수 | |
| 주격 | παιδεύσαντες | παιδεύσασαι | παιδεύσαντα |
| 속격 | παιδευσάντων | παιδευσασῶν | παιδευσάντων |
| 여격 | παιδεύσασι | παιδευσάσαις | παιδεύσασι |
| 대격 | παιδεύσαντας | παιδευσάσας | παιδεύσαντα |

2. ἵστημι (세우다, 서다) 현재, 제2부정과거, 제1부정과거 분사는 παιδεύω 제1부정과거 능동태 분사처럼 변화한다.

① ἵστημι 현재 능동태 분사: ἱστάς (남성), ἱστᾶσα (여성), ἱστάν (중성)

② ἵστημι 제2부정과거 능동태 분사: στάς (남성), στᾶσα (여성), στάν (중성)

③ ἵστημι 제1부정과거 분사: στήσας (남성), στήσασα (여성), στῆσαν (중성)

3. τίθημι (놓다) 현재 능동태 분사 및 제2부정과거 능동태 분사 격변화.[33]

| | 현재 분사 | | | 제2부정과거 분사 | | |
|---|---|---|---|---|---|---|
| | 남성 | 여성 | 중성 | 남성 | 여성 | 중성 |
| | | 단수 | | | 단수 | |
| 주격 | τιθείς | τιθεῖσα | τιθέν | θείς | θεῖσα | θέν |
| 속격 | τιθέντος | τιθείσης | τιθέντος | θέντος | θείσης | θέντος |
| 여격 | τιθέντι | τιθείσῃ | τιθέντι | θέντι | θείσῃ | θέντι |
| 대격 | τιθέντα | τιθεῖσαν | τιθέν | θέντα | θεῖσαν | θέν |
| | | 복수 | | | 복수 | |
| 주격 | τιθέντες | τιθεῖσαι | τιθέντα | θέντες | θεῖσαι | θέντα |
| 속격 | τιθέντων | τιθεισῶν | τιθέντων | θέντων | θεισῶν | θέντων |
| 여격 | τιθεῖσι | τιθείσαις | τιθεῖσι | θεῖσι | θείσαις | θεῖσι |
| 대격 | τιθέντας | τιθείσας | τιθέντα | θέντας | θείσας | θέντα |

---

[33] ἵημι (던지다) 현재 분사 ἱείς, ἱεῖσα, ἱέν 및 제2부정과거 분사인 –εἵς, –εῖσα, –ἕν 또한 τίθημι 현재 분사와 유사하게 변화한다. (–εἵς, –εῖσα, –ἕν는 오직 복합동사에서만 사용된다. 관련하여 14과 2번 및 각주 26 참조)

4. δίδωμι (주다) 현재 능동태 분사 및 제2부정과거 능동태 분사 격변화.

| | 현재 분사 | | | 제2부정과거 분사 | | |
|---|---|---|---|---|---|---|
| | 남성 | 여성 | 중성 | 남성 | 여성 | 중성 |
| | **단수** | | | **단수** | | |
| 주격 | διδούς | διδοῦσα | διδόν | δούς | δοῦσα | δόν |
| 속격 | διδόντος | διδούσης | διδόντος | δόντος | δούσης | δόντος |
| 여격 | διδόντι | διδούσῃ | διδόντι | δόντι | δούσῃ | δόντι |
| 대격 | διδόντα | διδοῦσαν | διδόν | δόντα | δοῦσαν | δόν |
| | **복수** | | | **복수** | | |
| 주격 | διδόντες | διδοῦσαι | διδόντα | δόντες | δοῦσαι | δόντα |
| 속격 | διδόντων | διδουσῶν | διδόντων | δόντων | δουσῶν | δόντων |
| 여격 | διδοῦσι | διδούσαις | διδοῦσι | δοῦσι | δούσαις | δοῦσι |
| 대격 | διδόντας | διδούσας | διδόντα | δόντας | δούσας | δόντα |

## 독해

A. Πολλὰ πιὼν καὶ πολλὰ φαγὼν καὶ πολλὰ κακ᾽ εἰπὼν / ἀνθρώπους κεῖμαι, Τιμοκρέων Ῥόδιος. – 시모니데스

B. Φιλεῖ δὲ τῷ κάμνοντι συσπεύδειν θεός. – 아이스퀼로스

1. λίαν φιλῶν σεαυτὸν οὐχ ἕξεις φίλον.

2. τοῖς ἀεὶ ἀληθεύσασι πάντες πιστεύσουσιν.

3. καλῶς ἐποίησεν οὕτως τελευτήσας τὸν βίον. – 뤼시아스

4. Γοργὼ ἡ Λεωνίδου γυνὴ παραδιδοῦσα τῷ υἱῷ τὴν ἀσπίδα ἔλεγεν, "ἢ ταύτην ἢ ἐπὶ ταύτῃ."

5. οἱ Ἐπιδάμνιοι πέμψαντες εἰς Δελφοὺς ἠρώτησαν τὸν θεὸν εἰ παραδοῖεν τοῖς Κορινθίοις τὴν πόλιν.

6. ἡ δοῦσα πάντα καὶ κομίζεται τύχη.

7. θεοῦ διδόντος οὐδὲν ἰσχύει φθόνος, καὶ μὴ διδόντος οὐδὲν ἰσχύει πόνος.

8. Μαχάων τὸ τοῦ Μενελάου τραῦμα ἰάσατο φάρμακα ἐπιτιθείς.

9. ὁ εὖ διαθεὶς τὸν ἑαυτοῦ οἶκον καὶ τὰ τῆς πόλεως πράγματ᾽ εὖ ἂν διαθείη.

10. οἱ τάλαντα ἐπὶ τάλαντα ἐπιθέντες ὑπὸ τῶν πενήτων φθονοῦνται.

11. Λύσανδρος τῶν Ἀθηνῶν κρατήσας εὐθὺς μετέστησε τὴν πολιτείαν (정치체제, 정부), τριάκοντα μὲν ἄρχοντας καθιστὰς ἐν ἄστει δέκα δ᾽ ἐν τῷ Πειραιεῖ.

12. 만 명의 행군 중 일어난 일. ὁ δὲ φεύγει εἰς τὸ ἑαυτοῦ στράτευμα, καὶ εὐθὺς παραγγέλλει εἰς τὰ ὅπλα. καὶ τοὺς μὲν ὁπλίτας αὐτοῦ ἐκέλευσε μεῖναι, τὰς ἀσπίδας πρὸς τὰ γόνατα θέντας, αὐτὸς δὲ λαβὼν τοὺς ἱππέας (기병들) οἳ ἦσαν αὐτῷ ἐν τῷ στρατεύματι πλείους ἢ τετταράκοντα, τούτων δὲ οἱ πλεῖστοι Θρᾷκες, ἤλαυνεν (돌격했다) ἐπὶ τοὺς Μένωνος· οἱ δὲ καὶ ἕστασαν ἀποροῦντες (당황하여, 당황한 나머지) τῷ πράγματι.

도움말: 1. σεαυτόν, 너 자신을 (재귀대명사). 2. ἀληθεύσασι (ἀληθεύω의 제1부정과거 능동태 분사 남성 복수 여격, 관사와 함께 실명사로 사용), 진실을 말했던 자들을 (여격으로서 πιστεύσουσιν의 목적어). 4. Γοργώ, 고르고, 레오니다스의 아내인 스파르타 여인; Λεωνίδου (Λεωνίδας의 속격), 레오니다스의. 5. Ἐπιδάμνιοι, 에피담노스 사람들; Κορινθίοις, 코린토스 사람들; παραδοῖεν, 그들이 주어야 할지 (기원법). 6. κομίζεται, 가져가다. 빼앗다 (중간태). 7. Θεοῦ διδόντος,

만약 신이 준다면 (독립 속격, 21과 6번 참조); μὴ διδόντος, 만약 신이 주지 않는다면 (독립 속격, 21과 6번 참조); ἰσχύω, 소용이 있다, 도움이 되다, 쓸모 있다, 유용하다. 8. Μαχάων, 마카온 (의술의 신인 아스클레피오스(Ἀσκληπιός)의 아들로서, 테살리아 병사들을 이끌고 트로이 전쟁에 참여); Μενελάου (Μενέλαος의 속격), 메넬라오스의 (트로이의 왕자인 파리스로 인해 자신의 부인 헬레네를 잃은 스파르타의 왕); τραῦμα, 상처, 외상, 부상; ἰάσατο (ἰάομαι의 제1부정과거 중간태), 고치다, 치유하다, 치료하다. 9. ἑαυτοῦ, 그 자신의 (재귀적 용법); πράγματα, 사건들, 사물들, 대상들, 일들; ἂν διαθείη, 정리할 것이다. 10. πένης, -ητος, 가난한 자; φθονοῦνται, 시기를 받다, 질투를 받다 (수동태). 11. Λύσανδρος, 뤼산드로스 (아테네를 정복한 스파르타의 장군); Ἀθηνῶν (Ἀθῆναι의 속격), 아테네인들의; μετέστησε, 바꿨다; πολιτεία, 정부, 정치체제; καθιστάς (καθίστημι의 현재 능동태 분사 남성 단수 주격), 배치하면서; ἄστει (ἄστυ의 여격), 아테네에, 성채에, 주둔지에; Πειραιεῖ (Πειραιεύς의 여격), 페이라이에우스에 (현대 그리스어로는 피레아스). 12. ὁ, 퀴로스 휘하의 장군 중 하나인 클레아르코스를 가리킴; ὁπλίτας (고대 그리스의) 중장갑보병들; Μένωνος (Μένων의 속격), 메논의 (퀴로스 휘하의 장군 중 하나); τετταράκοντα, 40; ἕστασαν (ἵστημι의 제2과거완료), 서 있었다.

## 어휘

οἶκος, -ου, ὁ, 집

ὅπλον, -ου, τό, 무기; (복수) 병기, 무장병사

πόνος, -ου, ὁ, 수고, 노동, 일, 노력, 고역

τάλαντον, -ου, τό, 탈란톤(탈란트) (고대 그리스의 화폐 단위)

τύχη, -ης, ἡ, 운, 운명, 행운, 요행

υἱός, -οῦ, ὁ, 아들

φάρμακον, -ου, τό, 약, 약물

φθόνος, -ου, ὁ, 질투, 시기, 부러움


διατίθημι, 배치하다, 정리하다, 관리하다

ἐπιτίθημι, 덧놓다, 위에 놓다, 덧붙이다, 더하다; 적용하다; 덧바르다; 세우다, 정립하다

κομίζω, κομιῶ, ἐκόμισα, 데리고 가다, 동행하다, 수행하다, 배웅하다; (드물게 중간태로) 가버리다, 떠나다

κρατέω, (+ 속격) 정복하다, 지배하다, 우월하다, 우세하다

παραδίδωμι, 건네주다, 항복하다

τελευτάω, 마지막에 이르다, 끝에 다다르다, 죽다, 죽음에 이르다 (τελευτή, 끝, 마지막)


εὖ, (부사) 좋은, 잘

εὐθύς, (부사) 곧바로, 즉시, 곧

λίαν, (부사) 지나치게, 매우, 무척이나

τριάκοντα, 30, 삼십, 삼십인참주정

## 작문

1. 레오니다스의 부인은 자신의 아들을 전투에 보내면서 결코 방패를 건네주지 말라고(μὴ 사용) 명하였다.

2. 퀴로스의 장군들로서 클레아르코스와 메논은 자신들의 기병대에게 적을 정복하라고 명하였다.

3. 마카온은 트로이(Τροία, -ας, ἡ) 근방에서 싸웠던 많은 자들의 신체들에 약(물)들을 덧발랐다.

4. 아버지는, 죽어가면서, 자신의 무기를 아들에게 건네주었다.

5. 운은 많은 사악한 것들을 주지만, 많은 좋은 것들도 준다.

6. 퀴로스가 명령을 내렸을 때, 트라키아인들은 적을 향해 돌격했다.

**복습**

### I. 독해

1. οἱ νέοι γυμνοὶ ὄντες εἰς μέσον τὸν ἀγῶνα κατέστησαν (들어섰다).

2. εἶπον ὅτι ὁ τῆς Γοργόνος ὀδοὺς μείζων ἢ ἀνθρώπου κεφαλὴ ἦν.

3. τοὺς σοφοὺς καλοῦντες, οἱ πολῖται ἔμαθον τί δεῖ ποιεῖν.

4. ποῦ δὴ πεσόντες ἀπέθανον οἱ τῆς στρατιᾶς ἄρχοντες;

5. τέλος ἄρα ἐλθόντες τινὲς ὥσπερ νικῶντες τοὺς τῆς πόλεως γέροντας ἐκάλεσαν.

### II. 작문

1. 그 소년의 마음의 탁월함(덕)은 그의 아버지의 것보다 더욱 컸다.

2. 열흘 동안 그 도시를 지배했던 그 자가 누구인가?

3. 그 도시에 있던 자들도 또 그 바닷가에 있던 자들도 어떤 새로운 것을 배우지 못했다.

4. 자기들의 어머니를 부르면서, 아이들은 불 곁에 남아있었다.

5. 그 그리스인들에게서 도망치면서, 그는 고르곤들의 한복판으로 떨어졌다.

# 21 과

## 분사의 용법

1. 그리스어에서는 분사가 다양하면서도 자주 사용되는데, 크게 한정적<sup>attributive</sup> 용법, 정황적<sup>circumstantial</sup> 용법, 그리고 보충적<sup>supplementary</sup> 용법으로 구분할 수 있다.

2. 한정적 용법.

   ① 대체로 관사와 함께하며, 형용사로서 역할 한다.

   예) ὁ βασιλεύων Κῦρος. 왕인(통치하는) 퀴로스

   ② 종종 명사는 생략된 채, 관사 내지 기타 수식어구를 동반해 실명사로 사용된다.

   예) οἱ φεύγοντες. 도망치는 자들

   οἱ ἐκ τῆς πόλεως ἐλθόντες. 그 도시로부터 온 자들

   ἐν τῇ Μεσσηνίᾳ ποτὲ οὔσῃ γῇ. 한때 메세니아에 있던(속했던) 지역에서

   ἐπὶ τὰς Αἰόλου νήσους καλουμένας. 아이올로스의 것이라 불렸던 섬들에 맞서

3. 정황적 용법.

   ① 문장의 주동사의 행위와 연관된 상황이나 조건을 규정하기 위해 사용되며, 주로 시간, 원인, 방식, 의미, 조건, 양보, 목적 또는 그 외의 부대 상황을 표현한다.

   예) εἰς τήν πόλιν ἐλθών, ἔγραψεν ἐπιστολήν. 도시로 갔을 때, 그는 서신을 썼다.

   πλοῖα ἔχων, ἀπέφυγεν. 배를 가지고 있기에, 그는 탈출했다.

   τὸν φύλακα ἀποκτείνας, ἀπέφυγεν. 보초들을 죽임으로써, 그는 도망쳤다.

   τήν πόλιν λαβών, νικήσει. 그 도시를 점령한다면, 그는 승리할 것이다.[34]

   πολλοὶ γάρ, εὖ λέγοντες, οὐκ ἔχουσι νοῦν. 많은 이들이, 잘 말함에도 불구하고, 제정신을 가지고 있지 않기 때문이다.

   ἦλθεν (ὡς) τὸν βασιλέα πείσων. 그는 왕을 설득하기 위해 왔다.

   ② 위 예들에서 마지막 예시는 ὡς가 '목적'을 표현하기 위해 미래 분사와 함께 사용된 사례이다. 이 경우 부정은 μή를 사용하여 '~하지 않도록 하기 위해'의 의미를 나타낸다. 그러나 이와 같은 구문에서의 부정 표현은 매우 드물게 사용된다.

4. ὡς + 분사.

   ① 화자 혹은 저자가 자신이 말하거나 글을 쓰는 이유 또는 목적을 제공하면서도, 그것의 사실 여부 혹은 옳고 그름에 대한 책임을 지지 않고자 하는 경우, 'ὡς + 분사' 형태가 쓰인다.

   ② 이와 같은 구문은 대략적으로 '~라고 하여' 혹은 '~라는 이유로' 등으로 옮길 수 있다.[35]

   예) τὸν ἄνδρα ἀπέκτεινε ὡς προδιδόντα τὸν βασιλέα. 왕을 배반하였다고 하여, 그는 그 남자를 처형했다.

   (배반했다는 이유로 그 남자를 왕이 처형했다고 화자가 전하고는 있으나, 실제로 그 남자가 왕을 배반했는지의 사실 여부에 대해서는 화자가 책임을 지지는 않음)

---

[34] 조건적 의미의 분사용법에서 부정은 μή를 사용한다.

[35] 라틴어 'quod + 가정법' 용례와 유사하다.

5. 보충적 용법.

   ① 몇몇 동사들의 의미를 보충해주거나 완전하게 해주기 위해 사용한다.

   ② 특히 분사가 τυγχάνω (마침 ~하다), λανθάνω[36] (모르게 ~하다, 몰래 ~하다), φθάνω[37] (앞서 ~하다, 먼저 ~하다) 등의 동사와 함께 중요히 사용된다.

     예) ἐτύγχανε παρών. 그는 마침 여기 있었다.

       ἔλαθεν εἰς τὴν πόλιν ἐλθών. 그는 몰래 도시로 들어왔다.

       ἔφθασε τοὺς πολεμίους τὸν λόφον λαβών. 그는 적들에 앞서 그 언덕을 탈취했다.

6. 독립 속격<sup>genitive absolute</sup>: 명사와 분사의 속격 형태는 (라틴어에서의 탈격 용법과 같이) 종종 그 자체로서 완전한 구문의 의미를 가지면서 독립적으로 사용되기도 한다. 이는 독립 속격으로 (혹은 절대 속격으로) 불리며, 다양한 부대, 양보, 조건, 시간 상황 등을 나타낼 수 있다. (독립 속격은 문맥에 따라 해석)

     예) τῶν παιδίων παρόντων, ἀπέθανεν ὁ πατήρ. 아이들이 곁에 있을 때, 아버지가 죽었다.

                아이들이 곁에 있음에도 불구하고, 아버지가 죽었다.

7. 분사의 행위 표현.

   ① 현재 분사가 쓰일 때는 분사의 행위가 주동사의 행위와 연속적이거나, 혹은 종종 동시적임을 보여준다.

   ② 부정과거 분사는 종종 주동사 행위보다 이전의 일회적 행위를 보여 준다.

   ③ 미래 분사는 대부분 목적을 표현하는데 쓰이며, 위의 3번에서 보았듯 간혹 ὡς와 같이 쓰이기도 한다.

   ④ 보충적 용법의 분사가 가지는 시제는 어떤 행위의 유형이나 양상 혹은 단계를 나타낸다.

   ⑤ 일반적으로 현재 분사는 대개 연속적인 행위나 상태를, 부정과거 분사는 일회적인 행위를 보여준다.

8. 지각동사 및 '알다', '기억하다'의 의미를 갖는 동사들 다음에 그 내용으로서 구성되는 간접구문은 종종 분사로 표현한다. 이 경우 분사의 주어는 보통 대격을 사용하고, 분사도 대격을 사용한다. 만약 분사의 주어가 주동사의 주어와 일치하면 분사는 주격이 된다.[38] 분사의 시제는 결합되기 전 직접구문의 본래 동사의 시제와 일치시킨다. (5과 10번 참조)

     예) ὁρῶ Κῦρον προσελαύνοντα (현재 분사). 나는 퀴로스가 (말을) 타고 있는 걸 보고 있다.

                  = 나는 (말을) 타고 있는 퀴로스를 보고 있다.

     ἀκούω τοὺς πολεμίους ἀποφυγόντας (부정과거분사). 나는 적들이 도망쳤다고 듣고 있다.

                   = 나는 도망쳤다는 적들을(적들에 대해) 듣고 있다.

   ① 간접구문에서 분사가 실제 사실을 가리키는 경우 부정은 οὐ를 통해 표현한다.

   ② 조건이나 일반적인 진술을 가리키는 경우 부정은 μή를 통해 표현한다.

   ③ 지각동사 및 '알다', '기억하다'의 의미를 갖는 동사들과 함께, 간접구문은 직설법을 쓰는 ὅτι 절을 통해 표현할 수도 있다. (24과 3번 참조)

     예) ὁρῶ ὅτι Κῦρος προσελαύνει (ὅτι + 현재 직설법). 나는 퀴로스가 (말을) 타고 있는 걸 보고 있다.

---

<sup>36</sup> λανθάνω + 대격 + 분사: 대격(목적어) 몰래/모르게 ~(분사)하다.

<sup>37</sup> φθάνω + 대격 + 분사: 대격(목적어) 전에/앞서 ~(분사)하다.

<sup>38</sup> 부정사의 용례와 유사하다. 이와 관련해선 5과 10번 참조.

# 독해

A. ἦν Λακεδαιμόνιος, Χίλων σοφός, ὃς τάδ' ἔλεξε / μηδὲν ἄγαν· καιρῷ πάντα πρόσεστι καλά. – 크리티아스

B. μελέτη τὸ πᾶν.

Γ. Ἑλλήνων προμαχοῦντες Ἀθηναῖοι Μαραθῶνι / χρυσοφόρων Μήδων ἐστόρεσαν δύναμιν. – 시모니데스

1. οὐδεὶς ποιῶν πονηρὰ λανθάνει θεόν. – 메난드로스

2. Ἕλληνες ὄντες βαρβάροις δουλεύσομεν;

3. ἀνὴρ γὰρ ὅστις ἥδεται λέγων ἀεί, ἔλαθεν ἑαυτὸν τοῖς συνοῦσιν ὢν βαρύς. – 소포클레스

4. ἄνθρωποι τὸν θάνατον φεύγοντες διώκουσιν. – 데모크리토스

5. φίλους ἔχων ἐνόμιζε θησαυροὺς ἔχειν.

6. Πύρρων οὐδὲν ἔφη διαφέρειν ζῆν ἢ τεθνάναι. εἰπόντος (말하자) δέ τινος, "τί οὖν οὐκ ἀποθνῃσκεις;" ἔφη, "ὅτι οὐδὲν διαφέρει."

7. ὁ Ἀλέξανδρος ηὐδαιμόνισε τὸν Ἀχιλλέα ὅτι (왜냐하면) Ὅμηρον κήρυκα εἰς τὴν ἔπειτα μνήμην ἔχων ἔτυχεν. – 아리아노스

8. οἱ ἐν τῇ πόλει ἔπεμψαν ἄνδρας λέξοντας ὅτι διδόασι πάντα τὰ ὅπλα τοῖς Λακεδαιμονίοις. – 크세노폰

도움말: 2. βαρβάροις (βάρβαρος의 복수 여격), 이방인들의 (δουλεύσομεν 동사와 같이 쓰여, '이방인들의 노예일 것인가'의 의미). 3. ἥδεται (이태동사로서 분사를 목적어로 동반하여), ~하는 즐거움을 가지다, ~하는 걸 즐기다 (이태동사와 관련하여 25과 1번 참조); ἔλαθεν (λανθάνω의 3인칭 단수 부정과거), ~도 모르게 ~했다, ~몰래 ~했다 (이전부터 내려오던 금언이나 격언을 표현하는 용법으로서의 부정과거); ἑαυτόν, 자기 자신 (재귀용법). 5. θησαυρός, 보물, 재물, 보고(寶庫) [thesaurus]. 6. Πύρρων, 퓌론 (엘리스 출신의 회의주의 철학자); διαφέρω, 차이가 있다, 구분되다 (이 동사의 목적어인 οὐδέν은 내적 대격); τεθνάναι, 죽음, 죽어 있음 (ἀποθνήσκω의 현재완료 부정사 형태). 7. εὐδαιμονίζω, 행복하다고 여기다, 운이 좋다고 여기다 (εὐδαίμων, 행복); Ἀχιλλέα (Ἀχιλλεύς의 대격), 아킬레우스를; Ὅμηρον (Ὅμηρος의 대격), 호메로스를; ἔπειτα, 이후의, 나중의, 미래의; μνήμη, 기억 (μιμνήσκω, 회상하다).

# 어휘

βάρβαρος, –ου, ὁ, 이방인, 야만인 (종종 페르시아인들을 가리킴) [barbarian, 야만인]

κῆρυξ, κήρυκος, ὁ, 전령, 사자(使者)

βαρύς, –εῖα, –ύ, 무거운, 근엄한, 가라앉은 [baritone, 바리톤] (ἡδύς처럼 격변화, 17과 1번 참조)

διώκω, διώξω, ἐδίωξα, 좇다, 추적하다

λανθάνω, λήσω, ἔλαθον, (+ 분사) 몰래 ~하다; 속이다, 회피하다 (각주 36 참조)

σύνειμι, (+ 여격) 함께 있다

τυγχάνω, 제2부정과거 ἔτυχον, (+ 분사) 마침 ~하다, 우연히 ~하다; (+ 속격) ~와 마주치다, 만나다, 얻다, 획득하다

σύν, (+ 여격) ~와 함께

# 작문

1. 그 병사들에게 이것을 말한 후(분사 사용), 그 장군은 부대에서 떠나갔다(ἀπῆλθεν).
2. 우연히 노인들과 마주쳤던 전령들이 그들 몰래 떠났다.
3. 그는 이방인들의 편지를 가져오는 전령을 보았다.

4. 그들이 왕 곁에 있었음에도, 그들은 그를 추격하지 않았다.

5. 누군가 "전령이 어디에 있는가?"라고 말했을 때, 그 이방인은 "그는 떠나갔다."고 답했다.

6. 달아나고 있는 이방인들을 퀴로스가 추적하는 중이라고 그 전령은 들었다.

## 복습

I. 독해

1. τὰ ὅπλα τῷ τοῦ ἄρχοντος υἱῷ ἐν τῷ οἴκῳ παραδούς, τάλαντον ἔλαβε.

2. πόνον πόνῳ ἐπιθείς, εὖ διέθηκε τὰ χρήματα.

3. τῷ σοφῷ ὕπνος πόνου φάρμακον ἐδόκει.

4. τῶν πολεμίων κρατήσας καὶ τὴν πέτραν ἐν τῷ πεδίῳ ὡς τρόπαιον (기념물) λιπών, εὐθὺς εἰρήνην τῇ πόλει ἐκόμισε.

5. ὁ βασιλεὺς τελευτῶν, λίαν τὸν νεώτερον υἱὸν φιλῶν, τὴν ἀρχὴν (통치권) καὶ τριάκοντα τάλαντα αὐτῷ ἔδωκε· ὁ δὲ ἀδελφὸς διὰ φθόνον ἐκεῖνον ἀπέκτεινε.

II. 작문

1. 자신의 아이들을 뒤에 남겨놓은 채, 그 어머니는 도시로 달아났다.

2. 나는 그들이 그 노예에게 돈을 주는 것을 보았다.

3. 아이들을 잘 돌보지 않았으니, 그 아버지는 존중(받는 것)을 기대하지 말아야 한다.

4. 30탈란톤을 가졌음에도, 왜 그는 더 얻기를 바라는가?

5. 나는 그 약(물)들을 죽어가는 자에게 넘겨주지 않을 것이다.

# 22 과

## 현재와 부정과거 가정법 능동태 · 미래 더 생생한 조건문과 현재 일반 조건문

1. εἰμί 현재 가정법: ὦ, ἦς, ᾖ; ὦμεν, ἦτε, ὦσι.

2. 대부분 동사들의 현재 및 부정과거 가정법의 어미 형태는 εἰμί의 현재 가정법 형태와 유사하다. (–ω, –ῃς, –ῃ; –ωμεν, –ητε, –ωσι)

   ① 모든 시제와 태에서 가정법은 직설법과 같은 어간을 가지면서, 장모음 ω와 η를 갖는다.

   ② 가정법에는 접두모음이 붙지 않는다.

   ③ 가정법에는 (그 자체가 어느 정도 미래의 시상을 지니기에) 미래시제가 없다.

   ④ παιδεύω, λείπω, φιλέω, δείκνυμι, ἵστημι 현재, 제1부정과거 및 제2부정과거 가정법.

|  | 현재 | 제1부정과거 | 제2부정과거 | 현재 | 현재 |
|---|---|---|---|---|---|
| 1인칭 단수 | παιδεύω | παιδεύσω | λίπω | φιλῶ | δεικνύω |
| 2인칭 단수 | παιδεύῃς | παιδεύσῃς | λίπῃς | φιλῇς | δεικνύῃς |
| 3인칭 단수 | παιδεύῃ | παιδεύσῃ | λίπῃ | φιλῇ | δεικνύῃ |
| 1인칭 복수 | παιδεύωμεν | παιδεύσωμεν | λίπωμεν | φιλῶμεν | δεικνύωμεν |
| 2인칭 복수 | παιδεύητε | παιδεύσητε | λίπητε | φιλῆτε | δεικνύητε |
| 3인칭 복수 | παιδεύωσι | παιδεύσωσι | λίπωσι | φιλῶσι | δεικνύωσι |

|  | 현재 |  |  | 제2부정과거 |  |  |
|---|---|---|---|---|---|---|
| 1인칭 단수 | ἱστῶ | τιθῶ | ἱῶ | στῶ | θῶ | –ῶ |
| 2인칭 단수 | ἱστῇς | τιθῇς | ἱῇς | στῇς | θῇς | –ῇς |
| 3인칭 단수 | ἱστῇ | τιθῇ | ἱῇ | στῇ | θῇ | –ῇ |
| 1인칭 복수 | ἱστῶμεν | τιθῶμεν | ἱῶμεν | στῶμεν | θῶμεν | –ῶμεν |
| 2인칭 복수 | ἱστῆτε | τιθῆτε | ἱῆτε | στῆτε | θῆτε | –ῆτε |
| 3인칭 복수 | ἱστῶσι | τιθῶσι | ἱῶσι | στῶσι | θῶσι | –ῶσι |

3. τίμαω, δηλόω, δίδωμι 현재 및 제2부정과거 가정법. (이 동사들은 위 변화표의 가정법 어미들과 다른 인칭 어미의 형태를 갖는다. 15과 및 16과의 축약 규칙 참조)

|  | 현재 | 현재 | 현재 | 제2부정과거 |
|---|---|---|---|---|
| 1인칭 단수 | τιμῶ | δηλῶ | διδῶ | δῶ |
| 2인칭 단수 | τιμᾷς | δηλοῖς | διδῷς | δῷς |
| 3인칭 단수 | τιμᾷ | δηλοῖ | διδῷ | δῷ |
| 1인칭 복수 | τιμῶμεν | δηλῶμεν | διδῶμεν | δῶμεν |
| 2인칭 복수 | τιμᾶτε | δηλῶτε | διδῶτε | δῶτε |
| 3인칭 복수 | τιμῶσι | δηλῶσι | διδῶσι | δῶσι |

4. 가정법의 일치.

① 일차시제 일치primary sequence(주절 동사가 현재, 미래, 현재완료, 미래완료)의 경우, 종속절에서 사용될 수 있다.

② 이차시제 일치secondary sequence(주절 동사가 미완료, 부정과거, 과거완료)의 경우, 종속절에서 (간혹 가정법이 발견되기도 하나) 주로 기원법이 사용된다.

그래서 (주절과 종속절에서 시제를 호응시키는) 시제의 일치sequence of tenses를 꾀하는 라틴어와 달리, 그리스어에서는 (주절의 시제에 따라 종속절에서 법을 상응시키는) 법의 일치sequence of moods가 중시된다고 볼 수 있다.[39]

5. 가정법은 주로 미래 시상을 가리키기 때문에, 시간적 의미를 가진다기 보다는 양상을 나타낸다.

① 가정법의 현재시제는 지속되는 행위를 표현한다.

② 가정법의 부정과거시제는 일회적인 행위를 표현하기 위해 사용된다.

6. 가정법을 통한 두 조건 구문.

① 미래 더 생생한 조건문Future More Vivid Conditions: 미래 사건에 대하여 한정적이긴 하나 반드시 그렇다고 단언할 수는 없는 진술을 만든다. 이때 '보다 생생한'은 '보다 발생할 가능성이 많은'을 의미한다.

| 전건 (조건절) | 후건 (귀결절) |
|---|---|
| ἐαν (= εἰ + ἄν) / ἄν / ἤν<br>+<br>가정법 (현재 혹은 부정과거) | 미래 직설법 혹은 그 상당어구,<br>때론 명령법 |

예) ἐὰν ἔλθῃ, νικήσομεν. 만약 그가 온다면, 우리는 승리할 것이다.

② 현재 일반 조건문Present General Conditions: (항상 참인) 현재의 일반적인 사실을 가리키는 진술을 만든다.

| 전건 (조건절) | 후건 (귀결절) |
|---|---|
| ἐαν (= εἰ + ἄν) / ἄν / ἤν<br>+<br>가정법 (현재 혹은 부정과거) | 현재 직설법 |

예) ἐὰν Κῦρος στρατηγὸς ᾖ, οἱ στρατιῶται νικῶσι. 만약 퀴로스가 장군이면, 병사들은 (항상) 승리한다.

③ 위의 두 조건문 유형에서 조건절은, ἐὰν 대신, 다음과 같은 관계대명사 혹은 관계부사를 사용할 수 있다.

ἐπειδάν (언제든)

ὅταν (~때, ~하는 때면, 언제)

ὅπου ἄν (어디든, 어디에서든)

ὅς ἄν, ὅστις ἄν (누구든)

7. 조건문의 부정.

① 조건절의 부정은 μή를 사용하여 표현한다.

② 귀결절의 부정은 주로 οὐ를 사용하여 표현한다.

예) ἐὰν μὴ ἔλθῃ, οὐ νικήσομεν. 만약 그가 오지 않는다면, 우리는 승리하지 않을 것이다.

---

[39] '일치'(sequence)는 '연속' 혹은 '뒤따름'을 의미한다. 따라서 '법의 일치'(sequence of moods)는 '(주절의) 시제에 뒤따르는 (종속절의) 법'을 의미하며, 이와 같은 맥락에서 '일차시제 일치'(primary sequence)는 '(주절의) 일차시제에 뒤따르는 (종속적의) 가정법'으로, '이차시제 일치'(secondary sequence)는 '(주절의) 이차시제에 뒤따르는 (종속절의) 기원법'으로 이해할 수 있다.

## 독해

A. μικραὶ χάριτες ἐν καιρῷ μέγισται τοῖς λαμβάνουσιν. – 데모크리토스

B. ποιητὴς δὲ ἅτινα ἂν γράφῃ μετ᾽ ἐνθουσιασμοῦ καὶ ἱεροῦ πνεύματος, καλὰ κάρτα ἐστίν. – 데모크리토스

1. ἐὰν ἔχωμεν χρήμαθ᾽, ἕξομεν φίλους.

2. κύνες καταβαΰζουσιν ὧν ἂν μὴ γιγνώσκωσιν. – 헤라클레이토스

3. ἀεὶ καλὸς πλοῦς ἐσθ᾽ ὅταν φεύγῃς κακά. – 소포클레스

4. A. "τίς ἐστιν οὗτος;"

   B. "ἰατρός."

   A. "ὡς κακῶς ἔχει / ἅπας ἰατρός, ἐὰν κακῶς μηδεὶς ἔχῃ." – 필레몬

5. 정의로운 아리스테이데스의 (도편추방에 의한) 추방. λέγουσιν οἱ Ἀθηναῖοι ὅτι τῶν ἀγροίκων τις, ἀγράμματος (글을 모르는, 문맹의) ὤν, δοὺς τὸ ὄστρακον τῷ Ἀριστείδῃ ἐν τῇ ἀγορᾷ (οὐ γὰρ ἐγίγνωσκε ὅστις ἦν), ἠξίωσε τὸ ὄνομα "Ἀριστείδην" ἐγγράφειν. ὁ δὲ θαυμάσας (놀라면서) ἠρώτησεν ὅ τι κακὸν αὐτὸν Ἀριστείδης ἐποίησεν. ὁ δὲ ἄνθρωπος "οὐδὲν," ἔφη, "οὐδὲ γιγνώσκω τὸν ἄνδρα, ἀλλὰ χαλεπῶς φέρω πανταχοῦ (모든 곳에서) 'τὸν δίκαιον' ἀκούων." ταῦτα δὴ ἀκούσας (듣고서는) Ἀριστείδης ἐνέγραψέ τε τὸ ὄνομα τῷ ὀστράκῳ καὶ ἀπέδωκεν.

도움말: 2. καταβαΰζω, (+ 속격) ~을 향해 짖다. 3. πλοῦς, 항해, 여행 (πλέω, 항해하다); ἐσθ᾽ = ἐστι (이어지는 단어의 강숨표 앞에서 τ가 θ로 변화). 4. μηδείς, 누구도 ~않다 (οὐδείς와 같은 뜻으로 οὐ대신에 μή가 쓰임). 5. ὄστρακον, 도자기 파편 (도편), 도자기 조각, 오스트라콘; ἐγγράφειν (ἐν + γράφειν), 안에 써넣다. 새겨 넣다 (복합동사와 관련하여, 13과 6번 참조).

## 어휘

ἀγορά, –ᾶς, ἡ, 아고라, 시장, 광장

κύων, κυνός, ὁ, 개 [cynic, 견유학파]

ὄνομα, ὀνόματος, τό, 이름, 단어, 명사, 용어 (ὀνομάζω, 호명하다, 이름 부르다) [homonym, 동음이의어]

ἄγροικος, –η, –ον, 시골사람의, 시골뜨기의, 시골풍의, 농경의, 소박한

ἅπας, ἅπασα, ἅπαν, 모두, 전체 (πᾶς와 유사)

ἀκούω, 부정과거 ἤκουσα, 듣다 [acoustic, 청각의, 소리의]

ἀποδίδωμι, 돌려주다

γιγνώσκω, 알다, 알고 있다 [gnomic, 금언적인, 격언의]

θαυμάζω, θαυμάσω, ἐθαύμασα, 놀라다, 경탄하다, 경외하다 [thaumatology, 기적학]

ποιέω, (목적어로 두 개의 대격을 취해) ~에게 ~을 하다, ~를 ~로 만들다; 하다, 행하다, 만들다, 제작하다

κακῶς ἔχω, 나쁜 상태에 있다, 사악한 상태에 있다, 나쁘다, 사악하다

χαλεπῶς φέρω, 괴롭다, 성가시다, 견디기 어렵다, 짜증나다, 속상하다

ὡς, (부사를 수식하는 부사) 어떻게, 어찌, 어찌나(얼마나)

## 작문

1. 네가 몸이 좋지 않다면, 너는 의사를 부를 것이다.
2. 그들이 누군가에게 짜증을 낼 때면 언제든, 그들의 친구들은 누가 그들에게 나쁜 짓을 행했었는지 그들에

게 묻는다.

3. 그가 적들(의 소리)을 들으면, 그는 자신의 병사들에게 도망치라고 명령한다.

4. 나에게 친구가 없다면, 나는 내가 좋지 않다는 것을 안다.

5. 진리를 아는 자는 누구든(ὅστις) 모든 사람들에게 정의롭게(정의로운 것들을) 행할 것이다.

6. 그 시골사람은 우연히 아리스테이데스에게 도편을 건네주어, 그 위에 (이름을) 써달라고 부탁했다.

## 복습

I. 독해

1. ὁ παῖς ἔλαθε τὸν πατέρα τὸ δῶρον τῇ μητρὶ διδούς.

2. εἶδον τοὺς βαρβάρους τὸν κήρυκα ἀποκτείνοντας.

3. τοὺς λίθους βαρεῖς ὄντας οὐκ ἐθελήσουσιν οἱ στρατιῶται εἰς τὸ στρατόπεδον φέρειν.

4. τοὺς τὴν πόλιν προδόντας νομίζομεν ἐκείνῳ τῷ πολίτῃ συνεῖναι.

5. τοῦ βασιλέως ἐλθόντος, ἔτυχεν ὁ ἄρχων τοὺς ἵππους διώκων.

II. 작문

1. 그 왕과 함께 있는 자들에게 전투가 무척이나 고되다는 것을 나는 본다.

2. 그 장군은 적군의 진지 안으로 몰래 들어갔던 자들을 존중할 할 것이다.

3. 도망치는 건 불명예스럽다는 것(생각)을 피할 수 없었기 때문에, 그리스인들은 여기에 서 있었다.

4. 아테네인들을 제외하곤 모두가 그들과 함께했던 자들을 배신했다.

5. 그 장군 가까이에 이방인들의 전령이 서 있었다.

# 5. 도편추방제

Μεγακλῆς Ἱπποκράτους
힙포크라테스의 아들 메가클레스
기원전 486/5년에 도편추방

Ἀριστείδης Λυσιμάχου
뤼시마코스의 아들 아리스테이데스
기원전 482/1년에 도편추방

Θεμισθοκλῆς (= Θεμιστοκλῆς) Νεοκλέους
네오클레스의 아들 테미스토클레스

Θεμισθοκλῆς (= Θεμιστοκλῆς) Φρεαρίος
프레아로이 출신의 테미스토클레스

기원전 472/1년 도편추방

정치를 뜻하는 'Politics'라는 말 자체가 정치의 기원을 드러내주고 있다. 그리스의 도시국가인 πόλις(폴리스) 안에서는 정치가 이루어지기 위해 달리 어떤 외부적 자극내지 영향이나 강제가 필요하지 않았다. 아리스토텔레스가 말하듯, 고대 그리스의 아테네인들은 인간이 본성상 정치적인 동물이라고 믿었기 때문이다.

민주정에서 대두될 수 있는 문제들 가운데 하나는 선동적인 독재자의 등장, 다시 말해 민중들 가운데 강력한 힘을 가진 어떤 사람이 군주가 되어 도시를 독재적으로 통치할 수도 있다는 위험이 늘 존재한다는 것이다. 이와 같은 위험을 법제적으로 방지하기 위해 아테네인들은 그 당시 그리스에서 일종의 휴지조각이나 마찬가지였던 ὄστρακα(오스트라카: 도자기 파편들 = 도편들) 위에 이름을 적는 방식으로 이루어지는 간단하고 간편한 대중 투표제, 즉 도편추방제ostracism를 고안하였다. 6000개 이상의 ὄστρακα가 모아지면, 그 가운데서 가장 많이 기명된 자가 도시로부터 10년 동안 추방을 당했다. 투표자가 자신을 밝혀야 한다는 법은 없었기에, 늘 무기명으로 이루어졌다. 그렇기에 도편추방제는 조작의 가능성이 있었으며, 정의로운 아리스테이데스조차 도편추방을 당했다. 오랜 시간이 지난 뒤 도편추방제는 결국 폐지되었다.

　도편추방제에서 실제로 사용된 문자들은, 그 제도가 아테네를 중심으로 시행되었던 까닭에, 기원전 402/3년 이전까지 사용되던 고대 아티카 그리스어 문자들이다. 일부 시민들은 도자기 조각에 새길 이름의 철자를 모르기도 했고, ('프레아로이 출신의 테미스토클레스'와 같이) 출신지역을 표기하는 방식으로 써야 할지 아니면 ('네오클레스의 아들 테미스토클레스'와 같이) 아버지의 이름을 함께 표기하는 방식으로 써야 할지에 대해서도 정확히 알지 못하는 시민들도 있었다.

## 기원법 · ἵνα, ὡς, ὅπως로 시작하는 목적절

1. 기원법.

　① 소망이나 기원을 표현하며, 주로 다양한 복합 구문의 종속절에서, 특히 이차시제 일치의 종속절에서 사용한다. (22과 4번 ② 참조)

　② 기원법에는 두 가지 어미 유형이 있다.

　　(a) ‑ι 유형: 규칙 동사 현재, 미래, 제1부정과거 및 제2부정과거 능동태에서 발견된다.

　　(b) ‑ιη 유형: 축약동사 현재, μι‑동사 현재와 제2부정과거에서 발견된다. (νυμι‑동사는 ‑ι 유형으로 간주)

3. 기원법 변화.

　① εἰμί 현재 기원법: εἴην, εἴης, εἴη; εἶμεν / εἴημεν, εἶτε / εἴητε, εἶεν / εἴησαν

　② 규칙변화 동사 (‑ι 유형):[40] παιδεύω, δείκνυμι, λείπω 현재, 미래, 제1부정과거 및 제2부정과거 기원법.

| | 현재 | 미래 | 제1부정과거 | 현재 | 제2부정과거 |
|---|---|---|---|---|---|
| 1인칭 단수 | παιδεύοιμι | παιδεύσοιμι | παιδεύσαιμι | δεικνύοιμι | λίποιμι |
| 2인칭 단수 | παιδεύοις | παιδεύσοις | παιδεύσαις / παιδεύσειας[41] | δεικνύοις | λίποις |
| 3인칭 단수 | παιδεύοι | παιδεύσοι | παιδεύσαι / παιδεύσειε | δεικνύοι | λίποι |
| 1인칭 복수 | παιδεύοιμεν | παιδεύσοιμεν | παιδεύσαιμεν | δεικνύοιμεν | λίποιμεν |
| 2인칭 복수 | παιδεύοιτε | παιδεύσοιτε | παιδεύσαιτε | δεικνύοιτε | λίποιτε |
| 3인칭 복수 | παιδεύοιεν | παιδεύσοιεν | παιδεύσαιεν / παιδεύσειαν | δεικνύοιεν | λίποιεν |

　② 축약동사와 μι‑동사 (‑ιη 유형): τιμάω, φιλέω,[42] ἵστημι, τίθημι,[43] δίδωμι, εἰμί, ἵημι[44] 현재와 제2부정과거 기원법.

현재

| | | | | | | |
|---|---|---|---|---|---|---|
| 1인칭 단수 | τιμῴην | φιλοίην | ἱσταίην | τιθείην | διδοίην | εἴην (εἰμί) |
| 2인칭 단수 | τιμῴης | φιλοίης | ἱσταίης | τιθείης | διδοίης | εἴης |
| 3인칭 단수 | τιμῴη | φιλοίη | ἱσταίη | τιθείη | διδοίη | εἴη |
| 1인칭 복수 | τιμῷμεν | φιλοῖμεν | ἱσταῖμεν | τιθεῖμεν | διδοῖμεν | εἶμεν / εἴημεν |
| 2인칭 복수 | τιμῷτε | φιλοῖτε | ἱσταῖτε | τιθεῖτε | διδοῖτε | εἶτε / εἴητε |
| 3인칭 복수 | τιμῷεν | φιλοῖεν | ἱσταῖεν | τιθεῖεν | διδοῖεν | εἶεν / εἴησαν |

제2부정과거

| | | | | | | |
|---|---|---|---|---|---|---|
| 1인칭 단수 | | | σταίην 등 | θείην 등 | δοίην 등 | εἴην (ἵημι) 등 |

---

[40] (예를 들어, 현재 기원법 3인칭 단수 παιδεύοι 혹은 제1부정과거 기원법 3인칭 단수 παιδεύσαι와 같이) 기원법에서의 ‑αι 및 ‑οι는 악센트에 영향을 미치는 장모음이다. (2과 3번 참조)

[41] 아티카 그리스어에서는 ‑ειας, ‑ειε, ‑ειαν의 형태가 더욱 일반적이다.

[42] δηλόω의 기원법 δηλοίην은 φιλέω의 기원법 φιλοίην과 비슷하게 변한다.

[43] ἵημι의 기원법 ἱείην은 τίθημι의 기원법 τιθείην과 비슷하게 변한다.

[44] 이 동사들 복수에서 ι 다음에 ‑ημεν, ‑ητε, ‑ησαν의 보다 긴 형태가 붙어 사용되기도 한다. (εἰμί 기원법, 23과 3번 ① 참조)

4. 그리스어의 목적 표현을 위한 ἵνα, ὡς, ὅπως 절. (ἵνα, ὡς, ὅπως에 의해 도입되는 절의 동사는 다음과 같이 결정)

① 일차시제 일치(주절 동사가 현재, 미래, 현재완료, 미래완료) 경우, 목적절엔 가정법이 온다.

예) ἥκει ἵνα Κῦρον παιδεύῃ. 퀴로스를 가르치기 위해, 그가 와 있다. (현재 직설법 + 가정법)

② 이차시제 일치(주절 동사가 미완료, 부정과거, 과거완료) 경우, 목적절엔 기원법이 온다.[45]

예) ἦλθεν ἵνα Κῦρον παιδεύοι. 퀴로스를 가르치기 위해, 그가 왔다. (부정과거 직설법 + 기원법)

③ 부정을 나타낼 때는 ἵνα μή, ὡς μή, ὅπως μή 또는 단순히 μή로 표현한다.

5. 실현 가능한 소망 표현.

① εἴθε 혹은 εἰ γάρ와 함께 (혹은 이것들 없이), 현재 내지 부정과거 상관없이, 기원법을 사용한다.

예) εἴθε Κῦρος ἔλθοι. (가능한 소망으로) 퀴로스가 온다면(오기를)! (부정과거 기원법)

② 부정은 μή로 표현한다.

예) εἴθε Κῦρος μὴ ἀποθάνοι ἐν τῇ μάχῃ. (가능한 소망으로) 퀴로스가 그 전투에서 죽지 않는다면(않기를)!

6. 실현 불가능한 소망 표현. (27과 6번과 비교)

① 현재 실현 불가능한 소망: 'εἴθε + 미완료 직설법' 또는 'εἰ γάρ + 미완료 직설법'. (부정은 μή)

예) εἴθε Κῦρος παρῆν. 퀴로스가 (지금) 있다면! (미완료 직설법 = 현재 있지 않음)

② 과거 실현 불가능한 소망: 'εἴθε + 부정과거 직설법' 또는 'εἰ γάρ + 부정과거 직설법'. (부정은 μή)

예) εἴθε Κῦρος ἐβασίλευσε. 퀴로스가 왕이었다면! (부정과거 직설법 = 과거 왕이지 않았음)

③ '주어 인칭과 수에 맞춘 ὤφελον 형태 + 현재 또는 부정과거 부정사'. (ὤφελον = ὀφείλω 부정과거 직설법)

예) ὤφελε παρεῖναι ὁ Κῦρος. 퀴로스가 (지금) 있다면! (3인칭 단수 + 현재 부정사 = 현재 있지 않음)

ὤφελον τὴν γεωμετρίαν μαθεῖν. 내가 기하학을 배웠더라면! (1인칭 단수 + 부정과거 부정사 = 과거 배운 적 없었음)

## 독해

A. Ὦ φίλε Πάν (친애하는 판) τε καὶ ἄλλοι ὅσοι τῇδε θεοί, δοίητέ μοι καλῷ γενέσθαι τἄνδοθεν· ἔξωθεν δ' ὅσα ἔχω, μοι τοῖς ἐντὸς (내 안에 있는 것들과) εἶναι φίλια. πλούσιον δὲ νομίζοιμι τὸν σοφόν. τὸ δὲ χρυσοῦ πλῆθος εἴη μοι ὅσον μήτε φέρειν μήτε ἄγειν δύναιτ' ἄλλος ἢ ὁ σώφρων. – 플라톤 『파이드로스』 (부분 각색)

1. Σωκράτης ἔφη τοὺς μὲν πολλοὺς ἀνθρώπους ζῆν ἵνα ἐσθίωσιν, αὐτὸς δὲ ἐσθίειν ἵνα ζῇ. – 크세노폰

2. ἂν καλὸν ἔχῃ τις σῶμα καὶ ψυχὴν κακήν, καλὴν ἔχει ναῦν καὶ κυβερνήτην κακόν.

3. πρῶτος ἤγγειλα Κῦρον στρατεύοντα ἐπ' αὐτόν.

4. οἱ Ἀθηναῖοι πολλὰς ναῦς εἷλον (얻었다, 포획했다) καὶ πέντε τούτων αὐτοῖς σὺν ἀνδράσιν.

5. ὁ δὲ Ἀλκιβιάδης ἰδὼν (보고서는) τοὺς Ἀθηναίους οὐκ ἔχοντας σῖτον, ἔπειθεν αὐτοὺς ἀπὸ τοῦ κακοῦ χωρίου ἀπελθεῖν ὡς σῖτον ἕλοιεν (얻다). οἱ δὲ στρατηγοὶ ἐκέλευσαν αὐτὸν ἀπελθεῖν· αὐτοὶ γὰρ νῦν στρατηγεῖν, οὐκ ἐκεῖνον.

6. ἅμα φεύγοντες ἀπέβαλον τὰ ὅπλα καίπερ ἡμῶν οὐ διωκόντων.

7. κατέκαυσαν ὡς πλείστας τῶν νεῶν ὅπως μὴ οἱ Πέρσαι εἰς τὰς νήσους εἰσπλέοιεν.

---

[45] 주동사가 이차시제인 경우에도 목적절에서 기원법 대신 가정법이 쓰이기도 한다. (22과 4번 참조)

도움말: 2. κυβερνήτης, 선장, 항해사, 조종사 (라틴어 gubernator, 통치자, 관리자). 3. στρατεύω, 전투를 벌이다 (στρατιά, 군대, 부대) (간접구문으로 분사 사용). 5. ἰδών (ὁράω의 부정과거 분사), 보다 (어휘와 관련해서는 24과 참조); στρατηγεῖν (ἐκέλευσαν의 부정사), 생략된. 7. κατακαίω, 불태우다 [caustic]; ἡ νῆσος, 섬 [Dodecanese, 터키와 크레타 사이에 있는 그리스의 군도 중 하나]; εἰσπλέοιεν, ~로 항해하다 (~로, ~를 향해 εἰς + πλέω, 항해하다) (–εω형태에서 2음절의 동사들은 ο 또는 ω가 오더라도 ε가 축약되지 않음, 15과 각주 28 참조).

## 어휘

ναῦς, νεώς (ναῦς, νεώς, νηί, ναῦν; νῆες, νεῶν, ναυσί, ναῦς), ἡ, 배, 선함 (라틴어 navis, nauta)

πλῆθος, –ους, τό, 수, 수량, 다수, 군중 [plethora, 과다, 과잉]

σῖτος, –ου, τό, 음식, 식량, 곡물, 곡식

χωρίον, –ου, τό, 장소, 구역, 공간, 지점

ὅσος, –η, –ον, 얼마큼, 얼마나, ~만큼 많이, ~만큼 모두

ἀγγέλλω, ἀγγελῶ, ἤγγειλα, 보고하다, 전하다 (ἄγγελος, 전령, 사자) (보고의 내용인 목적부에 해당하는 간접구문은 ὅτι 절 내지 분사로 표현)

αἱρέω, αἱρήσω, εἷλον, 취하다, 잡다, 얻다 (부정사는 ἑλεῖν, 분사는 ἑλών)

ἐσθίω, 제2부정과거 ἔφαγον, 먹다 [esophagus, 식도]

πλέω, 부정과거 ἔπλευσα, 항해하다 (πλοῦς, 항해, 여행: πλόος의 아티카 그리스어 형태 축약형)

ἅμα, 동시에; (+ 여격) ~와 함께

ἵνα, (접속사) ~을 위하여, ~을 위해, ~하도록

καίπερ, (분사와 함께 양보를 나타냄) ~임에도 불구하고, 비록 ~이지만

ὅπως, (접속사) ~을 위하여, ~을 위해, ~하도록; (부사) ~인 식으로, ~인 방식에서, 어떻게든

πέντε, 다섯, 5

ὡς, (접속사) ~을 위하여, ~을 위해, ~하도록, 왜냐하면; (부사) ~어떻게, ~어찌; (후접어) ~로서, ~처럼

## 작문

1. 그는 비참하지(나쁘지) 않으려고 달아났다.

2. 그들은 퀴로스가 왕에 맞서 음모를 꾸민다고(ἐπιβουλεύω + 여격) 보고하고자 전령들을 보냈다.

3. 그는 왕이 자신에 맞서 음모를 꾸몄던 자들을 죽이라고 (왕에게) 편지를 쓸 것이다.

4. 만약 네가 아무 것도 먹지 않는다면, 너는 살지 못할 것이다.

5. 그 배가 저 장소로 항해한다면, 사람들은 음식을 얻을 것이다.

6. 알키비아데스는 그 아테네인들에게 다른 곳으로부터 음식을 얻으라고 명령했다.

## 복습

### I. 독해

1. κακῶς ἔχει κύων ὅστις ἂν ἀκούῃ μέν τινα, μηδένα δὲ ὁρᾷ.

2. ὅ τι ἂν γιγνώσκῃ ὁ ἄγγελος, λέξει ὅταν εἰς τὴν ἀγορὰν ἔλθῃ.

3. ὁ βασιλεὺς ἐθέλει μαθεῖν τὸ ὄνομα ἅπαντος ἀνδρὸς ὅστις ἂν τὰ χρήματα μὴ ἀποδιδῷ.

4. θαυμάζει τε καὶ χαλεπῶς φέρει ὅταν ἀκούῃ ὡς οἱ πολῖται ἐκ τοῦ πολέμου ἔφυγον.

5. καταθήσω τὰ χρήματα ἵνα λαμβάνῃς τὸ παλαιὸν βιβλίον ὃ ἔδειξε σοὶ ὁ γέρων.

II. 작문

1. 그들은 광장(아고라)에서 그 소년들을 내몰기 위해 그들에게 돌을 던지고 있다.

2. 그 통치자가 자신의 지배지에 올 때면 언제든, 그는 가장 훌륭한 시민들로부터 선물을 받는다.

3. 네가 네 형제에게 주고 있는 그 놀라운 책의 이름은 무엇인가? 왜 너는 우리에게 그것을 보여주지 않았
   는가?

4. 누구든 여기에 있는 자는 그 장군이 말할 때 서 있어야만 한다.

5. 만약 우리가 그 개를 돌려주지 않는다면, 소년들은 속상할 것이다.

# 24 과

## 미래 덜 생생한 조건문 · 과거 일반 조건문 · ὅτι 및 ὡς로 이루어진 간접구문 · 간접의문문

1. 기원법을 통한 두 조건 구문.

   ① 미래 덜 생생한 조건문<sup>Future Less Vivid Conditions</sup>: 미래 시간에 발생 가능성이 희박하거나 의심스러운 가능성을 기술한다. ('~라면, ~일 텐데'라는 뜻의 should-would 조건문)

   | 전건 (조건절) | 후건 (귀결절) |
   |:---:|:---:|
   | εἰ | 기원법 (현재 혹은 부정과거) |
   | + | + |
   | 기원법 (현재 혹은 부정과거) | ἄν |

   예) εἰ οἱ πολέμιοι ἔλθοιεν, πολεμοῖτε ἄν. 만약 적들이 온다면, 너희는 싸울 텐데.

   후건(귀결절)에서 불변화사 ἄν은 (항상 그런 것은 아니지만) 대체로 부정어, 동사, 다른 강조어구 다음에 위치한다.

   ② 과거 일반 조건문<sup>Past General Conditions</sup>: (항상 참인) 과거의 일반적인 사실을 가리키는 진술을 만든다.

   | 전건 (조건절) | 후건 (귀결절) |
   |:---:|:---:|
   | εἰ | 미완료 직설법 |
   | + | |
   | 기원법 (현재 혹은 부정과거) | |

   예) εἰ στρατηγοίη Κῦρος, ἐνίκων οἱ στρατιῶται αὐτοῦ. 퀴로스가 장군이면, 그의 병사들은 (항상) 승리했다.

   미래 더 생생한 조건문이나 현재 일반 조건문과 마찬가지로, 미래 덜 생생한 조건문이나 과거 일반 조건문에서도 관계대명사 혹은 관계부사가 εἰ 대신 사용될 수 있다. (22과 6번 ③ 참조)

2. 가정법과 마찬가지로 기원법의 시제도 시간이 아니라 행위의 유형이나 양상을 가리킨다.
   (이 규칙에는 한 가지 예외가 있는데, 그에 대한 내용은 이어지는 4번에서 설명)

   ① 현재시제: 지속되거나 반복되는 행위를 표현한다.

   ② 부정과거시제: 일회적인 행위를 표현한다.

3. 부정사나 분사로 표현하는 간접구문 이외에, 그리스어에서는 세 번째로 ὅτι 또는 ὡς 절을 이용하여 간접구문을 구성할 수 있다. 이러한 절은 '말하다'(λέγω, εἶπον) 및 '지각하다'(ὁράω, ἀκούω 등) 의미의 여러 동사들과 결합하여 그 내용을 표현하는 목적어로 사용된다.

   ① 일차시제 일치(주절 동사가 현재, 미래, 현재완료, 미래완료) 경우, 간접구문의 동사는 직접구문이었을 때의 동사의 시제와 법을 그대로 유지한다.

   예) Κῦρος γράφει. 퀴로스가 쓰고 있다. (현재)

   　　λέγει ὅτι Κῦρος γράφει. 그는 퀴로스가 쓰고 있다고 말한다. (현재 + 현재 직설법)

   예) Κῦρος ἦλθε. 퀴로스가 왔다. (부정과거)

   　　λέγει ὅτι Κῦρος ἦλθεν. 그는 퀴로스가 왔다고 말한다. (현재 + 부정과거 직설법)

   예) Κῦρος ἥξει. 퀴로스는 올 것이다. (미래)

   　　λέγει ὅτι Κῦρος ἥξει. 그는 퀴로스가 올 것이라고 말한다. (현재 + 미래 직설법)

② 이차시제 일치(주절 동사가 미완료, 부정과거, 과거완료) 경우, 간접구문의 주동사는 (원래의 법이 쓰일 수도 있으나) 원래 시제의 기원법으로 바뀔 수도 있다. (이때 기원법의 시제는 실제로 시간의 의미를 갖는데, 이는 그리스어에서 미래 기원법이 쓰이는 거의 유일한 경우)

예) Κῦρος γράφει. 퀴로스가 쓰고 있다. (현재 직설법)

ἔλεξεν ὅτι Κῦρος γράφοι (혹은 γράφει). 그는 퀴로스가 쓰고 있다고 말했다. (부정과거 + 현재 기원법)

예) Κῦρος ἦλθεν. 퀴로스가 왔다. (부정과거 직설법)

ἔλεξεν ὅτι Κῦρος ἔλθοι (혹은 ἦλθεν). 그는 퀴로스가 왔다고 말했다. (부정과거 + 부정과거 기원법)

예) Κῦρος ἥξει. 퀴로스는 올 것이다. (미래 직설법)

ἔλεξεν ὅτι Κῦρος ἥξοι (혹은 ἥξει). 그는 퀴로스가 올 것이라고 말했다. (부정과거 + 미래 기원법)

4. 간접화법에서 부정사 혹은 ὅτι 절로 표현되는 종속절의 주동사는 다음의 규칙을 따른다.
  ① 일차시제 일치 경우, 종속절에는 변화가 없다.
  ② 이차시제 일치 경우,
    (a) 종속절에서 주동사가 일차시제 직설법 혹은 가정법이면, 시제를 유지한 채 기원법으로 바뀔 수 있으며, 이때 ἄν은 생략된다.
    예) ἐὰν Κῦρος ἔλθῃ, νικήσομεν. 퀴로스가 온다면, 우리는 승리할 것이다. (부정과거 가정법, 미래 직설법)

      → ἔλεγεν ὅτι εἰ Κῦρος ἔλθοι, νικήσοιμεν. 퀴로스가 온다면 우리는 승리할 것이라고 그가 말했다.
        (미완료 ἔλεγεν (이차시제 일치): 부정과거 기원법, 미래 기원법 & ἄν 생략)

      → ἔφη εἰ Κῦρος ἔλθοι, ἡμᾶς νικήσειν. 퀴로스가 온다면 우리는 승리할 것이라고 그가 말했다.
        (미완료 ἔφη (이차시제 일치): 부정과거 기원법, 미래 부정사 & ἄν 생략)

    (b) 종속절에서 주동사가 이차시제 직설법이면, 변하지 않는다.

5. 그리스어에서는, 주절 주동사가 과거시제여도, 간접구문의 동사는 직접구문일 때의 시제를 그대로 유지한다.

6. 간접의문문은 ὅτι 구문의 규칙을 따른다. (위 3번 참조)
    예) ἐρωτῶσιν αὐτοὺς τίνες εἰσιν. 그들은 그들에게 누군지 묻고 있다. (현재 + 현재 직설법)

      ἠρώτων αὐτοὺς τίνες εἶεν (혹은 εἰσιν). 그들은 그들에게 그들이 누군지 물었다. (미완료 + 현재 기원법)

7. 가능적 기원법.
  ① 미래 덜 생생한 조건문에서 귀결절(후건) 구문은, 조건절(전건) 구문 없이, 독립적으로 사용될 수 있으며, 이런 경우 구문은 주로 가능을 나타낸다. 이러한 구문은 가능적 기원법$^{potential\ optative}$이라고 불린다.
    예) Κῦρος ἔλθοι ἄν. 퀴로스는 올지도 모른다.

  ② 간접구문 안에 들어간 가능적 기원법은 다음의 규칙을 따른다.
    (a) 간접구문이 ὅτι 구문일 경우, 변화 없이 그대로 쓰인다.
    예) ἔλεγεν ὅτι Κῦρος ἔλθοι ἄν. 퀴로스가 올지도 모른다고 그는 말했다. (ὅτι + ἄν)

    (b) 간접구문이 부정사 혹은 분사 구문일 경우, ἄν을 동반한 부정사 혹은 분사로 바뀐다.
    예) ἔφη Κῦρον ἐλθεῖν ἄν. 퀴로스가 올지도 모른다고 그는 말했다. (부정사 + ἄν)

      ἤκουσε Κῦρον ἐλθόντα ἄν. 퀴로스가 올지도 모른다고 그는 들었다. (분사 + ἄν)

## 독해

A. ἁ δὲ χεὶρ τὰν χεῖρα νίζει· δός τι καὶ λάβοις τί κα. – 에피카르모스

B. εἴ τις ὑπερβάλλοι τὸ μέτριον, τὰ ἐπιτερπέστατα ἀτερπέστατα ἂν γίγνοιτο. – 데모크리토스

1. πάντων χρημάτων μέτρον (척도) ἐστὶν ἄνθρωπος, τῶν μὲν ὄντων ὡς ἔστιν, τῶν δὲ οὐκ ὄντων ὡς οὐκ ἔστιν. – 프로타
   고라스

2. μικροῖς πόνοις τὰ μεγάλα πῶς ἕλοι τις ἄν;

3. εἰ μὴ γαμοίη ἄνθρωπος, οὐκ ἂν ἔχοι κακά. – 메난드로스

4. εἴης φορητὸς οὐκ ἄν, εἰ πράττοις καλῶς. – 아이스킬로스

5. 굶주림에 시달리는 병사들. τῇ δὲ ὑστεραίᾳ ἤλαυνον διὰ χιόνος πολλῆς ἐπὶ τὸν Εὐφράτην ποταμόν, καὶ διέβαινον
   (건넜다) αὐτόν. ἐντεῦθεν δὲ ἤλαυνον ἡμέραν ὅλην διὰ χιόνος, καὶ πολλοὶ τῶν ἀνθρώπων ἐβουλιμίασαν. Ξενοφῶν δὲ
   ἠγνόει ὅ τι τὸ πάθος (사태, 겪고 있는 상태) εἴη. εἶπε δέ τις αὐτῷ ὅτι οἱ ἄνθρωποι βουλιμιῶεν, καὶ ὅτι χρὴ αὐτοὺς
   φαγεῖν τι. ὁ δὲ Ξενοφῶν ἀκούσας ταῦτα, περιῄει (돌아다녔다, 둘러보았다) περὶ τὸ στρατόπεδον, καὶ εἴ πού τι ὁρῴη
   βρωτόν, διεδίδου τοῖς βουλιμιῶσιν. ἐπειδὴ δὲ φάγοιεν οἱ ἄνθρωποι, ἀνίσταντο καὶ οὐ πολὺ ὕστερον (곧) ἤλαυνον. –
   크세노폰 『아나바시스』 (부분 각색)

도움말: A. κα = ἄν (도리아 그리스어). 1. μέτρον, 척도, 적도, 중용 (τὸ μέτριον, 적도, 알맞은 것). 2. πόνοις (πόνος의 여격),
   수고들로, 노고들로, 수고들을 통해, 노고들을 통해 (수단의 여격). 4. φορητός, 견딜 수 있는, 참을 수 있는 (φέρω,
   나르다, 견디다, 낳다) [semaphore, (철도 등의) 신호 장치]; πράττοις = πράσσοις (σσ는 종종 아티카 그리스어에서 ττ로
   표기). 5. ἀνίσταντο (ἀνίστημι의 3인칭 복수 미완료, 자동사) 일어섰다; οὐ πολὺ ὕστερον, 많이 나중이 아니게 = 곧,
   이내.

## 어휘

πάθος, -ους, τό, 경험, 겪음, 겪은 상태, 사태

πατρίς, -ίδος, ἡ, 모국, 조국, 나라

ποταμός, -οῦ, ὁ, 강

ὑστεραῖος, -α, -ον, 그 다음, 후자, 나중의 것 (τῇ ὑστεραίᾳ, 다음 날에)

ὕστερος, -α, -ον, 이후의, 나중의, 후자의 [hysteron proteron, 도치법(나중 것을 앞으로)]

ἀγνοέω, -ήσω, ἠγνόησα, 알지 못하다, 무지하다 [agnostic, 불가지론(의)] (γιγνώσκω, 알다)

γαμέω, γαμῶ, ἔγημα, 결혼하다, 혼인을 맺다 [monogamous, 일부일처제의]

διαδίδωμι, 쭉 돌려서 주다, 나누어주다, 나누다 (διά = 분배의 의미)

ἐλαύνω, ἐλῶ, ἤλασα, 행진하다, 나아가다, 진군하다. (미래시제는 τιμάω의 현재시제처럼 변화)

ὁράω, 제2부정과거 εἶδον, 보다, 알다

πράττω καλῶς, 잘 행하다, 잘 살아가다

ἐντεῦθεν, 여기로부터, 이곳으로부터; 거기로부터, 그곳으로부터 (접미사 -θεν은 어느 곳으로부터의 위치를
   가리킴)

πού, 어디에선가, 어딘가에

που (전접어) 어딘가, 어딘가에서; 어쨌든, 아무튼, 내 생각에 (ποῦ, 어디)

πῶς, 어떻게, 어찌

**작문**

1. 너는 어떻게 승리하려는가?

2. 그 병사들이 불쾌해하지 않도록 그리고 자신에게 해를 끼치지 않도록 그 장군은 돈을 나누어주었다.

3. 그 장군이 정복할 때면 언제든, 그는 자신 조국의 신들에게 제사를 지냈다.

4. 남자가 결혼을 하지 않는다면, 그에겐 문젯거리들이(πράγματα) 있을지도 모른다고 누군가 말했다.

5. 진리를 알지 못했던 자는 누구든 잘 살지 못했다.

6. 만약 사람들이 뭔가 먹으면 더 빨리 행군했을 것이라고 크세노폰은 말했다.

**복습**

I. 독해

1. ἡ ναῦς ἔπλευσεν ὡς σῖτον κομιοῦσα ἵνα ἐσθίοιεν οἱ πολῖται.

2. ἐὰν τὸ χωρίον ἐκεῖνο ἕλωσιν οἱ στρατιῶται, εὐθὺς πέμψουσιν ἑταῖρον ὡς τῷ στρατηγῷ ἀγγέλλῃ.

3. οἱ ἄρχοντες ἐρωτῶσι τὸ πλῆθος ὅσοις δοκεῖ ῥᾴδιον εἶναι τοὺς πολεμίους νικᾶν.

4. καίπερ γέρων ὤν, ἅμα τοῖς νέοις τὰ ὅπλα ἔλαβε.

5. πέντε στρατιώτας ἐκέλευσαν μετὰ τοῦ στρατηγοῦ πλεῖν, ἵνα, εἰ δέοι, ὑπὲρ τῆς πατρίδος ἀποθάνοιεν.

II. 작문

1. 만약 그 사악한 자가 왕이라면, 현명한 자는 도시에 남지 않을 것이다.

2. 어떤 것이 나쁘고 어떤 것이 비겁한지를 너는 보지(알지) 않는가?

3. 그 도시가 그처럼 자신들을 존중하도록 하기 위해 그 병사들은 무엇을 했는가?

4. 그들은 기꺼이 항해하고자 하지 않는 자들 그 모두를(그 수만큼을) 죽일 것이다.

5. 그들은 그 장군이 자기들에게 준 새로운 동료를 사랑하지 않는다.

# 25 과

## 중간태와 수동태 · 현재 직설법 중간태와 수동태 · 미래 직설법 중간태 · 두려움 표현의 절

1. 능동태와 수동태 외에, 그리스어에는 세 번째로 중간태[middle]가 있다. 중간태는 다음과 같이 사용된다.

   ① 동작 주체의 행위가 자기 자신에게 혹은 자신을 향해 이루어지는 (재귀적인) 경우를 표현한다.

   ② 동작 주체의 행위가 자신을 위해 혹은 자신의 관심에서 이루어지는 경우를 표현한다.

   예) λούω. 나는 (무언가를) 씻는다. → λούομαι. 나는 목욕한다. (즉, 나는 나를 씻는다.)

   몇몇 동사들은 중간태 형태만 있고, 능동태 형태로는 거의 사용되지 않으나, 타동사처럼 목적어를 취해 능동태의 의미를 지닌다. 이런 동사들을 이태(異態)[deponent] 동사라 부른다.

2. 중간태와 수동태의 형태는 현재, 미완료, 현재완료, 과거완료에서 같다. 하지만 부정과거, 미래시제에서는 중간태와 수동태가 서로 다른 형태를 갖는다.

3. 일차시제 중간태 인칭 어미:[46]

|  | 단수 | 복수 |
|---|---|---|
| 1인칭 | –μαι | –μεθα |
| 2인칭 | –σαι | –σθε |
| 3인칭 | –ται | –νται |

부정사

–σθαι

   ① ω–동사의 2인칭 단수와 축약동사의 2인칭 단수에서, 어미의 σ는 탈락하고 연결모음 –ε–는 –αι와 축약되어 –ει 또는 –ῃ가 된다.

   예) παιδεύσαι → παιδεύαι → παιδεύει (–ῃ); φιλέσαι → φιλέαι → φιλεῖ (–ῇ)

   ② τιμάω와 같은 α–동사형의 경우엔, 마찬가지 방식으로 축약되어 –ᾷ가 된다.

   예) τιμασαι → τιμααι → τιμᾷ

4. παιδεύω 현재 중간태와 수동태 및 미래 중간태 변화.

|  | 현재 중간태/수동태 | 현재 중간태/수동태 부정사 | 미래 중간태 | 미래 중간태 부정사 |
|---|---|---|---|---|
| 1인칭 단수 | παιδεύ-ο-μαι | παιδεύ-ε-σθαι | παιδεύ-σ-ο-μαι | παιδεύ-σ-ε-σθαι |
| 2인칭 단수 | παιδεύ-ει (–ῃ) | | παιδεύ-σ-ει (–ῃ) | |
| 3인칭 단수 | παιδεύ-ε-ται | | παιδεύ-σ-ε-ται | |
| 1인칭 복수 | παιδευ-ό-μεθα | | παιδευ-σ-ό-μεθα | |
| 2인칭 복수 | παιδεύ-ε-σθε | | παιδεύ-σ-ε-σθε | |
| 3인칭 복수 | παιδεύ-ο-νται | | παιδεύ-σ-ο-νται | |

---

[46] 중간태는 능동태의 인칭 어미와 다른 형태를 취한다. 그리고 일차시제와 이차시제의 중간태 어미 형태도 서로 다르다.

5. τιμάω, φιλέω, δηλόω, ἵστημι, τίθημι, δίδωμι 현재 중간태와 수동태 변화.

### 현재 중간태와 수동태

| | | | | | | |
|---|---|---|---|---|---|---|
| 1인칭 단수 | τιμῶμαι | φιλοῦμαι | δηλοῦμαι | ἵσταμαι | τίθεμαι[47] | δίδομαι |
| 2인칭 단수 | τιμᾷ | φιλεῖ (–ῇ) | δηλοῖ | ἵστασαι | τίθεσαι | δίδοσαι |
| 3인칭 단수 | τιμᾶται | φιλεῖται | δηλοῦται | ἵσταται | τίθεται | δίδοται |
| 1인칭 복수 | τιμώμεθα | φιλούμεθα | δηλούμεθα | ἱστάμεθα | τιθέμεθα | διδόμεθα |
| 2인칭 복수 | τιμᾶσθε | φιλεῖσθε | δηλοῦσθε | ἵστασθε | τίθεσθε | δίδοσθε |
| 3인칭 복수 | τιμῶνται | φιλοῦνται | δηλοῦνται | ἵστανται | τίθενται | δίδονται |

### 현재 중간태/수동태 부정사

| | | | | | |
|---|---|---|---|---|---|
| τιμᾶσθαι | φιλεῖσθαι | δηλοῦσθαι | ἵστασθαι | τίθεσθαι | δίδοσθαι |

6. 미래 중간태 형성 규칙.

① 미래 중간태는 미래 능동태의 어간에 기초해 형성된다. (어간과 어미 사이에 미래 형성사 σ 첨가)

예) παιδεύσομαι, τιμήσομαι, ποιήσομαι, στήσομαι 등

② 유음동사의 미래 중간태는 –έω 축약동사의 현재 중간태와 같은 형태를 갖는다. (16과 3번 참조)

예) κρινοῦμαι

7. εἰμί 미래 중간태 ἔσομαι 변화. (εἰμί 등의 몇몇 동사들은, 미래 능동태 없이, 미래 중간태만 가짐)

| | 단수 | 복수 |
|---|---|---|
| 1인칭 | ἔσομαι | ἐσόμεθα |
| 2인칭 | σει (–η) | ἔσεσθε |
| 3인칭 | ἔσται | ἔσονται |

### 부정사

ἔσεσθαι

8. 중간태 현재분사 및 미래분사.

① 중간태 현재분사 어미: –(ο)μενος, –(ο)μένη, –(ο)μενον[48] (이 어미들은 ἀγαθός처럼 격변화)

예) παιδευόμενος, τιμώμενος, φιλούμενος, δηλούμενος, ἱστάμενος, τιθέμενος, διδόμενος

② 중간태 미래분사 어미: –σ(ο)μενος, –σ(ο)μένη, –σ(ο)μενον

예) παιδευσόμενος, τιμησόμενος, ποιησόμενος, δηλωσόμενος, στησόμενος, θησόμενος, δωσόμενος

9. '무섭다', '겁나다' 등 두려움을 의미하는 동사.

① 미래에 발생할 수도 있는 일에 대한 두려움.

(a) 긍정문: 두려움 동사 + μή 목적절 ('~하지는 않을까(할까봐) 두렵다')

(b) 부정문: 두려움 동사 + μή – οὐ 목적절 ('~하지 않는 것은 아닐까(~하지 않을까봐) 두렵다')

---

[47] ἵημι 중간태 및 수동태 ἵεμαι는 τίθημι의 중간태 및 수동태 τίθεμαι와 유사하게 변화한다.

[48] –μένος 분사의 여성 속격 복수의 악센트는 뒤에서 둘째 음절에 온다.

두려움의 의미를 갖는 주동사가 일차시제(현재, 미래, 현재완료, 미래완료)일 경우 목적절 안에서는 가정법이 사용되며, 이차시제(미완료, 부정과거, 과거완료)일 경우 목적절 안에서는 (가정법이 올 수도 있으나) 기본적으로는 기원법이 사용된다. (22과 4번 ② 참조)

예) δέδοικα μὴ Κῦρος οὐκ ἔλθῃ. 퀴로스가 오지 않는 것은 아닐까(안 올까봐: 가정법) 나는 겁난다(현재완료).

ἐδεδοίκεσαν μὴ οἱ πολέμιοι νικήσειαν. 적이 이기지는 않을까(이길까봐: 기원법) 그들은 겁냈다(과거완료).

② 현재나 과거 일의 두려움.

(a) 긍정문: 두려움 동사 + μή 목적절과 직설법 ('~한 건 아닌지(하는지) 두렵다')

(b) 부정문: 두려움 동사 + μή – οὐ 목적절과 직설법 ('~한 게 아닌건 아닌지(~하지 않은지) 두렵다')

예) δέδοικα μὴ οἱ πολέμιοι ἐνίκησαν. 적이 이긴건 아닌지(이긴건지: 직설법) 나는 겁난다(현재완료).

10. 두려움의 의미를 갖는 동사 다음에 목적어로 부정사가 따라 올 수도 있다.

예) φοβήσεται ἀδικεῖν αὐτούς. 그들을 해칠까봐 그는 두려울 것이다.

## 독해

A. ἀπὸ νεότητος δὲ ἀρξαμένους δεῖ μανθάνειν. – 프로타고라스

B. νόσος δειλοῖσιν ἑορτή. οὐ γὰρ ἐκπορεύονται ἐπὶ πρᾶξιν. – 안티폰

Γ. ὦ ξεῖν', ἀγγέλλειν Λακεδαιμονίοις ὅτι τῇδε / κείμεθα, τοῖς κείνων ῥήμασι πειθόμενοι. – 시모니데스

1. ὁ μὲν νομοθέτης νόμους τίθησιν, ὁ δὲ δῆμος νόμους τίθεται.

2. ἐν νυκτὶ βουλὴ τοῖς σοφοῖς γίγνεται.

3. οὐδεὶς μετ' ὀργῆς ἀσφαλῶς βουλεύεται.

4. ἡ Αἴγυπτος δῶρον τοῦ Νείλου ποταμοῦ λέγεται.

5. νεανίας ποτὲ ὃς κακῶς εἶχε διὰ (때문에, ~로 인해) νόσον τινὰ ἔλεγε τῷ ἰατρῷ ὡς τοσαύτην νόσον ἔχοι ὥστε μὴ δύνασθαι μήτε καθῆσθαι (눕다) μήτε κατακεῖσθαι (앉다) μήτε στῆναι (서다). ὁ δὲ ἰατρός, "οὐδέν," ἔφη, "ἄλλο σοι λοιπόν ἐστιν ἢ κρέμασθαι (자신을 매달다 = 목을 매다)."

6. 두려움에 관한 훈계. οἱ μὲν γὰρ φοβούμενοι μὴ φύγωσι τὴν πατρίδα καὶ οἱ μέλλοντες πολεμεῖν δείσαντες μὴ νικῶνται, κακῶς πράττουσιν· καὶ δὴ καὶ οἱ φοβούμενοι δουλείαν (노예 상태) καὶ δεσμούς (속박, 굴레), οὗτοι οὔτε σῖτον οὔτε ἄλλο ἀγαθόν τι οὐδὲν λαβεῖν δύνανται διὰ τὸν φόβον. οὕτω (그처럼, 그와 같이) πάντων τῶν δεινῶν ὁ φόβος μάλιστα καταπλήττει (놀라게 한다) τὴν ψυχήν.

도움말: 1. νομοθέτης, 법을 제정하는 자, 입법가 (νόμος, 법, 법률) (τίθημι, 놓다, 세우다, 상정하다); δῆμος, 시민, 민중 [democracy, 민주주의]. 2. βουλή, 숙고, 생각, 계획; τοῖς σοφοῖς, 현자들이 보기엔, 현자들에 의하면 (자격 혹은 기준의 여격). 5. νόσος, 질병 (νοσέω, 병에 걸리다, 아프다); λοιπός, 남겨진 것, 남은 것 (λείπω, 남기다, 내버려두다, 관두다); κτλ = καὶ τὰ λοιπά, 또한 남은 것들도, ~등등 (= et cetera); κρέμασθαι (κρεμάννυμι의 중간태 부정사), (자신을) 매달다, 스스로 (목을) 매다. 6. φύγωσι (+ 대격), ~에서 추방당하다; νικῶνται (νικάω의 현재 중간태 및 수동태 3인칭 복수), 정복되다 (즉, 전투나 전쟁 등에서 지다); καὶ δὴ καί, 게다가, 아울러.

## 어휘

νύξ, νυκτός, ἡ, 밤[夜]

φόβος, –ου, ὁ, 두려움, 겁, 공포 (φοβερός, 두려운, 겁나는)

δεινός, –ή, –όν, 끔찍한, 무시무시한, 영리한, 교묘한 (δείδω, 무섭다, 무서워하다, 겁내다) [dinosaur, 공룡]

βουλεύω, –σω, ἐβούλευσα, 숙고하다, 계획하다, 고려하다; (중간태) 자신을 위해 계획하다

γίγνομαι, γενήσομαι, ἐγενόμην (중간태 어미와 관련해, 26과 1번 참조), 되다, ~이 되다, 태어나다, 생기다, 생성되다; ~임이 입증되다 (이태동사) (γένος, 종, 종족, 부류, 가계)

δείδω, 부정과거 ἔδεισα, 현재완료 δέδοικα (완료와 관련해 31과 참조), 두렵다, 겁나다 (아티카 그리스어에서는 현재시제가 사용되지 않음)

δύναμαι, δυνήσομαι, ~할 수 있다, ~할 능력이 있다 (이태동사) [dynamite, 다이너마이트]

ἔρχομαι, ἐλεύσομαι, ἦλθον, 오다, 가다

κάθημαι, 앉다 (현재와 미완료만이 있으며, 이태동사)

κεῖμαι, κείσομαι, 눕다 (이태동사, τίθημι의 현재완료 수동태로 사용)

κατάκειμαι, 드러눕다

φοβέομαι, φοβήσομαι, 두렵다, 겁나다 (이태동사) [claustrophobia, 폐쇄공포증]

μάλιστα, (부사) 무척, 매우, 거의, 특히, 무엇보다도, 가장 (μάλα의 최상급)

τοσοῦτος, τοσαύτη, τοσοῦτο, 그처럼, 그만큼, 그와 같이, 무척이나, 매우, 아주 많이 (τοιοῦτος, 그처럼)

## 작문

1. 행여 조국으로 돌아가지 못하는 건 아닐까 아테네의 그 시민들은 두려웠다.
2. 사람들이 서로에게 바르게(바른 것들을) 행할 수 있도록 하기 위해 왕들은 법률을 세웠다.
3. 그 철학자들이 왕들이 되지 않지는 않을까 그는 두려웠다.
4. 그 왕이 서 있을 때(독립 속격 사용), 그들은 앉기 두려웠다.
5. 숙고하는 자들은 어떠한 끔찍한 것들도 두려워하지 않을 것이다.
6. 심지어 용기 있는 자도 밤에는 겁난다.

## 복습

I. 독해

1. μετὰ τὰ πάθη τὰ ἐκείνου τοῦ ἀνδρός, πῶς ἂν ἐθέλοι τις τὴν γυναῖκα ταύτην γαμεῖν;
2. εἴθε μὴ ἐλαύνοιεν ἡμᾶς εἰς τόνδε τὸν ποταμόν.
3. ὅτε ἔλθοι ὁ ἄρχων, ἡδέως ἂν ἴδοιεν αὐτὸν οἱ στρατιῶται.
4. εἴ που τὰ χρήματα ὁρῴη, τῇ ὑστεραίᾳ τοὺς φίλους εἰς τὸν οἶκον καλοίη ἄν.
5. ὅστις ἔλθοι, οὐκ ἐξῆν αὐτῷ ἐκεῖνο τὸ πάθος δηλοῦν.

II. 작문

1. 그는 이 일들을 적에게 밝힌 그 병사들을 죽일 것이라고 말했다.
2. 그는 누가 그 지배자에게 돌을 던졌는지 알지 못한다.
3. 우리는 저 여자가 이후에 누구와 함께 살았는지를 묻고 있다.
4. 영리한 도둑들이 그 장군의 돈을 손에 막 넣으려고 한다.
5. 우리는, 설령 노예일지라도, 사는 게 더 나을 것이다.

# 26과

## 미완료 중간태와 수동태 · 제2부정과거 중간태 · 시간 표현 구문

1. 이차시제 (미완료 및 제2부정과거) 중간태 어미 형태. (제1부정과거 중간태 어미 형태는 27과 참조)

|  | 단수 | 복수 |
|---|---|---|
| 1인칭 | –μην | –μεθα |
| 2인칭 | –σο[49] | –σθε |
| 3인칭 | –το | –ντο |

2. παιδεύω 미완료 중간태와 수동태 및 λείπω, δίδωμι, τίθημι, ἵημι 제2부정과거 중간태 변화.

| | 미완료 중간태/수동태 | 제2부정과거 중간태 | | | |
|---|---|---|---|---|---|
| 1인칭 단수 | ἐπαιδευόμην | ἐλιπόμην | ἐδόμην | ἐθέμην | –εἵμην |
| 2인칭 단수 | ἐπαιδεύου | ἐλίπου | ἔδου | ἔθου | –εἷσο |
| 3인칭 단수 | ἐπαιδεύετο | ἐλίπετο | ἔδοτο | ἔθετο | –εἷτο |
| 1인칭 복수 | ἐπαιδευόμεθα | ἐλιπόμεθα | ἐδόμεθα | ἐθέμεθα | –εἵμεθα |
| 2인칭 복수 | ἐπαιδεύεσθε | ἐλίπεσθε | ἔδοσθε | ἔθεσθε | –εἷσθε |
| 3인칭 복수 | ἐπαιδεύοντο | ἐλίποντο | ἔδοντο | ἔθεντο | –εἷντο |
| 부정사 | | λιπέσθαι[50] | δόσθαι | θέσθαι | –ἔσθαι |
| 분사 | | λιπόμενος | δόμενος | θέμενος | –ἔμενος |

3. τιμάω, φιλέω, δηλόω, τίθημι, ἵστημι, δίδωμι 미완료 중간태와 수동태 변화.

### 미완료 중간태/수동태

| | | | | | | |
|---|---|---|---|---|---|---|
| 1인칭 단수 | ἐτιμώμην | ἐφιλούμην | ἐδηλούμην | ἐτιθέμην[51] | ἱστάμην | ἐδιδόμην |
| 2인칭 단수 | ἐτιμῶ | ἐφιλοῦ | ἐδηλοῦ | ἐτίθεσο | ἵστασο | ἐδίδοσο |
| 3인칭 단수 | ἐτιμᾶτο | ἐφιλεῖτο | ἐδηλοῦτο | ἐτίθετο | ἵστατο | ἐδίδοτο |
| 1인칭 복수 | ἐτιμώμεθα | ἐφιλούμεθα | ἐδηλούμεθα | ἐτιθέμεθα | ἱστάμεθα | ἐδιδόμεθα |
| 2인칭 복수 | ἐτιμᾶσθε | ἐφιλεῖσθε | ἐδηλοῦσθε | ἐτίθεσθε | ἵστασθε | ἐδίδοστθε |
| 3인칭 복수 | ἐτιμῶντο | ἐφιλοῦντο | ἐδηλοῦντο | ἐτίθεντο | ἵσταντο | ἐδίδοντο |

---

[49] 대부분 동사의 2인칭 단수에서 –σ는 생략된다. 그리고 –ο는 미완료와 제2부정과거의 연결모음 –ε와 축약되는 경우엔 –ου를, 반면에 제1부정과거의 연결모음 –α와 축약되는 경우엔 –ω를 형성한다. 그 외에는 인칭 어미 형태를 유지한다.
　예) ① (–σ는 생략되고) –ο가 –ε와 축약되어 –ου가 되는 경우: παιδεύω → ἐπαιδεύου (미완료), φιλέω → ἐφιλοῦ (미완료), δηλόω → ἐδηλοῦ (미완료), λείπω → ἐλίπου (제2부정과거), δίδωμι → ἔδου (제2부정과거), τίθημι → ἔθου (제2부정과거)
　　② (–σ는 생략되고) –ο가 –α와 축약되어 –ω가 되는 경우: τιμάω → ἐτιμῶ (미완료)
　　③ –σο 인칭 어미 형태를 유지하는 경우: τίθημι → ἐτίθεσο (미완료), ἵστημι → ἵστασο (미완료), δίδωμι → ἐδίδοσο (미완료)
[50] λιπέσθαι의 악센트에 유의할 것.
[51] ἵημι 미완료 중간태와 수동태 ἱέμην은 τίθημι 미완료 중간태와 수동태 ἐτιθέμην처럼 어미가 변화한다.

4. 시간 표현 구문.

① πρίν 구문

(a) 긍정문 다음에 오는 πρίν 구문은 '~이전에'의 의미이다.

(b) πρίν 구문은 대격과 부정사를 동반할 수 있다. 이때 대격은 구문 안에서의 주어를 그리고 부정사는 동사를 나타낸다. (πρίν 구문 안의 주어가 주절의 주어와 같을 경우, 특별히 강조할 필요가 없는 이상, 생략 가능)

예) οἱ Ἕλληνες ἐνίκησαν πρὶν Κῦρον ἀποθανεῖν. (긍정문 + πρίν + 대격 + 부정사) 퀴로스가 죽기 전에 그리스인들이 이겼다.

② πρίν 구문, ἔστε, ἕως, μέχρι 구문

(a) 부정문 다음에 오는 πρίν 구문은 '~까지'의 의미이다.

(b) ἔστε, ἕως, μέχρι 구문은 항상 '~까지' 혹은 '~동안'의 의미이다.

(c) 한정된 과거의 행동을 가리키기 위해, πρίν, ἔστε, ἕως, μέχρι 구문은 부정과거 직설법 동사를 취한다.[52]

예) οὐκ ἔφυγον πρὶν Κῦρος ἀπέθανεν. (부정문 + πρίν + 부정과거) 퀴로스가 죽을 때까지 그들은 도망치지 않았다.[53]

ἐμάχοντο ἔστε ἐνίκησαν τοὺς πολεμίους. (ἔστε + 부정과거) 적들을 정복할 때까지 그들은 싸웠다.

ἐπειδὴ ἔλυσαν τοὺς ἵππους, ἀπέφυγον. (ἐπειδή + 부정과거) 그들이 그 말들을 풀어준 이래로, (그 말들은) 도망쳤다.

(d) 미래 사건이나 반복되는 행위를 가리키기 위해, πρίν, ἔστε, ἕως, μέχρι 구문은 미래 더 생생한 조건문의 전건(ἐάν +가정법) 혹은 미래 덜 생생한 조건문 구문의 전건(εἰ +기원법)과 비슷하게 형성된다.

일차시제 일치(주절 동사가 현재, 미래, 현재완료, 미래완료) 경우, πρίν, ἔστε, ἕως, μέχρι 구문에 ἄν을 동반한 가정법 동사가 온다.

예) μένουσιν ἕως ἂν ἔλθῃ. (미래 + ἕως + ἄν 가정법) 그가 올 때까지 그들은 기다릴 것이다.

이차시제 일치(주절 동사가 미완료, 부정과거, 과거완료) 경우, πρίν, ἔστε, ἕως, μέχρι 다음에 ἄν 없이 기원법 동사가 온다. (22과 4번 ② 및 24과 4번 ② 참조)

예) ἔμενον ἕως ἔλθοι. (미완료 + ἕως + 기원법) 그가 오는 동안 그들은 기다리고 있었다.

ἔμενον ἕως γράφοιμεν. (미완료 + ἕως + 기원법) 우리가 쓰고 있는 동안 그들은 기다리고 있었다.


## 독해

A. θεὸς δ' ἁμαρτάνουσιν οὐ παρίσταται. – 메난드로스

B. ὅταν σπεύδῃ τις αὐτός, χὠ θεὸς συνάπτεται. – 아이스퀼로스

Γ. ὁ νόμος βούλεται μὲν εὐεργετεῖν (좋게 해주길, 좋게 해주고자) βίον ἀνθρώπων· δύναται δὲ ὅταν αὐτοὶ βούλωνται

---

[52] ἐπεί (~한 때, ~하고서, 언제), ἐπειδή (이래로, ~한 이후로) 또한 마찬가지로 한정된 과거의 행동을 가리키기 위해 구문에서 부정과거 직설법 동사를 취한다.

[53] 부정문 다음에 오는 πρίν 구문이 '~까지'의 의미를 지닌다는 것은 사실 '~전에'의 의미를 가진다는 것과 다르지 않은 맥락이다. 예를 들어, '퀴로스가 죽을 때까지 그들은 도망치지 않았다'라는 구문의 의미는 결국 '퀴로스가 죽기 전엔 그들이 도망치지 않았다'는 것을 뜻한다. 따라서 πρίν 구문은 긍정문 다음에서나 부정문 다음에서 기본적으로 '~전에'의 의미를 지닌다고 이해할 수 있다. 그럼에도 불구하고 πρίν 구문이 긍정문 다음에는 부정사 형태를, 반면에 부정문 다음에는 직설법 형태를 취한다는 점에서 차이를 지닌다는 점은 유념할 필요가 있다.

πάσχειν (겪길, 겪고자) εὖ· τοῖσι γὰρ πειθομένοισι τὴν ἰδίην (고유한) ἀρετὴν ἐνδείκνυται. – 데모크리토스

1. κακῆς ἀπ’ ἀρχῆς γίγνεται τέλος κακόν. – 에우리피데스

2. περιμένετε ἔστ’ ἂν ἐγὼ ἔλθω.

3. ὁπότε ὥρα εἴη ἀρίστου, ἀνέμενεν αὐτοὺς ἔστε φάγοιέν τι. – 크세노폰

4. καὶ ταῦτα ἐποίουν μέχρι σκότος ἐγένετο. – 크세노폰

5. ἐπεὶ δὲ ἐξῆλθεν, ἐξήγγειλε (알렸다, 공표했다) τοῖς φίλοις τὴν κρίσιν τοῦ Ὀρόντα ὡς ἐγένετο. – 크세노폰

6. ἔχω δὲ πολλὴν οὐσίαν καὶ πλούσιος καλοῦμαι (~라고 불리다) ὑπὸ πάντων, μακάριος δ’ ὑπ’ οὐδενός. – 메난드로스

7. 수탉들의 싸움과 테미스토클레스. ὅτε Θεμιστοκλῆς ἐπὶ τοὺς βαρβάρους ἐξῆγε τοὺς Ἀθηναίους, ἀλεκτρυόνας (수탉들) εἶδεν μαχομένους. ἰδὼν δὲ ἐπέστησεν (멈춰 세웠다) τοὺς ἄνδρας καὶ ἔλεγε πρὸς αὐτούς, "οὗτοι μὲν οὐχ ὑπὲρ (~을 위해, ~을 대신하여) πατρίδος οὐδὲ ὑπὲρ τῶν θεῶν κακῶς πάσχουσιν, οὐδὲ ὑπὲρ δόξης (평판) οὐδὲ ὑπὲρ ἐλευθερίας (자유) οὐδὲ ὑπὲρ παίδων, ἀλλ’ ὑπὲρ τοῦ μὴ ἡττηθῆναι ἕκαστος μηδὲ εἶξαι τῷ ἑτέρῳ ὁ ἕτερος." ταῦτα δὴ εἰπὼν (말함으로써) ἐποίησε τοὺς Ἀθηναίους πολὺ προθυμοτέρους εἰς τὴν μάχην. – 아엘리아누스 (부분 각색)

도움말: Γ. τοῖσι πειθομένοισι (ὁ의 이오니아 그리스어 형태 남성 복수 여격, πείθω의 이오니아 그리스어 형태 현재 분사 남성 복수 여격), 믿는 자들에게, 따르는 자들에게. 2. περιμένετε (περιμένω의 2인칭 복수 현재 명령법), 너희들은 기다리라. 3. ἀρίστου (ἄριστον의 속격), 점심에 속하다, 점심시간에 속하다; ἀναμένω, 기다리다, 줄곧 기다리다 (복합동사: 쭉 걸쳐 ἀνα + μένω 기다리다). 4. σκότος, 어둠. 5. κρίσις, 심판, 재판 (κρίνω, 판결하다, 결정하다) (κριτής, 판관, 결정자); Ὀρόντα (Ὀρόντας의 속격, 주격 어미가 –ας이고 속격 어미가 –α인 경우로, 주로 인물의 이름이나 외래어 등이 이와 같은 경우에 속함), 오론타스의 (크세노폰의 『아나바시스』에 등장하는 페르시아의 반역자). 6. οὐσία, 소유물, 재산, 실체, 본질, 존재 (εἰμί의 여성형 분사 οὖσα로부터 파생된 명사); ὑπό, ~에 의한, ~에 의해 (수동태 구문에서 속격과 함께 작인 표현, 30과 5번 참조); οὐδενός (οὐδείς의 속격), 그 누구에 의해서도 ~않다, 그 누구로부터도 ~않다 (οὐδείς 격변화와 관련해 37과 4번 참조). 7. πάσχουσιν (πάσχω의 3인칭 현재 직설법), 겪다, 경험하다; ἡττηθῆναι (ἡττάομαι 또는 ἡσσάομαι의 부정과거 부정사), 지다, 지기; εἶξαι (εἴκω의 부정과거 부정사), 굴복하다, 굴복하기.

## 어휘

ἵππος, –ου, ὁ, ἡ, 말

πατρίς, –ίδος, ἡ, 조국, 모국, 나라

ὥρα, –ας, ἡ, 시간, 계절, 시기(時期) [hour, 시간]


ἴδιος, –α, –ον, 고유한, 개인적인, 사적인 (ἰδιώτης, 개인, 개별자)

μακάριος, –α, –ον, 축복받은, 행복한

πλούσιος, –α, –ον, 부유한, 풍요로운

πρόθυμος, –ον, 열망하는, 갈망하는, ~을 바라는 (~을 향해 πρό + θυμός 기운) (ἄθυμος, 기운 없는, 낙담한)


ἁμαρτάνω, ἁμαρτήσομαι, ἥμαρτον, (+ 속격) 표적을 맞추지 못하다; 틀리다, 잘못 생각하다, 잘못하다. (ἁμαρτία, 죄, 잘못)

βούλομαι, βουλήσομαι, 바라다, 희망하다, 소원하다, 원하다

εὐεργετέω, (+ 대격) ~을 좋게 해주다, ~에게 잘 행하다, 도움주다, 봉사하다 (잘 εὖ + ἔργον 일, 행동)

μάχομαι, μαχοῦμαι, (+ 여격) 싸우다, 전투하다, 전쟁하다, 다투다

σπεύδω, –σω, ἔσπευσα, 서두르다, 재촉하다, 열망하다, 갈망하다


ἔστε, ~까지, ~동안

ἕως, ~까지, ~동안

μέχρι, ~까지, ~동안

ὁπότε, ὅτε, ~때, ~하는 때, ~하는 때마다, 언제든 (언제)

πρίν, ~전에, ~까지

ὡς, 어찌, 어떻게

## 작문

1. 내게 가장 좋다고 보일 때, 나는 그들에게 가버리라고 명령할 것이다.

2. 그들은 자신들의 친구들이 잘못했을 때마다 그들에게 잘 조언하기를(συμβουλεύω + 여격) 원했다.

3. 그는 그 병사들을 보기 전까지 서두르지 않았다.

4. 솔론은(ὁ Σόλων) 어떤 이를 행복하다고 여기기 전에 그의 인생의 마지막을 보길 원했다.

5. 누군가에게 잘 행하는 경우, 우리는 결코 잘못하지 않는다.

6. 누구든 자신의 조국을 위해 싸우기를 갈망하는 자는 명예를 가졌다.

## 복습

I. 독해

1. φοβούμεθα μὴ τῆς νυκτὸς ἔλθωσιν οἱ πολέμιοι εἰς τὴν πατρίδα.

2. δεινὸς μὲν καὶ πικρός, βραχὺς δὲ γίγνεται ὁ θανάτου φόβος.

3. ἡ παιδεία, καίπερ οὐ γλυκεῖα οὖσα, πολλὰ καὶ ἀγαθὰ τοῖς εὐγενέσι δύναται τίκτειν.

4. ἔρχονται οἱ ἀληθεῖς φίλοι ὡς βουλεύσοντες εὖ ποιεῖν τοὺς ἐν δεινοῖς κειμένους.

5. κάθηται ὁ γέρων τοῖς νεανίαις μάλιστα λόγους δηλῶν ἀληθεῖς.

II. 작문

1. 우리는 그 도시가 그 왕관을 용감한 자들이 아니라 운 좋은 자들에게 주지나 않을까 두렵다.

2. 진리를 두려워하는 자들에게 거짓은 즐겁게 될 수 있다. 왜냐하면 이런 자들 가운데 너무 많은 자들이 우리 나라 안에 있기 때문이다.

3. 그 왕이 서 있을 때 앉는 것은 안전하지 않다.

4. 그 전쟁을 계획하는데 가장 영리했던 자가 누구인지 그들은 물었다.

5. 누구든 진리를 아는 자가 가장 좋은 것을 계획할 것이다.

# 27 과

## 제1부정과거 중간태 · 재귀대명사 · 반사실 조건문

1. παιδεύω 중간태 제1부정과거 및 부정사와 분사.

| | 제1부정과거 중간태 | | 부정사 | 분사 |
|---|---|---|---|---|
| | 단수 | 복수 | | |
| 1인칭 | ἐπαιδευσάμην | ἐπαιδευσάμεθα | παιδεύσασθαι | παιδευσάμενος, –μένη, –μενον |
| 2인칭 | ἐπαιδεύσω | ἐπαιδεύσασθε | | |
| 3인칭 | ἐπαιδεύσατο | ἐπαιδεύσαντο | | |

2. 재귀대명사.

① 재귀대명사는 인칭대명사의 어간이 αὐτός와 결합된 형태이다.

② 재귀대명사는 1인칭과 2인칭의 단수 그리고 3인칭의 단수와 복수에서 한 단어의 형태를 취한다.

③ 재귀대명사 3인칭의 ἑ–는 옛 재귀대명사의 형태로부터 유래되어 그대로 사용된 것이다.

④ 재귀대명사 3인칭의 축약된 형태는 강숨표를 가지고 있어서, αὐτός의 형태와 구분될 수 있다.

3. 재귀대명사 격변화.

| | 1인칭 | | 2인칭 | | 3인칭 | | |
|---|---|---|---|---|---|---|---|
| | 남성 | 여성 | 남성 | 여성 | 남성 | 여성 | 중성 |
| | | | | 단수 | | | |
| 속격 | ἐμαυτοῦ | ἐμαυτῆς | σεαυτοῦ (σαυτοῦ) | σεαυτῆς (σαυτῆς) | ἑαυτοῦ (αὑτοῦ) | ἑαυτῆς (αὑτῆς) | ἑαυτοῦ (αὑτοῦ) |
| 여격 | ἐμαυτῷ | ἐμαυτῇ | σεαυτῷ (σαυτῷ) | σεαυτῇ (σαυτῇ) | ἑαυτῷ (αὑτῷ) | ἑαυτῇ (αὑτῇ) | ἑαυτῷ (αὑτῷ) |
| 대격 | ἐμαυτόν | ἐμαυτήν | σεαυτόν (σαυτόν) | σεαυτήν (σαυτήν) | ἑαυτόν (αὑτόν) | ἑαυτήν (αὑτήν) | ἑαυτό (αὑτό) |
| | | | | 복수 | | | |
| 속격 | ἡμῶν αὐτῶν | ἡμῶν αὐτῶν | ὑμῶν αὐτῶν | ὑμῶν αὐτῶν | ἑαυτῶν (αὑτῶν) | ἑαυτῶν (αὑτῶν) | ἑαυτῶν (αὑτῶν) |
| 여격 | ἡμῖν αὐτοῖς | ἡμῖν αὐταῖς | ὑμῖν αὐτοῖς | ὑμῖν αὐταῖς | ἑαυτοῖς (αὑτοῖς) | ἑαυταῖς (αὑταῖς) | ἑαυτοῖς (αὑτοῖς) |
| 대격 | ἡμᾶς αὐτούς | ἡμᾶς αὐτάς | ὑμᾶς αὐτούς | ὑμᾶς αὐτάς | ἑαυτούς (αὑτούς) | ἑαυτάς (αὑτάς) | ἑαυτά (αὑτά) |

4. 소유 형용사.

① 1인칭 및 2인칭 소유 형용사로 ἐμός (나의), σός (너의), ἡμέτερος (우리들의), ὑμέτερος (너희들의) 등이 있다.

　이것들은 ἀγαθός와 ἄξιος처럼 격변화하며, 한정적 위치('관사-명사 묶음' 안쪽)에 놓인다. (3과 8번 참조)

　예) ἐμός, ἐμοῦ, ἐμῷ, ἐμόν; ἐμοί, ἐμῶν, ἐμοῖς, ἐμούς

　　τὸν ἐμὸν χόλον (나의 분노를: 남성 대격 단수), τὰ ἐμά (나의 것들: 중성 주격 복수)

② 3인칭 소유 형용사는 보통 αὐτός의 소유적 속격인 αὐτοῦ, αὐτῆς, αὐτῶν으로 표현한다.

5. 재귀대명사와 인칭대명사의 소유 의미 속격 위치.

　① 재귀대명사의 속격은 한정적 위치에 놓인다.

　　예) ὁ ἐμαυτοῦ πατήρ. 내 자신의 아버지 (재귀대명사 속격 ἐμαυτοῦ가 '관사-명사 묶음' 안쪽에 위치)

　② 인칭대명사의 소유적 속격은 서술적 위치('관사-명사 묶음' 바깥쪽)에 놓인다. (16과 9번 참조)

　　예) ὁ πατήρ μου. 나의 아버지 (인칭대명사 속격 μου가 '관사-명사 묶음' 바깥쪽에 위치)

6. 반사실 조건문Contrary-to-fact Conditions: 사실에 부합하지 않는 순수한 가정적 성격의 조건문. (23과 6번과 비교)

　① 현재 반사실 조건문.

| 전건 (조건절) | 후건 (귀결절) |
|---|---|
| εἰ + 미완료 직설법 | 미완료 직설법 + ἄν |

　　예) εἰ χρήματα εἶχον, ἔτρεφον ἄν ἵππους. 내게/그들에게 돈이 있다면, 나는/그들은 말들을 키울 텐데.

　② 과거 반사실 조건문.

| 전건 (조건절) | 후건 (귀결절) |
|---|---|
| εἰ + 부정과거 직설법 | 부정과거 직설법 + ἄν |

　　예) εἰ Κῦρος μὴ ἀπέθανεν, οὐκ ἄν ἦλθον οἴκαδε οἱ Ἕλληνες. 퀴로스가 죽지 않았다면, 그리스인들은 집에 오
　　　지 못했을 텐데.

**독해**

A. διὰ γὰρ τὸ θαυμάζειν (놀람, 경탄함) οἱ ἄνθρωποι καὶ νῦν καὶ τὸ πρῶτον ἤρξαντο φιλοσοφεῖν (철학하기, 철학하는 일, 철학). - 아리스토텔레스

B. πολυμαθίη (많은 앎, 박식) νόον ἔχειν οὐ διδάσκει· Ἡσίοδον γὰρ ἂν ἐδίδαξε καὶ Πυθαγόρην αὖτίς τε Ξενοφάνεά τε καὶ Ἑκαταῖον· ⋯⋯ εἶναι γὰρ ἓν τὸ σοφόν, ἐπίστασθαι γνώμην (지성). - 헤라클레이토스

1. ὦ Μένανδρε καὶ βίε, πότερος ἄρ' ὑμῶν πότερον ἀπεμιμήσατο;

2. μαινόμεθα πάντες ὁπόταν ὀργιζώμεθα. - 필레몬

3. ἑξηκοντούτης Διονύσιος ἐνθάδε κεῖμαι / Ταρσεύς, μὴ γήμας· εἴθε δὲ μηδ' ὁ πατήρ.

4. πολλοί τοι πλουτοῦσι κακοί, ἀγαθοὶ δὲ πένονται,

　ἀλλ' ἡμεῖς τούτοις οὐ διαμειψόμεθα

　τῆς ἀρετῆς τὸν πλοῦτον, ἐπεὶ τὸ μὲν ἔμπεδον αἰεί,

　χρήματα δ' ἀνθρώπων ἄλλοτε ἄλλος ἔχει. - 솔론

5. 민주주의에 대한 소크라테스의 논의. "Δημοκρατία, οἶμαι (나는 생각한다, 내 생각에), γίγνεται ὅταν οἱ πένητες (가난한 자들, 빈민들) νικήσαντες τοὺς μὲν ἀποκτείνωσι τῶν ἑτέρων (다른 쪽 사람들, 반대편들), τοὺς δὲ ἐκβάλωσι, τοῖς δὲ λοιποῖς ἐξ ἴσου (동등하게, 균등하게) μεταδῶσι πολιτείας (정부, 시민권) τε καὶ ἀρχῶν." "ἔστι γάρ (정말로)," ἔφη ὁ Ἀδείμαντος, "αὕτη ἡ κατάστασις (수립, 설립) δημοκρατίας, ἐάν τε καὶ διὰ ὅπλων (무기들, 무력) γένηται ἐάν τε καὶ διὰ φόβον." "τίνα δὴ οὖν τρόπον," ἦν δ' ἐγώ (내가 말했다), "οὗτοι οἰκοῦσι; καὶ ποία τις ἡ τοιαύτη αὖ πολιτεία; οὐκοῦν πρῶτον μὲν δὴ ἐλεύθεροι (자유로운) οἱ ἄνθρωποι, καὶ ἐλευθερίας ἡ πόλις μεστὴ καὶ παρρησίας (자유연설, 파레시아) γίγνεται, καὶ ἐξουσία (권한, 권리) ἐν αὐτῇ ποιεῖν ὅ τι τις βούλεται;" "λέγεταί γε

δὴ, (적어도 실로 [그렇게] 말해지다)” ἔφη. “ὅπου δέ γε ἐξουσία εἴη, δῆλόν (~이 분명하다) ἐστιν ὅτι ἕκαστος ἂν τὸν βίον κατασκευάζοιτο ἐν αὐτῇ ὅστις ἕκαστον ἀρέσκοι (만족시킬 것이다).” “δῆλον.” “παντοδαποὶ (온갖 종류의, 모든 종류의) δὴ ἄν, οἶμαι, ἐν ταύτῃ τῇ πολιτείᾳ μάλιστα γίγνοιντο ἄνθρωποι.” “πῶς γὰρ οὔ;” “κινδυνεύει,” ἦν δ’ ἐγώ, “καλλίστη αὕτη τῶν πολιτειῶν εἶναι.” – 플라톤 『국가』 3권 (부분 각색)

도움말: 1. ἀπομιμέομαι, 흉내 내다, 모방하다, 따라하다, 닮다 [mimic, 흉내 내다, 흉내쟁이]. 2. μαίνομαι, 미치다; ὁπόταν, 언제든 (ὁπότε + ἄν); ὀργιζώμεθα (ὀργίζομαι의 1인칭 복수 현재 가정법), 화나다, 성나다 (중간태와 수동태의 가정법 변화 형태와 관련해선, 28과 1번 및 2번 참조). 3. ἑξηκοντούτης, 60세; Ταρσεύς, 타르소스인, 타르소스 사람, 타르소스 출신 (형용사) (Ταρσός, 타르소스); γήμας (γαμέω의 부정과거 분사 주격) 결혼한; μὴ γήμας, 결혼한 적 없는, 결혼하지 않은; εἴθε, ~이길! ~라면! (소망 표현, 23과 5번 및 6번 참조). 4. πλουτέω, 부유하다 (πλοῦτος, 재물, 부); τοι, 당시도 알다시피, 너도 알고 있듯; πένομαι, 가난하다, 궁핍하다; διαμειψόμεθα (διαμείβομαι의 1인칭 복수 부정과거 가정법: + 속격 & 대격), ~을(속격) ~와(대격) 바꾸다, 교환하다; ἔμπεδον, 안전, ἄλλοτε 때때로, 때로는; αἰεί, 언제나, 늘, 항상 (= ἀεί). 5. μεταδῶσι (μεταδίδωμι의 3인칭 복수 부정과거 가정법), 나누다, 나누어주다; πολιτεία, 정부, 정치체제, 시민권; ἀρχῶν, 관직들, 공공 직책들; ἐάν τε …… ἐάν τε ……, ~이거나 혹은 ~이면, ~이거나 혹은 ~인 경우; τρόπον, 식에서, 식으로, 방식에서, 방식으로; μεστή, (+ 속격) ~으로 가득 차다, 채워지다; ἐξουσία, 권리, 권한 (≒ 무분별하며 책임의식 없는 방종한 상태로서의 자유); κατασκευάζοιτο (κατασκευάζω의 3인칭 단수 현재 기원법 중간태 및 수동태), 갖출 것이다, 꾸릴 것이다; πῶς γὰρ οὔ, 어찌 아니겠는가 (긍정 및 동의를 표하기 위해 사용되는 의문문 형식); κινδυνεύει, ~인 것 같다, ~라고 할 만하다.

## 어휘

ἐλευθερία, -ας, ἡ, 자유 (ἐλεύθερος, 형용사, 자유로운)

ποῖος, -α, -ον, 어떤 종류의?
πότερος, -α, -ον, (둘 중에서) 무엇을? 무엇이?

δῆλος εἰμί, (+ 분사) 명백하다, 분명하다
διδάσκω, δικάξω, ἐδίδαξα, 가르치다, 교육하다 [didactic, 교훈적인]
ἐπίσταμαι, 알다, ~을 할 줄 알다.
οἶμαι / οἴομαι, οἰήσομαι, 미완료 ᾤμην, 생각하다, 여기다

αὖ, 다시, 재차, 반면에, 한편으론 (후치사)
ἐνθάδε, 여기, 여기에, 여기에서; 거기, 거기에, 거기에서
ὅπου, ~곳, 어디든, 어느 곳이든, ~하는 곳이든 (관계절과 간접의문문에서 사용) (ποῦ, 어디)
οὐκοῦν, 그렇다면, 그렇지 않은가 (의문이나 질문을 도입하기 위해 사용); 그러므로, 따라서, 그러니

## 작문

1. 둘 가운데 누가 그러한 상황에서 자신의 삶을 최고로 정리하겠는가?
2. 소크라테스(ὁ Σωκράτης)는 민주주의란 모든 시민들이 어떻게 지배하고 어떻게 지배 받는지를 아는 그런 종류의 정치체제라고 말했다.
3. 그 아테네인들이 소크라테스를 죽이지 않았다면, 플라톤은 『파이돈』을 쓰지 않았을 텐데.
4. 좋은 사람들이 행복하지 않다면 이는 끔찍한 일일 것이다.
5. 우리가(대격 사용) 우리 자신들을 가르치는 것이(부정사 사용) 더 낫다.
6. 많은 악한 사람들이 가난하다는 것은 사실이지 않은가?

## 복습

### I. 독해

1. πρὶν μάχεσθαι (주어가 생략된 부정사), οἱ στρατιῶται ἔσπευσαν τὴν τοῦ στρατηγοῦ ἵππον πρὸς τὸν ποταμὸν ἀπάγειν· ὥρα γὰρ ἦν ὕδωρ αὐτῇ διδόναι.

2. οὐ βουλόμεθα εὐεργετεῖν αὐτοὺς πρὶν ἂν δῆλοι ὦσιν ἡμᾶς φιλοῦντες.

3. ἐμάχοντο τὴν ὅλην ἡμέραν ἔστε ἐνίκησαν τοὺς πολεμίους.

4. τὰ χρήματα αὐτοῦ τὰ ἴδια κρυπτὰ εἶχεν· οὐ γὰρ πρόθυμος ἦν πάντας τοὺς ἑταίρους πλουσίους ποιεῖν.

5. ἁμαρτάνεις ἐκεῖνον τὸν διδάσκαλον μακάριον νομίζων· οὐδεὶς γὰρ τῶν παίδων ἐν τῷ ἀγῶνι ἐνίκησεν.

### II. 작문

1. 많은 이들이 그의 곁에 있는 한, 숨겨져 있는 탈란톤들을 그가 신전으로부터 (바깥의) 빛으로 나를 것이라고 나는 생각하지 않는다.

2. 이제 모든 사람이 쓰러질 때까지 그 도시를 위해 싸울 것이다.

3. 친구를 가지지 못한다면 누가 전적으로 행복하겠는가?

4. 모든 아테네인들은 실로 시민이 되기에 앞서 군인이었다.

5. 큰 강에 다다랐을 때, 우리는 싸웠다.

# 6. 도시국가의 예술: 청동 주조술

위의 사진 속 묘사들에서 볼 수 있듯, 기원전 5세기경 아테네 술잔의 외부에는 가마의 모습, 그 뒤에서 풀무질을 하는 소년의 모습, 주조 모형과 나머지 부분들 그리고 공구들이 걸려 있는 벽면의 모습 등, 청동상의 주조 과정이 표현되어 있다. 위쪽 사진의 오른편에는 실물 크기의 청동상이 두들겨 주조되고 있는 모습도 보인다. 아래쪽 사진의 중간에는 두 장인이 전사의 청동상을 문질러 부드럽게 다듬고 있다. 이 전사 청동상이 실물의 두 배 크기라는 점을 보이기 위해, 두 장인들은 작게 묘사되고 있다. 당시 청동상의 표면은 무디거나 녹이 낀 색으로 변하지 않도록 광택과 윤기를 내어 만들어졌다. 대리석상들 또한 차갑고 창백하게 내버려 두지 않고 밝은 색으로 칠해 놓았다.

# 28 과

## 현재 중간태와 수동태 가정법 및 부정과거 중간태 가정법·권유의 가정법

1. παιδεύω, τιμάω, φιλέω, δηλόω, τίθημι, δίδωμι 현재 중간태 및 수동태 가정법.

   (일차시제 일치와 같이, 가정법은 주로 일차시제와 연계되기에, 항상 일차시제의 어미를 갖는다.)[54]

### 현재 중간태 및 수동태 가정법

| | | | | | | |
|---|---|---|---|---|---|---|
| 1인칭 단수 | παιδεύωμαι | τιμῶμαι | φιλῶμαι | δηλῶμαι | τιθῶμαι[55] | διδῶμαι |
| 2인칭 단수 | παιδεύῃ | τιμᾷ | φιλῇ | δηλοῖ | τιθῇ | διδῷ |
| 3인칭 단수 | παιδεύηται | τιμᾶται | φιλῆται | δηλῶται | τιθῆται | διδῶται |
| 1인칭 복수 | παιδευώμεθα | τιμώμεθα | φιλώμεθα | δηλώμεθα | τιθώμεθα | διδώμεθα |
| 2인칭 복수 | παιδεύησθε | τιμᾶσθε | φιλῆσθε | δηλῶσθε | τιθῆσθε | διδῶσθε |
| 3인칭 복수 | παιδεύωνται | τιμῶνται | φιλῶνται | δηλῶνται | τιθῶνται | διδῶνται |

2. παιδεύω, λείπω, δίδωμι, τίθημι, ἵημι 부정과거 중간태 가정법.

### 부정과거 중간태 가정법

| | 제1부정과거 | 제2부정과거 | | | |
|---|---|---|---|---|---|
| 1인칭 단수 | παιδεύσωμαι | λίπωμαι | δῶμαι | θῶμαι | –ὦμαι |
| 2인칭 단수 | παιδεύσῃ | λίπῃ | δῷ | θῇ | –ῇ |
| 3인칭 단수 | παιδεύσηται | λίπηται | δῶται | θῆται | –ῆται |
| 1인칭 복수 | παιδυσώμεθα | λιπώμεθα | δώμεθα | θώμεθα | –ώμεθα |
| 2인칭 복수 | παιδεύσησθε | λίπησθε | δῶσθε | θῆσθε | –ῆσθε |
| 3인칭 복수 | παιδεύσωνται | λίπωνται | δῶνται | θῶνται | –ῶνται |

3. 권유의 가정법[hortatory subjunctive].

   보통 1인칭 복수 형태로, '요청'이나 '제안' 혹은 '권유'를 표현하기 위해 사용한다. (부정은 μή로 표현)

   예) νῦν ἀκούωμεν τοῦ ἀνδρός. 이제 그 사람의 말을 우리 들어보자.

## 독해

A. ἔστι που νέων ξύνεσις (이해, 이해력) καὶ γερόντων ἀξυνεσίη· χρόνος γὰρ οὐ διδάσκει φρονεῖν ἀλλ' ὡραίη (알맞은 시기의) τροφὴ καὶ φύσις. - 데모크리토스

B. οἵῳ τις ἂν τὸ πλεῖστον τῆς ἡμέρας συνῇ (함께 있다), τοιοῦτον ἀνάγκη γενέσθαι καὶ αὐτὸν τοὺς τρόπους. - 안티폰

1. μέγα νομίζομεν κέρδος ἐὰν ἀλλήλοις ὠφέλιμοι γιγνώμεθα. - 소크라테스

2. ἐμοὶ δὲ ἔστι φωνή τις ἥ, ὅταν γένηται, ἀεὶ ἀποτρέπει με. - 소크라테스

---

[54] 일차시제 일치와 관련하여, 22과 4번 참조.

[55] ἵστημι 현재 중간태/수동태 가정법 ἱστῶμαι와 ἵημι의 현재 중간태/수동태 가정법 ἱῶμαι는 τίθημι 현재 중간태/수동태 가정법 τιθῶμαι와 유사하게 변화한다.

3. μὴ φύγωμεν, ἀλλ᾽ ἀποθάνωμεν μαχόμενοι ὑπὲρ τῆς πατρίδος.

4. μετὰ (~후에) δὲ τὸ δεῖπνον ἔτυχον ἐν περιπάτῳ ὄντες πρὸ (~앞에서) τοῦ στρατοπέδου Πρόξενος καὶ Ξενοφῶν. καὶ προσελθὼν ἄνθρωπός τις ἠρώτησε τοὺς προφύλακας ποῦ (어디에서) ἂν ἴδοι Πρόξενον. ἐπεὶ δὲ Πρόξενος εἶπεν ὅτι "αὐτός εἰμι ὃν ζητεῖς," εἶπεν ὁ ἄνθρωπος τάδε (다음과 같이), "ἔπεμψέ με Ἀριαῖος πιστὸς ὢν Κύρῳ καὶ σοὶ εὔνους, καὶ κελεύει φυλάττεσθαι μή σοι ἐπιθῶνται νυκτὸς οἱ βάρβαροι (이방인들 = 페르시아인들). ἔστι δὲ στράτευμα πολὺ ἐν τῷ πλησίον παραδείσῳ. καὶ παρὰ τὴν γέφυραν (다리) τοῦ Τίγρητος ποταμοῦ πέμψαι κελεύει φυλακήν, ὡς Τισσαφέρνης διανοεῖται αὐτὴν λῦσαι τῆς νυκτός, ἐὰν δύνηται, ἵνα μὴ διαβῆτε (건너다) τὸν ποταμόν." – 크세노폰 (부분 각색)

5. ἦν δέ τις ἐν τῇ στρατιᾷ Ξενοφῶν Ἀθηναῖος, ὃς οὔτε στρατηγὸς οὔτε λοχαγὸς (사령관) οὔτε στρατιώτης ὢν συνηκολούθει. Πρόξενος δὲ αὐτὸν μετεπέμψατο οἴκοθεν ξένος (외지 친구) ὢν ἀρχαῖος. ὑπισχνεῖτο δὲ αὐτῷ εἰ ἔλθοι φίλον αὐτὸν Κύρῳ ποιήσειν, ὃν αὐτὸς ἔφη κρείττονα ἑαυτῷ (그 자신에게) νομίζειν τῆς πατρίδος. – 크세노폰 (부분 각색)

도움말: A. ἀξυνεσίη, 이해 없음, 이해력 없음, 분별력 없음 (결여 α + ξύνεσις 이해). 1. τό κέρδος, 이익, 이득, 이점; ὠφέλιμοι, 유용한, 이로운. 4. περίπατος, 산책, 산보, 소요 [peripatetic, 돌아다니는, 순회하는, 소요학파]; προφύλαξ, 보초장, 파수장, 상급 보초 (φυλάττω = φυλάσσω, 지키다, 감시하다, σσ는 종종 아티카 그리스어에서 ττ로 표기); ὅτι, ~라는 점, 것 (ὅτι는 종종 직접 인용을 도입하기 위해 사용되며, 이 경우에는 인용 부호를 함께 표기); πιστός, 신뢰할 수 있는, 충직한, 성실한, 의리 있는 (+ 대격) (πιστεύω, 믿다); εὔνους, 친절한, 친근한 (εὖ + νοῦς); ἐπιθῶνται (ἐπιτίθημι의 3인칭 복수 중간태 부정과거), (중간태로서) 공격하다; παραδείσῳ (παράδεισος의 여격), 숲, 정원 [paradise, 낙원]; γέφυραν (γέφυρα의 대격), 다리, 교량; φυλακή, 보초, 수호자, 파수꾼 (φυλάττω); διανοεῖται (διανοέομαι의 3인칭 단수 현재 직설법 중간태), ~하려 마음먹다, ~하고자 (생각)하다, 의도하다. 5. συνηκολούθει (συνακολουθέω의 3인칭 단수 미완료), ~를 따르고 있었다, ~를 따라다녔다 [acolyte, 조수, 수행자]; μετεπέμψατο (μεταπέμπομαι의 3인칭 단수 부정과거), 불렀다, 소환했다; οἴκοθεν, 집으로부터 (οἶκος, 집); ἔλθοι (ἔρχομαι의 3인칭 단수 부정과거 기원법 능동태), 오다 (ὑπισχνεῖτο에 걸리는 간접구문, 24과 4번 ② 참조); κρείττονα, 더욱 중요한.

## 어휘

ἀνάγκη, –ης, ἡ, 필연, 운명; ~이 필연적이다, ~이 필수이다

δεῖπνον, –ου, τό, 식사, 만찬

ξένος, –ου, ὁ, 외지 친구, 손님, 내빈, 외지인, 이방인, 용병 [xenophobia, 외국인 공포증]

φωνή, ῆς, ἡ, 소리, 목소리, 음성 [phonograph, 축음기]

ἀρχαῖος, –α, –ον, 고대의, 오래된 (ἀρχή) [archaeology, 고고학]

ζητέω, –ήσω, ἐζήτησα, 찾다, 추구하다

λύω, λύσω, ἔλυσα, 풀어주다, 풀다, 파괴하다 [analysis, 분석]

τρέπω, τρέψω, ἔτρεψα, 돌리다, 방향을 바꾸다, 돌다 [protreptic] (ἀποτρέπω, 벗어나다, 돌아서다)

ὑπισχνέομαι, ὑποσχήσομαι, ὑπεσχόμην, 약속하다

φυλάττω, φυλάξω, ἐφύλαξα, 수호하다, 지키다, 보호하다; (중간태) 조심하다 [prophylactic, 예방의]

ἀπό, (전치사) (+ 속격) ~로부터

πρό (전치사) (+ 속격) ~전에, ~앞에

ὡς (접속사) 왜냐하면

## 작문

1. 나는 그들이 어떤 방식으로 도움을 주었는지를 물었다.

2. 그 전령은 적들이 가능한 한 빨리 그 도시를 공격할 것이라고 생각했다.

3. 우리가 싸워야 할 전투에 대해(περί + 속격) 우리는 상의해보자.

4. 만약 당신이 진리를 찾겠다고 약속한다면, 우리는 당신을 지킬 것이다.

5. 종종 자신을 되돌리는 목소리가 자신 안에 있다고 소크라테스는 말한다.

6. 페르시아의 그 왕을 정복하고자 퀴로스와 함께 갔던 어떤 크세노폰(이라는 사람)이 군대 안에 있었다.

## 복습

### I. 독해

1. εἰ οἱ πολῖται τὴν ἐλευθερίαν ἐφίλησαν, οὐκ ἄν οἶμαι αὐτοὺς ἐκεῖνον τὸν βασιλέα ἑλέσθαι.

2. οὐκοῦν δεῖ ἐπίστασθαι μανθάνειν ἐὰν διδάσκειν ἐθέλῃς;

3. ἡ μήτηρ μόνους πέντε ὀδόντας ἐν τῇ κεφαλῇ εἶχεν, τούτων δὲ ὁ μέσος χρυσοῦς ἦν.

4. πότερος τῶν νεανιῶν γυμνὸς εἰς τὴν ἀγορὰν ἔπεσεν;

5. εἶπον μὲν δή τινες ὅτι οἱ στρατιῶται ἐνθάδε (거기에서) τοῖς πολεμίοις ἐμαχέσαντο· ἐγὼ δ᾽ αὖ ἀπὸ τοῦ ἐμαυτοῦ πατρὸς ἤκουσα ὅτι οἱ πολῖται (시민들) οὐκ ἔμαθον ὅπου ἡ μάχη ἐγένετο.

### II. 작문

1. 그 노인에게 이빨들이 있었다면, 그는 더 많은 음식을 먹었을 텐데.

2. 당신 자신의 말[馬]을 돌보는 법을 당신은 어디서 배웠는가?

3. 만약 그 돌이 떨어지지 않았다면, 그 병사는 적들이 오고 있었다는 것을 알지 못했을 것이다.

4. 어떤 종류의 자유를 그 지배자는 자신의 도시에다 주었는가?

5. 실로 나는 그가 자신의 아버지처럼(자신의 아버지가 했던 것처럼) 지배했다고 생각하지 않는다.

## 중간태 기원법과 수동태 기원법

1. παιδεύω, τιμάω, φιλέω, τίθημι, ἵημι, ἵστημι 현재 중간태 및 수동태 기원법.

(이차시제 일치와 같이, 기원법은 주로 이차시제와 연계되기에, 현재시제에서도 이차시제의 중간태 어미를 갖는다.)[56]

### 현재

| | | | | | | |
|---|---|---|---|---|---|---|
| 1인칭 단수 | παιδευ-οί-μην | τιμ-ῴ-μην | φιλ-οί-μην[57] | τιθεί-μην | ἱεί-μην | ἱσταί-μην |
| 2인칭 단수 | παιδεύ-οι-ο | τιμ-ῷ-ο | φιλ-οῖ-ο | τιθεῖ-ο | ἱεῖ-ο | ἱσταῖ-ο |
| 3인칭 단수 | παιδεύ-οι-το | τιμ-ῷ-το | φιλ-οῖ-το | τιθεῖ-το | ἱεῖ-το | ἱσταῖ-το |
| 1인칭 복수 | παιδευ-οί-μεθα | τιμ-ῴ-μεθα | φιλ-οί-μεθα | τιθεί-μεθα | ἱεί-μεθα | ἱσταί-μεθα |
| 2인칭 복수 | παιδεύ-οι-σθε | τιμ-ῷ-σθε | φιλ-οῖ-σθε | τιθεῖ-σθε | ἱεῖ-σθε | ἱσταῖ-σθε |
| 3인칭 복수 | παιδεύ-οι-ντο | τιμ-ῷ-ντο | φιλ-οῖ-ντο | τιθεῖ-ντο | ἱεῖ-ντο | ἱσταῖ-ντο |

2. παιδεύω, λείπω, τίθημι, δίδωμι 제1부정과거 및 제2부정과거, 미래 중간태 기원법.

| | 제1부정과거 | 미래 | 제2부정과거 | | |
|---|---|---|---|---|---|
| 1인칭 단수 | παιδευ-σα-ί-μην | παιδευ-σ-οί-μην[58] | λιπ-οί-μην[59] | θε-ί-μην[60] | δο-ί-μην |
| 2인칭 단수 | παιδεύ-σα-ι-ο | παιδεύ-σ-οι-ο | λίπ-οι-ο | θε-ῖ-ο | δο-ῖ-ο |
| 3인칭 단수 | παιδεύ-σα-ι-το | παιδεύ-σ-οι-το | λίπ-οι-το | θε-ῖ-το | δο-ῖ-το |
| 1인칭 복수 | παιδευ-σα-ί-μεθα | παιδευ-σ-οί-μεθα | λιπ-οί-μεθα | θε-ί-μεθα | δο-ί-μεθα |
| 2인칭 복수 | παιδεύ-σα-ι-σθε | παιδεύ-σ-οι-σθε | λίπ-οι-σθε | θε-ῖ-σθε | δο-ῖ-σθε |
| 3인칭 복수 | παιδεύ-σα-ι-ντο | παιδεύ-σ-οι-ντο | λίπ-οι-ντο | θε-ῖ-ντο | δο-ῖ-ντο |

### 독해

A. πρῶτον, οἶμαι, τῶν ἐν ἀνθρώποις ἐστὶ παίδευσις. ὅταν γάρ τις πράγματος τὴν ἀρχὴν ὀρθῶς ποιήσηται, εἰκὸς (~인 것이 그럴듯하다) καὶ τὴν τελευτὴν ὀρθῶς γίγνεσθαι. καὶ γὰρ τῇ γῇ οἷον ἄν τις τὸ σπέρμα (씨앗, 종자) ἐναρόσῃ, τοιαῦτα καὶ τὰ ἔκφορα (결실들) δεῖ προσδοκᾶν. καὶ ἐν νέῳ σώματι ὅταν τις τὴν παίδευσιν γενναίαν ἐναρόσῃ, ζῇ τοῦτο καὶ θάλλει (만개하다) διὰ παντὸς τοῦ βίου. – 안티폰

1. πεινῶν φάγοι ἂν ὁπότε βούλοιτο. – 크세노폰

---

[56] 이차시제 일치와 관련하여, 22과 4번 참조.

[57] δίδωμι 및 δηλόω 현재 중간태/수동태 기원법 διδοίμην과 δηλοίμην은 φιλέω 현재 중간태/수동태 기원법 φιλοίμην처럼 변화한다.

[58] παιδεύω 현재 중간태/수동태 기원법 παιδευοίμην의 어간과 어미 사이에 미래형성사 σ가 첨가된 형태이다.

[59] παιδεύω 현재 중간태/수동태 기원법 παιδευοίμην처럼 변화한다.

[60] τίθημι 제2부정과거 중간태 기원법 θείμην는 현재 중간태/수동태 기원법 τιθείμην과 같은 어미를 가지면서 변화한다. 다만 어간에서 중복된 자음인 τι-가 생략된 형태이다. ἵημι 제2부정과거 중간태 εἵμην 또한 θείμην처럼 변화한다.

2. οἱ Ἠλεῖοι ἔπειθον αὐτοὺς μὴ ποιεῖσθαι μάχην πρὶν οἱ Θηβαῖοι παραγένοιντο. – 크세노폰

3. ἐθήρευεν ἀφ' ἵππου ὁπότε γυμνάσαι βούλοιτο ἑαυτόν. – 크세노폰

4. ἐπεὶ δὲ Κῦρος ἀπέθανεν, οὔτε βασιλεῖ ἀντιποιούμεθα τῆς ἀρχῆς οὔτ' ἔστιν ὅτου ἕνεκα (~을 위해) βουλοίμεθα ἂν τὴν βασιλέως χώραν (나라) κακῶς ποιεῖν, οὐδ' αὐτὸν ἀποκτεῖναι ἂν ἐθέλοιμεν· πορευοίμεθα (갈 것이다) δ' ἂν οἴκαδε, εἴ τις ἡμᾶς μὴ λυποίη. – 크세노폰

5. 올림피아 경기에 관한 페르시아인들의 견해. ἐπεὶ οἱ Μῆδοι ἐν Ἑλλάδι ἦσαν, ἧκον ἐπ' αὐτοὺς ἄνδρες τινὲς Ἄρκαδες ὡς αὐτομολήσοντες (탈주하고자). τούτων δὲ ἐλθόντων πρὸ τοῦ βασιλέως, οἱ Πέρσαι ἐπύθοντο περὶ τῶν Ἑλλήνων ὅ τι νῦν ποιοῖεν. οἱ δὲ αὐτόμολοι εἶπον ὅτι Ὀλύμπια ἄγοιεν (올림피아 경기를 치루다), καὶ θεωροῖεν ἀγῶνας (시합들, 경합들) καὶ γυμνικοὺς καὶ ἱππικούς. καὶ ταῦτα ἀκούσαντες οἱ Πέρσαι ἠρώτησαν ὅ τι τὸ ἆθλον εἴη περὶ ὅτου ἀγωνίζονται. οἱ δὲ εἶπον ὅτι στέφανος κοτίνου ἐστίν. ἔπειτα τῶν Περσῶν τις ἔφη, "ποίους (어떤 종류의) ἐπ' ἄνδρας μαχούμεθα, οἳ οὐ περὶ χρημάτων τὸν ἀγῶνα ποιοῦνται, ἀλλὰ περὶ ἀρετῆς;" – 헤로도토스 (부분 각색)

도움말: A. τῶν ἐν ἀνθρώποις, 인간사들 가운데 (= 인간들 안에 있는 것들 가운데). 1. πεινάω, 배고프다. 굶주리다. 2. ἔπειθον (πείθω의 3인칭 복수 미완료), 설득하곤 했다 (시도 내지 의도를 나타내는 미완료). 3. ἐθήρευεν (θηρεύω/θηράω의 3인칭 단수 미완료), 사냥했다, 뒤쫓았다 (θηρίον, 들짐승, 야생동물) (θήρ, 야수); ἀφ' ἵππου, 말을 타고 (말로부터, 말에 기인해); γυμνάσαι (γυμνάζω의 부정과거 부정사), (+ 대격) 운동시키다, 훈련시키다 (γυμνός, 벌거벗은, 나체의); γυμνάσαι ἑαυτόν, 자기 자신을 운동시키다 = 운동하다. 4. ἀντιποιούμεθα (ἀντιποιέομαι의 1인칭 복수 미완료 중간태 및 수동태), (+ 여격 + 속격) ~를(속격) 놓고 ~와(여격) 겨루다, 다투다, 경쟁하다; οὔτ' ἔστιν ὅτου ἕνεκα ……, ~할 이유가 없다 (οὐκ ἔστιν ὅστις ……, ~하는 그 누구도 없다, ~하는 자가 아무도 없다); λυποίη (λυπέω의 3인칭 단수 현재 기원법), 괴롭히다, 고통스럽게 하다 (λύπη, 고통). 5. ἐπύθοντο (πυνθάνομαι의 3인칭 복수 부정과거), 배웠다, 알게 되었다, (+ περί) ~에 관해 물었다; κοτίνου (κότινος의 속격), 월계수로 된, 월계수로부터의 (기원의 속격).

## 어휘

ἆθλον, –ου, τό, 상, 상금 [athletic]

Ἑλλάς, –άδος, ἡ, 그리스 [Hellas, 헬라스 = 그리스]

χώρα, –ας, ἡ, 국가, 나라, 땅, 영역 (χωρίον, 장소, 구역, 공간, 지점)

ἥκω, ἥξω, 미완료 ἧκον, 왔다, 도착하다, 다다르다

θεωρέω, 보다, 관조하다, 관찰하다 [theory, 이론]

πορεύομαι, –σομαι, 가다, 나아가다 [pore, 숙고하다, 주시하다]

πυνθάνομαι, πεύσομαι, ἐπυθόμην, 배우다, 알게 되다; (+ περὶ) ~에 관해 묻다 (간접절에서 종종 분사를 취함)

ἀντί, (+ 속격) ~대신에

ἕνεκα, ~때문에, ~이므로, ~를 위해

οἴκαδε, 집으로, 집을 향해, (οἰκία, 집, 가정) (접미사 –δε는 위치 혹은 방향을 가리키며, '~로부터'를 의미하는 –θεν과 반대)

περί, (+ 속격) ~에 대하여, ~을 고려하여, ~에 관하여; (+ 여격 혹은 + 대격) ~주위에, ~둘레에

## 작문

1. 프록세노스의 오랜 친구였던 크세노폰은 페르시아인들과 싸우기 위해 그를 따라 갔다.

2. 그들은 자신들이 그리스에 있다는 것을 알게 되었다.

3. 그는 그들이 왜 그 나라를 보길 원하는지 물었다.

4. 프록세노스(ὁ Πρόξενος)는 크세노폰이 페르시아인들의 나라를 보았다면 집으로 돌아갔을 것이라고 말했다.

5. 그들이 시합했던(ἠγωνίζοντο) 것과 관련한 상은 돈이라기보다는 탁월함(덕)이었다.

6. 그 보초들은 프록세노스를 찾고 있던(분사 사용) 그 자에게 누구냐고 물었다.

## 복습

### I. 독해

1. τῶν στρατιωτῶν τὸ στρατόπεδον φυλαττόντων, εἰς τὴν τοῦ βασιλέως σκηνὴν ἔλθωμεν καὶ τὸν παῖδα λύωμεν.

2. ἠκούσαμεν τὴν τῆς μητρὸς φωνὴν ἡμᾶς εἰς δεῖπνον καλούσης.

3. ἀνάγκη γὰρ ἦν καὶ τὰ ὅπλα καὶ τὰ φάρμακα (약물들) πρὸ τῆς μάχης (전투에 앞서, 전투에 대비하여) διατιθέναι· οὐ γὰρ δῆλόν ἐστι πότερος νικήσει, πόνος ἢ εὐχή.

4. τάλαντον τῷ τοῦ υἱοῦ δώρῳ ἐπιθείς, οὐκ εὖ ἐποίησεν.

5. λίαν φοβούμενοι, τοὺς ξένους ἀπὸ τῆς πατρίδος οὐκ ἔτρεψαν.

### II. 작문

1. 당신은 도시를 건네줌으로써가 아니라 무기들과 음식을 가져옴으로써 적을 정복할 것이다.

2. 죽으면서 그 왕은 자신의 더 어린 아들에게 30탈란톤을 남기겠다고 약속하였다.

3. 자신들의 무기들을 건네주는 일은 정복한 자들에 속하지(부분의 속격 사용) 않는다.

4. 오랜 질투로 인하여 그 여자는 자신의 남편을 위한 약물을 찾고 있었다.

5. 그 편지들을 손에 넣고(쥐고) 싶었기에, 그 장군은 자신의 막사로부터 즉시 집으로 왔다.

# 30 과

## 부정과거 수동태와 미래 수동태 · 수단과 도구의 여격 · 작인의 속격

1. 부정과거와 미래의 수동태.

  ① 제1부정과거와 미래 수동태는 접미사 –θη–(직설법, 부정사) 혹은 –θε–(가정법, 기원법, 분사)가 동사의 어간에 직접 붙는다. 그리고 부정과거 직설법 수동태에서는 접두모음 ε–가 붙는다.

  ② 가정법 수동태에서는 접미사 –θε–의 ε가 규칙동사의 가정법 어미(–ω, –η, –ῃς, –ωμεν, –ητε, –ωσι)와 축약된다. (ε의 축약 규칙과 관련해 15과 2번 ② 참조, 축약된 형태는 악센트를 통해 확인)

  예) παιδευ–θε + ω → παιδευ–θῶ, παιδευ–θε + η → παιδευ–θῇ

  ③ 기원법 수동태에서는 접미사 –θε–의 ε가 축약동사와 μι–동사의 기원법 어미(–ίην, –ίης, –ίη, –ῖμεν / –ῖημεν, –ῖτε / –ῖητε, –ῖεν / –ῖησαν)와 결합한다. 주격에서 (–ίη가 아니라) –ίην이라는 점에 유의해야 한다. 따라서 이 경우는 εἰμί의 기원법과 유사하게 변한다. (εἰμί 현재 기원법 형태와 관련해, 23과 3번 ① 참조)

  예) παιδευ–θε + ίην → παιδευ–θείην

  ④ 부정사의 어미는 –ναι이고, 페널트(뒤에서 둘째 음절)에 악센트를 갖는다.

  ⑤ 어간의 순음, 구개음, 치음 그리고 ζ는 부정과거 수동태 접미사 –θε–의 θ와 결합하여,

  (a) 순음(π, β, φ)은 φ로 변한다. 예) ἐ + λείπ + θην → ἐλείφθην

  (b) 구개음(κ, γ, χ)은 χ로 변한다. 예) ἐ + πράσσ + θην → ἐπράχθην (σσ를 구개음처럼 간주)

  (c) 치음(τ, δ, θ)이나 ζ는 σ로 변한다. 예) ἐ + πείθ + θην → ἐπείσθην

  ⑥ 대부분 동사는 이와 같이 부정과거 수동태를 형성하며, 이는 제1부정과거 수동태로 불린다. 반면 βλάπτω와 같이 자음 어간을 갖는 일부 동사는 접미사 –θε–를 취하지 않는 제2부정과거 수동태 형태를 취한다.

2. παιδεύω 제1부정과거 수동태 직설법, 가정법, 기원법 및 βλάπτω 제2부정과거 수동태 직설법, 가정법, 기원법.

| | 제1부정과거 수동태 | | | 제2부정과거 수동태 | | |
|---|---|---|---|---|---|---|
| | 직설법 | 가정법 | 기원법 | 직설법 | 가정법 | 기원법 |
| 1인칭 단수 | ἐπαιδεύθην | παιδευθῶ | παιδευθείην | ἐβλάβην | βλαβῶ | βλαβείην |
| 2인칭 단수 | ἐπαιδεύθης | παιδευθῇς | παιδευθείης | ἐβλάβης | βλαβῇς | βλαβείης |
| 3인칭 단수 | ἐπαιδεύθη | παιδευθῇ | παιδευθείη | ἐβλάβη | βλαβῇ | βλαβείη |
| 1인칭 복수 | ἐπαιδεύθημεν | παιδευθῶμεν | παιδευθεῖμεν[61] | ἐβλάβημεν | βλαβῶμεν | βλαβεῖμεν[62] |
| 2인칭 복수 | ἐπαιδεύθητε | παιδευθῆτε | παιδευθεῖτε | ἐβλάβητε | βλαβῆτε | βλαβεῖτε |
| 3인칭 복수 | ἐπαιδεύθησαν | παιδευθῶσι | παιδευθεῖεν | ἐβλάβησαν | βλαβῶσι | βλαβεῖεν |

부정사

παιδευθῆναι

부정사

βλαβῆναι

---

[61] 제1부정과거 기원법 수동태의 복수 형태들은 어미에 η가 포함된 형태로도 쓰인다.

  예) παιδευθεῖμεν → παιδευθείημεν, παιδευθεῖτε → παιδευθείητε, παιδευθεῖεν → παιδευθείησαν

[62] 제2부정과거 기원법 수동태의 복수 형태들은 어미에 η가 포함된 형태로도 쓰인다.

  예) βλαβεῖμεν → βλαβείημεν, βλαβεῖτε → βλαβείητε, βλαβεῖεν → βλαβείησαν

3. παιδεύω 제1부정과거 수동태 분사 격변화.[63]

|  | 남성 | 여성 | 중성 |
|---|---|---|---|
|  |  | 단수 |  |
| 주격 | παιδευθείς | παιδευθεῖσα | παιδευθέν |
| 속격 | παιδευθέντος | παιδευθείσης | παιδευθέντος |
| 여격 | παιδευθέντι | παιδευθείσῃ | παιδευθέντι |
| 대격 | παιδευθέντα | παιδευθεῖσαν | παιδευθέν |
|  |  | 복수 |  |
| 주격 | παιδευθέντες | παιδευθεῖσαι | παιδευθέντα |
| 속격 | παιδευθέντων | παιδευθεισῶν | παιδευθέντων |
| 여격 | παιδευθεῖσι | παιδευθείσαις | παιδευθεῖσι |
| 대격 | παιδευθέντας | παιδευθείσας | παιδευθέντα |

4. 수단과 도구의 여격. 전치사 없이 여격만으로 수단이나 도구를 표현할 수 있다.

    예) ἀπέκτεινε τὸν ἵππον λίθῳ. 그는 돌로 그 말을 죽였다.

5. 작인의 속격. 수동태 문장에서 작인(행위자)은 보통 전치사 ὑπό와 함께 속격으로 표현한다.

    예) ἐκολάσθη ὑπὸ Κύρου. 그는 퀴로스에 의해 처벌을 받았다.

6. 제1미래 및 제2미래 수동태.[64]

    ① 제1미래 수동태: 제1부정과거 수동태 어간 + 미래시제 형성사 σ + 연결모음 –o/ε– + 중간태 인칭 어미.

    예) ἐπαιδεύθην (제1부정과거 수동태) → παιδεύθη + σ + o + μαι = παιδευθήσομαι (제1미래 수동태)

    ② 제2미래 수동태: 제2부정과거 수동태 어간 + 미래시제 형성사 σ + 연결모음 –o/ε– + 중간태 인칭 어미.

    예) ἐβλάβην (제2부정과거 수동태) → βλάβη + σ + o + μαι = βλαβήσομαι (제2미래 수동태)

|  | 제1미래 수동태 | | 제2미래 수동태 | |
|---|---|---|---|---|
|  | 직설법 | 기원법 | 직설법 | 기원법 |
| 1인칭 단수 | παιδευθήσομαι | παιδευθησοίμην | βλαβήσομαι | βλαβησοίμην |
| 2인칭 단수 | παιδευθήσει (–ῇ) | παιδευθήσοιο | βλαβήσει (–ῇ) | βλαβήσοιο |
| 3인칭 단수 | παιδευθήσεται | παιδευθήσοιτο | βλαβήσεται | βλαβήσοιτο |
| 1인칭 복수 | παιδευθησόμεθα | παιδευθησοίμεθα | βλαβησόμεθα | βλαβησοίμεθα |
| 2인칭 복수 | παιδευθήσεσθε | παιδευθήσοισθε | βλαβήσεσθε | βλαβήσοισθε |
| 3인칭 복수 | παιδευθήσονται | παιδευθήσοιντο | βλαβήσονται | βλαβήσοιντο |
|  | 부정사 | 분사 | 부정사 | 분사 |
|  | παιδευθήσεσθαι | παιδευθησόμενος | βλαβήσεσθαι | βλαβησόμενος |

---

[63] βλάπτω의 제2부정과거 분사도 유사하게 변화한다. βλαβείς, –έντος, βλαβεῖσα, –ης, βλαβέν, –έντος.

[64] 제1부정과거 형태로부터 미래시제가 형성되는 경우를 제1미래, 제2부정과거 형태로부터 미래지제가 형성되는 경우를 제2미래라고 부른다. 의미에서의 차이는 없다.

## 독해

A. ἱστορίας γὰρ ἐὰν ἀφέλῃ (빼다, 제거하다) τις τὸ "διὰ τί" καὶ "πῶς" καὶ "τίνος χάριν ἐπράχθη τὸ πραχθέν" καὶ "πότερα εὔλογον ἔσχε τὸ τέλος," τὸ καταλειπόμενον αὐτῆς ἀγώνισμα (공적, 업적) μὲν μάθημα δ' οὐ γίνεται· καὶ παραυτίκα μὲν τέρπει, πρὸς δὲ τὸ μέλλον (앞으로의 일, 미래) οὐδὲν ὠφελεῖ τὸ παράπαν. – 폴뤼비오스

B. Σῶσος καὶ Σωσώ, Σῶτερ, σοὶ τόνδ' ἀνέθηκαν,

   Σῶσος μὲν σωθείς, Σωσὼ δ' ὅτι Σῶσος ἐσώθη. – 시모니데스

1. περιεμένομεν ἑκάστοτε ἕως ἀνοιχθείη (열렸다) τὸ δεσμωτήριον· ἐπειδὴ δὲ ἀνοιχθείη, εἰσῇμεν. – 플라톤

2. χαλεπὸν χρήματα συναγείρασθαι, χαλεπώτερον δὲ φυλακὴν τούτοις περιθεῖναι. – 아낙사르코스

3. ἡδὺ δὲ καὶ τὸ πυθέσθαι. – 헤시오도스

4. ἐν τοιούτοις δὲ πράγμασι ὄντες, συμβουλευόμεθά (조언 받다) σοι τί χρὴ ἡμᾶς ποιεῖν περὶ ὧν λέγεις. σὺ οὖν πρὸς θεῶν συμβούλευσον (조언하다) ἡμῖν ὅ τι σοι δοκεῖ κάλλιστον καὶ ἄριστον εἶναι· ὥστε ἐν Ἑλλάδι περί σου λεχθήσεται ὅτι "τοῖς Ἕλλησι συμβουλευομένοις συνεβούλευσεν τάδε." – 크세노폰

5. Λακεδαιμονίων γὰρ εἰ ἡ πόλις ἐρημωθείη (황폐화되다), λειφθείη δὲ τά τε ἱερὰ καὶ τῆς κατασκευῆς τὰ ἐδάφη, πολλὴν ἂν οἶμαι ἀπιστίαν (불신) τῆς δυνάμεως, προελθόντος πολλοῦ χρόνου, τοῖς ἔπειτα πρὸς τὸ κλέος αὐτῶν εἶναι ⋯⋯ Ἀθηναίων δὲ τὸ αὐτὸ τοῦτο (똑같은 일) παθόντων, διπλασίαν ἂν τὴν δύναμιν εἰκάζεσθαι ἀπὸ τῆς φανερᾶς ὄψεως τῆς πόλεως ἢ ἔστιν (실제로 그런 것보다). – 투퀴디데스

도움말: A. παραυτίκα, (부사) 지금 이 순간에, 즉각적으로. 1. περιεμένομεν (περιμένω의 미완료 1인칭 복수) 기다렸다, 기다리고 있었다; ἑκάστοτε, 매번, 각 경우 (각각 ἕκαστος + τότε 때); δεσμωτήριον, 감옥 (δεσμός, 족쇄, 속박, 굴레); εἰσῇμεν (εἶμι의 미완료 1인칭 복수), 들어갔다, 들어가곤 했다 (εἰμί와 혼동하지 말 것). 2. συναγείρασθαι (συναγείρω의 부정과거 부정사), 모으기, 모으는 일 (부정사가 관사 없이 실명사로 사용되고 있음); περιθεῖναι (περιτίθημι의 부정과거 부정사), (~주위에, 둘레에) 세우기, 세우는 일 (부정사가 관사 없이 실명사로 사용되고 있음). 4. συμβουλευόμεθά (συμβουλεύω의 현재 중간태/수동태 1인칭 복수), 상의하다, 조언을 받다; συμβουλευόμεθά σοι, 당신과 상의하다 (중간태), 당신에 의해 조언 받다 (수동태, 이때 σοι는 작인의 여격, 32과 5번 참조); συμβούλευσον (συμβουλεύω의 제1부정과거 명령법 2인칭 단수), 충고해라, 조언해라; λεχθήσεται (λέγω의 미래 수동태 3인칭 단수), 말해질 것이다. 5. κατασκευῆς (κατασκευή의 단수 속격), 갖춰진 것의, 건축물의 = 건물의; ἐδάφη (ἔδαφος의 복수 주격 및 대격), 바닥들, 기초들, 기단들; προελθόντος πολλοῦ χρόνου, 많은 시간이 지난 후에 (독립 속격); τοῖς ἔπειτα, 후세의 자들에게, 이후의 자들에게 (οἱ τότε, 그때 그 자들); αὐτῶν, 그들의 = 라케다이몬인들의; παθόντων (πάσχω의 부정과거 분사 속격), 겪는다면, ~에 처하게 된다면 (독립 속격 구문).

## 어휘

δύναμις, –εως, ἡ, 힘, 권위, 능력 (δύναμαι, ~할 수 있다, 가능하다)

κλέος, –ους, τό, 명성, 명망

φανερός, –ά, –όν, 분명한, 명백한, 확실한

ἀγείρω, 부정과거 능동태 ἤγειρα, 부정과거 수동태 ἠγέρθην,[65] 모으다, 수집하다 (ἀγορά, 광장, 시장, 아고라)

συναγείρω, 한데 모으다 (συν + ἀγείρω)

ἀνοίγνυμι와 ἀνοίγω, ἀνοίξω, ἀνέῳξα, ἀνεῴχθην, 열다

εἰκάζω, –άσω, ἤκασα, ἠκάσθην, 추측하다, 여기다, 비유하다, 견주다 (εἰκός, ~일 것 같은, 그럴싸한, 있을 법한,

---

[65] 이번 과부터는 중요 동사의 기본형에 부정과거 수동태가 함께 제시된다. 지금까지 제시된 동사들 기본형의 형태들은 책 말미의 부록에서도 확인할 수 있다.

그럴법한) [icon, 아이콘, 상]

συμβουλεύω, (+ 여격) ~에게 조언하다, 충고하다; (중간태) (+ 여격) ~와 상의하다, 논의하다, 상담하다; (수동태)
(+ 여격 또는 + ὑπό 속격) ~에게서 조언 받다

ἑκάστοτε, (부사) 매번, 각 경우마다 (ἕκαστος + τότε)

πρὸς θεῶν, 신들의 이름으로! 신들에 맹세코! 신들에 대고서! (호소나 강한 주장을 하는 경우 사용)

## 작문

1. 그들은 집에 가기 위하여 그 페르시아인들과 상의하였다.

2. 그 그리스인들이 한데 모였을 때, 그들은 가능한 한 강력하게 공격했다.

3. 그 장군들이 그 편지들을 열어보기에 앞서 그들에게 조언하도록, 그가 왕에 의해 보내졌다(수동태 사용).

4. 시간이 흐른 뒤, 아테네인들은 스파르타인들보다도 더욱 큰 명성을 얻었다.

5. 만약 당신이 스파르타인들의 도시를 보았다면, 그 도시가 큰 힘을 지녔다고 생각하지 않았을 것이다.

6. 언제 보초에 의해 감옥이 열리는지 묻고자 소크라테스의 친구들이 모였다.

## 복습

### I. 독해

1. τὸ ἆθλον διώκοντες, οἱ βάρβαροι ἔτυχον εἰς τὴν Ἑλλάδα πορευόμενοι.

2. βαρὺς ἐγένετο ἡμῖν ἀεὶ συνὼν ὁ κῆρυξ.

3. πρὸς θεῶν, τί ἔλαθον ὑμᾶς οἱ πολέμιοι τὰ ἡμέτερα κρυπτὰ πυθόμενοι;

4. σὺν τοῖς στρατιώταις τοῖς περὶ τὴν πόλιν ἔμεινα ἵνα πυθοίμην τίνος ἕνεκα οἱ βάρβαροι εἰς τὴν χώραν ἥκοιεν.

5. εἰ οἴκαδε πορευοίμεθα τὸν ἀγῶνα μετὰ τοῦ σοῦ ἀδελφοῦ δυναίμεθα ἂν θεωρεῖν.

### II. 작문

1. 그가 자연스럽게 저것 대신 이것을 선택할 정도로 이 상은 컸다.

2. 나는 그 전령이 노인들, 부녀자들, 아이들과 함께 오고 있다고 듣는다.

3. 당신이 그 장군의 방패를 취했을 때, 당신은 보초들을 벗어났다.

4. 그가 집을 향해 간다면, 그는 자신의 부인에 대한 쓰디쓴 진실을 알게 될 것이다.

5. 그 적을 뒤쫓던 자들이 이방인들의 손들에(손아귀에) 떨어졌다.

# 31 과

## 제1현재완료 및 제2현재완료 능동태

1. (라틴어 완료와 달리) 그리스어 완료는, 단순한 과거를 의미하는 것이 아니라, 진정한 완료의 의미를 지닌다.

① 현재완료: 현재 시점 직전에 행위가 완료되어, 행위의 결과가 현재의 상태임을 나타낼 때 사용한다.

예) γέγραφα ἐπιστολήν. 나는 편지를 써왔다. (현재완료: 편지 작성이 지금 막 마쳐짐)

ἕστηκα. 나는 서 있어왔다. (현재완료: 서 있는 행위가 막 마쳐짐)

② 과거완료: 과거의 특정 시점 직전에 행위가 완료되었을 때 사용한다.

예) ἐπεπαιδεύκη. 나는 교육해왔었다. (과거완료: 교육이 과거 특정 시점에 마쳐짐)

③ 미래완료: 미래의 특정 시점 직전에 행위가 완료되는 경우에 사용한다.

예) τεθνήξω. 나는 죽어있을 것이다. (미래완료: 나의 죽음이 미래 특정 시점에 이루어져 있을 것임)

④ 완료형은 행위나 상태의 완성을 강조하기 위해 사용되기도 한다.

예) ἀπόλωλα. 나는 (완전히) 파멸했다. (= 파멸이 마쳐짐: 행위/상태 완성)

2. 모음으로 끝나는 어간 동사의 현재완료 형성 방식: 제1현재완료

① 동사가 자음으로 시작하는 경우: 음절 접두모음 ε-를 자음 앞에 붙이고, 그 앞에 다시 첫 번째 자음을 중복reduplication 시킨다. 그리고 어간 뒤에 완료시제 형성사 κ를 넣은 뒤, 완료 인칭 어미를 붙인다.

예) παιδεύω → πεπαίδευκα

② 동사가 모음으로 시작하는 경우: 장음화 접두모음을 활용한다. (시제 접두모음인 장음화를 통해 시제가 바뀌었음을 확인) 그리고 어간 뒤에 완료시제 형성사 κ를 넣은 뒤, 완료 인칭 어미를 붙인다.

예) ἁρπάζω → ἥρπακα

③ 복합동사의 경우: 자음 중복은 전치사 요소 다음에 발생시킨다. (13과 6번 ④ 참조)

예) προπαιδεύω → προπεπαίδευκα

3. 자음으로 끝나는 어간을 가지는 일부 동사들의 현재완료 형성 방식: 제2현재완료

① 자음으로 끝나는 어간을 가지는 일부 동사들은 완료 시제 형성사 κ 없이 구성되기도 하며, 이때는 종종 어간의 모음에 변화가 생긴다.

예) πέμπω → πέπομφα

4. παιδεύω 제1현재완료, πέμπω 및 ἄγω 제2현재완료, ἵστημι (소위) 제2현재완료 변화.

|  | 제1현재완료 | 제2현재완료 |  | (소위) 제2현재완료 |
|---|---|---|---|---|
| 1인칭 단수 | πεπαίδευκα | πέπομφα | ἦχα | ἕστηκα |
| 2인칭 단수 | πεπαίδευκας | πέπομφας | ἦχας | ἕστηκας |
| 3인칭 단수 | πεπαίδευκε | πέπομφε | ἦχε | ἕστηκε |
| 1인칭 복수 | πεπαιδεύκαμεν | πεπόμφαμεν | ἤχαμεν | ἕσταμεν |
| 2인칭 복수 | πεπαιδεύκατε | πεπόμφατε | ἤχατε | ἕστατε |
| 3인칭 복수 | πεπαιδεύκασι | πεπόμφασι | ἤχασι | ἑστᾶσι |

5. 현재완료 능동태 분사 격변화.

|  | 남성 | 여성 | 중성 | 남성 | 여성 | 중성 |
|---|---|---|---|---|---|---|
|  | | 단수 | | | 복수 | |
| 주격 | πεπαιδευκώς | πεπαιδευκυῖα | πεπαιδευκός | πεπαιδευκότες | πεπαιδευκυῖαι | πεπαιδευκότα |
| 속격 | πεπαιδευκότος | πεπαιδευκυίας | πεπαιδευκότος | πεπαιδευκότων | πεπαιδευκυιῶν | πεπαιδευκότων |
| 여격 | πεπαιδευκότι | πεπαιδευκυίᾳ | πεπαιδευκότι | πεπαιδευκόσι | πεπαιδευκυίαις | πεπαιδευκόσι |
| 대격 | πεπαιδευκότα | πεπαιδευκυῖαν | πεπαιδευκός | πεπαιδευκότας | πεπαιδευκυίας | πεπαιδευκότα |

6. 현재완료 능동태 가정법 및 기원법 구성의 두 방식.

① '현재완료 분사 + εἰμί 현재 가정법' 또는 '현재완료 어간 + 가정법 어미'.

② '현재완료 분사 + εἰμί 현재 기원법' 또는 '현재완료 어간 + 기원법 어미'.

|  | 가정법 | 기원법 |
|---|---|---|
| 1인칭 단수 | πεπαιδευκὼς ὦ / πεπαιδεύκω | πεπαιδευκὼς εἴην / πεπαιδεύκοιμι |
| 2인칭 단수 | πεπαιδευκὼς ᾖς / πεπαιδεύκῃς | πεπαιδευκὼς εἴης / πεπαιδεύκοις |
| 3인칭 단수 | πεπαιδευκὼς ᾖ / πεπαιδεύκῃ | πεπαιδευκὼς εἴη / πεπαιδεύκοι |
| 1인칭 복수 | πεπαιδευκότες ὦμεν / πεπαιδεύκωμεν | πεπαιδευκότες εἶμεν / πεπαιδεύκοιμεν |
| 2인칭 복수 | πεπαιδευκότες ἦτε / πεπαιδεύκητε | πεπαιδευκότες εἶτε / πεπαιδεύκοιτε |
| 3인칭 복수 | πεπαιδευκότες ὦσι(ν) / πεπαιδεύκωσι(ν) | πεπαιδευκότες εἶεν / πεπαιδεύκοιεν |

7. 현재완료 능동태 부정사 어미: –έναι.

예) πεπαιδευκέναι, ἠχέναι, πεπομφέναι (단 ἵστημι의 경우, 현재완료 능동태 부정사는 ἑστάναι)

8. 과거완료 능동태.

① 과거완료 능동태는 미완료시제처럼 직설법만 갖는다.

② 현재완료에서 이미 자음 중복되어 있는 형태에 다시 접두모음을 붙여서 만든다. (단, 시제 접두모음을 통해 장음화되어 있는 경우에는 아무것도 붙이지 않는다.)

③ 과거완료는 별도의 고유한 인칭어미를 갖는다.

9. παιδεύω, πέμπω, ἵστημι 과거완료 능동태.

|  | 과거완료 | | | |
|---|---|---|---|---|
| 1인칭 단수 | ἐπεπαιδεύκη | ἐπεπόμφη | ἤχη | εἱστήκη |
| 2인칭 단수 | ἐπεπαιδεύκης | ἐπεπόμφης | ἤχης | εἱστήκης |
| 3인칭 단수 | ἐπεπαιδεύκει(ν) | ἐπεπόμφει(ν) | ἤχει(ν) | εἱστήκει(ν) |
| 1인칭 복수 | ἐπεπαιδεύκεμεν | ἐπεπόμφεμεν | ἤχεμεν | ἕσταμεν |
| 2인칭 복수 | ἐπεπαιδεύκετε | ἐπεπόμφετε | ἤχετε | ἕστατε |
| 3인칭 복수 | ἐπεπαιδεύκεσαν | ἐπεπόμφεσαν | ἤχεσαν | ἕστασαν |

10. 자음 중복 규칙의 예외.

① 기식 폐쇄음(φ, θ, χ)으로 시작하는 동사는, 자음 중복이 이루어질 때, 이에 상응하는 약한 폐쇄음(π, τ, κ)으로 자음 중복이 된다.

예) θύω → τέθυκα

② 둘 이상의 자음이나 이중자음 혹은 ῥ로 시작하는 동사는, 자음이 중복될 자리에, 자음 대신 음절 접두모음 ε-를 사용한다. (단, ῥ로 시작하는 동사에는 ρ를 두 개 붙인다.)

예) στέλλω → ἔσταλκα

ῥίπτω → ἔρριφα

③ 폐쇄음(π, β, φ)이나 유음(λ, μ, ν)으로 시작하는 동사는 대체로 규칙에 따라 자음 중복된다.

예) πνέω → πέπνευκα

## 독해

A. μὴ κρίνετε ἵνα μὴ κριθῆτε.

B. τὸ ὑπὸ πολλῶν λεγόμενον, ὡς ὅσοι Ἀθηναίων εἰσὶν ἀγαθοί, διαφερόντως (특히나) εἰσὶ τοιοῦτοι, δοκεῖ ἀληθέστατα λέγεσθαι· μόνοι γὰρ ἄνευ ἀνάγκης, αὐτοφυῶς, θείᾳ μοίρᾳ, ἀληθῶς καὶ οὔ τι πλαστῶς (꾸며져서) εἰσιν ἀγαθοί. – 플라톤

Γ. Δύ’ ἡμέραι γυναικός εἰσιν ἥδισται,

ὅταν γαμῇ τις κἀκφέρῃ τεθνηκυῖαν. – 힙포낙스/히포낙스

1. ἐπεὶ δὲ ἀπῆλθον οἱ πολέμιοι, τρόπαιον ἔστησαν ὡς νενικηκότες.

2. ἡ ἀταξία πολλοὺς ἤδη ἀπολώλεκεν. – 크세노폰

3. καὶ οὐκ ἀνέλπιστόν μοι γέγονεν τὸ γεγονὸς τοῦτο, ὅτι μου κατεψηφίσασθε. – 플라톤 (부분 각색)

4. 아테네에 도착한 아이고스포타모이[66]의 소식 (기원전 405년). ἐν δὲ ταῖς Ἀθήναις, τῆς Παράλου ἀφικομένης, νυκτὸς (밤사이에) ἐλέγετο ἡ συμφορά, καὶ ἡ οἰμωγὴ ἐκ τοῦ Πειραιῶς διὰ τῶν μακρῶν τειχῶν εἰς ἄστυ διῆκεν, ὁ ἕτερος τῷ ἑτέρῳ (서로가 서로에게) παραγγέλλων. ὥστ’ ἐκείνης τῆς νυκτὸς οὐδεὶς ἐκοιμήθη, οὐ μόνον (~뿐만이 아니라) τοὺς ἀπολωλότας πενθοῦντες, ἀλλὰ (또한) πολὺ μᾶλλον ἔτι αὐτοὶ ἑαυτούς, νομίζοντες πείσεσθαι οἷα ἐποίησαν Μηλίους τε καὶ ἄλλους πολλοὺς τῶν Ἑλλήνων. τῇ δὲ ὑστεραίᾳ ἐκκλησίαν ἐποίησαν. – 크세노폰

5. 퀴로스의 장군이며 테살리아 출신인 메논의 성격. Μένων δὲ ὁ Θετταλὸς δῆλος ἦν ἐπιθυμῶν μὲν πλουτεῖν, ἐπιθυμῶν δὲ ἄρχειν ὅπως πλείονα λαμβάνοι, ἐπιθυμῶν δὲ τιμᾶσθαι ἵνα πλείονα κερδαίνοι (득보다, 얻다). φίλος τε ἐβούλετο εἶναι τοῖς μέγιστα δυναμένοις (권력자들), ἵνα ἀδικῶν μὴ διδοίη δίκην. ἐπὶ δὲ τὸ κατεργάζεσθαι (성취하다, 달성하다) ὧν ἐπιθυμοίη, συντομωτάτην (가장 짧은) ᾤετο ὁδὸν εἶναι διὰ τοῦ ψεύδεσθαι καὶ ἐξαπατᾶν, τὸ δὲ ἀληθὲς τὸ αὐτὸ τῷ ἠλιθίῳ (어리석음, 어리석은 것) εἶναι. φιλῶν δὲ φανερὸς μὲν ἦν οὐδένα, ᾧτινι δὲ λέγοι ὅτι φίλος εἴη, τούτῳ δῆλος ἐγίγνετο ἐπιβουλεύων. – 크세노폰 (부분 각색)

도움말: Γ. κἀκφέρῃ (ἐκφέρω의 3인칭 현재 가정법), ~으로 이끌다; τεθνηκυῖαν (θνῄσκω의 현재완료 분사 여성 단수 대격), 죽음으로, 죽은 여자로; κἀκφέρῃ τεθνηκυῖαν, 그 여자를 죽음으로 이끌다. 1. νενικηκότες (νικάω의 현재완료 분사

---

[66] 아이고스포타모이는 트라키아의 동쪽 해안에 있는 마을과 강(해협)으로, 펠로폰네소스 전쟁이 진행되던 기원전 405년 아테네 해군이 스파르타에게 패배한 곳이다. 현재는 한 단어인 '아이고스포타모이'로 불리고 있지만, 아래는 '아이고스 포타모이'(Αἰγός Ποταμοί)로 불렸다.

남성 주격 복수), 승리한; ὡς νενικηκότες, 승리한 자들로서, 승리했다는 이유로. 2. ἀταξία, 무질서, 혼란, 혼돈 (τάττω = τάσσω, 정리하다, 배열하다, σσ는 종종 아티카 그리스어에서 ττ로 표기) [taxidermy, 박제술]. 3. ἀνέλπιστος, 예상치 못한, 뜻밖의 (ἐλπίζω, 기대하다, 바라다); γεγονός (γίγνομαι의 제2현재완료 분사 중성 주격), 벌어진, 생긴; τὸ γεγονὸς τοῦτο, 이 벌어진 일; κατεψηφίσασθε (καταψηφίζομαι의 부정과거 2인칭 복수), (+ 속격) 유죄 표를 던졌다. 4. Πάραλος, 파랄로스 호(號) (아테네 3단노 함선의 명칭); οἰμωγή, (비탄 혹은 슬픔에 빠진) 통곡, 울부짖음 (οἴμοι, 아아! (탄식)); Πειραιῶς (Πειραιεύς의 속격), 페이라이에우스 (현대 그리스어로는 피레아스) (아테네 근방의 항구 도시), διῆκεν (διήκω의 3인칭 미완료 단수 = διά + ἥκω), 뻗쳐 왔다; παραγγέλλων (παραγγέλλω의 현재 및 부정과거 분사 남성 주격), 전하다, 알리다, 보고하다; ἐκοιμήθη (κοιμάω의 부정과거 3인칭 단수 수동태) (κοιμάω = (능동태) 재우다, κοιμάομαι = (수동태) 자다), 잤다, 잠들었다 [cemetery, 묘지]; πενθοῦντες (πενθέω의 현재 분사 남성 복수 주격), 애도하다, 슬퍼하다, 한탄하다; Μηλίους (Μήλιοι의 대격), 멜로스인들, 멜로스섬의 사람들 (οἷα와 함께하는 이중대격 구조); ἐκκλησίαν ἐποίησαν, 민회를 했다 = 민회를 열었다. 5. Θετταλὸς = Θεσσαλός, 테살리아인 (테살리아, Θετταλία = Θεσσαλία, σσ는 종종 아티카 그리스어에서 ττ로 표기); δῆλος ἦν + 분사 (φανερὸς ἦν 및 δῆλος ἐγίγνετο와 유사), 그는 분명히 ~하다, 그가 ~하다는 것은 분명하다; κερδαίνοι (κερδαίνω의 3인칭 단수 현재 기원법), 이익 내다, 득보다, 얻다; τὸ ἀληθές, 진실인 것, 진실된 것, 진실; τὸ αὐτό (+ 여격), ~와(여격) 같은 것; οὐδένα (οὐδείς의 남성 단수 대격), 아무도, 그 누구도.

## 어휘

ἄστυ, –εως, τό, 성채, 주둔지, 거점, 마을, 도시, 아테네

τρόπαιον, –ου, τό, 전리품, 전승 기념비 [trophy, 트로피]

μακρός, –ά, –όν, (길이 등이) 긴 [macrocosm, 전체]

οἷος, –α, –ον, ~어떤 종류의 (관계사); ~로서, ~가령 ~로서

ἀπόλλυμι, ἀπολῶ, 제1부정과거 ἀπώλεσα, 제2부정과거 ἀπωλόμην, 제1현재완료 ἀπολώλεκα, 제2현재완료 ἀπόλωλα, 파괴하다, 소멸시키다, 분쇄하다; (중간태와 제2분사 능동태) 소멸하다, 죽다, 멸망하다

ἀφικνέομαι, ἀφίξομαι, ἀφικόμην, 도착하다, 다다르다, 오다

δίδωμι δίκην, 죄를 치르다, 죗값을 치르다, 벌을 받다

ἐπιβουλεύω, (+ 여격) ~에 대하여 음모를 꾸미다, 계략을 꾸미다

ἐπιθυμέω, (+ 속격) ~을 열망하다, 갈망하다

ἐξαπατάω, 철저히 속이다, 기만하다

κατεργάζομαι, κατεργάσομαι, κατειργασάμην, 성취하다, 달성하다

πάσχω, πείσομαι, ἔπαθον, πέπονθα, 경험하다, 겪다 [pathetic, 감동적인, 감동시키는]

ἤδη, 이미 (과거의 행동에 대하여); 이제 (현재); 곧 (미래)

## 작문

1. 그 전투에 대한 보고가 전령들에 의해서 도시로 전해졌다.

2. 그 아테네인들은 멜로스인들에게 해를 끼쳐왔기에 자신들이 그 죗값을 치를까봐 겁이 났다.

3. 그는 아테네로부터 자신에게 보내졌던 그 아이들을 가르쳐왔었다.

4. 아테네인들의 그 도시가 어떤 종류의 도시인지 살펴보자.

5. 비록 그들의 장군은 죽었지만, 그 병사들은 완전한 승리를 얻었다.

6. 메논은, 종종 잘못을 저지름에도(분사 사용), 결코 벌을 받지 않았다.

# 복습

## I. 독해

1. ἡ τῶν βαρβάρων δύναμις, καίπερ μείζων φαινομένη, ἑκάστοτε ὑπὸ τῶν Ἑλλήνων ἐνικήθη.

2. ἐὰν ὑπὸ τῶν πολεμίων μὴ νικηθῶμεν, μέγα ἔσται καὶ τὸ ὄνομα καὶ τὸ κλέος ἡμῶν.

3. ἅπας κύων τὴν ἡμέραν ἔχει, ὡς ἀκούομεν.

4. φανεροὶ ἦσαν οἱ πολῖται ἀγειρόμενοι ὡς μενοῦντες ἕως ἀνοιχθείη τὸ δεσμωτήριον (감옥)· οὐ μὲν γὰρ ἐγίγνωσκον εἰ ἀπέθανεν ὁ Σωκράτης, ἤκαζον δὲ ὅτι ἐγγὺς εἴη ὁ θάνατος αὐτοῦ.

5. πρὸς θεῶν, τί συμβουλεύετε ἡμῖν ποιεῖν περὶ τῶν πραγμάτων τῶνδε;

## II. 작문

1. 아플 때, 우리는 민회에 가지 않는다.
2. 아무도 그에게 우호적이지 않았기에, 그는 불쾌했다.
3. 그가 매번 그 도시(안)에 있을 때마다, 그는 자신의 친구들을 자기 집으로 부른다.
4. 누구든 이 이방인들을 정복하는 자의 명성은 위대할 것이다.
5. 그 감옥을 열 만큼의 충분한 돈을 우리는 모아야 한다.

# 7. 네 개의 초상

　고대 그리스의 장인들은 커다란 상들만을 만든 것이 아니라, 자그마한 장신구들도 새겨 만들었으며, 이것들은 인장 반지로 착용되었다. 위 사진들에서의 도형들은 장신구들을 석고로 본떠 만든 것들로서, 실제 방향은 뒤바뀌어 있다. 위쪽 왼편에 있는 초상은 기원전 5세기의 것으로, 아마도 페리클레스가 동료시민들 가운데 사유와 실천 양 측면에서 그 능력을 칭송해 마지않던 어떤 인물의 얼굴일 것으로 여겨진다. 그 옆의 초상은, 그리스가 동방을 정복하고 강력한 군주제를 형성했던 헬레니즘 시기의 한 야전 사령관 얼굴이다. 아래쪽 왼편은 헬레니즘 시기의 또 다른 인물로서, 보다 안정적이고 평화로운 시기에 동방을 다스리던 통치관의 얼굴을 나타낸다. 활기찬 얼굴을 한 아래쪽 오른편 초상은 아마도 그리스와 동방 모두를 점령하고 소위 범–세계적 평화를 도래시킨 로마인들 가운데 어떤 한 인물로 여겨진다. 그러나 로마를 중심으로 한 범–세계적 평화는 무척이나 창조적으로 살아가던 그리스의 도시국가들(πόλεις)을 소멸시키는 역설적인 결과를 낳았다.

## 모음 어간 동사의 현재완료 및 과거완료 중간태와 수동태 · 작인의 여격

1. 현재완료 중간태와 수동태.

　① 현재완료 중간태와 수동태는, 완료 형성사 κ 및 연결모음 –o / ε– 없이, 자음 중복된 현재완료 능동태 어
간에다 일차시제의 중간태 어미를 바로 붙여서 만든다.

　　예) παιδεύω → πεπαίδευμαι (완료 형성사 κ 및 연결모음 –o/ε– 없음)

　② 과거완료 중간태와 수동태는, 현재완료 중간태 및 수동태와 유사한 방식으로 구성하나, 대신 접두모음과
이차시제 중간태 어미를 가진다.

　　예) παιδεύω → ἐπεπαιδεύμην (접두모음 및 이차시제 중간태 어미, 완료 형성사 κ 및 연결모음 –o/ε– 없음)

2. παιδεύω 현재완료 중간태/수동태 및 과거완료 중간태/수동태 변화.

|  | 현재완료 | 과거완료 | 현재완료 부정사 |
|---|---|---|---|
| 1인칭 단수 | πεπαίδευμαι | ἐπεπαιδεύμην | πεπαιδεῦσθαι |
| 2인칭 단수 | πεπαίδευσαι | ἐπεπαίδευσο |  |
| 3인칭 단수 | πεπαίδευται | ἐπεπαίδευτο |  |
| 1인칭 복수 | πεπαιδεύμεθα | ἐπεπαιδεύμεθα |  |
| 2인칭 복수 | πεπαίδευσθε | ἐπεπαίδευσθε |  |
| 3인칭 복수 | πεπαίδευνται | ἐπεπαίδευντο |  |

3. 현재완료 중간태와 수동태의 분사.

　① 현재완료 중간태/수동태 분사는 자음 중복된 현재완료 어간에 –μένος, –μένη, –μένον를 붙여서 만들며, 중
간태 현재분사 및 미래분사와 같이, ἀγαθός처럼 격변화 한다.

　　예) πεπαιδευμένος (남성), πεπαιδευμένη (여성), πεπαιδευμένον (중성)

　② 페널트(뒤에서 둘째 음절)에 악센트를 가진다. (중간태 부정사도 페널트에 악센트를 가진다. 부록 5 참조)

4. 현재완료 중간태와 수동태의 가정법 및 기원법.

‘현재완료 중간태/수동태 분사 + εἰμί 현재 가정법 또는 기원법’

|  | 가정법 | 기원법 |
|---|---|---|
| 1인칭 단수 | πεπαιδευμένος ὦ | πεπαιδευμένος εἴην |
| 2인칭 단수 | πεπαιδευμένος ἦς | πεπαιδευμένος εἴης |
| 3인칭 단수 | πεπαιδευμένος ᾖ | πεπαιδευμένος εἴη |
| 1인칭 복수 | πεπαιδευμένοι ὦμεν | πεπαιδευμένοι εἶμεν / εἴημεν |
| 2인칭 복수 | πεπαιδευμένοι ἦτε | πεπαιδευμένοι εἶτε / εἴητε |
| 3인칭 복수 | πεπαιδευμένοι ὦσι(ν) | πεπαιδευμένοι εἶεν / εἴησαν |

5. 작인의 여격<sup>dative of (personal) agent</sup>.

현재완료 수동태 체계에선 전치사 없이 여격만으로 작인(행위자)을 표현할 수 있다. 이런 형태의 구문은 관심의 여격<sup>dative of interest</sup>에서 유래된 것으로 추정되는데, 주로 비인칭 구문을 이끄는 동사나 사람이 아닌 사물을 주어로 하는 동사가 주동사로 사용되는 형태에서 발견된다.

예) ἡ γέφυρα λέλυται Κύρῳ. 그 다리는 퀴로스에 의해 파괴되었다. (퀴로스가 그 다리를 파괴했다.)

## 독해

A. παιδὸς οὐκ ἀνδρὸς τὸ ἀμέτρως ἐπιθυμεῖν. – 데모크리토스

B. ὕβριν χρὴ σβεννύναι (끄다) μᾶλλον ἢ πυρκαϊήν. – 헤라클레이토스

Γ. ἡγεῖτο γὰρ αὐτῶν ἕκαστος οὐχὶ τῷ πατρὶ καὶ τῇ μητρὶ μόνον γεγενῆσθαι, ἀλλὰ καὶ τῇ πατρίδι. – 데모스테네스

1. ὅτε δὲ ἐλήφθησαν, ἐλέλυντο αἱ σπονδαί.

2. ἦλθον οἱ Ἰνδοὶ ἐκ τῶν πολεμίων οὓς ἐπεπόμφει Κῦρος ἐπὶ κατασκοπήν. – 크세노폰

3. Ποτειδεᾶται δὲ καὶ οἱ μετὰ Ἀριστέως Πελοποννήσιοι προσδεχόμενοι τοὺς Ἀθηναίους, ἐστρατοπεδεύοντο (주둔했다) πρὸς Ὀλύνθου ἐν τῷ ἰσθμῷ, καὶ ἀγορὰν ἔξω τῆς πόλεως ἐπεποίηντο. στρατηγὸν μὲν οὖν τοῦ πεζοῦ (보병, 보병대) παντὸς οἱ σύμμαχοι ᾕρηντο Ἀριστέα, τῆς δὲ ἵππου (기병, 기병대) Περδίκκαν. Καλλίας δ' αὖ ὁ τῶν Ἀθηναίων στρατηγὸς καὶ οἱ συνάρχοντες (동료 지휘관들) τοὺς μὲν Μακεδόνας ἱππέας καὶ τῶν συμμάχων ὀλίγους ἐπὶ Ὀλύνθου ἀποπέμπουσιν ὅπως (~하기 위해) εἴργωσι τοὺς ἐκεῖθεν ἐπιβοηθεῖν, αὐτοὶ δὲ ἀναστήσαντες τὸ στρατόπεδον ἐχώρουν ἐπὶ τὴν Ποτείδαιαν.

4. 아테네 귀족, 퀼론의 혁명. Κύλων ἦν Ἀθηναῖος ἀνὴρ Ὀλυμπιονίκης τῶν πάλαι εὐγενής τε καὶ δυνατός, ἐγεγαμήκει δὲ θυγατέρα Θεαγένους Μεγαρέως ἀνδρὸς ὃς κατ' ἐκεῖνον τὸν χρόνον (그 당시에) ἐτυράννει Μεγάρων. χρωμένῳ δὲ τῷ Κύλωνι ἐν Δελφοῖς ἀνεῖλεν (답했다) ὁ θεὸς ἐν τοῦ Διὸς τῇ μεγίστῃ ἑορτῇ καταλαβεῖν τὴν Ἀθηναίων ἀκρόπολιν. ὁ δὲ παρά τε τοῦ Θεαγένους δύναμιν (힘, 권력) λαβών, καὶ τοὺς φίλους ἀναπείσας, ἐπειδὴ Ὀλύμπια ἐπῆλθεν (열렸다) ἐν Πελοποννήσῳ, κατέλαβε τὴν ἀκρόπολιν ὡς ἐπὶ τυραννίδι (참주정), νομίσας ἑορτήν τε τοῦ Διὸς μεγίστην εἶναι καὶ ἑαυτῷ τι προσήκειν (알맞다), Ὀλύμπια νενικηκότι. οἱ δὲ Ἀθηναῖοι αἰσθανόμενοι ἐβοήθησάν τε πανδημεὶ (전력을 다해) ἐκ τῶν ἀγρῶν ἐπ' αὐτοὺς καὶ προσκαθεζόμενοι (대열을 짓다) ἐπολιόρκουν. ὁ μὲν οὖν Κύλων καὶ ὁ ἀδελφὸς αὐτοῦ ἐκδιδράσκουσιν. – 투퀴디데스 (부분 각색)

도움말: 1. ἐλήφθησαν (λαμβάνω의 3인칭 복수 부정과거 수동태), 붙잡혔다, 잡혔다; σπονδαί, 협정들 (보통 휴전이나 정전을 위한 협정); ἐλέλυντο (λύω의 3인칭 복수 과거완료 중간태/수동태), 해체되어 있었다, 파기되어 있었다. 2. κατασκοπή, 조사, 탐구, 정탐, [skeptic, 회의론자, 의심 많은 사람]. 3. Ποτειδεᾶται, 포테이다이아인들(포티다이아인들); Ἀριστέως (Ἀριστεύς의 속격), 아리스테우스와 (μετὰ에 동반된 속격); προσδεχόμενοι (προσδέχομαι의 현재 분사 수동태 주격 복수), 기다리면서, 고대하면서; ἐστρατοπεδεύοντο (στρατοπεδεύομαι의 미완료 3인칭 복수), 주둔했다 (στρατόπεδον, 진지, 주둔지, 야영지, 캠프); πρὸς (+ 속격), ~쪽에, ~편에; Ὀλύνθου (Ὄλυνθος의 속격), 올륀토스 (그리스 북동부 칼키디케 반도에 위치한 도시); ἰσθμός, 지협, 협부; Ἀριστέα (Ἀριστεύς의 대격), 아리스테우스를; συνάρχοντες (συνάρχω의 현재 분사 남성 주격), 동료 지휘관들 (함께 συν + ἄρχω 지배하다); ἐπὶ (+ 속격), ~로, ~에 (방향을 나타냄); εἴργω, 막다, 방해하다, 금하다; ἀναστήσαντες (ἀνίστημι의 부정과거 분사 주격 복수), 걷어 올리고선, 해체하고선. 4. Ὀλυμπιονίκης, 올림피아(올림픽) 경기의 승자; Θεαγένους (Θεαγένης의 속격), 테아게네스의; 테아게네스의; κατ' ἐκεῖνον τὸν χρόνον, 그 시간을 따라서 = 그 당시에; ἀναπείσας, ~를 설득해서; Ὀλύμπια, 올림피아 경기 (올림픽); ἐπῆλθεν (ἐπέρχομαι의 3인칭 단수 직설법), 열렸다, 개최되었다, 벌어졌다; ὡς ἐπὶ τυραννίδι, 참주정을 (세우기) 위해; νενικηκότι (νικάω의 현재완료 분사 남성 및 중성 단수 여격), 승리한 자에게; ἐπολιόρκουν (πολιορκέω의 1인칭 단수 및 3인칭 복수 미완료 직설법 능동태), 포위했다, 둘러쌌다; ἐκδιδράσκουσιν (ἐκδιδράσκω의 3인칭 현재 직설법, 역사적 사실을 나타내는 현재시제), 도망치다, 달아나다.

146

## 어휘

ἀκρόπολις, –εως, ἡ, 아크로폴리스

θυγάτηρ, –τρός, ἡ, 딸

ἱππεύς, ἱππέως, ὁ, 기병, 기병대 (ἵππος, 말)

πεζός, –οῦ, ὁ, 보병, 보병대

σύμμαχος, –ου, ὁ, 동맹

ὕβρις, –εως, ἡ, 오만, 방종, 거만, 무례, 자만

αἱρέω, (능동태) 붙잡다, 얻다; (중간태) 뽑다, 고르다, 선택하다

αἰσθάνομαι, αἰσθήσομαι, ᾐσθόμην, 알아차리다, 지각하다, 감각하다

βοηθέω, (+ 여격) 돕다, 구원하다, 구조(원조)하다; ἐπιβοηθέω, 도우러 가다, 원조하러 가다

δέχομαι, δέξομαι, ἐδεξάμην, δέδεγμαι, 받다, 수령하다, 받아들이다 (προσδέχομαι, 기대하다, 고대하다)

χράομαι, χρήσομαι, ἐχρησάμην, κέχρημαι, (+ 여격) 사용하다, 쓰다; 청하다, 의논하다 (신탁을) (직설법에서 α가
    아니라 η로 축약)

χωρέω, 가다, 나아가다, 진군하다

ἀνά, (+ 여격 혹은 + 대격) ~위에, ~위로, ~를 통해서

ἐκεῖθεν, 그곳(거기)으로부터 (ἐκεῖνος, 그, 그것)

ἔξω, (부사) 외부에, 바깥에

πάλαι, (부사) 오래 전에 (παλαιός, 옛, 오래된) [paleontology, 고생물학]

## 작문

1. 퀼론은 아테네인들의 지배자가 되고자 아테네 시민들에 맞서 음모를 꾸며왔었다.
2. 비록 그와 그의 동맹들이 용감하게 싸웠지만, 그들은 죽었다.
3. 우리 기병(대)을 돕기 위해 나는 그 무기들을 받았다.
4. 그 아테네인들은 오만하게 아크로폴리스를 공격했던 퀼론에 의해 정복되지 않았다.
5. 우리는 동맹들을 구했기에, 훌륭한 상을 받았다.
6. 자신에게 벌어졌던 일은 악이 아니었다고 소크라테스는 말했다.

## 복습

### I. 독해

1. ἀπολώλεκα τὸ ἄστυ ἐν ᾧ ἐγένοντο οἱ ἐμοὶ πατέρες.

2. εἰς τὸ χωρίον ἀφικόμενοι τρόπαιον ἐστήσαμεν καὶ σῖτον εἵλομεν ἵνα ἐσθίοιμεν.

3. πλέωμεν εἰς τὴν νῆσον ἵνα δίκην ἐπιθῶμεν (벌하다) τοῖς ἀνδράσιν ἐκείνοις ἀνθ᾽ ὧν ἐπάθομεν ὑπ᾽ αὐτῶν.

4. μακρὸς ἔσται ὁ πόλεμος· πλείω γὰρ ἢ πέντε ἔτη μαχούμεθα.

5. δίκην δώσετε πᾶσιν ὅσοις ἐπεβουλεύσατε.

### II. 작문

1. 그들과 더불어 네가 어떤 여인들을 붙잡았는지를 그는 이제 알고자 열망한다.
2. 비록 노인이지만, 그는 자신의 치아 모두를 가지고 있다.

3. 그는 자기 아들이 그 상을 받는 것을 보기 위해 그리스로 항해했다.

4. 그들이 어디서 그 곡물을 찾을 것인지를 그 병사들에게 우리는 보고하자.

5. 도시에 맞서 음모를 꾸며왔던 자들 모두를 신들이 파멸시키기를!

# 33 과

## 폐쇄음 어간의 현재완료 중간태와 수동태

1. 폐쇄음으로 어간이 끝나는 동사들의 현재완료 중간태와 수동태 변화.

   ① 순음(π, β, φ)           → ψ          예) λείπω → λέλειψαι

       치음(τ, δ, θ)     + σ   → σ       예) ἁρπάζω → ἥρπασαι

       구개음(κ, γ, χ)         → ξ          예) πλέκω → πέπλεξαι

   ② 순음(π, β, φ)           → μ          예) λείπω → λέλειμμαι

       치음(τ, δ, θ)     + μ   → σ       예) πείθω → πέπεισμαι

       구개음(κ, γ, χ)         → γ          예) πλέκω → πέπλεγμαι

   ③ 순음(π, β, φ)           → π          예) βλάπτω → βέβλαπται

       치음(τ, δ, θ)     + τ   → σ       예) πείθω → πέπεισται

       구개음(κ, γ, χ)         → κ          예) τάσσω → τέτακται (σσ를 구개음처럼 간주)

   ④ 두 자음 사이의 σ     → σ 탈락       예) τέτριβσθε → τέτριφθε (θ앞의 자음변화에 관해, 30과 1번 ⑤ 참조)

| | λείπω (순음) | ἁρπάζω (치음) | πλέκω (구개음) |
|---|---|---|---|
| | **현재완료** | | |
| 1인칭 단수 | λέλειμμαι | ἥρπασμαι | πέπλεγμαι |
| 2인칭 단수 | λέλειψαι | ἥρπασαι | πέπλεξαι |
| 3인칭 단수 | λέλειπται | ἥρπασται | πέπλεκται |
| 1인칭 복수 | λελείμμεθα | ἡρπάσμεθα | πεπλέγμεθα |
| 2인칭 복수 | λέλειφθε | ἥρπασθε | πέπλεχθε |
| 3인칭 복수 | λελειμμένοι εἰσί | ἡρπασμένοι εἰσί | πεπλεγμένοι εἰσί |
| | **부정사** | | |
| | λελεῖφθαι | ἡρπάσθαι | πεπλέχθαι |
| | **과거완료** | | |
| 1인칭 단수 | ἐλελείμμην | ἡρπάσμην | ἐπεπλέγμην |
| 2인칭 단수 | ἐλέλειψο | ἥρπασο | ἐπέπλεξο |
| 3인칭 단수 | ἐλέλειπτο | ἥρπαστο | ἐπέπλεκτο |
| 1인칭 복수 | ἐλελείμμεθα | ἡρπάσμεθα | ἐπεπλέγμεθα |
| 2인칭 복수 | ἐλέλειφθε | ἥρπασθε | ἐπέπλεχθε |
| 3인칭 복수 | λελειμμένοι ἦσαν | ἡρπασμένοι ἦσαν | πεπλεγμένοι ἦσαν |

위 표에서 볼 수 있듯, 이 모든 동사들의 3인칭 복수의 경우,

현재완료시제에서는 '현재완료 중간태 분사 + εἰσι' 형태가 그리고

과거완료시제에서는 '현재완료 중간태 분사 + ἦσαν' 형태가 대신하여 쓰이고 있다는 점을 유의할 것.

## 독해

A. οἷσιν ὁ τρόπος ἐστὶν εὔτακτος, τούτου καὶ ὁ βίος συντέτακται. – 데모크리토스

B. ὁ ἀνεξέταστος βίος οὐ βιωτὸς ἀνθρώπῳ. – 플라톤

1. 솔론과 참주 페이시스트라토스. Σόλων ὁ Ἐξηκεστίδου γέρων ἤδη ὢν ὑπώπτευε Πεισίστρατον τυραννίδι ἐπιθήσεσθαι, ἐπεὶ παρῆλθεν ὁ Πεισίστρατος εἰς τὴν ἐκκλησίαν (민회) τῶν Ἀθηναίων καὶ ᾔτει φυλακήν. ὁρῶν δὲ τοὺς Ἀθηναίους τῶν μὲν αὑτοῦ (그 자신의) λόγων ῥαθύμως ἀκούοντας, προσέχοντας δὲ τὸν νοῦν τῷ Πεισιστράτῳ, ὁ Σόλων ἔλεγεν ὅτι τῶν μὲν εἴη σοφώτερος, τῶν δὲ ἀνδρειότερος (보다 용기 있는). ὁπόσοι μὲν γὰρ μὴ γιγνώσκουσιν ὅτι φυλακὴν λαβὼν περὶ τὸ σῶμα τύραννος (참주) ἔσται, τούτων ἐστὶ σοφώτερος· ὁπόσοι δὲ γιγνώσκοντες σιωπῶσι, τούτων ἀνδρειότερος. – 아엘리아누스 (부분 각색)

2. 역사가들의 문제. καὶ ὅσα μὲν λόγῳ εἶπον ἕκαστοι, ἢ μέλλοντες πολεμήσειν ἢ ἐν αὐτῷ ἤδη ὄντες, χαλεπὸν τὴν ἀκρίβειαν αὐτὴν τῶν λεχθέντων (말해졌던 것들) διαμνημονεῦσαι ἦν ἐμοί τε ὧν αὐτὸς ἤκουσα καὶ τοῖς ἄλλοθέν ποθεν ἐμοὶ ἀπαγγέλλουσιν (전하다, 보고하다)· ὡς δ' ἂν ἐδόκουν ἐμοὶ ἕκαστοι περὶ τῶν ἀεὶ παρόντων τὰ δέοντα (필요한 것들, 알맞은 것들) μάλιστ' εἰπεῖν, ἐχομένῳ (유지하다) ὅτι ἐγγύτατα τῆς ξυμπάσης γνώμης τῶν ἀληθῶς λεχθέντων, οὕτως εἴρηται. τὰ δ' ἔργα (일들, 사건들) τῶν πραχθέντων ἐν τῷ πολέμῳ οὐκ ἐκ τοῦ παρατυχόντος πυνθανόμενος ἠξίωσα (가치 있다고 여겼다) γράφειν, οὐδ' ὡς ἐμοὶ ἐδόκει, ἀλλ' οἷς τε αὐτὸς παρῆν καὶ παρὰ τῶν ἄλλων ὅσον δυνατὸν ἀκριβείᾳ περὶ ἑκάστου ἐπεξελθών. ἐπιπόνως (수고스럽게) δὲ ηὑρίσκετο, διότι οἱ παρόντες τοῖς ἔργοις ἑκάστοις οὐ ταὐτὰ περὶ τῶν αὐτῶν ἔλεγον, ἀλλ' ὡς ἑκατέρων τις εὐνοίας (선의, 호의) ἢ μνήμης ἔχοι ⋯⋯ κτῆμά τε ἐς ἀεὶ μᾶλλον ἢ ἀγώνισμα ἐς τὸ παραχρῆμα (현재, 지금) ἀκούειν ξύγκειται. – 투퀴디데스 『펠로폰네소스 전쟁사』 1권 22장

도움말: 1. ἐπιτίθεμαι (ἐπιτίθημι의 1인칭 현재 수동태), 놓다, 세우다, 정립하다 (+ 여격, ~을 목표하다 = 자신을 위해 놓다); ῥαθύμως, 대수롭지 않게, 주의를 기울이지 않은 채, 부주의하게 (쉬운 ῥάδιος + θυμός 정신); ἀνδρεῖος (ἀνήρ, 남자, 사내, 인간), 용감한; σιωπῶσι, 침묵하다 (ὑποσιωπάω, 침묵을 유지하다). 2. λόγῳ, 연설에서, 말에서, 연설로, 말로; διαμνημονεῦσαι, 쭉 기억하다, 똑똑히 기억하다, 회상하다, 기록하다; ἂν, ~한다, ~할 것이다 (일반화하는 미완료시제와 함께 사용된 ἂν); τὰ δέοντα (δεῖ의 현재 분사 중성 복수 주격 및 대격, 관사와 함께 실명사로 사용), 필요한 것들, 알맞은 것들; οὕτως εἴρηται, 그처럼 말해졌다 (= 역사적 일들과 관련하여, 내 말은 그처럼 쓰였다); ἐκ τοῦ παρατυχόντος (παρατυγχάνω의 부정과거 분사 남성 및 중성 단수 속격), 마침 곁에서 조우한 것에 기인해, 우연히 알게 된 것에 기인해; οἷς, 것들 (선행사는 동사의 목적어인 사건들); ηὑρίσκετο (εὑρίσκω의 3인칭 단수 미완료 직설법 중간태 및 수동태), 발견되었다 (= 어렵게 나의 결론에 이르렀다); εὔνοια, 선의, 호의, 충의; κτῆμά ἐς ἀεὶ, 영속적인 소유물, 영원한 유산 (= 언제나 수용될 수 있는 것); ἀγώνισμα ἐς τὸ παραχρῆμα ἀκούειν, 지금 듣기 위한 업적 (= 지금만의 흥미를 위한 것); ξύγκειται, 구성되었다, 작성되었다.

## 어휘

ὁπόσος, –η, –ον, 무척이나 큰; ~만큼이나 큰; 복수로 무척이나 많은 (πόσος로부터 유래된 관계사)

αἰτέω, 묻다, (호의 등을) 요청하다, 요구하다 (이중대격: ~에게 ~을 청하다)

ἐξετάζω, 조사하다, 검토하다, 살펴보다 (ἀν–εξέταστος)

ἐπεξέρχομαι, 빠져나가다, 통과하다, 말하다, 이야기하다

εὑρίσκω, εὑρήσω, εὗρον, εὕρηκα, εὕρημαι, εὑρέθην, 발견하다, 찾다

παρατυγχάνω, 마침 ~근처에 있다, 우연히 ~사이에 있다, 마침 ~곁에서 조우하다

πολεμέω, 싸우다, 전투하다, 전쟁하다

τάττω, τάξω, ἔταξα, τέταχα, τέταγμαι, ἐτάχθην, 정렬시키다, 늘어놓다, 나열하다; 질서지우다

ὑποπτεύω, –σω, ὑπώπτευσα, 의심하다 (ὑπό = 라틴어 sub) (οπ– = 라틴어 어근 spec–) (ὁράω, ὄψομαι, 보다, 알다)

αἰεί (ἀεί), 항상, 언제나, 늘; 연속적으로, 때때로

ἄλλοθεν, 다른 경우로부터, 다른 곳으로부터

διότι, 이로 인해, ~때문에

## 작문

1. 여기에 있었던 이들(만큼의 수) 모두가 페이시스트라토스는 참주가 되고자 호위병을 얻었다고 의심했다.
2. 아무도 그에 맞서 음모를 꾸미길 바랄 정도로 용감하지 않았다.
3. 그 소년들이 그를 겨눠 던졌던 돌로 인하여, 그는 해를 입었었다.
4. 병사들이 완전히 정렬되었을 때, 그 장군은 그들에게 공격하라고 명령하였다.
5. 얼마나 많은 이들이 여기에 있었는지 당신이 알고 있었음에도 불구하고, 당신은 침묵했다.
6. 투퀴디데스(ὁ Θουκυδίδης)는, 여기 있던 많은 자들을 정확하게 조사한 후, 그 전쟁에 대한 사건들을 썼다.

## 복습

### I. 독해

1. ἐληλαμένος τοῖς πολεμίοις εἰς τὴν ἀκρόπολιν, ὁ πεζὸς (보병) ᾔσθετο ὅτι δέοι τὸν σῖτον διαδιδόναι ἔστε βοηθοῖεν οἱ σύμμαχοι.
2. ἡ τοῦ βασιλέως θυγάτηρ μεθ' ὕβρεως τὰ τοῦ ἱππέως δῶρα ἐδέξατο.
3. τὰ τῶν φίλων πάθη ὁρῶντες, οὐκ ἠγνοεῖτε ὅτι ἐκεῖθεν οὐκ ἄνευ πόνου ἔλθτε.
4. εἶδόν που ὅτι οὐ καλῶς πράττοιεν οἱ τὰς τῶν πονηρῶν θυγατέρας γαμήσαντες.
5. χρώμεθα τοῖς τῶν φίλων ἵπποις· ἐκεῖνοι γὰρ πρὸς τὸν ποταμὸν ἐληλακότες ἔξω τῆς πόλεώς εἰσιν.

### II. 작문

1. 그는 적들이 밤사이에 어떻게 자신의 나라로 올 수 있을지 알지 못하지만, 적들이 끔찍한 어떤 일을 꾸미고(계획하고) 있다는 점에는 무척이나 두려워한다.
2. 두려움은 젊은이들에게 가장 끔찍한 경험이다.
3. 오래 전에, 그가 우리의 가장 쓰라린 적이라는 건 입증되었다.
4. 그토록 많은 병사들이 그 집안에 있는 사이, 우리는 앉는 것도 눕는 것도 두려웠다.
5. 파수꾼들이 거기 있는 동안 어떻게 그 지배자들이 성벽 밖으로 나갈 수 있었는지 그는 물었다.

## 34 과

## ω-동사와 축약동사의 명령법

1. 명령법.

　① 2인칭 단수 명령법의 어미는 태와 시제에 따라 다양한 형태를 지닌다.

　② 그 외의 인칭과 수에서 명령법 형태는 규칙적으로 변화한다.

|  | 능동태 | | 중간태 | |
|---|---|---|---|---|
|  | 단수 | 복수 | 단수 | 복수 |
| 2인칭 | – | –τε | – | –τε |
| 3인칭 | –τω | –ντων | –τω | –ντων |

2. 금지 명령법.

　① 'μή + 현재 명령법' 또는 'μή + 부정과거 가정법'.

　② 위의 두 구성 방식은 금지를 명령하는 구문의 형식에서 차이를 가질 뿐, 의미상 차이는 없다.

3. 명령법 시제. (본래 명령법은 항상 미래를 기대)

　① 명령법 현재시제는 계속적이거나 반복적인 행위를 나타낸다.

　② 명령법 부정과거는 일회적인 행위를 표현한다.

4. 명령법 악센트.

　① 몇몇 중요한 제2부정과거 명령법은 2인칭 단수 능동태에서, 옥시톤(울티마에 에큐트 악센트)이다.

　　예) εἰπέ, ἐλθέ, ἰδέ, εὑρέ, λαβέ

　② 복합동사의 경우, 부정과거 명령법이어도, 악센트는 앞쪽 음절로 거슬러 올라간다.

　　예) ἐλθέ → ἄπελθε (ἀπό + ἐλθέ: ἀπέρχομαι)

5. παιδεύω 현재 및 제1부정과거 능동태, 중간태, 수동태 명령법 변화.

|  | 현재 | | 제1부정과거 | | |
|---|---|---|---|---|---|
|  | 능동태 | 중간태/수동태 | 능동태 | 중간태 | 수동태 |
| | | 단수 | | | |
| 2인칭 | παίδευε | παιδεύου | παίδευσον | παίδευσαι | παιδεύθητι |
| 3인칭 | παιδευέτω | παιδευέσθω | παιδευσάτω | παιδευσάσθω | παιδευθήτω |
| | | 복수 | | | |
| 2인칭 | παιδεύετε | παιδεύεσθε | παιδεύσατε | παιδεύσασθε | παιδεύθητε |
| 3인칭 | παιδευόντων[67] | παιδευέσθων | παιδευσάντων | παιδευσάσθων | παιδευθέντων |

---

[67] 명령법은 기타 다른 용법들과 같은 형태를 가지는 경우가 잦다. 가령, παιδεύω 현재 능동태 3인칭 복수 명령법 παιδευόντων 은 현재 분사 남성/중성 복수 속격과 같은 형태이며, 부정과거 중간태 2인칭 단수 명령법 παίδευσαι는 부정과거 부정사와 같은 형태이다. 따라서 명령법인지 아니면 다른 용법인지는 구문의 맥락에 따라서 구분할 필요가 있다.

6. λείπω 및 βλάπτω 제2부정과거 명령법 변화.

제2부정과거

| | 능동태 | 중간태 | 수동태 |
|---|---|---|---|
| | | 단수 | |
| 2인칭 | λίπε | λιποῦ | βλάβηθι |
| 3인칭 | λιπέτω | λιπέσθω | βλαβήτω |
| | | 복수 | |
| 2인칭 | λίπετε | λίπεσθε | βλάβητε |
| 3인칭 | λιπόντων | λιπέσθων | βλαβέντων |

7. 축약동사 명령법 변화.

현재 (축약동사)

| | 능동태 | 중간태/수동태 | 능동태 | 중간태/수동태 | 능동태 | 중간태/수동태 |
|---|---|---|---|---|---|---|
| | | | | 단수 | | |
| 2인칭 | τίμα | τιμῶ | φίλει | φιλοῦ | δήλου | δηλοῦ |
| 3인칭 | τιμάτω | τιμάσθω | φιλείτω | φιλείσθω | δηλούτω | δηλούσθω |
| | | | | 복수 | | |
| 2인칭 | τιμᾶτε | τιμᾶσθε | φιλεῖτε | φιλεῖσθε | δηλοῦτε | δηλοῦσθε |
| 3인칭 | τιμώντων | τιμάσθων | φιλούντων | φιλείσθων | δηλούντων | δηλούσθων |

## 독해

A. ἐν τῷ Κρανείῳ ἡλιουμένῳ αὐτῷ Ἀλέξανδρος (알렉산드로스 = 알렉산더 대왕) ἐπιστάς φησι, "αἴτησόν με ὃ θέλεις." καὶ ὅς, "ἀποσκότησόν μου," ἔφη. – 디오게네스 라에르티오스

B. νᾶφε καὶ μέμνασ' ἀπιστεῖν. – 에피카르모스

Γ. βραδέως ἐγχείρει· οὗ δ' ἂν ἄρξῃ, διαβεβαιοῦ. – 비아스

Δ. 회문의 사례. νίψον ἀνόμημα μὴ μόναν ὄψιν.

1. ἢ λέγε τι σιγῆς κρεῖττον ἢ σιγὴν ἔχε.

2. μὴ πᾶσι πίστευε. – 탈레스

3. γλῶττά σου μὴ προτρεχέτω τοῦ νοῦ. – 킬론

4. φίλων παρόντων καὶ ἀπόντων μέμνησο. – 탈레스

5. νόμοις πείθου.

6. μὴ ψεύδου, ἀλλ' ἀλήθευε. – 솔론

7. τῷ δυστυχοῦντι μὴ ἐπιγέλα. – 킬론

8. ἀνάξιον ἄνδρα μὴ ἐπαίνει διὰ πλοῦτον. – 비아스

9. τὸν εὐτυχεῖν δοκοῦντα μὴ ζήλου πρὶν ἂν θανόντ' ἴδῃς. – 에우리피데스

10. ἀπορῶν τι, βούλευσαι κατὰ σαυτὸν γενόμενος.

τὸ συμφέρον γὰρ οὐχ ὁρᾶται τῷ βοᾶν,

154

ἐν τῷ πρὸς αὐτὸν δ' ἀναλογισμῷ φαίνεται. – 메난드로스

도움말: A. Κρανείῳ (ἡλιόομαι의 현재 분사 중간태/수동태 남성 단수 여격), 햇볕을 쬐는. διαβεβαιοῦ, 쭉 유지하라, 견고히 유지하여라. 1. ἤ …… ἤ ……, ~이든 아니면 ~이든. 3. γλῶττά = γλῶσσα (σσ는 종종 아티카 그리스어에서 ττ로 표기), 혀, 언어 (= 말). 4. μέμνησο (μιμνήσκω의 2인칭 단수 과거완료 중간태 명령법, 그러나 현재 명령처럼 이해), 기억하라. 6. ἀληθεύω, 진실(사실)을 말하다, 참을 말하다, 진실하다 (ἀληθής, 진리, 참). 7. τῷ δυστυχοῦντι (δυστυχέω의 현재 분사 남성/중성 단수 여격 + 관사 = 실명사 역할), 불운한 자를, (어려움 혹은 부정의 접두사 δυσ– + τυχ–) (τύχη, 운, 운명, 팔자) [dyspeptic, 소화불량인]. 9. εὐτυχέω, 운이 좋다, 행운이다; τὸν εὐτυχεῖν δοκοῦντα, 운 좋다고 여겨지는 자를; ζήλου (ζηλόω의 현재 2인칭 단수 명령법), 시기하다, 질투하다, 부러워하다; θανόντ' (θνήσκω의 제2부정과거 분사), 죽는 걸, (ἀποθνήσκω, 죽다). 10. κατὰ σαυτόν, 스스로, 홀로, 네 자신에 의해; τὸ συμφέρον, 묘책, 방책, 수단 (συμφέρω, 모으다, 도움 주다, 돕다) (συμφορά, 상황, 기회, 불운, 불행); βοάω, 외치다, 소리 지르다; ἀναλογισμός, 추론, 숙고, 계산

## 어휘

γλῶττα, –ης, ἡ, 혀, [polyglot, 여러 언어를 말하는]

ἀπορέω, 막다르다, 난처하다, 도리가 없다 (πορεύομαι, 나아가다, 계속하다, 진행되다)

ἐπαινέω, 칭송하다, 칭찬하다, 찬미하다 (παραινέω, 권고하다, 훈계하다)

ἐπιγελάω, 비웃다 (γελάω, 웃다)

μιμνήσκω, –μνήσω, –ἔμνησα, μέμνημαι, ἐμνήσθην, 회상하다, 기억해내다, 상기하다; (완료 중간태) (+ 속격) 기억하다 [mnemonic, 기억(술)의, Mnemosyne, 므네모쉬네, 기억의 여신]

πείθω, (중간태) (+ 여격) 복종하다, 따르다

τρέχω, δραμοῦμαι, ἔδραμον, –δεδράμηκα, 달리다 (προτρέχω, ~보다 앞서 달리다) [palindrome, 회문 (거꾸로 다시 달려온 말)]

φαίνω, φανῶ, ἔφηνα (부정과거 부정사 φῆναι), πέφηνα, ἐφάνην, 드러내다, 밝히다; (수동태) 나타나다, 보이다

ψεύδω, ψεύσω, ἔψευσα, ἔψευσμαι, ἐψεύσθην, 속이다, 기만하다, 현혹시키다; (중간태) 거짓말하다, 거짓되다

## 작문

1. 아는 모든 것을 당신은 말하지 말라.
2. 너는, 참주가 아니라, 오히려 신들에게 복종하라.
3. 너는 친구들에게 최고로 드러나라, 그리고 너를 믿는 자들을 속이지 마라.
4. 너는 나쁜 사람을 칭송하지 말라.
5. 만약 그들이 스스로 명예를 받기를 원한다면, 그들로 하여금 칭송토록 하라(명령법 사용, 35과 참조).
6. 당혹해하는 자들은 유익한 길이 무엇인지를 상의해야만 한다.

## 복습

### I. 독해

1. τεταγμένοι ἦσαν οἱ ἱππεῖς παρὰ τῷ ποταμῷ.

2. δεδιδάγμεθα περὶ τῆς ἐλευθερίας (자유) ὑπὸ τοῦ Σωκράτους καὶ ἐπιστάμεθα ὑπὲρ (~를 위해) αὐτῆς μάχεσθαι τοῖς πολεμίοις, ὁπόσοι ἂν ὦσι.

3. ὑποπτεύω αὐτοὺς ἐνθάδε παρατυχεῖν καὶ τοῖς πολεμοῦσι βοηθῆσαι. ἀεὶ γὰρ ἀνδρεῖοί (용기 있는, 용맹한) εἰσι καὶ τοῖς αἰτοῦσι πάντα πράττουσι.

4. πότερος αὖ τῶν νέων οὐκ ἂν καλῶς ἔπραξεν εἰ ὑπὸ τοῦ βασιλέως ἐξετάσθη;

5. οὐκοῦν ἄμεινον ἂν ἐπράττομεν εἰ μὴ πάντα τῷ διδασκάλῳ ἐλέγομεν;

II. 작문

1. 나는 그 여자가 자신의 남편이 어디에 있었는지 알게 되었던 것이 다른 곳으로부터라고 생각하는데, 왜냐하면 그가 어떤 종류의 일들을 해왔었는지에 대해 완전한 설명을 내가 그녀에게 해줄 수 없었기 때문이다.

2. 얼마나 많은 이들이 소크라테스에 의해 교육받게 되었었는지 우리는 말할 수 없었다.

3. 나는 그에게 이것을 요청하지 않았는데, 왜냐하면 그는 이것을 기꺼이 하려하지 않았을 것이라고 내가 생각했기 때문이다.

4. 우리가 근방에 있다고 그 적이 의심하기 전에, 우리는 그 장군에 의해 완전히 정렬되었었다.

5. 그가 그 소년들을 조사하는 사이 얼마나 많은 일들이 벌어졌는지를 그는 말하지 않았다.

# 35 과

## μι–동사의 명령법

1. μι–동사의 명령법 변화.

| | 현재 능동태 | 현재 중간태/수동태 | 제2부정과거 능동태 | 제2부정과거 중간태/수동태 | 현재 능동태 | 현재 중간태/수동태 | 제2부정과거 능동태 | 제2부정과거 중간태/수동태 |
|---|---|---|---|---|---|---|---|---|
| | ἵστημι | | | | τίθημι | | | |
| **단수** | | | | | | | | |
| 2인칭 | ἵστη | ἵστασο | στῆθι | 없음 | τίθει | τίθεσο | θές | θοῦ |
| 3인칭 | ἱστάτω | ἱστάσθω | στήτω | 없음 | τιθέτω | τιθέσθω | θέτω | θέσθω |
| **복수** | | | | | | | | |
| 2인칭 | ἵστατε | ἵστασθε | στῆτε | 없음 | τίθετε | τίθεσθε | θέτε | θέσθε |
| 3인칭 | ἱστάντων | ἱστάσθων | στάντων | 없음 | τιθέντων | τιθέσθων | θέντων | θέσθων |

| | 현재 능동태 | 현재 중간태/수동태 | 제2부정과거 능동태 | 제2부정과거 중간태/수동태 | 현재 능동태 | 현재 중간태/수동태 | 제2부정과거 능동태 | 제2부정과거 중간태/수동태 |
|---|---|---|---|---|---|---|---|---|
| | δίδωμι | | | | ἵημι | | | |
| **단수** | | | | | | | | |
| 2인칭 | δίδου | δίδοσο | δός | δοῦ | ἵει | ἵεσο | ἕς | οὗ |
| 3인칭 | διδότω | διδόσθω | δότω | δόσθω | ἱέτω | ἱέσθω | ἕτω | ἕσθω |
| **복수** | | | | | | | | |
| 2인칭 | δίδοτε | δίδοσθε | δότε | δόσθε | ἵετε | ἵεσθε | ἕτε | ἕσθε |
| 3인칭 | διδόντων | διδόσθων | δόντων | δόσθων | ἱέντων | ἱέσθων | ἕντων | ἕσθων |

## 독해

A. δός μοι ποῦ στῶ καὶ τὰν γᾶν κινάσω. – 아르키메데스

B. ἀπόδοτε τὰ Καίσαρος Καίσαρι καὶ τὰ τοῦ θεοῦ τῷ θεῷ. – 예수

1. τῷ θεῷ τίθει τὰ πάντα.

2. χάριν δικαίαν καὶ δίδου καὶ λάμβανε.

3. τιμαὶ διδόσθων αἱ μέγισται τοῖς ἀγωνισαμένοις ὑπὲρ τῆς πατρίδος καὶ ζῶσι καὶ ἀποθανοῦσιν.

4. μὴ φεῦγ' ἑταῖρον ἐν κακοῖσι κείμενον.

5. Δῆλος πάλαι, ὥς φασι, νῆσος ἦν πλανωμένη· τοῦ δὲ Ποσειδῶνος φήσαντος, "στῆθι, ὦ νῆσε," εἱστήκει ἡ νῆσος.

6. μὴ λέγε τίς ἦσθα πρότερον, ἀλλὰ νῦν τίς εἶ.

7. ἄφετε τὰ παιδία ἔρχεσθαι πρός με καὶ μὴ κωλύετε αὐτά· τῶν γὰρ τοιούτων ἐστὶν ἡ βασιλεία τῶν οὐρανῶν.

8. 배움으로부터의 이득. παρ' Εὐκλείδῃ τις ἀρξάμενος γεωμετρεῖν ὡς τὸ πρῶτον θεώρημα ἔμαθεν, ἤρετο τὸν Εὐκλείδην, "τί δέ μοι πλέον (더 많은 = 득) ἔσται ταῦτα μανθάνοντι;" καὶ ὁ Εὐκλείδης τὸν παῖδα καλέσας, "δός," ἔφη, "αὐτῷ τριώβολον, ἐπειδὴ δεῖ αὐτῷ ἐξ ὧν μανθάνει κερδαίνειν."

9. 주기도문. Πάτερ ἡμῶν ὁ ἐν τοῖς οὐρανοῖς· ἁγιασθήτω (존경받게 하소서) τὸ ὄνομά σου· ἐλθέτω ἡ βασιλεία σου· γενηθήτω τὸ θέλημά σου, ὡς ἐν οὐρανῷ καὶ ἐπὶ γῆς· τὸν ἄρτον ἡμῶν ἐπιούσιον (일용할) δὸς ἡμῖν σήμερον· καὶ ἄφες ἡμῖν τὰ ὀφειλήματα ἡμῶν, ὡς καὶ ἡμεῖς ἀφήκαμεν τοῖς ὀφειλέταις (빚진 자들, 죄인들) ἡμῶν· καὶ μὴ εἰσενέγκῃς ἡμᾶς εἰς πειρασμόν, ἀλλὰ ῥῦσαι (구하다, 구원하다) ἡμᾶς ἀπὸ τοῦ πονηροῦ.

도움말: A. τὰν γᾶν (도리아 그리스어) = τὴν γῆν. 4. κακοῖσι (이오니아 그리스어) = κακοῖς (형용사가 관사 없이 실명사로 사용), 나쁜 일들에, 나쁜 상황에. 5. Δῆλος, 델로스 (에게해의 섬); φασι (φημί의 3인칭 복수 현재 직설법), 말하다 (ὥς φασι, 사람들이 말하듯); πλανωμένη, 헤매다, 방랑하다, 떠돌아다니다, 방황하다; φήσαντος (φημί의 부정과거 분사 남성/중성 단수 속격), 말하자, 말했기에, 말했을 때. 6. ἦσθα (εἰμί의 미완료 2인칭 단수), ~였다; εἶ (εἰμί의 현재 2인칭 단수), ~이다 (12과 3번 참조). 8. Εὐκλείδη (Εὐκλείδης의 여격), (παρ'와 함께) 에우클레이데스(유클리드) 곁에서, 에우클레이데스에게서, 에우클레이데스로부터; γεωμετρεῖν (γεωμετρέω의 현재 부정사), 기하학하기, 기하학하는 일 (땅 γῆ + μετρέω 재다 = 측량하다, 기하학하다); θεώρημα, 정리, 공리 [theorem]; παῖδα, 아이, 시동(侍童). 9. ἁγιασθήτω (ἁγιάζω의 3인칭 단수 부정과거 수동태 명령법), 존경받게 하소서; ἄφες (ἀφίημι의 2인칭 단수 부정과거 명령법 능동태), 용서하소서 (ἀφίημι + 여격 사람 + 대격 = ~에게(여격) ~을(대격) 감면하다, 사하다); ὀφείλημα, 빚, 채무, 부채, (종교적 의미에서) 죄 (ὀφείλω, 빚지다, 빚이 있다); ὀφειλέτης, 채무자, 빚진 자, (종교적 의미에서) 죄지은 자, 죄인; ἀφήκαμεν (아티카 그리스어, ἀφεῖμεν) (ἀφίημι의 1인칭 복수 부정과거 직설법 능동태), 용서하다; εἰσενέγκῃς (εἰσφέρω의 2인칭 단수 부정과거 가정법), ~로 이끌다; πονηροῦ (πονηρός의 속격, 관사와 함께 실명사로 사용) 악, 흉악.

## 어휘

ἄρτος, –ου, ὁ, 빵, 양식

βασιλεία, –ας, ἡ, 왕국

γεωμετρία, 기하학, 측량술

θέλημα, –ματος, τό, 의지, 소망, 뜻

πειρασμός, –οῦ, ὁ, 시험, 유혹, 시도 (πειράω, 시도하다)

τριώβολον, –ου, τό, 3오볼 (오볼: 고대 그리스의 은화, 일 드라크마의 반)


ἀγωνίζομαι, 경합하다, 시합하다, 싸우다

ἀφίημι, 놔두다, 내버려두다, 허락하다, 허용하다; 용서하다; (+ 여격 사람 + 대격) ~에게(여격) ~을(대격) 감면하다, 사하다

ἔρομαι, ἐρήσομαι, ἠρόμην, 묻다, 질문하다. (ἐρωτάω의 중간태 현재형, 현재시제에선 ἐρωτάω로도 사용)

κερδαίνω, 이득 보다, 이익 얻다

κωλύω, 막다, 방해하다, 금하다

ῥύομαι, 자신에게로 이끌다, 도로 이끌다; 구하다, 구원하다, 구제하다


πρότερον, 이전에, 앞서

σήμερον, (부사) 오늘, 오늘에


## 작문

1. 누구든 먹고자하는 모든 이에게 빵을 주어라.

2. 그들로 하여금 조국의 한 가운데에 서서 이(조국)를 위해 싸우도록 하라.

3. 가장 좋다고 여겨질 때면 언제든 그로 하여금 자신의 친구들 앞에 나서도록 하라.

4. 포세이돈(ὁ Ποσειδῶν)이 방황을 그만두라고 델로스 섬에게 명하였을 때, 그 섬은 그 신에게 복종하였다.

5. 또한 무언가를 돌려받을 수 있도록 그들로 하여금 주게 하라.

6. 누군가 기하학을 배우더라도(εἰ καὶ), 그는 자신이 배우는 것으로부터 이득을 얻지 못할 것이다.

## 복습

### I. 독해

1. μὴ ἁμάρτανε, ἐὰν βούλῃ εἰς τὴν βασιλείαν τῶν οὐρανῶν ἐλθεῖν.

2. σπεύδετε μάχεσθαι καὶ ἀγωνίζεσθαι ὑπὲρ τῆς πατρίδος καὶ μακάριοι ἔσεσθε καὶ ζῶντες καὶ ἀποθανόντες.

3. μέχρι ἂν ἐν γῇ ἦτε, εὐεργεῖτε τοὺς ἀδελφοὺς καὶ ποιεῖτε τὸ τοῦ πατρὸς θέλημα.

4. οὐ δώσω αὐτῷ τὸν ἄρτον πρὶν ἂν τριώβολον δῷ.

5. μὴ δοκεῖτε μακάριοι ἔσεσθαι ἐὰν μὴ τὰ ἁμαρτήματα ἄλλοις ἀφιῆτε.

### II. 작문

1. 음식이 준비되기(ἕτοιμος) 전에는 손님들을 만찬에 부르지 말라.

2. 내가 그의 목소리를 듣는 한, 나는 남아있을 것이다.

3. 동맹들이 도착할 수 있기도 전에, 오늘 그들은 적을 도시로부터 몰아냈다.

4. 그는 이전보다 더 많은 이득을 내고 있으니, 얼마나 많은 탈란톤들을 그가 그 배에서 가져왔는지 그에게 물어보자.

5. 그 다리를 지킬 것을, 그래서 이를 파괴하길 바라는 적들을 막아낼 것을 나로서는 약속한다.

# 8. 로마 지배하의 아테네

위쪽 사진에서 넓게 이루어진 주거지역 뒤편으로 휘메토스[68] 산이 펼쳐져 있어 아테네의 북쪽 편을 감싸 두르고 있다. 오른편 하단 쪽에 올림포스 제우스 신전의 기둥들이 남아 있는 것이 보인다. 이 신전의 건축은 기원전 6세기의 참주 페이시스트라토스로부터 시작하여 헬레니즘 시기의 동방제국시절까지 이어졌으며, 페이시스트라토스로부터 약 700년 후인 로마의 황제 하드리아누스 시절에 이르러 완공되었다.

그 뒤로는 파나티나이코 스타디오[69] 경기장이 놓여 있다. 아래쪽 사진은 경기장의 내부를 보여준다. 이 경기장 역시 고대 그리스 시기에 건설되기 시작하였으며, 예수 이후 서기 2세기경 펜텔리코 산에서 채굴한 대리석으로 완공되었다. 중세 시대에는 석회를 얻기 위해 이 경기장의 대리석 대부분을 태워버렸으나, 1896년 근대 올림픽(올림피아) 경기가 다시 부활하자 그리스의 건축가들은 남아 있는 유적들을 연구하여, 경기장 끝 쪽에 앉은 관람객들도 경기를 자세히 볼 수 있도록 양 편을 둥글게 마감한 그리스의 섬세한 건축 양식을 유지하면서 전체 모습을 복원하였다.

---

[68] 휘메토스(Ὑμηττός)는 현대 그리스어로 '이미토스'로 발음된다.

[69] 파나티나이코 스타디오(Παναθηναϊκό Στάδιο)는 이 경기장의 이름을 현대 그리스어 철자를 한 것이다. 고전 그리스어 형태로는 '파나테나이콘 스타디온'(Παναθηναικόν Στάδιον)이며, 그 의미는 '범 아테나 여신을 기리는 경기장'이다.

# 36과

## 동사 정리

1. 동사의 시제, 법, 태에 관한 6개 기본형과 그 파생형.[70]

   ① 현재 직설법: (a) 현재 능동태/중간태/수동태
   
   　　　　　　　　(b) 미완료 능동태중간태/수동태

   ② 미래 직설법: 미래 능동태/중간태

   ③ 부정과거 직설법: 부정과거 능동태/중간태

   ④ 현재완료 직설법 능동태: (a) 현재완료 능동태
   
   　　　　　　　　　　　　　(b) 과거완료 능동태
   
   　　　　　　　　　　　　　(c) (미래완료 능동태)[71]

   ⑤ 현재완료 직설법 중간태: (a) 현재완료 중간태/수동태
   
   　　　　　　　　　　　　　(b) 과거완료 중간태/수동태
   
   　　　　　　　　　　　　　(c) 미래완료 중간태/수동태 (드물게)

   ⑥ 부정과거 수동태: (a) 부정과거 수동태
   
   　　　　　　　　　(b) 미래 수동태

2. 모음 어간 동사와 자음 어간 동사의 기본형.

| 현재 | 미래 | 부정과거 | 현재완료 능동태 | 현재완료 중간태 | 부정과거 수동태 |
|------|------|----------|-----------------|-----------------|-----------------|
| παιδεύω | παιδεύσω | ἐπαίδευσα | πεπαίδευκα | πεπαίδευμαι | ἐπαιδεύθην |
| πέμπω | πέμψω | ἔπεμψα | πέπομφα | πέπεμμαι | ἐπέμφθην |
| ἁρπάζω | ἁρπάσω | ἥρπασα | ἥρπακα | ἥρπασμαι | ἡρπάσθην |
| πράττω | πράξω | ἔπραξα | πέπραχα 또는 πέπραγα | πέπραγμαι | ἐπράχθην |

   ① 축약동사는 오직 현재형에서 규칙동사와 다르다.
   
   ② μι-동사는 현재, 제2부정과거, (간혹) 제2현재완료에서 규칙동사와 다르다.

3. 변형 동사들. (주요 동사의 기본형과 관련하여, 부록 10 참조)

   ① 동사들 중에는 기본형 형태가 없는 것들이 여럿 있으며, 그 일부는 이태동사[72]이다.
   
   ② 일부 동사들은 두 개의 부정과거와 두 개의 현재완료를 갖기도 한다.

   　예) ἵστημι → ἔστησα, ἔστησας, ἔστησε; ἐστήσαμεν, ἐστήσατε, ἔστησαν (제1부정과거)
   
   　　　　　　　ἔστην, ἔστης, ἔστη, ἔστημεν, ἔστητε, ἔστησαν (제2부정과거) (13과 2번 참조)

---

[70] 동사 변화의 예시로서, παιδεύω 동사의 기본형 및 파생형 변화 형태와 관련해, 부록 5 참조.

[71] 오직 ἵστημι와 (ἀπο)θνήσκω 이 두 동사만이 아티카 그리스어에서 미래완료 능동태를 갖는다.

[72] 능동태 형태 없이 중간태 형태만 가지면서, 타동사처럼 목적어를 취해 능동태의 의미를 지닌 동사들을 가리킨다. 이와 관련하여 25과 1번 참조.

4. λύω 3인칭 단수 형태의 모든 변화형. (παιδεύω 역시 λύω와 마찬가지로 변화)

| | 현재 | 미완료 | 미래 | 부정과거 | 현재완료 | 과거완료 |
|---|---|---|---|---|---|---|
| | | | **능동태** | | | |
| 직설법 | λύει | ἔλυε | λύσει | ἔλυσε | λέλυκε | ἐλελύκει |
| 가정법 | λύῃ | —— | —— | λύσῃ | λελυκὼς ᾖ | —— |
| 기원법 | λύοι | —— | λύσοι | λύσειε | λελυκὼς εἴη | —— |
| 명령법 | λυέτω | —— | —— | λυσάτω | λελυκὼς ἔστω | —— |
| 부정사 | λύειν | —— | λύσειν | λῦσαι | λελυκέναι | —— |
| 분 사 | λύων | —— | λύσων | λύσας | λελυκώς | —— |
| | | | **중간태** | | | |
| 직설법 | λύεται | ἐλύετο | λύσεται | ἐλύσατο | λέλυται | ἐλέλυτο |
| 가정법 | λύηται | —— | —— | λύσηται | λελυμένος ᾖ | —— |
| 기원법 | λύοιτο | —— | λύσοιτο | λύσαιτο | λελυμένος εἴη | —— |
| 명령법 | λυέσθω | —— | —— | λυσάσθω | λελύσθω | —— |
| 부정사 | λύεσθαι | —— | λύσεσθαι | λύσασθαι | λελύσθαι | —— |
| 분 사 | λυόμενος | —— | λυσόμενος | λυσάμενος | λελυμένος | —— |
| | | | **수동태** | | | |
| 직설법 | λύεται | ἐλύετο | λυθήσεται | ἐλύθη | λέλυται | ἐλέλυτο |
| 가정법 | λύηται | —— | —— | λυθῇ | λελυμένος ᾖ | —— |
| 기원법 | λύοιτο | —— | λυθήσοιτο | λυθείη | λελυμένος εἴη | —— |
| 명령법 | λυέσθω | —— | —— | λυθήτω | λελύσθω | —— |
| 부정사 | λύεσθαι | —— | λυθήσεσθαι | λυθῆναι | λελύσθαι | —— |
| 분 사 | λυόμενος | —— | λυθησόμενος | λυθείς | λελυμένος | —— |

5. λείπω 제2부정과거 3인칭 단수 능동태와 중간태 변화형.

| | 직설법 | 가정법 | 기원법 | 명령법 | 부정사 | 분사 |
|---|---|---|---|---|---|---|
| 능동태 | ἔλιπε | λίπῃ | λίποι | λιπέτω | λιπεῖν | λιπών |
| 중간태 | ἐλίπετο | λίπηται | λίποιτο | λιπέσθω | λιπέσθαι | λιπόμενος |

6. βλάπτω 제2부정과거 3인칭 단수 수동태 변화형.

| | 직설법 | 가정법 | 기원법 | 명령법 | 부정사 | 분사 |
|---|---|---|---|---|---|---|
| 수동태 | ἐβλάβη | βλαβῇ | βλαβείη | βλαβήτω | βλαβῆναι | βλαβείς |

## 독해

A. ἀλλ᾽, ὦ φίλη παῖ, λῆγε μὲν κακῶν φρενῶν (사악한 마음들), / λῆξον δ᾽ ὑβρίζουσ᾽· οὐ γὰρ ἄλλο πλὴν ὕβρις / τάδ᾽ ἐστί, κρείσσω δαιμόνων εἶναι θέλειν. – 에우리피데스『히폴뤼토스』

B. τίκτει τοι κόρος ὕβριν ὅταν κακῷ ὄλβος ἔπηται

ἀνθρώπῳ καὶ ὅτῳ μὴ νόος ἄρτιος ᾖ. – 테오그니스

1. 기원전 404년, 아테네의 스파르타 평화조약 거부. Ἐπειδὴ αἱ νῆες αἱ ὑμέτεραι διεφθάρησαν καὶ τὰ πράγματα τὰ ἐν τῇ πόλει ἀσθενέστερα ἐγεγένητο, οὐ πολλῷ χρόνῳ (오래지 않아) ὕστερον αἵ τε νῆες Λακεδαιμονίων ἐπὶ τὸν Πειραιᾶ ἀφικνοῦνται καὶ ἅμα λόγοι (평화와 관련한 논의들 = 평화조약) πρὸς Λακεδαιμονίους περὶ τῆς εἰρήνης ἐγίγνοντο. ἐν δὲ τῷ χρόνῳ τούτῳ οἱ βουλόμενοι νεώτερα πράγματ'(더욱 새로운 것들 = 변화) ἐν τῇ πόλει γίγνεσθαι ἐπεβούλευον, καὶ ἡγοῦντο οὐδὲν ἄλλο σφίσιν ἐμποδὼν εἶναι ἢ τοὺς τοῦ δήμου προεστηκότας (앞장 선 자들 = 지도자들) καὶ τοὺς στρατηγοῦντας (장군인 자들 = 지휘자들). τούτους οὖν ἐβούλοντο ἐκποδὼν ποιήσασθαι, ἵνα ῥᾳδίως (쉽사리) ἃ βούλοιντο διαπράττοιντο. πρῶτον μὲν οὖν Κλεοφῶντι ἐπέθεντο ἐκ τρόπου τοιούτου. ὅτε γὰρ ἡ πρώτη ἐκκλησία (민회) περὶ τῆς εἰρήνης ἐγίγνετο καὶ οἱ παρὰ Λακεδαιμονίων ἥκοντες ἔλεγον ἐφ' οἷς (무엇을 놓고 = 어떤 조건에서) ἕτοιμοι εἶεν τὴν εἰρήνην ποιεῖσθαι Λακεδαιμόνιοι, εἰ κατασκαφείη (제거되다, 허물어지다) τὰ τείχη τὰ μακρά, τόθ' ὑμεῖς τε, ὦ ἄνδρες Ἀθηναῖοι, οὐκ ἠνέσχεσθ' ἀκούσαντες περὶ τῶν τειχῶν τῆς κατασκαφῆς (제거), Κλεοφῶν θ' ὑπὲρ ὑμῶν πάντων ἀναστὰς ἀντεῖπεν ὡς οὐδενὶ τρόπῳ οἷόν τ' εἴη ποιεῖν ταῦτα. – 뤼시아스 (부분 각색)

도움말: A. κρείσσω = κρείττω (σσ는 종종 아티카 그리스어에서 ττ로 표기). 1. νῆες (ναῦς의 주격 복수, 아티카 그리스어 형태는 νέες), 배들, 선박들; ἀσθενέστερα, 보다 불분명한, 더욱 불명확한, 더욱 약한; Πειραιᾶ (Πειραιεύς의 대격), 페이라이에우스에 (현대 그리스어로는 피레아스) (아테네 근방의 항구 도시); σφίσιν, 그 자신들에게 (재귀적); ἐμποδών, 길 안에 있는 = 방해가 되는, 방해물 (격변화하지 않음); προεστηκότας, 앞장 선 자들 = 지도자들, 책임자들 (προΐστημι, 앞에 서다, 책임을 지다); ἐκποδών, 길 밖에 있는 = 방해가 되지 않는, 치워진; διαπράττοιντο (διαπράττομαι의 3인칭 복수 현재 기원법 중간태/수동태), 성취하다, 이룩하다, 달성하다; Κλεοφῶν, 클레오폰 (아테네 민주주의의 지도자이자 연설가이며 스파르타에 반대한 인물); ἐκ τρόπου τοιούτου, 이와 같은 방식으로부터 = 다음과 같은 방식에서; κατασκαφείη (κατασκάπτω의 3인칭 단수 제2부정과거 기원법 수동태), 제거되다, 파괴되다; ἀντεῖπεν (ἀντεῖπον의 3인칭 단수 부정과거 직설법 능동태), 대꾸하다, 대답하다.

## 어휘

πρᾶγμα, –ατος, τό, 것, 사물, 대상, 사안, 사태; (복수) 사태, 정세, 상황, 문제 (πράττω, 하다, 행하다) (νεώτερα πράγματα, 보다 새로운 것들, 더욱 새로운 상황(정세) = 변화, 변혁, 개혁, 혁명, 라틴어 novae res)

ἀσθενής, –ές, 약한, 나약한 [neurasthenia, 신경쇠약(증)]

ἕτοιμος, –η, –ον, 준비된

ἀνέχομαι, 제2부정과거 ἠνεσχόμην, 참다, 인내하다, 견디다 (ἔχω, ἀνέχω)

διαφθείρω, –φθερῶ, διέφθειρα (부정과거 수동태 –εφθάρην), 파괴하다, 부패시키다, 타락시키다

ἕπομαι, ἕψομαι, ἑσπόμην, 미완료 εἱπόμην, (+ 여격) 따르다, 좇다

ἡγέομαι, ἡγήσομαι, ἡγησάμην, ἥγημαι, 추측하다, 생각하다 (+ 대격 및 부정사); 이끌다, 안내하다 (ἡγεμών, 지도자, 인도자, 리더 [hegemony, 헤게모니, 지도권, 우위])

οἷόν τέ ἐστι, ~이 가능하다, ~할 수 있다

## 작문

1. 네가 그 도시에 도착할 때, 너는 누가 우리를 이끌 것인지를 알게 될 것이다.
2. 그 아테네인들은 라케다이몬 전령들이 자기들에게 평화(조약)를 맺으라고 명령했기에 불쾌했다.
3. 그 도시는 이를 차지했던 약하고 사악한 장군들에 의해서 파괴되었다.

4. 더 새로운 것들(변화)을 원했던 그 자들은 자신들이 적들을 파괴할 수 있으리라 생각했다.

5. 우리 도시가 약하다는 것을 듣는다면 우리는 (이를) 참지 않을 것이다.

6. 사람들을 관리하던 그 자들은 어떻게 그 사람들을 멀리 내쫓을 수 있을지 음모를 꾸몄다.

## 복습

### I. 독해

1. μήτε ἐπαινεῖτε τοὺς ἐξ ἐκείνης τῆς χώρας εἰς τὴν Ἑλλάδα (헬라스 = 그리스) πορευομένους μήτε δίδοτε αὐτοῖς τὸ ἆθλον· ἐπεγέλασαν γὰρ ἡμῖν ἀεὶ ὅτε τοὺς ἀγῶνας τοὺς ἡμετέρους θεωροῖεν.

2. εἰς τὴν πόλιν ἥκοντες, πυνθανώμεθα περὶ τῆς ὁδοῦ· ξένη δὴ ἡ τῶν πολιτῶν γλῶττα (언어), Ἀθηναίους δέ τινας ἐκεῖ εὑρήσομεν.

3. μέμνημαι ἐκείνους εἰς τὸ ἄστυ δραμεῖν καὶ πολλὰ ψεῦσαι περὶ τῆς μάχης. οἱ δὲ πολῖται (시민들) καίπερ ἀποροῦντες, οὐκ αὐτοῖς ἐπείθοντο.

4. τῆς εἰρήνης ἕνεκα οἴκαδε πλέωμεν ἵνα πάντα ἃ πρότερον εἴχομεν σώζωμεν.

5. μὴ πειθώμεθα τοῖς τὴν πατρίδα ἀπολωλεκόσιν.

### II. 작문

1. 집 근처에 네 아버지의 기념비를 세워 놓아라.

2. 조국을 파멸시키기 위해 온 자들에게 복종하지 말라.

3. 만약 그들이 거짓된 소식들을 보고하지 않았다면, 네가 그 기병대를 도왔을 것이라고 우리는 생각했다.

4. 그 그리스인들은 그 나라에 있는 동안 많은 놀라운 것들을 보았다.

5. 그 장군이 도착할 때까지 거기에 서 있어라.

## 그리스어의 수 표현 · οὐδείς 격변화

1. 그리스어 기수 표현 및 의미. (괄호 안은 기원전 4세기 이후 기수법에서 사용되던 기호)[73]

| | | | | |
|---|---|---|---|---|
| 1 | εἷς, μία, ἕν (α´) | | 21 | εἷς καὶ εἴκοσι(ν), εἴκοσι καὶ εἷς, εἴκοσιν εἷς (κα´) |
| 2 | δύο (β´) | | 30 | τριάκοντα (λ´) |
| 3 | τρεῖς, τρία (γ´) | | 40 | τεττ, αράκοντα (μ´) |
| 4 | τέτταρες, τέτταρα (δ´) | | 50 | πεντήκοντα (ν´) |
| 5 | πέντε (ε´) | | 60 | ἑξήκοντα (ξ´) |
| 6 | ἕξ (ϛ´) | | 70 | ἑβδομήκοντα (ο´) |
| 7 | ἑπτά (ζ´) | | 80 | ὀγδοήκοντα (π´) |
| 8 | ὀκτώ (η´) | | 90 | ἐνενήκοντα (ϙ´ 또는 Ϟ´) |
| 9 | ἐννέα (θ´) | | 100 | ἑκατόν (ρ´) |
| 10 | δέκα (ι´) | | 200 | διακόσιοι, −αι, −α (σ´) |
| 11 | ἕνδεκα (ια´) | | 300 | τριακόσιοι, −αι, −α (τ´) |
| 12 | δώδεκα (ιβ´) | | 400 | τετρακόσιοι, −αι, −α (υ´) |
| 13 | τρεῖς καὶ δέκα (ιγ´) | | 500 | πεντακόσιοι, −αι, −α (φ´) |
| 14 | τέτταρες καὶ δέκα (ιδ´) | | 600 | ἑξακόσιοι, −αι, −α (χ´) |
| 15 | πεντεκαίδεκα (ιε´) | | 700 | ἑπτακόσιοι, −αι, −α (ψ´) |
| 16 | ἑκκαίδεκα (ιϛ´) | | 800 | ὀκτακόσιοι, −αι, −α (ω´) |
| 17 | ἑπτακαίδεκα (ιζ´) | | 900 | ἐνακόσιοι, −αι, −α (ϡ´) |
| 18 | ὀκτωκαίδεκα (ιη´) | | 1,000 | χίλιοι, −αι, −α (,α) |
| 19 | ἐννεακαίδεκα (ιθ´) | | 10,000 | μύριοι, −αι, −α (,ι) |
| 20 | εἴκοσι(ν) (κ´) | | 100,000 | δεκακισμύριοι, −αι, −α (,ρ) |

2. 기수 격변화.

| | 1 | | | 2 | 3 | | 4 | |
|---|---|---|---|---|---|---|---|---|
| | 남성 | 여성 | 중성 | 남성/여성/중성 | 남성/여성 | 중성 | 남성/여성 | 중성 |
| 주격 | εἷς | μία | ἕν | δύο | τρεῖς | τρία | τέτταρες | τέτταρα |
| 속격 | ἑνός | μιᾶς | ἑνός | δυοῖν | τριῶν | | τεττάρων | |
| 여격 | ἑνί | μιᾷ | ἑνί | δυοῖν | τρισί(ν) | | τέτταρσι(ν) | |
| 대격 | ἕνα | μίαν | ἕν | δύο | τρεῖς | τρία | τέτταρας | τέτταρα |

---

[73] 기수와 서수 그리고 수적 부사의 완전한 목록은 부록 4 참조.

3. 기수 격변화.

① 30부터는 십 단위에 -κοντα 어미가 붙고 격변화하지 않는다.

② 200부터는 백 단위에 -κόσιοι 어미가 붙고, ἄξιος의 복수 형태처럼 격변화 한다. (4과 4번 참조)

4. οὐδείς 격변화. (εἷς 또는 μία, ἕν처럼 격변화)[74]

|  | 남성 | 여성 | 중성 |
|---|---|---|---|
| 주격 | οὐδείς | οὐδεμία | οὐδέν |
| 속격 | οὐδενός | οὐδεμιᾶς | οὐδενός |
| 여격 | οὐδενί | οὐδεμιᾷ | οὐδενί |
| 대격 | οὐδένα | οὐδεμίαν | οὐδέν |

## 독해

A. ζῆν αὐκ ἄξιος ὅτῳ μηδὲ εἷς ἐστι χρηστὸς φίλος. – 데모크리토스

B. εἷς θεός, ἔν τε θεοῖσι καὶ ἀνθρώποισι μέγιστος,

οὔτι δέμας θνητοῖσιν ὁμοίιος οὐδὲ νόημα. – 크세노파네스

1. ἓν ἀνδρῶν, ἓν θεῶν γένος· ἐκ μιᾶς δὲ πνέομεν μητρὸς ἀμφότεροι. – 핀다로스

2. λέαινα ὀνειδιζομένη ὑπὸ ἀλώπεκος ἐπὶ τῷ ἀεὶ ἕνα τίκτειν, "ἕνα," ἔφη, "ἀλλὰ λέοντα." – 아이소포스/이솝

3. φράσω (보이겠다, 밝히겠다) δὲ καὶ τὸ πλῆθος ἑκατέρων. συνελέγησαν γὰρ ὁπλῖται Λακεδαιμονίων μὲν εἰς ἑξακισχιλίους. Ἠλείων καὶ τῶν συμμάχων αὐτῶν ἐγγὺς (가까이) τρισχίλιοι καὶ Σικυωνίων πεντακόσιοι καὶ χίλιοι, Ἐπιδαυρίων δὲ οὐκ ἐλάττους τρισχιλίων ἐγένοντο. – 크세노폰

4. "ἐρωτᾷ σε Διονύσιος δειπνῆσαι (만찬을 들다) εἰς τοὺς γάμους τῶν τέκνων ἑαυτοῦ ἐν τῇ Ἰσχυρίωνος αὔριον ἥτις ἐστὶν λ΄ ἀπὸ ὥρας θ΄." – 파피루스

5. ἐνταῦθα δὴ ἀριθμὸς ἐγένετο τῶν μὲν Ἑλλήνων ἀσπὶς (방패, 무장병단) μυρία καὶ τετρακόσια, πελτασταὶ δὲ δισχίλιοι καὶ πεντακόσιοι, τῶν δὲ μετὰ Κύρου βαρβάρων δέκα μυριάδες καὶ ἅρματα (전차들) δρεπανηφόρα ἀμφὶ τὰ εἴκοσι· τῶν δὲ πολεμίων ἐλέγοντο εἶναι ἑκατὸν καὶ εἴκοσι μυριάδες καὶ ἅρματα δρεπανηφόρα διακόσια. ἄλλοι (다른 이들은 = 그 외 달리) δὲ ἦσαν ἑξακισχίλιοι ἱππεῖς, ὧν Ἀρταγέρσης ἦρχεν· οὗτοι δ' αὖ πρὸ αὐτοῦ βασιλέως τεταγμένοι ἦσαν. τοῦ δὲ βασιλέως στρατεύματος ἦσαν ἄρχοντες (지휘관들) τέτταρες, τριάκοντα μυριάδων ἕκαστος, Ἀβροκόμας, Τισσαφέρνης, Γωβρύας, Ἀρβάκης. τούτων δὲ παρεγένοντο ἐν τῇ μάχῃ (그 전투에) ἐνενήκοντα μυριάδες καὶ ἅρματα δρεπανηφόρα ἑκατὸν καὶ πεντήκοντα. – 크세노폰

도움말: 1. πνέω, 숨쉬다, 호흡하다, 불다 (πνεῦμα, 숨, 호흡 [pneumonia, 폐렴]). 2. λέαινα, 암사자 (λέων, 수사자) [leonine, 사자의, 사자 같은, 용맹한, 당당한]; ἀλώπηξ, 여우; τίκτω, 낳다, 출산하다, 생산하다 (τέκνον, 아이, 자녀). 4. ἐν τῇ Ἰσχυρίωνος, 이스퀴리온의 집에서; ὥρας θ΄, 시간 9에 (현재 기준으로, 약 오후 3시경). 5. ἀσπίς, 방패, 방패를 지닌 병사 무리 = 무장병단 (≒ ὁπλίτης, 중장갑보병); πελταστής, 경장갑보병; δρεπανηφόρα, 전차낫이 달린, 갈고리가 달린; Ἀρταγέρσης, 아르타게르세스 (페르시아 제국의 왕인 아르탁세륵세스 휘하의 장군으로, 퀴로스의 반란에 맞서 쿠낙사 전투에서 지휘관으로 활동); βασιλέως (βασιλεύς의 속격), 왕 = 페르시아의 왕 아르탁세륵세스 (Ἀρταξέρξης); Ἀβροκόμας, Τισσαφέρνης, Γωβρύας, Ἀρβάκης, 아브로코마스, 티싸페르네스, 고브뤼아스, 아르바케스; ἐν τῇ μάχῃ, 그 전투에 (= 기원전 401년 9월 3일에 벌어진 쿠낙사 전투).

---

[74] μηδείς도 οὐδείς와 유사하게 격변화하며, οὐ를 대신하여 μή가 쓰일 수 있는 곳에서는 μηδείς가 οὐδείς를 대신하여 사용된다.

## 어휘

γάμος, –ου, ὁ, 결혼, 혼인 (종종 복수 형태를 단수의 의미로 사용) [monogamy, 일부일처제]

λέων, λέοντος, ὁ, 사자 [chameleon, 카멜레온]

μυρίας, –άδος, ἡ, 일만, 10,000 (집합적 의미에서 하나의 단위로 사용)

ὁπλίτης, –ου, ὁ, (고대 그리스의 중장비) 중장갑보병

πελταστής, 경장갑보병

ἀμφότερος, –α, –ον, 양쪽 각각 모두, 둘 모두

ὅμοιος, –α, –ον, (이오니아 그리스어, ὁμοίιος), ~와 닮은, ~와 유사한, ~와 같은 [homeopathy, 동종요법]

ἀναγκάζω, 강요하다, 강제하다

ὀνειδίζω, 업신여기다, 깔보다, 경멸하다, 얕보다, 꾸중하다

συλλέγω (부정과거 수동태, συνελέγην), 모으다

φράζω (미래, φράσω), 지적하다, 가리키다, ~을 분명히 밝히다, 단언하다; (중간태) 고려하다, 숙고하다

ἀμφί, (전치사) (+ 속격) ~에 관해, ~를 위해; (+ 여격) ~에, ~곁에, ~근처에; (+ 대격) ~주위에, ~에 관해, ~를 위해, ~동안

εἰς, (수와 함께) 약, 대략, 거의

## 작문

1. "만약 네가 그 왕과 싸운다면, 너는 강력한 제국을 파괴할 것이다."라고 그 신은 말했다.

2. 저 전투에는 약 십만의 용병들이 있었는데, 그들의(관계대명사 사용) 장군은 퀴로스였다.

3. 우리를 공격했던 그 적들 중에는 약 400명의 장갑보병과 100명의 기병들이 있었다.

4. 그는 한 마리의 사자가 다른 들짐승들 모두를 얕볼 수 있다고 강조했다.

5. 1607명의 장갑보병들이 모였는데, 그들은(관계대명사 사용) 아테네로 인도되었다.

## 복습

### I. 독해

1. τὸν ἄρχοντα πονηρὸν ἡγούμενος εἶναι, συμβουλεύω σοι τὴν θυγατέρα αὐτῷ εἰς γάμον μὴ διδόναι.

2. τρεῖς λέοντας ἀποκτείνας, μέγα ᾕρηκε κλέος ὁ ὁπλίτης.

3. οὐδεὶς ἄνευ δυνάμεως ἀναγκάσει ἀμφοτέρας τὰς πόλεις τὰς θύρας ἀνοιγνύναι.

4. οὐκοῦν, πρὸς θεῶν, ὀνειδίζεις τοὺς τοσαῦτα χρήματα δι' ἀδικίαν συνειλοχότας;

5. εἰς πεντακισχιλίους ὁπλίτας, ὡς εἰκάζομεν, ἑκάστοτε (매번, 각 경우마다) μετ' αὐτοῦ εἰς τὴν πόλιν ἐλαύνουσι, ἀλλ' οὔποτε φράζει τί βουλεύων αὐτοὺς ἄγει.

### II. 작문

1. 너는 그 도시 안에 모인 자들 모두를 파멸시켰다.

2. 그 전투로부터 막 도착했을 때(분사 사용), 그들은 기념비를 세우길 열망했다.

3. 이미 그가 그 지배자들에 맞서 음모를 꾸미고 있으며, 그래서 그는 자신으로 인해 그 군대가 겪어온 일에 대해 벌을 받지 않을 것이다.

4. 얼마나 많은 그리고 어떤 이들이 그 긴 여정에서 죽어왔는지, 그 도시는 심판의 시간에 이를 때 알 것이다.

5. 젊은이들에 의해 그 도시로부터 끌려 나왔기에(분사 사용), 그 철학자는 자신의 집으로 돌아가야만 했다.

### 불규칙 제2부정과거

1. 불규칙 제2부정과거 동사. (많은 주요 동사들이 제2부정과거 능동태에서 불규칙 변화)[75]

βαίνω (가다) 불규칙 제2부정과거 변화형. (ἵστημι와 비교)

| | 직설법 | 가정법 | 기원법 | 명령법 | 부정사 | | | 분사 | | |
|---|---|---|---|---|---|---|---|---|---|---|
| 1인칭 단수 | ἔβην | βῶ | βαίην | | βῆναι | 단수 | 주격 | βάς | βᾶσα | βάν |
| 2인칭 단수 | ἔβης | βῇς | βαίης | βῆθι | | | 속격 | βάντος | βάσης | βάντος |
| 3인칭 단수 | ἔβη | βῇ | βαίη | βήτω | | | 여격 | βάντι | βάσῃ | βάντι |
| | | | | | | | 대격 | βάντα | βᾶσαν | βάν |
| 1인칭 복수 | ἔβημεν | βῶμεν | βαῖμεν | | | | | | | |
| 2인칭 복수 | ἔβητε | βῆτε | βαῖτε | βῆτε | | 복수 | 주격 | βάντες | βᾶσαι | βάντα |
| 3인칭 복수 | ἔβησαν | βῶσι | βαῖεν | βάντων | | | 속격 | βάντων | βασῶν | βάντων |
| | | | | | | | 여격 | βᾶσι | βάσαις | βᾶσι |
| | | | | | | | 대격 | βάντας | βάσας | βάντα |

2. γιγνώσκω (알다) 불규칙 제2부정과거 변화. (δίδωμι와 비교)

| | 직설법 | 가정법 | 기원법 | 명령법 | 부정사 | | | 분사 | | |
|---|---|---|---|---|---|---|---|---|---|---|
| 1인칭 단수 | ἔγνων | γνῶ | γνοίην | | γνῶναι | 단수 | 주격 | γνούς | γνοῦσα | γνόν |
| 2인칭 단수 | ἔγνως | γνῷς | γνοίης | γνῶθι | | | 속격 | γνόντος | γνούσης | γνόντος |
| 3인칭 단수 | ἔγνω | γνῷ | γνοίη | γνώτω | | | 여격 | γνόντι | γνούσῃ | γνόντι |
| | | | | | | | 대격 | γνόντα | γνοῦσαν | γνόν |
| 1인칭 복수 | ἔγνωμεν | γνῶμεν | γνοῖμεν | | | | | | | |
| 2인칭 복수 | ἔγνωτε | γνῶτε | γνοῖτε | γνῶτε | | 복수 | 주격 | γνόντες | γνοῦσαι | γνόντα |
| 3인칭 복수 | ἔγνωσαν | γνῶσι | γνοῖεν | γνόντων | | | 속격 | γνόντων | γνουσῶν | γνόντων |
| | | | | | | | 여격 | γνοῦσι | γνούσαις | γνοῦσι |
| | | | | | | | 대격 | γνόντας | γνούσας | γνόντα |

---

[75] 이런 동사들은 ἔστην의 제2부정과거처럼 어미가 변화한다. 대표적인 주요 불규칙 동사들은 다음과 같다. (이 동사들의 의미 및 변화 형태와 관련해선 부록 10 참조)

ἀγγέλω, ἄγω, αἱρέω, αἴρω, αἰσθάνομαι, ἀκούω, ἁλίσκομαι, ἀποθνήσκω, ἀποκτείνω, ἀπόλλυμι, ἁρπάζω, ἄρχω, ἀφικνέομαι, βαίνω, βάλλω, βλάπτω, βούλομαι, γαμέω, γίγνομαι, γιγνώσκω, γράφω, δείκνυμι, δίδωμι, δοκέω, δύω, εἰμί, εἶμι, ἐλαύνω, ἕπομαι, ἔρχομαι, ἐσθίω, εὑρίσκω, ἔχω, ἵημι, ἵστημι, καίω, καλέω, κόπτω, λαμβάνω, λανθάνω, λέγω, λείπω, μανθάνω, μάχομαι, μέλει, μέλλω, μένω, μιμνήσκω, νομίζω, οἴομαι, οἶμαι, ὁράω, πάσχω, πείθω, πέμπω, πίνω, πίπτω, πλέω, πράττω, πυνθάνομαι, σκεδάννυμι, στρέφω, τάττω, τέμνω, τίθημι, τίκτω, τρέπω, τρέχω, τυγχάνω, ὑπισχνέομαι, φαίνω, φέρω, φεύγω, φημί.

3. δύω (가라앉다) 불규칙 제2부정과거 변화. (δείκνυμι와 비교)

| | 직설법 | 가정법 | 기원법 | 명령법 | 부정사 | | 분사 | | |
|---|---|---|---|---|---|---|---|---|---|
| 1인칭 단수 | ἔδυν | δύω | | | δῦναι | 단수 주격 | δύς | δῦσα | δύν |
| 2인칭 단수 | ἔδυς | δύῃς | | δῦθι | | 속격 | δύντος | δύσης | δύντος |
| 3인칭 단수 | ἔδυ | δύῃ | | δύτω | | 여격 | δύντι | δύσῃ | δύντι |
| | | | | | | 대격 | δύντα | δῦσαν | δύν |
| 1인칭 복수 | ἔδυμεν | δύωμεν | | | | | | | |
| 2인칭 복수 | ἔδυτε | δύητε | | δῦτε | | 복수 주격 | δύντες | δῦσαι | δύντα |
| 3인칭 복수 | ἔδυσαν | δύωσι | | δύντων | | 속격 | δύντων | δυσῶν | δύντων |
| | | | | | | 여격 | δῦσι | δύσαις | δῦσι |
| | | | | | | 대격 | δύντας | δύσας | δύντα |

## 독해

A. τὸ γνῶθι σαυτὸν πᾶσίν ἐστι χρήσιμον. – 메난드로스

B. κατὰ πόλλ' ἄρ' ἐστιν οὐ καλῶς εἰρημένον
τὸ γνῶθι σαυτόν· χρησιμώτερον γὰρ ἦν
τὸ γνῶθι τοὺς ἄλλους. – 메난드로스

1. ἦλθον γὰρ ἐς Ἀθήνας καὶ οὔ τίς με ἔγνωκεν. – 데모크리토스

2. δὶς ἐς τὸν αὐτὸν ποταμὸν οὐκ ἂν βαίης. – 헤라클레이토스

3. πάντα ῥεῖ. – 헤라클레이토스

4. Κροῖσος Ἅλυν διαβὰς μεγάλην ἀρχὴν καταλύσει. – 델포이 신전의 신탁

5. 페르시아 왕의 파발꾼. λέγουσι γὰρ ὡς ὅσων ἂν ἡμερῶν ᾖ ἡ πᾶσα ὁδός (길 = 여정), τοσοῦτοι ἵπποι τε καὶ ἄνδρες διεστᾶσι, κατὰ ἡμερησίαν ὁδὸν ἑκάστην ἵππος τε καὶ ἀνὴρ τεταγμένος. τοὺς οὔτε νιφετός (눈[雪]), οὐκ ὄμβρος (비), οὐ καῦμα (더위), οὐ νὺξ εἴργει μὴ οὐ κατανύσαι (성취하다, 달성하다) τὸν προκείμενον αὐτῷ δρόμον τὴν ταχίστην.
– 헤로도토스

6. 우정에 대한 소크라테스의 논의. ἐγὼ (나 = 소크라테스) δ' οὖν καὶ αὐτός, ὦ Ἀντιφῶν, ὥσπερ ἄλλος τις ἢ ἵππῳ ἀγαθῷ ἢ κυνὶ ἢ ὄρνιθι ἥδεται (즐기다), οὕτω καὶ ἔτι μᾶλλον ἥδομαι φίλοις ἀγαθοῖς, καὶ ἐάν τι ἔχω ἀγαθόν, διδάσκω καὶ ἄλλοις συνίστημι (소개하다, 추천하다), παρ' ὧν ἂν ἡγῶμαι αὐτοὺς ὠφελήσεσθαί τι εἰς ἀρετήν. καὶ τοὺς θησαυροὺς τῶν πάλαι σοφῶν ἀνδρῶν (옛 현자들) οὓς ἐκεῖνοι κατέλιπον ἐν βιβλίοις γράψαντες, σὺν τοῖς φίλοις διέρχομαι, καὶ ἄν τι ὁρῶμεν ἀγαθόν, ἐκλεγόμεθα καὶ μέγα νομίζομεν κέρδος (이득), ἐὰν ἀλλήλοις ὠφέλιμοι γιγνώμεθα. —— ἐμοὶ (나에게 = 크세노폰) μὲν δὴ ταῦτα ἀκούοντι ἐδόκει αὐτός (그 자신 = 소크라테스) τε μακάριος εἶναι καὶ τοὺς ἀκούοντας ἐπὶ καλοκἀγαθίαν ἄγειν. – 크세노폰

도움말: 1. ἐς = εἰς. 3. ῥεῖ (ῥέω의 3인칭 현재 단수), 흐르다, 4. Κροῖσος, 크로이소스 (뤼디아의 왕으로, 기원전 546년 퀴로스에 의해 정복당함); Ἅλυν (Ἅλυς의 대격), 할뤼스 강을 (뤼디아와 페르시아를 가르는 자연 경계인 국경선). 5. διεστᾶσι (διΐστημι의 3인칭 복수 현재완료 직설법), (자동사로만 사용되어) 배치되다, 따로 놓이다, 각각 놓이다; τὴν ταχίστην, 최대한 빨리, 가능한 한 빨리 (부사적 용법의 대격). 6. Ἀντιφῶν, 안티폰 (소피스트); μέγα, 큰 (격변화와 관련하여 18과 1번 참조); καλοκἀγαθίαν (καλοκἀγαθία의 대격), 훌륭하고도 좋음을, 훌륭하고 좋은 성품을 (기원전 5세기,

뛰어나고 훌륭한 자들을 수식하던 표현, 라틴어 optimates 및 프랑스어 prudhommes와 유사)

## 어휘

θησαυρός, –οῦ, ὁ, 보물, 재물, 보고(寶庫)

δύω, δύσω, ἔδυσα 및 ἔδυν, δέδυκα, δέδυμαι, ἐδύθην, 들어가다, 입회하다; 가라앉다; (옷 등을) 입다

διέρχομαι, ~을 통해 가다, ~을 거쳐 가다, 다다르다, 완수하다; 세세히 짚어가다 (= 살피다, 탐구하다)

ἐκλέγομαι, 선택하다, 고르다 [eclectic, 취사선택하여 만들어진, 절충주의의]

ἥδομαι, (+ 여격) ~를 즐기다

ὠφελέω, 돕다, 원조하다, 이롭다, 이득 주다 (ὠφέλιμος)

δίς, (부사) 두 번, 2회, 두 배로

κατά, (전치사) (+ 속격) ~아래로, ~에 반하여, ~와 관련해; (+ 대격) ~을 따라 (아래로), ~에 따르면, ~을 거쳐서, ~에 일치해서

## 작문

1. 크로이소스는 퀴로스를 공격해야 하는지 묻고자 델포이로(εἰς Δελφούς) 갔다.

2. "나는 네 친구들에게 좋은 것을 행하라고 너를 가르칠 것이다."라고 소크라테스는 말했다.

3. 너는, 네 훌륭한 친구들이 아니라, 그 말들을 즐긴다.

4. 사람들은 아무도 훔쳐갈 수 없는 보고(寶庫)들 안에(관계대명사 사용) 자신들의 책들을 보관하였다.

5. 그는 자기 아버지가 있던 같은 집으로는(관계대명사 사용) 가지 않을 것이다.

6. 사람들의 수만큼이나 많은 말들이 있었다.

## 복습

### I. 독해

1. ὁ ἱππεὺς ᾔρητο τῷ βασιλεῖ ἵνα μετὰ ἑκκαίδεκα ὁπλιτῶν τὴν ἐκείνου θυγατέρα εἰς τὸν γάμον ἄγοι.

2. οἱ σύμμαχοι πάλαι ἠναγκάσθησαν μετὰ τοῦ πεζοῦ συλλεχθέντες (모여서, 모인) εἰς τὴν ἀκρόπολιν χωρεῖν, ὡς τοῖς ἄρχουσι βοηθήσοντες.

3. οὐκοῦν ᾔσθεσθε τὸν λέοντα ἀμφοτέρους τοὺς κύνας ἑλόντα;

4. δεχώμεθα τοὺς ξένους καὶ χρώμεθα αὐτοῖς ὡς συμμάχοις πρὸς τὴν τοῦ βασιλέως ὕβριν.

5. φράζε μοι οἵτινες ἐκεῖθεν ἔξω τῆς πόλεως ἀνὰ τὴν ὁδὸν καὶ ἀμφὶ τὸ ἱερὸν τεταγμένοι εἰσίν.

### II. 작문

1. 매 전투 후 그는 자신의 아버지로부터 언제나 철저하게 질문 받고, 만약 그가 아무것도 답할 수 없는 경우, 그는 꾸중을 받았다.

2. 약 11마리 사자들이 그 부대 안에서 살육 당했으나, 얼마나 많은 수가 그 숲(ὕλη, -ης, ἡ)에서 발견되었는지 우리는 알지(배우지) 못했다.

3. 누구든 만나기만 하면 싸울 수 있도록 그들은 배치되어 있었다.

4. 그 병사가 그 군대의 문제점들 모두에 대한 완전한 설명을 주고 있지 않다고 왜 그가 의심하는지를 말해달라고 나는 그에게 물을 것이다.

5. 우리에게 보내진 자들이 용감하지 않기 때문에, 우리는 다른 곳에서 장갑보병들을 선택해야 한다.

# 39 과

## εἰμί 명령법 · εἶμι 변화형

1. εἰμί 현재 명령법.

|        | 단수   | 복수    |
|--------|--------|---------|
| 2인칭  | ἴσθι   | ἔστε    |
| 3인칭  | ἔστω   | ἔστων   |

2. εἶμι (가다, 오다) 능동태 변화. (어간은 ἰ– : 라틴어 ire 참조)

|            | 현재 직설법 | 미완료 직설법 | 현재 가정법 | 현재 기원법 | 현재 명령법 |
|------------|-------------|----------------|--------------|--------------|--------------|
| 1인칭 단수 | εἶμι        | ᾖα / ᾔειν      | ἴω           | ἴοιμι / ἰοίην |              |
| 2인칭 단수 | εἶ          | ᾔεις / ᾔεισθα  | ἴῃς          | ἴοις         | ἴθι          |
| 3인칭 단수 | εἶσι(ν)     | ᾔει / ᾔειν     | ἴῃ           | ἴοι          | ἴτω          |
| 1인칭 복수 | ἴμεν        | ᾖμεν           | ἴωμεν        | ἴοιμεν       |              |
| 2인칭 복수 | ἴτε         | ᾖτε            | ἴητε         | ἴοιτε        | ἴτε          |
| 3인칭 복수 | ἴασι(ν)     | ᾖσαν / ᾔεσαν   | ἴωσι         | ἴοιεν        | ἰόντων       |

### 현재 부정사

ἰέναι

### 분사

| 남성 | 여성  | 중성 |
|------|-------|------|
| ἰών  | ἰοῦσα | ἰόν  |

## 독해

A. ἀγεωμέτρητος μηδεὶς εἰσίτω. – 에우클레이데스/유클리드

B. ἦθος ἀνθρώπῳ δαίμων. – 헤라클레이토스

1. εὐτυχῶν μὲν μέτριος ἴσθι, ἀτυχῶν δὲ φρόνιμος.

2. χαλεπὸν τὸ ἑαυτὸν γνῶναι. – 탈레스

3. γῆς ἐπέβην γυμνός, γυμνός θ’ ὑπὸ γαῖαν ἄπειμι.

4. φιλόπονος ἴσθι καὶ βίον κτήσῃ καλόν.

5. ἴτω τὰ πράγματα ὅπῃ τῷ θεῷ φίλον.

6. ἔγωγε μετὰ φίλου ἑταίρου κἂν διὰ πυρὸς ἴοιμι.

7. Ἀντισθένης οἰκῶν ἐν Πειραιεῖ καθ’ ἑκάστην ἡμέραν ἀνῄει εἰς ἄστυ συνεσόμενος τῷ Σωκράτει.

8. Ἡρακλῆς καὶ Θησεὺς περιῇσαν τὴν γῆν καθαροῦντες θηρίων βλαβερῶν καὶ ἀνθρώπων ἀνοσίων.

9. Κέρβερος ὁ ἐν Ἅιδου κύων ἥμερος μὲν ἦν, ὁπότε τις εἰσίοι, ἐξιέναι δ’ οὐδένα εἴα.

10. 교육의 정의. τὴν πρὸς ἀρετὴν ἐκ παίδων παιδείαν, ποιοῦσαν ἐπιθυμητήν τε καὶ ἐραστὴν τοῦ πολίτην γενέσθαι τέλεον (완전한), ἄρχειν τε καὶ ἄρχεσθαι μετὰ δίκης ἐπιστάμενον ······ ταύτην τὴν τροφὴν ὁ λόγος (우리의 논의) βούλοιτ' ἂν μόνην παιδείαν προσαγορεύειν. – 플라톤 『법률』

11. ὡς Ἀλέξανδρος (알렉산드로스 = 알렉산더 대왕) ἐνίκησε τοὺς Πέρσας, ἐκέλευσε τοὺς Ἕλληνας θεὸν αὐτὸν ψηφίσασθαι. ἄλλοι μὲν οὖν ἄλλα (달리, 다른 식으로) ἐψηφίσαντο, Λακεδαιμόνιοι δ' ἐκεῖνα· "ἐπεὶ Ἀλέξανδρος θεὸς εἶναι βούλεται, ἔστω θεός."

도움말: 1. εὐτυχῶν (εὐτυχέω의 현재 분사 남성 주격 단수), 운이 좋은, 운이 좋다면; ἀτυχῶν (ἀτυχέω의 현재 분사 남성 주격 단수), 운이 없는, 운이 없다면, 3. γαῖαν = γῆν. 4. φιλόπονος, 수고(노고)를 좋아하는, 일하기를 좋아하는, 근면한; κτήσῃ (κτάομαι의 2인칭 단수 미래 직설법 내지 부정과거 가정법), 너는 얻을(이룰) 것이다. 5. φίλον, (형용사) 친한, 가까운, 애호하는. 6. ἔγωγε, 적어도 나는, 나로서는; κἂν = καὶ ἄν (모음축합) 7. Ἀντισθένης, 안티스테네스 (소크라테스를 따랐으며, 후에 견유학파를 세운 철학자); ἄστυ, 성채, 주둔지, 아테네. 8 Ἡρακλῆς, 헤라클레스; Θησεύς, 테세우스; καθαροῦντες (καθαίρω의 미래 분사 남성 복수 주격, 목적을 나타내는 미래), 씻어내고자, 깨끗이 하기 위해, 정화하려고 (κάθαρσις, 카타르시스, 정화) 9. Κέρβερος, 케르베로스 (하이데스(하데스)가 다스리는 저승을 지키는 문지기 개); Ἅιδου (Ἅιδης의 속격), 하이데스의(하데스의), 저승의 (비극이나 아티카 그리스어에서는, ἐν ἅιδῃ 대신, ἐν Ἅιδου 내지 εἰς Ἅιδου와 같은 표현 사용). 10. ἐκ παίδων, 어릴 때부터, 어린 시절부터.

## 어휘

δίκη, –ης, ἡ, 정의, 올바름, 공정

ἐπιθυμητής, –οῦ, ὁ, 추종자, 열망하는 자, 갈망하는 사람

ἐραστής, –οῦ, ὁ, 연인, 사랑하는 사람 (ἐράω, Ἔρως)

ἀνόσιος, –ον, 신성하지 않은, 종교적이지 않은, 불경한

βλαβερός, –ά, –όν, 해로운, 유해한, 위험한

ἥμερος, –ον, 친절한, 온화한, 부드러운, 다정한, 유순한, 길들여진

ἀπατάω, 속이다, 기만하다, 현혹시키다

ἄπειμι, 가버리다, 떠나다

ἐάω, 미완료 εἴων, 허락하다, 허용하다, 용인하다, 허가하다, 승인하다

εἴσειμι, ~로 (들어)가다, ~로 (들어)오다

ἔξειμι, 가버리다, 떠나버리다

κτάομαι, κτήσομαι, ἐκτησάμην, κέκτημαι, 취득(획득)하다, 입수하다, 얻다; 소유하다, 가지고 있다

περίειμι, 돌아다니다, 돌아가다

προσαγορεύω, 부르다, 지칭하다

σύνειμι, συνέσομαι, (+ 여격) ~와 함께하다

ψηφίζομαι, 투표하다, 표를 던지다

ὅπῃ, (부사) ~에서, 어떤 방식에서, ~식으로

## 작문

1. 우리는 우리 친구들이 그 비극들을 듣고자 그 도시로 갈 것을 안다.
2. 누군가 좋은 것을 행하며 돌아다닌다면, 그는 탁월함(덕)을 지닐 것이다.
3. 누구든 소크라테스의 추종자는 정의가 무엇인지 배울 것이다.

4. 그 철학자가 젊은이들에게 해로워 보였기에, 아테네인들은 그를 벌하는 데 표를 던졌다.

5. 그 개 케르베로스는 누구도 자기가 있는 곳으로 오는 것을 허락하지 않았다.

## 복습

### I. 독해

1. τρέχοντες ἐφαίνοντο οἱ παῖδες καὶ ἔβησαν εἰς τὸ ἱερὸν πρὶν τὸν ἄρχοντα γνῶναι αὐτούς.

2. τῇ γλώττῃ ἐπαινοῦσιν, ἀλλὰ τῇ ἀληθείᾳ ἐπιγελῶσιν ἡμῖν.

3. ἀπορεῖ οὐ μεμνημένος ὅπου τὸν θησαυρὸν ἔλιπε.

4. πρότερον μὲν πολλὰ εἶχον καὶ ἀεὶ ἐκέρδαινον· σήμερον δὲ οὐδὲ ἄρτον εὑρεῖν δύνανται.

5. ἀγωνιούμεθα ὑπὲρ τῆς πατρίδος ἀλλ' οὐχ ὑπὲρ τῆς βασιλείας τῆς τῶν Περσῶν.

### II. 작문

1. 우리는 전쟁의 고통을 견딜 수 없는 약한 자들을 돕는 데서 즐거움을 가진다.

2. 자신들을 따르던 젊은이들을 타락시킴으로써 그 도시에 그런 문제들을 일으킨 그 자들의 그 죄들을 당신은 용서할 준비가 되었는가?

3. 그들은 그가 저 외투를 입음으로써 몰래 적들 사이로 가서 자신이 원하는 보물들을 선택할 수 있다고 믿는다.

4. 그들은 두 번 그 길로 내려갔으나, 200명의 병사들 가운데 아무도 그들을 알아보지 못했다.

5. 너가 친구를 속이는 때면 너는 항상 잘못한다.

# 9. 아크로코린토스

위 사진에서 왼쪽 편으로 중간에 코린토스의 χώρα(코라: 영역, 땅)에 속한 들판이, 그리고 그 너머에는 코린토스 만(灣)이 보인다. 신화에 등장하는 뮤즈들의 고향인 헬리콘 산은 바다 넘어 멀리 희미하게 보인다.

펠로폰네소스 반도와 그리스 본토를 잇는 지협 사이에 위치한 코린토스는 당시 대부분의 도시국가들보다 훨씬 크면서도 강력한 아크로폴리스를 지녔는데, 이는 아크로코린토스라고 불렸다. 아크로코린토스를 지닌다는 것은 곧 '(외침으로부터 단단히 지키는) 그리스의 족쇄들' 가운데 하나를 가진다는 의미였으며, 일찍부터 마케도니아와 로마의 지배시기를 거쳐 중세 초기 및 베네치아 통치시기에 이르기까지, 아크로코린토스와 그 밑에 위치한 도시인 코린토스는 그리스에서 주요 기점 역할을 했다. 그렇기에 네모반듯한 커다란 돌덩이들로 대부분의 기반을 놓아 성벽을 튼튼하게 쌓았다.

로마인들은 코린토스가 그리스를 방어하는 데 중요하다고 여겨 (기원전 146년에) 파괴하였다. 한 세기가 흐른 후 카이사르는 (기원전 46년) 이를 다시 재건하여 그리스 전역의 수도로 삼았다. 다시 한 세기경이 지난 후, 사도 바울은 이곳에서 초기 기독교인들과 함께 몇 년을 지냈으며, 그곳에 머물지 않던 기간에도 그들에게 편지를 보냈다. 중세, 즉 뷔잔티온(비잔틴) 제국 시절에 코린토스는, 비록 그 규모가 작아지기는 했으나, 여전히 예스럽고 아취를 지녔다. 뷔잔티온 제국 문명의 기독교 영광은 대부분 이곳을 거쳐 이루어졌다. 그 이후 베네치아인들은 폐허가 된 아크로코린토스의 성벽 위에다 삼중으로 된 문을 갖춘 커다란 요새를 지었다. 성벽엔 포좌의 흔적들이 남아 있는데, 이는 그리스의 역사가 화약의 시대에 이르게 되었다는 점을 보여준다. 또한 이 시대는 인쇄의 시대였으며, 특히 서구 유럽이 헬라스(고전 그리스)를 재발견하고 다시 고전 그리스어를 배우기 시작한 시대이기도 했다. 이는 곧 유럽을 일깨워 르네상스에 이르게끔 한 촉발제들 가운데 하나가 되었으며, 동시에 지금까지 이어져 내려 온 우리 시대의 시작이기도 하였다.

# 40 과

## φημί 및 οἶδα 변화형 · 동사적 형용사 · 노력 표현의 절

1. φημί (말하다, 주장하다) 변화형. (라틴어 fari 참조)

| | 현재 직설법 | 미완료 직설법 | 현재 가정법 | 현재 기원법 | 명령법 | 현재 부정사 |
|---|---|---|---|---|---|---|
| 1인칭 단수 | φημί[76] | ἔφην | φῶ | φαίην | | φάναι |
| 2인칭 단수 | φής | ἔφης / ἔφησθα | φῇς | φαίης | φαθί / φάθι | |
| 3인칭 단수 | φησί | ἔφη | φῇ | φαίη | φάτω | |
| 1인칭 복수 | φαμέν | ἔφαμεν | φῶμεν | φαῖμεν | | |
| 2인칭 복수 | φατέ | ἔφατε | φῆτε | φαῖτε | φάτε | |
| 3인칭 복수 | φασί | ἔφασαν | φῶσι | φαῖεν | φάντων | |

2. οἶδα (알다) 변화형. (현재완료 형태로 현재의 의미를 갖는다. 단, ὁράω 제2부정과거인 εἶδον과 혼동하지 말 것.)

| | 현재 직설법 | 미완료 직설법 | 현재 가정법 | 현재 기원법 | 명령법 | 현재 부정사 |
|---|---|---|---|---|---|---|
| 1인칭 단수 | οἶδα | ᾔδη / ᾔδειν | εἰδῶ | εἰδείην | | εἰδέναι |
| 2인칭 단수 | οἶσθα | ᾔδησθα / ᾔδεις | εἰδῇς | εἰδείης | ἴσθι | |
| 3인칭 단수 | οἶδε | ᾔδει(ν) | εἰδῇ | εἰδείη | ἴστω | |
| 1인칭 복수 | ἴσμεν | ᾖσμεν / ᾔδεμεν | εἰδῶμεν | εἰδεῖμεν / εἰδείημεν | | |
| 2인칭 복수 | ἴστε | ᾖστε / ᾔδετε | εἰδῆτε | εἰδεῖτε / εἰδείητε | ἴστε | |
| 3인칭 복수 | ἴσασι | ᾖσαν / ᾔδεσαν | εἰδῶσι | εἰδεῖεν / εἰδείησαν | ἴστων | |

분사

| 남성 | 여성 | 중성 |
|---|---|---|
| εἰδώς | εἰδυῖα | εἰδός |

3. 동사적 형용사 및 작인의 여격.

① 동사들의 제1부정과거 수동태 동사 어간에 접미사 –τέος를 붙혀 형용사로 사용할 수 있다. 라틴어 동사적 형용사gerundive와 마찬가지로, 이러한 동사적 형용사들은 수동의 의미를 가지며, ('~이다'를 의미하는) εἰμί 동사와 함께 쓰여 의무나 필연, 필요를 나타낸다. ('~해져야만 한다' = '~해야 한다')

　예) διαβατέος. 건너야 한다. (= 건너져야만 한다.)

② (동사적 형용사가 기본적으로 수동의 의미를 지니기에) 행위의 작인은 명사 혹은 대명사의 여격으로 표현된다. (작인의 여격, 32과 5번 참조)

　예) ὁ ποταμὸς ἡμῖν διαβατέος ἐστί. 우리는 강을 건너야만 한다. (= 우리에 의해 강이 건너져야만 한다.)

　　 ἡμῖν πειστέον ἐστί. 우리는 복종해야만 한다. (= 우리에 의해 복종이 이루어져야만 한다.)

---

[76] φημί 동사는 2인칭 단수를 뺀 현재 직설법에서 전접어이다.

③ 동사적 형용사는 인칭구문과 비인칭구문 모두에서 사용될 수 있다. 그러나 비인칭구문에서는, 이러한 동사적 형용사 구문보다, δεῖ 또는 χρή와 같은 비인칭 동사를 활용한 구문이 보다 일반적으로 사용된다.

4. 노력 표현의 절.

① 노력, 노고, 수고 등을 의미하는 동사 다음에 ὅπως와 (혹은 드물게 ὡς와) 미래 직설법을 사용할 수 있다. 이 규칙은 이차시제 다음에도 적용될 수 있다. (부정은 μή로 표현)

예) διεπράξατο ὅπως τοὺς ἵππους Κύρῳ πέμψουσιν. (부정과거 + 미래 직설법) 그는 그들이 퀴로스에게 그 말들을 보내는 걸(보내도록) 성취했다.

② 이런 동사들은 ἵνα, ὡς 및 ὅπως 그리고 가정법이나 기원법을 통해서 구성된 목적 구문을 만드는데도 사용될 수 있다.


## 독해

A. τὸ σήμερον μέλει μοι

τὸ δ' αὔριον τίς οἶδεν; – 『아나크레온테이아』

B. ὑγιείην εὐχῇσι παρὰ θεῶν αἰτέονται ἄνθρωποι, τὴν δὲ ταύτης δύναμιν ἐν ἑαυτοῖς ἔχοντες οὐκ ἴσασιν. – 데모크리토스

Γ. ἴδμεν ψεύδεα πολλὰ λέγειν ἐτύμοισιν ὁμοῖα,

ἴδμεν δ', εὖτ' ἐθέλωμεν, ἀληθέα γηρύσασθαι. – 헤시오도스

Δ. περὶ σφυρὸν παχεῖα μισητὴ γυνή. – 이암보스 형식의 저자불명 시(詩) 단편

1. οὐ τὸ ζῆν περὶ πολλοῦ ποιητέον ἀλλὰ τὸ εὖ ζῆν. – 플라톤

2. ὁ μὲν τὸ ὅλον εἰδὼς εἰδείη ἂν καὶ τὸ μέρος· οἱ δὲ μόνον τὸ μέρος εἰδότες οὐκέτι καὶ τὸ ὅλον ἴσασιν.

3. οὐδεὶς ἡμῶν οὐδὲν οἶδεν οὐδ' αὐτὸ τοῦτο, πότερον οἴδαμεν (알다) ἢ οὐκ οἴδαμεν, οὐδ' αὐτὸ τὸ μὴ εἰδέναι οἴδαμεν ὅ τι ἔστιν, οὐδ' ὅλως πότερον ἔστι τι ἢ οὐκ ἔστιν. – 메트로도로스

4. Ἀρίστιππος ὁ φιλόσοφος ἐρωτηθεὶς διὰ τί (무엇 때문에 = 왜, 어째서) οἱ μὲν φιλόσοφοι ἐπὶ τὰς τῶν πλουσίων θύρας ἔρχονται, οἱ δὲ πλούσιοι ἐπὶ τὰς τῶν φιλοσόφων οὐκέτι, "ὅτι," ἔφη, "οἱ μὲν ἴσασιν (알다) ὧν δέονται, οἱ δὲ οὐκ ἴσασιν." – 디오게네스 라에르티오스

5. πρῶτον μὲν οὐκ ἀθυμητέον, ὦ ἄνδρες Ἀθηναῖοι, τοῖς παροῦσι (곁에 있는 = 현재의) πράγμασι, οὐδ' εἰ πάνυ φαύλως ἔχειν δοκεῖ. – 데모스테네스

6. 죽음에 대한 소크라테스의 논의. τὸ γάρ τοι θάνατον δεδιέναι, ὦ ἄνδρες (남성들이여 = 여러분), οὐδὲν ἄλλο ἐστὶν ἢ δοκεῖν σοφὸν εἶναι, μὴ ὄντα (실은 아님에도)· δοκεῖν γὰρ εἰδέναι ἐστὶν ἃ οὐκ οἶδεν. οἶδε μὲν γὰρ οὐδεὶς τὸν θάνατον οὐδ' εἰ τυγχάνει τῷ ἀνθρώπῳ πάντων μέγιστον ὂν τῶν ἀγαθῶν, δεδίασι δ' ὡς εὖ εἰδότες (잘 아는 양) ὅτι μέγιστον τῶν κακῶν ἐστιν. ⋯⋯ ἐγὼ (나 = 소크라테스) δὲ καὶ εἰ δή τῳ σοφώτερός του φαίην εἶναι, τούτῳ ἂν εἴην, ὅτι οὐκ εἰδὼς ἱκανῶς περὶ τῶν ἐν Ἅιδου, οὕτω καὶ οἴομαι οὐκ εἰδέναι. – 플라톤『소크라테스의 변론』 (부분 각색)

도움말: A. 『아나크레온테이아』, 포도주와 아름다움[美] 그리고 사랑과 디오뉘소스(디오니소스)를 찬미하는 육십여 편의 시들을 모은 선집으로, 오랜 시간동안 아나크레온(Ἀνακρέων)의 시들로 여겨져 왔으나, 실제 저자들은 다소 불분명하다. B. εὐχῇσι (εὐχή의 복수 여격), 기도로, 기도를 통해 (수단 내지 도구의 여격). Γ. ἐτύμοισιν (ἔτυμος의 복수 여격), 사실들과, 진리들과 (ὁμοῖα에 부응하는 여격); εὖτε, ~때 (언제); γηρύσασθαι (γηρύω의 부정과거 부정사 중간태 및 수동태), 발언하다, 말하다, 노래하다. 1. περὶ πολλοῦ, 많은 것들과 관련해 = 중요하게, 무척이나; ποιητέον,

만들어야 한다, 행해야 한다, 생각해야 한다 (구문에서 ἐστίν 생략). 2. τὸ ὅλον, 전부, 전체. 3. οἴδαμεν (ἴσμεν의 이오니아 그리스어 형태로, οἶδα의 1인칭 복수 현재완료 직설법 능동태), 알다; ὅλως, 전반적으로, 일반적으로. 4. Ἀρίστιππος, 아리스팁포스 (퀴레네학파의 철학자); ἴσασιν (οἶδα의 3인칭 복수 현재완료 직설법 능동태), 알다. 5. ἀθυμητέον, 낙담해야 한다, 상심해야 한다; φαύλως ἔχειν, 우스꽝스러운 처지다, 비참한 상태이다 (부사 + ἔχω = ~한 상태이다); δοκεῖ, ~로 보이다, ~로 여겨지다 (중성 복수 주어가 단수 동사를 취한 경우). 6. τοι, 알다시피 (구어체에서); δεδιέναι (δείδω의 현재완료 부정사), 두려워하다, 공포를 갖다.

## 어휘

θύρα, –ας, ἡ, 문, 대문

μέρος, –ους, τό, 부분

φαῦλος, –η, –ον, 비열한, 비참한, 우스꽝스러운

φρόνιμος, –η, –ον, 신중한, 분별 있는, 슬기로운

ἀθυμέω, 낙담하다, 상심하다, 용기(기운, 희망)를 잃다

δέομαι, δεήσομαι, (+ 속격) 원하다, 요구하다, 요청하다

δεῖ, (비인칭) ~해야 한다, ~임이 틀림없다, ~일 수밖에 없다 (+ 대격 & 부정사)

μέλει, μελήσει, ἐμέλησε, 신경 쓰다, ~에 주의를 기울이다; (비인칭) ~와 관계있다, ~와 관련있다, ~에 관여하다 (ἐπιμελέομαι, ~을 염려하다, 걱정하다) (노력 표현의 절과 관련하여, 위의 4번 참조)

περὶ πολλοῦ ποιεῖσθαι, 중요하게 생각하다, 고려하다, 신경 쓰다 (πολλοῦ가 비교급이나 최상급으로 쓰이는 경우: 더 중요하게, 가장 중요하게)

οὐκέτι (= οὐκ + ἔτι), 더 이상 ~않는, 그 이상 ~않는, 더 ~않는

πάνυ, (부사) 매우; 전적으로 (πᾶς)

## 작문

1. 그 부자들은 철학자들에게 자기들의 대문으로 오라고 청하지 않았다.
2. 인간이 슬기롭기 위해 부자가 될 필요는 없다.
3. 많은 사람들은 사는 것(부정사 사용)이 더욱 중요하다고 생각하기 때문에, 그들이 죽음을 두려워하는 것이라고 소크라테스는 말했다(ἔλεγε).
4 어떤 현명한 철학자는 우리들 가운데 아무도 무언가를 알지 못한다고 주장했다.
5. 이것이 참(사실)인지 아닌지 우리는 모른다.

## 복습

### I. 독해

1. οὐχ ἕτοιμοί εἰσιν οἱ πολῖται νεώτερα πράγματα βουλεύειν· ἀσθενεῖς γάρ εἰσιν, οὐδὲ ἡγοῦνται οἷόν τε εἶναι (~할 수 있다) τοὺς ἄρχοντας ἀπατᾶν.

2. τῶν στρατιωτῶν πεντήκοντα αὐτῷ ἕσποντο ὡς διαφθεροῦντες τοὺς πολίτας πρὶν γνῶναι τούτους τὴν ἀλήθειαν.

3. ἥδεται ἀεὶ ὁ διδάσκαλος ἐκλεγόμενος (선택된) καὶ ὠφελῶν τοὺς ἀρίστους τῶν παίδων· μετ' αὐτῶν γὰρ τοὺς τῶν φιλοσόφων λόγους διέρχεται.

4. πονηρὸς φαίνεται καὶ ἐραστὴς ἐπιθυμητής τε τῶν ἀνοσίων (불경한) καὶ βλαβερῶν πάντων. οὐ γὰρ ἔδωκεν οὔποτε τὴν δίκην τῶν ἀδίκως πραχθέντων.

5. περιῄει τοὺς πολίτας καὶ εἰσιόντας καὶ ἐξιόντας προσαγορεύων καὶ διαπραττόμενος ὅπως ψηφιοῦνται (표를 던지다, 투표하다) καὶ ἐάσουσι τοὺς αὐτῷ συνιόντας τὰς ἀρχὰς λαβεῖν.

## II. 작문

1. 우리의 슬기로운 장군이 명령할 때면 언제든 너희는 그 강을 건너야만 한다.

2. 그들은 자신들이 받은 작은 몫(부분)과 관련해 비참해져서(분사 사용), 자신들에게 더 좋은 것을 주라고 그 지배자에게 간청하였다. 그러나 그는 그게 자신과 관련된 것이 아니라고, 자신은 그것을 중요하게 신경 쓰지 않는다고, 그리고 어디서 다른 것을 찾을 수 있을지 모른다고 말했다.

3. 그들은 우리가 들어가도록 허용할 준비가 되어있지 않았기 때문에, 아직 그 대문을 열지 않았다.

4. 당신은 그들이 자신들의 친구들 모두를 그 집으로 모았다는 것을 알지 않는가? 평화가 세워질 때까지 그들이 거기에 남는 것이 더 나아 보인다.

5. 그는 그 긴 성벽이 파괴되고 있다는 걸 듣는 것을 견딜 수 없었다.

## 10. 인쇄술이 등장하기 100여 년 전의 그리스 책

(기원후 1374년)

중세의 수도사들은 파퀴로스(파피루스) 두루마리 사본을 필사해 이로부터 다시 또 다른 사본을 제작하는 방식으로 그리스의 작품들을 우리에게 전해주었다. 수도사들은 한 장의 기다란 파퀴로스 두루마리를 사용하는 대신 분리된 여러 장에 필사를 한 뒤, 이것들을 하나로 묶고, 소문자를 사용하여 표기하되 대문자는 적게 사용하며, 구두점과 약숨표 및 강숨표 그리고 악센트를 표기하는 방식으로 필사를 진행했다. 이처럼 수도사들의 필사본 전통은 현대 인쇄술 양식의 특징들 대부분을 포함하고 있다. 위의 필사본은, 상단 둘째 줄에 그 제목이 명시되고 있듯, 'Ξενοφῶντος Κύρου ἀναβάσεως τρίτον'(크세노폰의 『퀴로스의 원정(아나바시스)』세 번째 권)이다.

# 부록 1

## 인명 및 지명 (가나다순)

『그리스 명문선집』: 기원전 7세기부터 기원후 12세기까지의 모든 종류의 짧은 명문들 및 시구들, 특히 풍자시들을 모아놓은 선집. 하이델베르그에 있는 팔라틴 도서관에서 그 문서들이 보관되어 있어서 『팔라틴 명문선집』[Palatine Anthology]으로도 알려져 있다. 대부분의 명문들 및 시구들이 비가체(悲歌體)의 운율로 이루어져 있다.

다레이오스(다리우스) 1세: 기원전 521~486년 페르시아의 왕.

데모스테네스: 기원전 384~322년 아테네의 정치가이자 연설가. 마케도니아의 필립포스(필리포스)에 맞서 대항하도록 아테네인들을 선동하였다.

데모크리토스: 기원전 460년경 트라케 지역의 압데라에서 태어난 그리스의 철학자. 원자론의 창시자로, 여러 지역을 여행하였으며 인간의 본성뿐만이 아니라 과학과 철학에 대한 광범위한 지식을 습득하였다.

드라콘(드라코): 아테네의 입법가로, 기원전 621년경 아테네의 첫 성문법전을 작성하였다. 그의 법전에서 대부분의 범죄에 대한 처벌은 사형이었다. 이후 솔론의 법률안이 드라코의 대부분의 법률안을 대신하게 된다.

디오게네스 라에르티오스: 기원후 2세기에 활동했으며, 확실하지는 않으나, 킬리키아 혹은 카리아 지방의 라에르테 지역 출신일 것이라고 추정된다. 많은 철학자들의 사상 및 생애와 관련하여 주요 정보를 전하고 있는 『저명한 철학자들의 생애와 사상』을 저술하였다.

디오게네스: 견유학파의 철학자로서 기원전 412년경 폰토스의 시노페 지역에서 태어났다. 아테네에서 살다가 이후 코린토스로 옮겼으며, 그곳에서 기원전 323년에 약 90세의 나이로 죽었다.

뤼시아스: 아티카 지역의 '수사가(연설가)' 혹은 법정 연설문 작성가 가운데 한 명으로, 기원전 458년에 태어났다. 삼십인참주정(τριάκοντα) 당시 그의 가족의 재산이 몰수된 이후 전문적인 법정 연설문 작성가가 되었다.

마르쿠스 아우렐리우스: 121~180년의 로마 황제. 『명상록』의 작가로도 유명하다.

메난드로스: 기원전 342년 아테네에서 태어났으며, 백 편이 넘는 희극을 썼으나 1958년에 발견된 『뒤스콜로스』라는 한 편만이 온전하게 전해진다. 그러나 그의 작품들로부터 발췌된 많은 단편들이 여러 명문선 작가들을 통해 전해지고 있다. 기원전 291년 페이라이에우스(피레아스) 항에서 수영 혹은 목욕을 하다가 익사하여 생을 마쳤다.

메트로도로스: 키오스 출신의 원자론 철학자로, 데모크리토스의 제자였을 것으로 추정된다. 아울러 완전한 회의주의자이다.

밈네르모스: 스뮈르나[Smyrna] 혹은 스뮈르네[Smyrnē] 출신의 비가(悲歌) 시인. 기원전 7세기 후반에 활동하였으며, 구슬프면서도 슬픔에 잠긴 시들을 썼다.

비아스: 그리스의 일곱 현인 가운데 한 명으로, 이오니아 지방의 프리에네[Priēnē] 출신이고 기원전 550년경에 활동하였다. 특히 변론에 능했다고 전해진다.

소크라테스: 기원전 399~469년에 활동했던 아테네의 철학자. 초기에는 자신 아버지의 직업을 물려받아 조각가로 활동하며 여러 조각상들을 제작하였으나, 이후 아테네를 돌아다니면서 대화를 통해 가르침을 펼쳤다. 자신의 학파나 학교를 구성하거나 열지는 않았다. 소크라테스는 '불경죄'와 '젊은이들을 타락시킨 죄'로 고소당했으며, 유죄 판결을 받고 그 처벌로서 사형을 선고받았다. 소크라테스는 대화술[dialektikē]을 확립하였으며, 논리의 기본 토대를 세웠다. 플라톤은 소크라테스의 가르침과 관련한 많은 부분을 그리고 크세노폰은 소크라테스에 대한 여러 일화를 기록하였다.

소포클레스: 기원전 495~406년의 비극 시인. 그의 130편의 비극 시 중에서 오직 일곱 편만이 온전한 형태로 현재 전해진다. 그는 자신의 작품들에서 인물들을 '단지 인간인 자들'이 아니라 '반드시 인간이어야만 하는 자들'로 구성했다. 소포클레스는 아테네와 사모스 사이의 전쟁에서 장군으로도 활약하였다.

솔론: 기원전 639년 혹은 630년부터 559년까지 활동했던 아테네의 입법가이자, 그리스의 일곱 현인 가운데 한 명. 살라미스를 되찾기 위한 전쟁에 참여토록 아테테인들을 고무시켰으며, 이를 촉구하는 시를 그들 앞에서 낭독하기도 하였다. 기원전 594년 그는 행정관[archōn]으로 선출되었으며, 아테네의 적대적 파벌들 사이에 조화를 증진시켰다. 솔론은 도시 내 부유한 자들의 권리를 침해하지 않는 범위 내에서 채무자들의 빚을 탕감시키는 정책을 펴기도 했으며, 시민의 가장 낮은 계급인 테테스[thetes]에게까지 시민권을 확장시켰다. 아울러 민회의 역할을 확대시켰고, 400인 의회를 설치하였다. 자신의 개혁계획이 시민들에게서 수용되는 것을 확인하고선, 솔론은 아테네를 떠나 약 십여 년 동안 그리스 전역을 여행하였다.

수에토니우스: 기원후 69~140년 활동 했던 전기 작가로, 주로 로마 황제들의 전기를 남겼다. 하드리아누스 황제 시절에는 작가로서만이 아니라 입법가이자 황제의 비서관으로도 활동하였다.

시모니데스: 기원전 556년 케오스에서 태어났으며 아테네와 시라쿠사이(시라쿠사)에서 살았다. 다양한 형태의 구성방식을 차용하여 저술한 많은 시를 남겼으며, 문학을 전문적인 직업으로 만든 최초의 인물이라고 전해진다. 기원전 467년 시켈리아(시칠리아)에서 죽었다.

아나크레온: 서정 시인으로 기원전 570년경에 태어났다. 페이시스트라토스의 초청으로 아테네를 방문하였으며, 아크로폴리스에 동상이 세워졌다.

『아나크레온테이아』: 포도주와 아름다움[美] 그리고 사랑과 디오뉘소스(디오니소스)를 찬미하는 육십여 편의 시들을 모은 선집으로, 오랜 시간동안 아나크레온(Ἀνακρέων)의 시들로 여겨져 왔으나, 실제 저자들은 다소 불분명하다.

아낙사고라스: 그리스의 철학자로 이오니아에서 기원전 500년에 태어났다. 이후 아테네에서 살았으며, 페리클레스 및 에우리피데스와 밀접한 친분을 유지하였다. 그는 지성 혹은 정신(νοῦς, νόος)이 모든 것들의 원인이라고 생각하였다.

아낙사르코스: 트라케 지역의 압데라 출신의 철학자로 기원전 334년에 알렉산드로스(알렉산더 대왕)와 함께 아시아로 이동하였다. 그는 원자론자인 데모크리토스 학파에 속하였다.

아르키메데스: 유명한 그리스의 수학자이자 자연학자. 기원전 287년 시라쿠사이(시라쿠사)에서 태어났다. 참주 히에론을 도와 전쟁에 사용되는 무기 등을 고안하였다. 로마 병사들에 의해 기원전 212년에 죽었다.

아리스토텔레스: 마케도니아의 스타게이로스(스타게이라)에서 기원전 384년에 태어났다. 아테네에서는 플라톤의 제자였으며, 이후 기원전 342년 알렉산드로스(알렉산더 대왕)의 개인 교사가 되었다. 기원전 335년에 아테네로 돌아와 자신의 학교인 뤼케이온Lykeion을 설립하였다. 기원전 322년 에우보이아로 옮겨 간 후, 그곳에서 죽었다. 그의 저술들은 동시대에 고양되던 인간 지식의 거의 모든 주제들을 다루고 있다.

아리스테이데스: 아테네의 군사이자 정치가로서 '정의로운 자'로 알려진다. 기원전 520년경에 태어났으며, 마라톤 전투에서 장군으로 활약하였다. 기원전 480년에 아테네에서 도편추방되었으며, 말년에는 비참하게 죽음을 맞이했다.

아리스팁포스: 퀴레네 출신으로 아테네에서는 소크라테스의 제자였다. 소크라테스의 죽음 이후 (일종의 감각주의 혹은 쾌락주의를 표방한) 퀴레네학파를 설립했으며, 기원전 370년경에 번영했다.

아리아노스: 기원후 90년경 니코메데이아에서 태어난 그리스의 역사가이자 철학자. 알렉산드로스(알렉산더 대왕)의 원정에 대한 기록을 작성하였다.

아리아이오스: 퀴로스의 친구로, 기원전 401년 쿠낙사 전투에서 왼쪽 편대를 지휘하였다.

아엘리아누스: 프라이네스토스 출신의 클라우디우스 아엘리아누스는 기원후 2세기에 활동한 로마 시대의 작가이자 교사로서, 그리스어로 『잡록집』Variae Historiae과 『동물의 본성에 관하여』를 저술하였다.

아이소포스(이솝): 우화 작가로서 기원전 570년경에 활동했다. 사모스 섬에서 노예 생활을 하기도 하였다. 소크라테스가 감옥에 갇혀있는 동안 아이소포스의 우화들을 운문으로 바꾸었다는 이야기가 전해진다.

아이스킬로스: 기원전 525~456년에 활동했던 아테네의 비극 시인으로, 약 70여 편의 극을 저술하였으며 그 가운데 일곱 편이 현재 전해진다.

아폴로도로스: 아테네의 역사가이자 신화 기록가로 기원전 2세기에 활동하였다. (일부 사료에 따르면 아폴로도로스의 활동 시기는 기원전 1세기로 보고되기도 한다.)

안티스테네스: 기원전 446년경 아테네 출신으로, 소크라테스를 가장 추종하며 헌신하던 제자 가운데 한 명. 소크라테스의 죽음 이후 견유학파(퀴니코스학파)를 설립했으며, 이 학파는 이후 후기 스토아학파에 영향을 미쳤다.

안티폰: 소피스트이자 법정 연설문 작성가이며, 비극 시인. (사료들에 따라 소피스트이면서 법정 연설문 작성가인 안티폰이 한 명으로 보고되기도 하고, 서로 다른 두 명으로 보고되기도 한다. 어느 경우든 대부분의 사료들에서 비극 시인 안티폰은 그와는 또 다른 인물로 여겨진다.) 크세노폰 등의 저술에서는 소크라테스와 적대적 관계를 지닌 모습으로 묘사된다.

알키비아데스: 기원전 450~404년경 활동했던 아테네의 장군이자 정치가. 펠로폰네소스 전쟁 중에는 아테네를 배반하고 스파르타에, 페르시아 전쟁 중에는 그리스 연합을 배반하고 페르시아에 편을 드는 행적을 보이기도 했다.

에우리피데스: 기원전 485~406년에 활동했던 아테네의 비극 시인으로, 삼대 비극 시인 가운데 한 명. 소크라테스와 밀접한 친분관계가 있었다. 그는 자신의 작품들에서 인물들을 '반드시 인간이어야만 하는 자들'이 아니라 '단지 인간인 자들'로 묘사한 것으로 전해진다.

에우클레이데스(유클리드): 기원전 304~283년 활동했으며, 프톨레마이오스 1세가 지배하던 시절에 알렉산드리아에서 살았던 유명한 수학자. 기하학을 배우는 데에는 '왕도'가 없다고 프톨레마이오스에게 말한 것으로도 유명하다.

에피카르모스: 기원전 530년에 태어나 440년에 죽었으며, 생애 대부분으로 오로지 시켈리아(시칠리아) 지역에서만 살았던 희극 작가.

칼리마코스: 알렉산드리아의 도서관장으로 기원전 305년부터 240년경까지 살았다. 로도스 섬 출신인 아폴로니오스의 스승이었다. 칼리마코스는 또한 시인으로서 팔백 편 가량 분량의 작가로도 활동하였다.

크로이소스: 뤼디아의 왕으로 부유하기로 유명하였다. 뤼디아는 기원전 546년 퀴로스에 의해 정복되었다.

크리티아스: 소크라테스의 제자 가운데 한 명으로, 펠로폰네소스 전쟁 이후 패전한 아테네에서 삼십인참주정(τριάκοντα)의 일원이 된다.

크세노파네스: 소아시아 지역에 있는 콜로폰 출신의 철학자로, 기원전 540년부터 500년 사이에 활동했으며 또한 시인이기도 하였다. 당시 이탈리아 지역의 엘레아 지방에서 생의 대부분을 보냈기 때문에, 엘레아학파의 철학자로도 알려져 있다. 참으로 있는 것은 오직 하나라는 일원론을 주창한 것으로 전해진다.

크세노폰: 기원전 5세기 말경부터 4세기 초에 활동하였던 아테네의 작가이자 군인. 아르탁세륵세스에 대항하는 퀴로스의 반란군에 일종의 '전쟁 특파원'인 정찰병으로 참가하였으며, 이때의 기록을 토대로 『퀴로스의 원정(아나바시스)』을 저술하였다. 또한 소크라테스의 추종자이기도 하였다. 이후 대부분의 생애를 스파르타 관할 지역에 있는 엘리스의 작은 마을에서 보내면서 저술 활동을 하며 살았다. 그의 대표 저술로는, 『퀴로스의 원정(아나바시스)』 외에, 『퀴로스의 교육과 생애』Cyropaedia 및 『(소크라테스) 회상』Memorabilia 그리고 투퀴디데스의 『펠로폰네소스 전쟁사』의 속편격인 『헬레니카』 등이 있으며, 그 외에도 여러 소작품들이 있다.

킬론: 기원전 556년 스파르타의 집정관ephoros으로, 그리스의 일곱 현인 가운데 한 명으로 알려져 있다.

탈레스: 그리스의 일곱 현인 가운데 한 명으로, 소아시아 지역의 밀레토스에서 기원전 636년경 태어났으며 546년경에 죽었다. 철학과 수학의 기초를 확립한 자들 가운데 하나로 여겨진다. 탈레스는 물이 모든 것들의 근원이라고 믿었으며, 기원전 585년 5월 28일에 있었던 일식을 예견하기도 하였다.

테미스토클레스: 기원전 528년경에 태어난 아테네의 정치가. 아테네 해군력의 증진을 촉구했으며, 그의 주도 하에 아테네는 강력한 해군을 지니게 되었다. 이 덕분에 그리스는 페르시아를 상대로 한 살라미스 해전에서 승리하게 되었다. 이후 스파르타를 견제하기 위해 성벽을 재건하는 데 많은 예산을 들였으나, 이로 인해 공공 재물을 횡령하였다는 죄로 고발되었으며, 기원전 471년에 도편추방되어 아르고스로 보내졌다. 스파르타인들의 계략으로 인해 추방 기간 동안 페르시아와 내통한다는 혐의로 사형이 선고되었으며, 결국 페르시아로 달아났다. 페르시아에서 아르탁세륵세스에게 봉사하면서 많은 부를 축적하며 지내다가, 기원전 459년경 자살로 생을 마감하였다.

테오그니스: 기원전 540년경 활동했던 비가(悲歌)와 격언시를 쓴 시인으로, 아테네 근처의 메가라 출신이다. 주로 6보격hexameta과 5보격pentameta 닥틸로스 장단에 비가체 운문을 혼합하여 구성한 격언들을 많이 남겼다.

투퀴디데스: 아테네 출신으로, 기원전 460~400년에 활동한 역사가. 『펠로폰네소스 전쟁사』를 저술하였다.

페리안드로스: 코린토스의 참주였던 자신의 아버지 퀍셀로스의 뒤를 이어 스스로도 코린토스의 참주가 되었다. 기원전 585년까지 코린토스를 지배하였으며, 그리스의 일곱 현인 가운데 한 명으로 불렸다.

페리클레스: 가장 잘 알려진 아테네의 정치가. 귀족집안 출신이며 기원전 461년 민주정의 수장으로 정치에 들어섰다. 전투에서 직접 군대를 이끌었으며, 펠로폰네소스 전쟁이 발생하기 전까지 약 18년 동안, 많은 공공건물들을 세워 아테네를 더욱 훌륭하고 아름답게 만들었다. 그가 세운 공공건물들 중에는 파르테논 신전과 프로퓔라이아 기념문도 있다. 기원전 429년 흑사병으로 사망했으며, 이로 인해 그는 펠로폰네소스 전쟁 기간 중 첫 두 해만 아테네를 이끌었다. 그의 사망에 얼마 앞서, 그의 두 아들인 파랄로스와 크산팁포스도 모두 같은 해 흑사병으로 사망했다.

페이시스트라토스: 솔론이 아테네를 떠난 후 야기된 정치적 소요를 틈타 기원전 560년 권력을 손에 넣은 아테네의 참주. 두 번이나 추방되었다가 다시 권력을 잡기는 했지만, 부드럽고 자비로운 지배자였으며, 여러 문학가들을 후원하기도 했다. 기원전 527년 죽었다.

폴뤼비오스: 기원전 204년 아르카디아 지역의 메갈로폴리스에서 태어나 기원전 118년 사망한 역사가. 마케도니아 전쟁 후 기원전 168년에 죄수로서 로마로 끌려왔으며, 그곳에서 그는 로마의 그리스 정복에 대한 역사서를 저술하였다. 그 역사서는 기원전 220~144년 사이에 발생한 사건들을 기술하고 있으며, 기원전 146년의 코린토스 멸망 또한 담고 있다.

**프락시텔레스**: 아테네 출신의 조각가로, 그리스의 가장 위대한 조각가들 가운데 한 명으로 칭송받았다. 기원전 364년에 전성기를 펼쳤다. 올림피아 신전에서 발견된 헤르메스 조각상이 그의 작품들 가운데 가장 잘 알려져 있다. 이 조각상은 고대 그리스의 저명한 여섯 조각가들의 작품들 가운데 하나이면서, 유일하게 원품으로 전해지는 작품이다. 그 외 작가들의 작품들은 소실되었고, 전해지는 것들은 로마시대에 만들어진 모사품들이다.

**프로메테우스**: 신화에서 프로메테우스는 거인족 이아페토스의 아들이자, 아틀라스 및 에피메테우스와 형제지간이다. 프로메테우스는 아테나와 헤파이스토스로부터 지혜와 불을 훔쳐 와서 인간들에게 주었으며, 이로 인하여 제우스에 의해 벌을 받았다고 그려진다. 이 신화는 아이스킬로스의 『결박된 프로메테우스』에서 전해진다.

**프로타고라스**: 기원전 485년경 트라케 지역의 압데라에서 출생한 전문적인 소피스트.

**프록세노스**: 보이오티아 출신으로 퀴로스와 크세노폰의 친구였으며, 레온티노이 출신의 소피스트인 고르기아스의 제자이기도 했다고 전해진다.

**플라톤**: 기원전 427년부터 347년까지 살았던 아테네의 철학자. 일찍이 소크라테스의 제자가 되었으며, 자신의 저술들을 통해 소크라테스의 철학 및 그에 대한 지식을 현재에 이르기까지 전해주고 있다. 아테네의 교외에 자신의 학교인 아카데미아^Academia를 설립하였다. 현재까지 전해지는 그의 저술들은 대화 형태로 구성되어 있어서, '대화편'이라고 불린다. 주로 (특히 초기 및 중기 대화편들에서) 소크라테스가 주된 대화자로 등장한다.

**플루타르코스**: 기원후 48년에 카이로네이아에서 태어나 이후 그리스와 로마에서 살았다. (『대비열전(對比列傳)』이라고도 알려진) 그리스와 로마의 『영웅전』^Paralle Lives을 저술했으며, 여러 윤리학적 저술들로부터 주요 내용들을 선별 및 취합하여 『도덕론』^Moralia이라 불리는 선집을 구성하였다.

**핀다로스**: 그리스의 서정 시인으로 기원전 522년에 테바이(테베)에서 태어나 442년에 죽었다. 현재까지 전해지는 그의 시들은 당시 올림피아 경기나 기타 외의 경연에서 승리한 그리스인들을 축하하고 기념하기 위해 작성된 것들이다. 그의 자자한 명성으로 인해, 알렉산드로스(알렉산더 대왕)가 테바이를 정복하여 도시의 대부분을 파괴하였을 때에도 핀다로스의 집만큼은 파괴하지 않았다고 전해진다.

**필레몬**: 기원전 361~262년에 활동했던 아테네 출신의 신(新) 희극 작가. 97편의 작품을 저술하였다고 전해진다.

**헤라클레이토스**: 에페소스 출신의 이오니아학파 철학자. 기원전 513년경 활동했던 것으로 전해지며, 그의 철학에 따를 경우 만물은 영속적인 흐름(유동, 운동)의 상태에 놓여 있다.

**헤로도토스**: '역사의 아버지'로 알려져 있으며, (소아시아) 카리아의 할리카르나소스 지역에서 기원전 484년에 태어났다. 이후 사모스와 아테네에서 살았으며, 아시아, 아프리카, 유럽 등 광대한 지역을 여행하기도 하였다. 전체 9권으로 이루어진 그의 『역사』에서 주된 주제는 그리스와 페르시아 사이의 전쟁들이다. 그러나 그 저술 안에서 많은 내용들이 주제에서 다소 벗어난 일종의 여담 형식으로, 특히 일부는 단편 소설과도 같은 형태로 구성되어 있다는 특징 또한 있다. 그의 『역사』는 이오니아 그리스어로 작성되었다.

**헤시오도스**: 그리스의 가장 초기 시인들 가운데 한 명으로, 호메로스보다 약간 뒤늦은 시기에, 아마도 기원전 8세기경에, 활동했던 것으로 추정된다. 『일과 나날』과 『신통기』를 저술하였다.

**힙포낙스(히포낙스)**: 기원전 540년경 활동한 에페소스 출신의 시인. 주로 풍자시를 썼다.

**힙포크라테스(히포크라테스)**: 소크라테스와 동시대에 활동했던 인물로, 코스 섬에서 의학론을 정립하고 의학 학파를 설립하였다. 현재까지도 '의학의 아버지'로 인정된다.

**힙피아스(히피아스)**: 기원전 570년에 페이시스트라토스의 아들로 태어났으며, 기원전 527부터 510까지 약 17년간 아테네의 마지막 참주로서 통치했다. 실권 후 페르시아로 도망갔다가, 기원전 490년에 페르시아인들의 조력으로 아테네에서 권력을 다시 장악하려고 하였으나 마라톤 전투에서 죽음을 맞았다고 전해진다.

# 부록 2

## 격변화

1. 정관사 격변화.

| | 남성 | 여성 | 중성 | 남성 | 여성 | 중성 | 남성 | 여성 | 중성 |
|---|---|---|---|---|---|---|---|---|---|
| | | 단수 | | | 쌍수[77] | | | 복수 | |
| 주격 | ὁ | ἡ | τό | τώ | τώ | τώ | οἱ | αἱ | τά |
| 속격 | τοῦ | τῆς | τοῦ | τοῖν | τοῖν | τοῖν | τῶν | τῶν | τῶν |
| 여격 | τῷ | τῇ | τῷ | τοῖν | τοῖν | τοῖν | τοῖς | ταῖς | τοῖς |
| 대격 | τόν | τήν | τό | τώ | τώ | τώ | τούς | τάς | τά |

2. 명사 격변화.

① 명사 제1격변화

| | 여성 | 여성 | 여성 | 여성 | 남성 | 남성 |
|---|---|---|---|---|---|---|
| | | | 단수 | | | |
| 주격 | γνώμη | θάλαττα | πεῖρα | θεά | στρατιώτης | νεανίας |
| 속격 | γνώμης | θαλάττης | πείρας | θεᾶς | στρατιώτου | νεανίου |
| 여격 | γνώμῃ | θαλάττῃ | πείρᾳ | θεᾷ | στρατιώτῃ | νεανίᾳ |
| 대격 | γνώμην | θάλατταν | πεῖραν | θεάν | στρατιώτην | νεανίαν |
| 호격 | γνώμη | θάλαττα | πεῖρα | θεά | στρατιῶτα | νεανία |
| | | | 쌍수 | | | |
| 주격, 대격, 호격 | γνώμα | θαλάττα | πείρα | θεά | στρατιώτα | νεανία |
| 속격, 여격 | γνώμαιν | θαλάτταιν | πείραιν | θεαῖν | στρατιώταιν | νεανίαιν |
| | | | 복수 | | | |
| 주격 | γνῶμαι | θάλατται | πεῖραι | θεαί | στρατιῶται | νεανίαι |
| 속격 | γνωμῶν | θαλαττῶν | πειρῶν | θεῶν | στρατιωτῶν | νεανιῶν |
| 여격 | γνώμαις | θαλάτταις | πείραις | θεαῖς | στρατιώταις | νεανίαις |
| 대격 | γνώμας | θαλάττας | πείρας | θεάς | στρατιώτας | νεανίας |
| 호격 | γνῶμαι | θάλατται | πεῖραι | θεαί | στρατιῶται | νεανίαι |

---

[77] 부록에서는 단수 및 복수와 함께 (본문에서 소개되지 않았던) 쌍수 형태도 포함한다. 쌍수 형태의 기본 규칙은 다음과 같다.

① 제1격변화에서 쌍수 형태는 주격과 대격 그리고 호격 형태의 어미에 –α, 소유격과 여격 형태의 어미에 –αιν을 붙여 형성한다. (예: κώμα, κώμαιν)

② 제2격변화에서 쌍수 형태는 주격과 대격 그리고 호격 형태의 어미에 –ω, 소유격과 여격 형태의 어미에 –οιν을 붙여 형성한다. (예: λόγω, λόγοιν)

③ 제3격변화에서 쌍수 형태는 주격과 대격 그리고 호격 형태의 어미에 –ε, 소유격과 여격 형태의 어미에 –οιν을 붙여 형성한다. (예: ἀσπίδε, ἀσπίδοιν)

④ 동사의 경우에서 쌍수 형태는 일차시제(현재, 미래, 현재완료, 미래완료) 능동태 2인칭과 3인칭에서 모두 –τον을 어미에 붙이며, 이차시제(미완료, 부정과거, 과거완료)에서는 2인칭에서 –τον을, 그리고 3인칭에서 –την을 어미에 붙인다.

⑤ 명령법의 3인칭 쌍수 형태는 어미에 –των을 가진다.

⑥ 수동태에서는 –σθον과 –σθον을 일차시제의 2인칭과 3인칭의 어미에, –σθην과 –σθων을 이차시제의 2인칭과 3인칭의 어미에 붙인다.

② 명사 제2격변화

|  | 남성 | 남성 | 여성 | 중성 |
|---|---|---|---|---|
| | | | 단수 | |
| 주격 | λόγος | ἄνθρωπος | ὁδός | δῶρον |
| 속격 | λόγου | ἀνθρώπου | ὁδοῦ | δώρου |
| 여격 | λόγῳ | ἀνθρώπῳ | ὁδῷ | δώρῳ |
| 대격 | λόγον | ἄνθρωπον | ὁδόν | δῶρον |
| 호격 | λόγε | ἄνθρωπε | ὁδέ | δῶρον |
| | | | 쌍수 | |
| 주격, 대격 | λόγω | ἀνθρώπω | ὁδώ | δώρω |
| 속격, 여격 | λόγοιν | ἀνθρώποιν | ὁδοῖν | δώροιν |
| | | | 복수 | |
| 주격 | λόγοι | ἄνθρωποι | ὁδοί | δῶρα |
| 속격 | λόγων | ἀνθρώπων | ὁδῶν | δώρων |
| 여격 | λόγοις | ἀνθρώποις | ὁδοῖς | δώροις |
| 대격 | λόγους | ἀνθρώπους | ὁδούς | δῶρα |
| 호격 | λόγοι | ἄνθρωποι | ὁδοί | δῶρα |

③ 명사 제3격변화

|  | 여성 | 남성 | 남성 | 남성 | 남성 | 여성 |
|---|---|---|---|---|---|---|
| | | | | 단수 | | |
| 주격 | ἀσπίς | κλώψ | φύλαξ | δαίμων | γέρων | χάρις |
| 속격 | ἀσπίδος | κλωπός | φύλακος | δαίμονος | γέροντος | χάριτος |
| 여격 | ἀσπίδι | κλωπί | φύλακι | δαίμονι | γέροντι | χάριτι |
| 대격 | ἀσπίδα | κλῶπα | φύλακα | δαίμονα | γέροντα | χάριν |
| 호격 | ἀσπί | κλώψ | φύλαξ | δαῖμον | γέρον | χάρι |
| | | | | 쌍수 | | |
| 주격, 대격, 호격 | ἀσπίδε | κλῶπε | φύλακε | δαίμονε | γέροντε | χάριτε |
| 속격, 여격 | ἀσπίδοιν | κλωποῖν | φυλάκοιν | δαιμόνοιν | γερόντοιν | χαρίτοιν |
| | | | | 복수 | | |
| 주격 | ἀσπίδες | κλῶπες | φύλακες | δαίμονες | γέροντες | χάριτες |
| 속격 | ἀσπίδων | κλωπῶν | φυλάκων | δαιμόνων | γερόντων | χαρίτων |
| 여격 | ἀσπίσι | κλωψί | φύλαξι | δαίμοσι | γέρουσι | χάρισι |
| 대격 | ἀσπίδας | κλῶπας | φύλακας | δαίμονας | γέροντας | χάριτας |
| 호격 | ἀσπίδες | κλῶπες | φύλακες | δαίμονες | γέροντες | χάριτες |

④ 명사 제3격변화 (계속)

| | 남성 | 남성 | 남성 | 여성 | 중성 | 중성 |
|---|---|---|---|---|---|---|
| | | | 단수 | | | |
| 주격 | πατήρ | ἀνήρ | βασιλεύς | πόλις | στράτευμα | γένος |
| 속격 | πατρός | ἀνδρός | βασιλέως | πόλεως | στρατεύματος | γένους |
| 여격 | πατρί | ἀνδρί | βασιλεῖ | πόλει | στρατεύματι | γένει |
| 대격 | πατέρα | ἄνδρα | βασιλέα | πόλιν | στράτευμα | γένος |
| 호격 | πάτερ | ἄνερ | βασιλεῦ | πόλι | στράτευμα | γένος |
| | | | 쌍수 | | | |
| 주격, 대격 | πατέρε | ἄνδρε | βασιλῆ | πόλει | στρατεύματε | γένει |
| 속격, 여격 | πατέροιν | ἀνδροῖν | βασιλέοιν | πολέοιν | στρατευμάτοιν | γενοῖν |
| | | | 복수 | | | |
| 주격 | πατέρες | ἄνδρες | βασιλεῖς | πόλεις | στρατεύματα | γένη |
| 속격 | πατέρων | ἀνδρῶν | βασιλέων | πόλεων | στρατευμάτων | γενῶν |
| 여격 | πατράσι | ἀνδράσι | βασιλεῦσι | πόλεσι | στρατεύμασι | γένεσι |
| 대격 | πατέρας | ἄνδρας | βασιλέας | πόλεις | στρατεύματα | γένη |
| 호격 | πατέρες | ἄνδρες | βασιλεῖς | πόλεις | στρατεύματα | γένη |

3. 형용사 격변화.

① 형용사 제1격변화 및 제2격변화

| | 남성 | 여성 | 중성 | | 남성 | 여성 | 중성 |
|---|---|---|---|---|---|---|---|
| | | | | 단수 | | | |
| 주격 | ἀγαθός | ἀγαθή | ἀγαθόν | | ἄξιος | ἀξία | ἄξιον |
| 속격 | ἀγαθοῦ | ἀγαθῆς | ἀγαθοῦ | | ἀξίου | ἀξίας | ἀξίου |
| 여격 | ἀγαθῷ | ἀγαθῇ | ἀγαθῷ | | ἀξίῳ | ἀξίᾳ | ἀξίῳ |
| 대격 | ἀγαθόν | ἀγαθήν | ἀγαθόν | | ἄξιον | ἀξίαν | ἄξιον |
| 호격 | ἀγαθέ | ἀγαθή | ἀγαθόν | | ἄξιε | ἀξία | ἄξιον |
| | | | | 쌍수 | | | |
| 주격, 대격, 호격 | ἀγαθώ | ἀγαθά | ἀγαθώ | | ἀξίω | ἀξία | ἀξίω |
| 속격, 여격 | ἀγαθοῖν | ἀγαθαῖν | ἀγαθοῖν | | ἀξίοιν | ἀξίαιν | ἀξίοιν |
| | | | | 복수 | | | |
| 주격 | ἀγαθοί | ἀγαθαί | ἀγαθά | | ἄξιοι | ἄξιαι | ἄξια |
| 속격 | ἀγαθῶν | ἀγαθῶν | ἀγαθῶν | | ἀξίων | ἀξίων | ἀξίων |
| 여격 | ἀγαθοῖς | ἀγαθαῖς | ἀγαθοῖς | | ἀξίοις | ἀξίαις | ἀξίοις |
| 대격 | ἀγαθούς | ἀγαθάς | ἀγαθά | | ἀξίους | ἀξίας | ἄξια |
| 호격 | ἀγαθοί | ἀγαθαί | ἀγαθά | | ἄξιοι | ἄξιαι | ἄξια |

② 축약 형용사 제1격변화 및 제2격변화

|  | 남성 | | 여성 | | 중성 | |
|---|---|---|---|---|---|---|
|  | | | 단수 | | | |
| 주격, 호격 | χρυσοῦς | (χρύσεος) | χρυσῆ | (χρυσέα) | χρυσοῦν | (χρύσεον) |
| 속격 | χρυσοῦ | (χρυσέου) | χρυσῆς | (χρυσέας) | χρυσοῦ | (χρυσέου) |
| 여격 | χρυσῷ | (χρυσέῳ) | χρυσῇ | (χρυσέᾳ) | χρυσῷ | (χρυσέῳ) |
| 대격 | χρυσοῦν | (χρύσεον) | χρυσῆν | (χρυσέαν) | χρυσοῦν | (χρύσεον) |
|  | | | 쌍수 | | | |
| 주격, 대격, 호격 | χρυσώ | (χρυσέω) | χρυσά | (χρυσέα) | χρυσώ | (χρυσέω) |
| 속격, 여격 | χρυσοῖν | (χρυσέοιν) | χρυσαῖν | (χρυσέαιν) | χρυσοῖν | (χρυσέοιν) |
|  | | | 복수 | | | |
| 주격,호격 | χρυσοῖ | (χρύσεοι) | χρυσαῖ | (χρύσεαι) | χρυσᾶ | (χρύσεα) |
| 속격 | χρυσῶν | (χρυσέων) | χρυσῶν | (χρυσέων) | χρυσῶν | (χρυσέων) |
| 여격 | χρυσοῖς | (χρυσέοις) | χρυσαῖς | (χρυσέαις) | χρυσοῖς | (χρυσέοις) |
| 대격 | χρυσοῦς | (χρυσέους) | χρυσᾶς | (χρυσέας) | χρυσᾶ | (χρύσεα) |

③ 형용사 제1격변화 및 제3격변화

| | 남성 | 여성 | 중성 | | 남성/여성 | 중성 |
|---|---|---|---|---|---|---|
| | | 단수 | | | 단수 | |
| 주격 | ἡδύς | ἡδεῖα | ἡδύ | 주격 | ἀληθής | ἀληθές |
| 속격 | ἡδέος | ἡδείας | ἡδέος | 속격 | ἀληθοῦς (ἀληθέος) | ἀληθοῦς |
| 여격 | ἡδεῖ (ἡδέ-ϊ) | ἡδείᾳ | ἡδεῖ (ἡδέ-ϊ) | 여격 | ἀληθεῖ (ἀληθέϊ) | ἀληθεῖ |
| 대격 | ἡδύν | ἡδεῖαν | ἡδύ | 대격 | ἀληθῆ (ἀληθέα) | ἀληθές |
| 호격 | ἡδύ | ἡδεῖα | ἡδύ | 호격 | ἀληθές | ἀληθές |
| | | 쌍수 | | | 쌍수 | |
| 주격, 대격, 호격 | ἡδεῖ (ἡδέ-ε) | ἡδείᾱ | ἡδεῖ (ἡδέ-ε) | 주격, 대격 | ἀληθεῖ (ἀληθέε) | ἀληθεῖ |
| 속격, 여격 | ἡδέοιν | ἡδείαιν | ἡδέοιν | 속격, 여격 | ἀληθοῖν (ἀληθέοιν) | ἀληθοῖν |
| | | 복수 | | | 복수 | |
| 주격, 호격 | ἡδεῖς (ἡδέ-ες) | ἡδεῖαι | ἡδέα | 주격 | ἀληθεῖς (ἀληθέες) | ἀληθῆ (ἀληθέα) |
| 속격 | ἡδέων | ἡδειῶν | ἡδέων | 속격 | ἀληθῶν (ἀληθέων) | ἀληθῶν |
| 여격 | ἡδέσι | ἡδείαις | ἡδέσι | 여격 | ἀληθέσι | ἀληθέσι |
| 대격 | ἡδεῖς | ἡδείας | ἡδέα | 대격 | ἀληθεῖς | ἀληθῆ (ἀληθέα) |

④ 형용사 제3격변화 비교급

| | 단수 | | | 쌍수 | | | 복수 | |
|---|---|---|---|---|---|---|---|---|
| | 남성/여성 | 중성 | | 남성/여성 | 중성 | | 남성/여성 | 중성 |
| 주격 | ἡδίων | ἥδιον | 주격, 대격, 호격 | ἡδίονε | ἡδίονε | 주격, 호격 | ἡδίονες (ἡδίους) | ἡδίονα (ἡδίω) |
| 속격 | ἡδίονος | ἡδίονος | 속격, 여격 | ἡδιόνοιν | ἡδιόνοιν | 속격 | ἡδιόνων | ἡδιόνων |
| 여격 | ἡδίονι | ἡδίονι | | | | 여격 | ἡδίοσι | ἡδίοσι |
| 대격 | ἡδίονα (ἡδίω) | ἥδιον | | | | 대격 | ἡδίονας (ἡδίους) | ἡδίονα (ἡδίω) |
| 호격 | ἥδιον | ἥδιον | | | | | | |

⑤ 불규칙 형용사 격변화

|  | 남성 | 여성 | 중성 |
|---|---|---|---|
|  |  | 단수 |  |
| 주격 | μέγας | μεγάλη | μέγα |
| 속격 | μεγάλου | μεγάλης | μεγάλου |
| 여격 | μεγάλῳ | μεγάλῃ | μεγάλῳ |
| 대격 | μέγαν | μεγάλην | μέγα |
| 호격 | μεγάλε | μεγάλη | μέγα |
|  |  | 쌍수 |  |
| 주격, 대격, 호격 | μεγάλω | μεγάλα | μεγάλω |
| 속격, 여격 | μεγάλοιν | μεγάλαιν | μεγάλοιν |
|  |  | 복수 |  |
| 주격, 호격 | μεγάλοι | μεγάλαι | μεγάλα |
| 속격 | μεγάλων | μεγάλων | μεγάλων |
| 여격 | μεγάλοις | μεγάλαις | μεγάλοις |
| 대격 | μεγάλους | μεγάλας | μεγάλα |

|  | 남성 | 여성 | 중성 | 남성 | 여성 | 중성 |
|---|---|---|---|---|---|---|
|  |  |  | 단수 |  |  |  |
| 주격 | πᾶς | πᾶσα | πᾶν | πολύς | πολλή | πολύ |
| 속격 | παντός | πάσης | παντός | πολλοῦ | πολλῆς | πολλοῦ |
| 여격 | παντί | πάσῃ | παντί | πολλῷ | πολλῇ | πολλῷ |
| 대격 | πάντα | πᾶσαν | πᾶν | πολύν | πολλήν | πολύ |
| 호격 | πᾶς | πᾶσα | πᾶν |  |  |  |
|  |  |  | 복수 |  |  |  |
| 주격, 호격 | πάντες | πᾶσαι | πάντα | πολλοί | πολλαί | πολλά |
| 속격 | πάντων | πασῶν | πάντων | πολλῶν | πολλῶν | πολλῶν |
| 여격 | πᾶσι | πάσαις | πᾶσι | πολλοῖς | πολλαῖς | πολλοῖς |
| 대격 | πάντας | πάσας | πάντα | πολλούς | πολλάς | πολλά |

## 4. 분사 격변화

### ① 분사 기본 격변화

| | 현재 능동태 | | | 부정과거 능동태 | | |
|---|---|---|---|---|---|---|
| | 남성 | 여성 | 중성 | 남성 | 여성 | 중성 |
| **단수** | | | | | | |
| 주격, 호격 | λύων[78] | λύουσα | λῦον | λύσας[79] | λύσασα | λῦσαν |
| 속격 | λύοντος | λυούσης | λύοντος | λύσαντος | λυσάσης | λύσαντος |
| 여격 | λύοντι | λυούσῃ | λύοντι | λύσαντι | λυσάσῃ | λύσαντι |
| 대격 | λύοντα | λύουσαν | λῦον | λύσαντα | λύσασαν | λῦσαν |
| **쌍수** | | | | | | |
| 주격, 대격, 호격 | λύοντε | λυούσα | λύοντε | λύσαντε | λυσάσα | λύσαντε |
| 속격, 여격 | λυόντοιν | λυούσαιν | λυόντοιν | λυσάντοιν | λυσάσαιν | λυσάντοιν |
| **복수** | | | | | | |
| 주격, 호격 | λύοντες | λύουσαι | λύοντα | λύσαντες | λύσασαι | λύσαντα |
| 속격 | λυόντων | λυουσῶν | λυόντων | λυσάντων | λυσασῶν | λυσάντων |
| 여격 | λύουσι | λυούσαις | λύουσι | λύσασι | λυσάσαις | λύσασι |
| 대격 | λύοντας | λυούσας | λύοντα | λύσαντας | λυσάσας | λύσαντα |

| | 현재완료 능동태 | | | 부정과거 수동태 | | |
|---|---|---|---|---|---|---|
| | 남성 | 여성 | 중성 | 남성 | 여성 | 중성 |
| **단수** | | | | | | |
| 주격, 호격 | λελυκώς | λελυκυῖα | λελυκός | λυθείς[80] | λυθεῖσα | λυθέν |
| 속격 | λελυκότος | λελυκυίας | λελυκότος | λυθέντος | λυθείσης | λυθέντος |
| 여격 | λελυκότι | λελυκυίᾳ | λελυκότι | λυθέντι | λυθείσῃ | λυθέντι |
| 대격 | λελυκότα | λελυκυῖαν | λελυκός | λυθέντα | λυθεῖσαν | λυθέν |
| **쌍수** | | | | | | |
| 주격, 대격, 호격 | λελυκότε | λελυκυία | λελυκότε | λυθέντε | λυθεῖσα | λυθέντε |
| 속격, 여격 | λελυκότοιν | λελυκυίαιν | λελυκότοιν | λυθέντοιν | λυθείσαιν | λυθέντοιν |
| **복수** | | | | | | |
| 주격, 호격 | λελυκότες | λελυκυῖαι | λελυκότα | λυθέντες | λυθεῖσαι | λυθέντα |
| 속격 | λελυκότων | λελυκυιῶν | λελυκότων | λυθέντων | λυθεισῶν | λυθέντων |
| 여격 | λελυκόσι | λελυκυίαις | λελυκόσι | λυθεῖσι | λυθείσαις | λυθεῖσι |
| 대격 | λελυκότας | λελυκυίας | λελυκότα | λυθέντας | λυθείσας | λυθέντα |

---

[78] λιπών은 λύων과 마찬가지로 격변화하나, 옥시톤(울티마에 에큐트 악센트)을 갖는다. διδούς와 δούς는 주격 남성 단수를 제외하곤 λύων과 같은 형태의 어미를 가지며 옥시톤을 갖는다. (악센트 명칭 및 규칙과 관련하여, 2과 1번 및 2번 참조)

[79] ἵστημι의 현재 분사 ἱστάς, ἱστᾶσα, ἱσταν 그리고 부정과거 분사 στάς, στᾶσα, στάν은 λύσας와 같은 형태의 어미를 가지지만, 파록시톤 대신에, 옥시톤을 갖는다. (악센트 명칭 및 규칙과 관련하여, 2과 1번 및 2번 참조) (ἵστημι의 현재 분사 형태 및 부정과거 분사 형태와 관련하여, 20과 2번 혹은 아래 부록 7의 4번 및 5번 참조)

[80] τίθημι의 현재 분사 τιθείς 그리고 부정과거 분사 θείς는 λυθείς와 같은 형태의 어미를 가진다.

② 축약동사 분사 격변화 (δηλόω의 현재 분사 δηλῶν, δηλοῦσα, δηλοῦν 또한 ποιῶν과 같은 형태의 어미를 가짐)

|  | 현재 능동태 | | | | 현재 능동태 | | |
|---|---|---|---|---|---|---|---|
|  | 남성 | 여성 | 중성 | | 남성 | 여성 | 중성 |
| **단수** | | | | | | | |
| 주격, 호격 | τιμῶν | τιμῶσα | τιμῶν | | ποιῶν | ποιοῦσα | ποιοῦν |
| 속격 | τιμῶντος | τιμώσης | τιμῶντος | | ποιοῦντος | ποιούσης | ποιοῦντος |
| 여격 | τιμῶντι | τιμώσῃ | τιμῶντι | | ποιοῦντι | ποιούσῃ | ποιοῦντι |
| 대격 | τιμῶντα | τιμῶσαν | τιμῶν | | ποιοῦντα | ποιοῦσαν | ποιοῦν |
| **쌍수** | | | | | | | |
| 주격, 대격, 호격 | τιμῶντε | τιμώσα | τιμῶντε | | ποιοῦντε | ποιούσα | ποιοῦντε |
| 속격,여격 | τιμώντοιν | τιμώσαιν | τιμώντοιν | | ποιούτοιν | ποιούσαιν | ποιούντοιν |
| **복수** | | | | | | | |
| 주격,호격 | τιμῶντες | τιμῶσαι | τιμῶντα | | ποιοῦντες | ποιοῦσαι | ποιοῦντα |
| 속격 | τιμώντων | τιμωσῶν | τιμώντων | | ποιούντων | ποιουσῶν | ποιούντων |
| 여격 | τιμῶσι | τιμώσαις | τιμῶσι | | ποιοῦσι | ποιούσαις | ποιοῦσι |
| 대격 | τιμῶντας | τιμώσας | τιμῶντα | | ποιοῦντας | ποιούσας | ποιοῦντα |

## 5. 대명사 격변화

① 인칭대명사, 강조대명사 격변화 (3인칭 οὗ, οἷ, ἕ, σφεῖς, σφῶν, σφίσι, σφᾶς는 아티카 그리스어에서 간접 재귀대명사로 사용)

|  | 1인칭 | 2인칭 | 3인칭 | | 3인칭 | | |
|---|---|---|---|---|---|---|---|
|  | | | | | 남성 | 여성 | 중성 |
| **단수** | | | | | | | |
| 주격 | ἐγώ | σύ | | | αὐτός | αὐτή | αὐτό |
| 속격 | ἐμοῦ (μου) | σοῦ (σου) | οὗ | | αὐτοῦ | αὐτῆς | αὐτοῦ |
| 여격 | ἐμοί (μοι) | σοί (σοι) | οἷ | | αὐτῷ | αὐτῇ | αὐτῷ |
| 대격 | ἐμέ (με) | σέ (σε) | ἕ | | αὐτόν | αὐτήν | αὐτό |
| **쌍수** | | | | | | | |
| 주격, 대격 | νώ | σφώ | | | αὐτώ | αὐτά | αὐτώ |
| 속격, 여격 | νῷν | σφῷν | | | αὐτοῖν | αὐταῖν | αὐτοῖν |
| **복수** | | | | | | | |
| 주격 | ἡμεῖς | ὑμεῖς | σφεῖς | | αὐτοί | αὐταί | αὐτά |
| 속격 | ἡεμῶν | ὑμῶν | σφῶν | | αὐτῶν | αὐτῶν | αὐτῶν |
| 여격 | ἡμῖν | ὑμῖν | σφίσι | | αὐτοῖς | αὐταῖς | αὐτοῖς |
| 대격 | ἡμᾶς | ὑμᾶς | σφᾶς | | αὐτούς | αὐτάς | αὐτά |

② 상호대명사 격변화

|  | 쌍수 | | | 복수 | | |
|---|---|---|---|---|---|---|
|  | 남성/중성 | 여성 | | 남성 | 여성 | 중성 |
| 속격 | | | 속격 | ἀλλήλων | ἀλλήλων | ἀλλήλων |
| 속격, 여격 | ἀλλήλοιν | ἀλλήλαιν | 여격 | ἀλλήλοις | ἀλλήλαις | ἀλλήλοις |
| 대격 | ἀλλήλω | ἀλλήλα | 대격 | ἀλλήλους | ἀλλήλας | ἀλλήλα |

③ 재귀대명사 격변화

|  | 1인칭 | | | 2인칭 | |
|---|---|---|---|---|---|
|  | 남성 | 여성 | | 남성 | 여성 |

단수

| | | |
|---|---|---|---|
| 속격 | ἐμαυτοῦ | ἐμαυτῆς | σεαθτοῦ (σαυτοῦ) | σεαυτῆς (σαυτῆς) |
| 여격 | ἐμαυτῷ | ἐμαυτῇ | σεαυτῷ (σαυτῷ) | σεαυτῇ (σαυτῇ) |
| 대격 | ἐμαυτόν | ἐμαυτήν | σαυτόν (σαυτόν) | σεαυτήν (σαυτήν) |

복수

| | | |
|---|---|---|---|
| 속격 | ἡμῶν αὐτῶν | ἡμῶν αὐτῶν | ὑμῶν αὐτῶν | ὑμῶν αὐτῶν |
| 여격 | ἡμῖν αὐτοῖς | ἡμῖν αὐταῖς | ὑμῖν αὐτοῖς | ὑμῖν αὐταῖς |
| 대격 | ἡμᾶς αὐτούς | ἡμᾶς αὐτάς | ὑμᾶς αὐτούς | ὑμᾶς αὐτάς |

3인칭

|  | 남성 | 여성 | 중성 |  | 남성 | 여성 | 중성 |
|---|---|---|---|---|---|---|---|

단수

| | | | | | | | |
|---|---|---|---|---|---|---|---|
| 속격 | ἑαυτοῦ | ἑαυτῆς | ἑαυτοῦ | | αὐτοῦ | αὐτῆς | αὐτοῦ |
| 여격 | ἑαυτῷ | ἑαυτῇ | ἑαυτῷ | 또는 | αὐτῷ | αὐτῇ | αὐτῷ |
| 대격 | ἑαυτόν | ἑαυτήν | ἑαυτό | | αὐτόν | αὐτήν | αὐτό |

복수

| | | | | | | | |
|---|---|---|---|---|---|---|---|
| 속격 | ἑαυτῶν | ἑαυτῶν | ἑαυτῶν | | αὐτῶν | αὐτῶν | αὐτῶν |
| 여격 | ἑαυτοῖς | ἑαυταῖς | ἑαυτοῖς | 또는 | αὐτοῖς | αὐταῖς | αὐτοῖς |
| 대격 | ἑαυτούς | ἑαυτάς | ἑαυτά | | αὐτούς | αὐτάς | αὐτά |

④ 지시대명사 격변화

|  | 남성 | 여성 | 중성 | 남성 | 여성 | 중성 | 남성 | 여성 | 중성 |
|---|---|---|---|---|---|---|---|---|---|

단수

| | | | | | | | | | |
|---|---|---|---|---|---|---|---|---|---|
| 주격 | οὗτος | αὕτη | τοῦτο | ὅδε | ἥδε | τόδε | ἐκεῖνος | ἐκείνη | ἐκεῖνο |
| 속격 | τούτου | ταύτης | τούτου | τοῦδε | τῆσδε | τοῦδε | ἐκείνου | ἐκείνης | ἐκείνου |
| 여격 | τούτῳ | ταύτῃ | τούτῳ | τῷδε | τῇδε | τῷδε | ἐκείνῳ | ἐκείνη | ἐκείνῳ |
| 대격 | τοῦτον | ταύτην | τοῦτο | τόνδε | τήνδε | τόδε | ἐκεῖνον | ἐκείνην | ἐκεῖνο |

쌍수

| | | | | | | | | | |
|---|---|---|---|---|---|---|---|---|---|
| 주격, 대격 | τούτω | τούτω | τούτω | τώδε | τώδε | τώδε | ἐκείνω | ἐκείνω | ἐκείνω |
| 속격, 여격 | τούτοιν | τούτοιν | τούτοιν | τοῖνδε | τοῖνδε | τοῖνδε | ἐκείνοιν | ἐκείνοιν | ἐκείνοιν |

복수

| | | | | | | | | | |
|---|---|---|---|---|---|---|---|---|---|
| 주격 | οὗτοι | αὗται | ταῦτα | οἵδε | αἵδε | τάδε | ἐκεῖνοι | ἐκεῖναι | ἐκεῖνα |
| 속격 | τούτων | τούτων | τούτων | τῶνδε | τῶνδε | τῶνδε | ἐκείνων | ἐκείνων | ἐκείνων |
| 여격 | τούτοις | ταύταις | τούτοις | τοῖσδε | ταῖσδε | τοῖσδε | ἐκείνοις | ἐκείναις | ἐκείνοις |
| 대격 | τούτους | ταύτας | ταῦτα | τούσδε | τάσδε | τάδε | ἐκείνους | ἐκείνας | ἐκεῖνα |

⑤ 의문사 및 부정대명사 격변화

|  | 남성/여성 | 중성 | 남성/여성 | 중성 |
|---|---|---|---|---|
| **단수** | | | | |
| 주격 | τίς | τί | τις | τι |
| 속격 | τίνος (τοῦ) | τίνος (τοῦ) | τινός (του) | τινός (του) |
| 여격 | τίνι (τῷ) | τίνι (τῷ) | τινί (τῳ) | τινί (τῳ) |
| 대격 | τίνα | τί | τινά | τι |
| **쌍수** | | | | |
| 주격, 대격 | τίνε | τίνε | τινέ | τινέ |
| 속격, 여격 | τίνοιν | τίνοιν | τινοῖν | τινοῖν |
| **복수** | | | | |
| 주격 | τίνες | τίνα | τινές | τινά |
| 속격 | τίνων | τίνων | τινῶν | τινῶν |
| 여격 | τίσι | τίσι | τισί | τισί |
| 대격 | τίνας | τίνα | τινάς | τινά |

⑥ 관계대명사 격변화

|  | 남성 | 여성 | 중성 | 남성 | 여성 | 중성 |
|---|---|---|---|---|---|---|
| **단수** | | | | | | |
| 주격 | ὅς | ἥ | ὅ | ὅστις | ἥτις | ὅ τι |
| 속격 | οὗ | ἧς | οὗ | οὗτινος (ὅτου) | ἧστινος | οὗτινος (ὅτου) |
| 여격 | ᾧ | ᾗ | ᾧ | ᾧτινι (ὅτῳ) | ᾗτινι | ᾧτινι (ὅτῳ) |
| 대격 | ὅν | ἥν | ὅ | ὅντινα | ἥντινα | ὅ τι |
| **쌍수** | | | | | | |
| 주격, 대격 | ὥ | ὥ | ὥ | ὥτινε | ὥτινε | ὥτινε |
| 속격, 여격 | οἷν | οἷν | οἷν | οἷντινοιν | οἷντινοιν | οἷντινοιν |
| **복수** | | | | | | |
| 주격 | οἵ | αἵ | ἅ | οἵτινες | αἵτινες | ἅτινα (ἄττα) |
| 속격 | ὧν | ὧν | ὧν | ὧντινων (ὅτων) | ὧντινων | ὧντινων (ὅτων) |
| 여격 | οἷς | αἷς | οἷς | οἷστισι (ὅτοις) | αἷστισι | οἷστισι (ὅτοις) |
| 대격 | οὕς | ἅς | ἅ | οὕστινας | ἅστινας | ἅτινα (ἄττα) |

# 부록 3

## 대명사와 부사

### 1. 대명사

#### ① 의문

| | |
|---|---|
| τίς | 누구? (who?) |
| πότερος | (둘 중에서) 무엇을? 무엇이? (which of two?) |
| πόσος | 얼마나? 얼마큼? (how much, how many?) |
| ποῖος | 어떤 종류의? 어떤? (of what sort?) |

#### ② 부정(不定)

| | |
|---|---|
| τις | 누군가, 어떤 이 (someone) |
| πότερος / ποτερός | (둘 중에서) 하나 (one of two) |
| ποσός | 얼마큼의 양, 일정량 (of some quantity) |
| ποιός | 어떤 종류, 어떤 것 (of some sort) |

#### ③ 지시

| | |
|---|---|
| ὅδε | 이것, 그것, 저것; 뒤따르는 것, 다음의 것 (this, that, following) |
| οὗτος | 이것; (둘 중의) 후자 (this, the latter) |
| ἐκεῖνος | 그것, 저것; (둘 중의) 전자 (that, the former) |
| ἕτερος | 다른 것, (둘 중의) 다른 하나 (the other) |
| τόσος / τοσοῦτος | 그만큼, 그정도로 (so much, so many) |
| τοῖος / τοιοῦτος | 그러한, 그와 같은 (such) |

#### ④ 관계

| | |
|---|---|
| ὅς | 누구, ~하는 사람 (who) |
| ὁπότερος | (둘 중의) 어느 것, 무엇, ~한 쪽, ~한 것 (whichever of two) |
| ὅσος | 얼마큼, 얼마나, ~만큼 많이, ~만큼 모두 (as much (many) as) |
| οἷος | 어떤 종류의; ~로서, 가령 ~로서 (of whar sort) |

#### ⑤ 부정관계 / 간접의문

| | |
|---|---|
| ὅστις | 누구든지, ~하는 사람은 누구나 (whoever) |
| ὁπότερος | (둘 중의) 어느 것이든, 무엇이든, ~한 쪽이든, ~한 것이든 (whichever of two) |
| ὁπόσος | (양이나 수가) 얼마큼이든 (of whatever size or number) |
| ὁποῖος | 어떤 종류든, 어떤 것이든 (of whatever sort) |

### 2. 장소부사

#### ① 의문

| | |
|---|---|
| ποῦ | 어디? (where?) |
| πόθεν | 어디서, 어디로부터? (whence?) |
| ποῖ | 어디로? (whither?) |

#### ② 부정(不定)

| | |
|---|---|
| που | 어딘가 (somewhere) |
| ποθέν | 어디로부턴가 (from some place) |
| ποι | 어디론가 (to some place) |

③ 지시

| | |
|---|---|
| τῇδε | 여기서, 이곳에서 (here) |
| ἔνθα / ἐνθάδε / ἐνταῦθα | 거기에, 그 곳에 (there) |
| ἐκεῖ | 저기에, 저 곳에 (yonder) |
| ἐνθένδε / ἐντεῦθεν / ἐκεῖθεν | 여기로부터, 이곳으로부터; 거기로부터, 그 곳으로부터 (hence, thence) |
| ἐνθάδε / ἐκεῖσε | 여기, 여기에, 여기에서 (hither, thither) |

④ 관계

| | |
|---|---|
| οὗ / ἔνθα | 어디, ~인 곳 (where) |
| ὅθεν | 어디, ~하는 그 곳, ~하는 곳으로부터 (whence) |
| οἷ / ὅποι / ἔνθα | 어디, ~하는 그 곳, ~하는 곳으로 (whither) |

⑤ 부정관계 / 간접의문

| | |
|---|---|
| ὅπου | 어디든, 어느 곳이든, ~하는 곳이든 (wherever) |
| ὁπόθεν | 어디로부터든, 어디로부터 ~이든 (whencesoever) |
| ὅποι | 어디로든, 어디로 ~이든 (whithersoever) |

3. 시간부사

① 의문

| | |
|---|---|
| πότε | 언제? ~때? (when?) |

② 부정(不定)

| | |
|---|---|
| ποτέ | 한때, 언젠가 (sometime) |

③ 지시

| | |
|---|---|
| τότε | 그때 (then) |

④ 관계

| | |
|---|---|
| ὅτε | ~할 때, ~인 때 (when) |
| ἡνίκα | ~할 때, ~인 때 (when) |

⑤ 부정관계 / 간접의문

| | |
|---|---|
| ὁπότε | 언제든, ~하는 때마다 (whenever) |

4. 방법부사

① 의문

| | |
|---|---|
| πῇ | 어떤 식으로, 어떻게? (which way, how?) |

② 부정(不定)

| | |
|---|---|
| πη | 어쨌든, 어떻든, 어떻게든 (somehow) |

③ 지시

| | |
|---|---|
| τῇδε / ταύτῃ | 이렇게, 이런 식으로, 이처럼 (this way, thus) |

④ 관계

| | |
|---|---|
| ᾗ | ~한 식으로, ~한 방법으로, ~인 한 (in which way, as) |

⑤ 부정관계 / 간접의문

| | |
|---|---|
| ὅπῃ | ~한 식으로, 어떤 식으로 (in which way, as) |

5. 양태부사

　① 의문

　　πῶς　　　　　　　　　　어떻게? 어찌? (how?)

　② 부정(不定)

　　πως　　　　　　　　　　어쨌든, 어떻든 (somehow)

　③ 지시

　　ὥς / ὧδε / οὕτως　　　이처럼, 이렇게, 이와 같이; 그처럼, 그렇게, 그와 같이 (thus)

　　ἐκείνως　　　　　　　　그런 식으로, 저런 식으로 (in that way)

　④ 관계

　　ὡς　　　　　　　　　　~로서, ~처럼, ~하게, ~라는 것, ~한 것 (as, how)

　⑤ 부정관계 / 간접의문

　　ὅπως　　　　　　　　　~인 식으로, ~인 방식에서, 어떻게든 (in such manner as, how)

# 부록 4

## 기수, 서수, 수적 부사

| 기수 | 서수 | 수적 부사 |
|---|---|---|
| 1 εἷς, μία, ἕν 하나, 일(1) | πρῶτος, -η, -ον 첫째 | ἅπαξ 한 번, 한 차례 |
| 2 δύο 둘, 이(2) | δεύτερος, -α, -ον 둘째 | δίς 두 번, 두 차례 |
| 3 τρεῖς / τρία | τρίτος, -η, -ον | τρίς |
| 4 τέτταρες / τέτταρα | τέταρτος, -η, -ον | τετράκις |
| 5 πέντε | πέμπτος, -η, -ον | πεντάκις |
| 6 ἕξ | ἕκτος, -η, -ον | ἑξάκις |
| 7 ἑπτά | ἕβδομος, -η, -ον | ἑπτάκις |
| 8 ὀκτώ | ὄγδοος, -η, -ον | ὀκτάκις |
| 9 ἐννέα | ἔνατος, -η, -ον | ἐνάκις |
| 10 δέκα | δέκατος, -η, -ον | δεκάκις |
| 11 ἕνδεκα | ἑνδέκατος, -η, -ον | ἑνδεκάκις |
| 12 δώδεκα | δωδέκατος, -η, -ον | δωδεκάκις |
| 13 τρεῖς καὶ δέκα / τρία καὶ δέκα | τρίτος καὶ δέκατος | τρίσκαιδεκάκις |
| 14 τέτταρες καὶ δέκα / τέτταρα καὶ δέκα | τέταρτος καὶ δέκατος | τετρακαιδεκάκις |
| 15 πεντεκαίδεκα | πέμπτος καὶ δέκατος | πεντεκαιδεκάκις |
| 16 ἑκκαίδεκα | ἕκτος καὶ δέκατος | ἑκκαιδεκάκις |
| 17 ἑπτακαίδεκα | ἕβδομος καὶ δέκατος | ἑπτακαιδεκάκις |
| 18 ὀκτωκαίδεκα | ὄγδοος καὶ δέκατος | ὀκτωκαιδεκάκις |
| 19 ἐννεακαίδεκα | ἔνατος καὶ δέκατος | ἐννεακαιδεκάκις |
| 20 εἴκοσι(ν) | εἴκοστος, -ή, -όν | εἰκοσάκις |
| 21 εἷς καὶ εἴκοσι(ν), εἴκοσι καὶ εἷς, εἴκοσιν εἷς | πρῶτος καὶ εἰκοστός | ἅπαξ καὶ εἰκοσάκις |
| 30 τριάκοντα | τριακοστός, -ή, -όν | τριακοντάκις |
| 40 τετταράκοντα | τετταρακοστός, -ή, -όν | τετταρακοντάκις |
| 50 πεντήκοντα | πεντηκοστός, -ή, -όν | πεντηκοντάκις |
| 60 ἑξήκοντα | ἑξηκοστός, -ή, -όν | ἑξηκοντάκις |
| 70 ἑβδομήκοντα | ἑβδομηκοστός, -ή, -όν | ἑβδομηκοντάκις |
| 80 ὀγδοήκοντα | ὀγδοηκοστός, -ή, -όν | ὀγδοηκοντάκις |
| 90 ἐνενήκοντα | ἐνενηκοστός, -ή, -όν | ἐνενηκοντάκις |
| 100 ἑκατόν | ἑκατοστός, -ή, -όν | ἑκατοντάκις |
| 101 εἷς καὶ ἑκατόν | πρῶτος καὶ ἑκατοστός | ἅπαξ καὶ ἑκατοντάκις |
| 200 διακόσιοι, -αι, -α | διακοσιοστός, -ή, -όν | διακοσιάκις |
| 300 τριακόσιοι, -αι, -α | τριακοσιοστός, -ή, -όν | τριακοσιάκις |
| 400 τετρακόσιοι, -αι, -α | τετρακοσιοστός, -ή, -όν | τετρακοσιάκις |
| 500 πεντακόσιοι, -αι, -α | πεντακοσιοστός, -ή, -όν | πεντακοσιάκις |
| 600 ἑξακόσιοι, -αι, -α | ἑξακοσιοστός, -ή, -όν | ἑξακοσιάκις |
| 700 ἑπτακόσιοι, -αι, -α | ἑπτακοσιοστός, -ή, -όν | ἑπτακοσιάκις |
| 800 ὀκτακόσιοι, -αι, -α | ὀκτακοσιοστός, -ή, -όν | ὀκτακοσιάκις |

| | | | |
|---|---|---|---|
| 900 | ἐνακόσιοι, -αι, -α | ἐνακοσιοστός, -ή, -όν | ἐνακοσιάκις |
| 1,000 | χίλιοι, -αι, -α | χιλιοστός, -ή, -όν | χιλιάκις |
| 1,001 | εἷς καὶ χίλιοι | πρῶτος καὶ χιλιοστός | ἅπαξ καὶ χιλιάκις |
| 2,000 | δισχίλιοι, -αι, -α | δισχιλιοστός, -ή, -όν | δισχιλιάκις |
| 3,000 | τρισχίλιοι, -αι, -α | τρισχιλιοστός, -ή, -όν | τρισχιλιάκις |
| 10,000 | μύριοι, -αι, -α | μυριοστός, -ή, -όν | μυριάκις |
| 11,000 | μύριοι καὶ χίλιοι, -αι, -α | μυριοστός καὶ χιλιοστός | μυριάκις καὶ χιλιάκις |
| 20,000 | δισμύριοι, -αι, -α | δισμυριοστός, -ή, -όν | δισμυριάκις |
| 100,000 | δεκακισμύριοι, -αι, -α | δεκακισμυριοστός, -ή, -όν | δεκακισμυριάκις |

# 부록 5

## ω-동사

1. παιδεύω 현재 및 미완료 능동태, 중간태, 수동태

| | 현재 능동태 | 미완료 능동태 | 현재 중간태/수동태 | 미완료 중간태/수동태 |
|---|---|---|---|---|
| | | **직설법** | | |
| 1인칭 단수 | παιδεύω | ἐπαίδευον | παιδεύομαι | ἐπαιδευόμην |
| 2인칭 단수 | παιδεύεις | ἐπαίδυες | παιδεύει | ἐπαιδεύου |
| 3인칭 단수 | παιδεύει | ἐπαίδευε(ν) | παιδεύεται | ἐπαιδεύετο |
| 2인칭 쌍수 | παιδεύετον | ἐπαδεύετον | παιδεύεσθον | ἐπαιδεύεσθον |
| 3인칭 쌍수 | παιδεύετον | ἐπαιδευέτην | παιδεύεσθον | ἐπαιδευέσθην |
| 1인칭 복수 | παιδεύομεν | ἐπαιδεύομεν | παιδευόμεθα | ἐπαιδευόμεθα |
| 2인칭 복수 | παιδεύετε | ἐπαιδεύετε | παιδεύεσθε | ἐπαιδεύεσθε |
| 3인칭 복수 | παιδεύουσι(ν) | ἐπαίδευον | παιδεύονται | ἐπαιδεύοντο |
| | | **가정법** | | |
| 1인칭 단수 | παιδεύω | | παιδεύωμαι | |
| 2인칭 단수 | παιδεύῃς | | παιδεύῃ | |
| 3인칭 단수 | παιδεύῃ | | παιδεύηται | |
| 2인칭 쌍수 | παιδεύητον | | παιδεύησθον | |
| 3인칭 쌍수 | παιδεύητον | | παιδεύησθον | |
| 1인칭 복수 | παιδεύωμεν | | παιδευώμεθα | |
| 2인칭 복수 | παιδεύητε | | παιδεύησθε | |
| 3인칭 복수 | παιδεύωσι(ν) | | παιδεύωνται | |
| | | **기원법** | | |
| 1인칭 단수 | παιδεύοιμι | | παιδευοίμην | |
| 2인칭 단수 | παιδεύοις | | παιδεύοιο | |
| 3인칭 단수 | παιδεύοι | | παιδεύοιτο | |
| 2인칭 쌍수 | παιδεύοιτον | | παιδεύοισθον | |
| 3인칭 쌍수 | παιδευοίτην | | παιδευοίσθην | |
| 1인칭 복수 | παιδεύοιμεν | | παιδευοίμεθα | |
| 2인칭 복수 | παιδεύοιτε | | παιδεύοισθε | |
| 3인칭 복수 | παιδεύοιεν | | παιδεύοιντο | |
| | | **명령법** | | |
| 2인칭 단수 | παίδευε | | παιδεύου | |
| 3인칭 단수 | παιδευέτω | | παιδευέσθω | |
| 2인칭 쌍수 | παιδεύετον | | παιδεύεσθον | |
| 3인칭 쌍수 | παιδευέτων | | παιδευέσθων | |
| 2인칭 복수 | παιδεύετε | | παιδεύεσθε | |
| 3인칭 복수 | παιδευόντων | | παιδευέσθων | |

부정사

παιδεύειν                                                      παιδεύεσθαι

분사

παιδεύων                                                      παιδευόμενος

## 2. παιδεύω 미래 능동태 및 중간태[81]

| | 미래 능동태 | | 미래 중간태 |
|---|---|---|---|

직설법

| | | | |
|---|---|---|---|
| 1인칭 단수 | παιδεύσω | | παιδεύσομαι |
| 2인칭 단수 | παιδεύσεις | | παιδεύσει |
| 3인칭 단수 | παιδεύσει | | παιδεύσεται |
| 2인칭 쌍수 | παιδεύσετον | | παιδεύσεσθον |
| 3인칭 쌍수 | παιδεύσετον | | παιδεύσεσθον |
| 1인칭 복수 | παιδεύσομεν | | παιδευσόμεθα |
| 2인칭 복수 | παιδεύσετε | | παιδεύσεσθε |
| 3인칭 복수 | παιδεύσουσι(ν) | | παιδεύσονται |

기원법

| | | | |
|---|---|---|---|
| 1인칭 단수 | παιδεύσοιμι | | παιδευσοίμην |
| 2인칭 단수 | παιδεύσοις | | παιδεύσοιο |
| 3인칭 단수 | παιδεύσοι | | παιδεύσοιτο |
| 2인칭 쌍수 | παιδεύσοιτον | | παιδεύσοισθον |
| 3인칭 쌍수 | παιδευσοίτην | | παιδευσοίσθην |
| 1인칭 복수 | παιδεύσοιμεν | | παιδευσοίμεθα |
| 2인칭 복수 | παιδεύσοιτε | | παιδεύσοισθε |
| 3인칭 복수 | παιδεύσοιεν | | παιδεύσοιντο |

부정사

παιδεύσειν                                                      παιδεύσεσθαι

분사

παιδεύσων                                                      παιδευσόμενος

---

[81] 미래 수동태는 아래 5번에서 부정과거 수동태 형태와 함께 다룬다.

3. παιδεύω 제1부정과거 능동태 및 중간태, 현재완료 및 과거완료 능동태

| | 제1부정과거 능동태 | 제1부정과거 중간태 | (제1)현재완료 능동태 | (제1)과거완료 능동태 |
|---|---|---|---|---|
| | | 직설법 | | |
| 1인칭 단수 | ἐπαίδευσα | ἐπαιδευσάμην | πεπαίδευκα | ἐπεπαιδεύκη |
| 2인칭 단수 | ἐπαίδευσας | ἐπαιδεύσω | πεπαίδευκας | ἐπεπαιδεύκης |
| 3인칭 단수 | ἐπαίδευσε(ν) | ἐπαιδεύσατο | πεπαίδευκε(ν) | ἐπεπαιδεύκει(ν) |
| 2인칭 쌍수 | ἐπαιδεύσατον | ἐπαιδεύσασθον | πεπαιδεύκατον | ἐπεπαιδεύκετον |
| 3인칭 쌍수 | ἐπαιδευσάτην | ἐπαιδευσάσθην | πεπαιδεύκατον | ἐπεπαιδευκέτην |
| 1인칭 복수 | ἐπαιδεύσαμεν | ἐπαιδευσάμεθα | πεπαιδεύκαμεν | ἐπεπαιδεύκεμεν |
| 2인칭 복수 | ἐπαιδεύσατε | ἐπαιδεύσασθε | πεπαιδεύκατε | ἐπεπαιδεύκετε |
| 3인칭 복수 | ἐπαίδευσαν | ἐπαιδεύσαντο | πεπαιδεύκασι(ν) | ἐπεπαιδεύκεσαν |
| | | 가정법 | | |
| 1인칭 단수 | παιδεύσω | παιδεύσωμαι | πεπαιδεύκω / πεπαιδευκὼς ὦ | |
| 2인칭 단수 | παιδεύσῃς | παιδεύσῃ | πεπαιδεύκῃς / πεπαιδευκὼς ᾖς | |
| 3인칭 단수 | παιδεύσῃ | παιδεύσηται | πεπαιδεύκῃ / πεπαιδευκὼς ᾖ | |
| 2인칭 쌍수 | παιδεύσητον | παιδεύσησθον | πεπαιδεύκητον / πεπαιδευκότε ἦτον | |
| 3인칭 쌍수 | παιδεύσητον | παιδεύσησθον | πεπαιδεύκητον / πεπαιδευκότε ἦτον | |
| 1인칭 복수 | παιδεύσωμεν | παιδευσώμεθα | πεπαιδεύκωμεν / πεπαιδευκότες ὦμεν | |
| 2인칭 복수 | παιδεύσητε | παιδεύσησθε | πεπαιδεύκητε / πεπαιδευκότες ἦτε | |
| 3인칭 복수 | παιδεύσωσι(ν) | παιδεύσωνται | πεπαιδεύκωσι(ν) / πεπαιδευκότες ὦσι(ν) | |
| | | 기원법 | | |
| 1인칭 단수 | παιδεύσαιμι | παιδευσαίμην | πεπαιδεύκοιμι / πεπαιδευκὼς εἴην | |
| 2인칭 단수 | παιδεύσαις, –σειας | παιδεύσαιο | πεπαιδεύκοις / πεπαιδευκὼς εἴης | |
| 3인칭 단수 | παιδεύσαι, –σειε(ν) | παιδεύσαιτο | πεπαιδεύκοι / πεπαιδευκὼς εἴη | |
| 2인칭 쌍수 | παιδεύσαιτον | παιδεύσαισθον | πεπαιδεύκοιτον / πεπαιδευκότε εἶτον, εἴητον | |
| 3인칭 쌍수 | παιδευσαίτην | παιδευσαίσθην | πεπαιδευκοίτην / πεπαιδευκότε εἴτην, εἰήτην | |
| 1인칭 복수 | παιδεύσαιμεν | παιδευσαίμεθα | πεπαιδεύκοιμεν / πεπαιδευκότες εἶμεν, εἴημεν | |
| 2인칭 복수 | παιδεύσαιτε | παιδεύσαισθε | πεπαιδεύκοιτε / πεπαιδευκότες εἶτε, εἴητε | |
| 3인칭 복수 | παιδεύσαιεν, –σειαν | παιδεύσαιντο | πεπαιδεύκοιεν / πεπαιδευκότες εἶεν, εἴησαν | |
| | | 명령법 | | |
| 2인칭 단수 | παίδευσον | παίδευσαι | παιδευκὼς ἴσθι | |
| 3인칭 단수 | παιδευσάτω | παιδευσάσθω | παιδευκὼς ἔστω | |
| 2인칭 쌍수 | παιδεύσατον | παιδεύσασθον | πεπαιδευκότες ἔστον | |
| 3인칭 쌍수 | παιδευσάτων | παιδευσάσθων | πεπαιδευκότες ἔστων | |
| 2인칭 복수 | παιδεύσατε | παιδεύσασθε | πεπαιδευκότες ἔστε | |
| 3인칭 복수 | παιδευσάντων | παιδευσάσθων | πεπαιδευκότες ἔστων | |
| | | 부정사 | | |
| | παιδεῦσαι | παιδεύσασθαι | πεπαιδευκέναι | |
| | | 분사 | | |
| | παιδεύσας | παιδευσάμενος | πεπαιδευκώς | |

4. παιδεύω 완료 중간태

| | 현재완료 중간/수동태 | 과거완료 중간/수동태 | 미래완료 중간/수동태 |
|---|---|---|---|
| | | 직설법 | |
| 1인칭 단수 | πεπαίδευμαι | ἐπεπαιδεύμην | πεπαιδεύσομαι |
| 2인칭 단수 | πεπαίδευσαι | ἐπεπαίδευσο | πεπαιδεύσει |
| 3인칭 단수 | πεπαίδευται | ἐπεπαίδευτο | πεπαιδεύσεται |
| 2인칭 쌍수 | πεπαίδευσθον | ἐπεπαίδευσθον | πεπαιδεύσεσθον |
| 3인칭 쌍수 | πεπαίδευσθον | ἐπεπαιδεύσθην | πεπαιδεύσεσθον |
| 1인칭 복수 | πεπαιδεύμεθα | ἐπεπαιδεύμεθα | πεπαιδευσόμεθα |
| 2인칭 복수 | πεπαίδευσθε | ἐπεπαίδευσθε | πεπαιδεύσεσθε |
| 3인칭 복수 | πεπαίδευνται | ἐπεπαίδευντο | πεπαιδεύσονται |

| | | 가정법 | |
|---|---|---|---|
| 1인칭 단수 | πεπαιδεθμένος ὦ | | |
| 2인칭 단수 | πεπαιδεθμένος ᾖς | | |
| 3인칭 단수 | πεπαιδεθμένος ᾖ | | |
| 2인칭 쌍수 | πεπαιδεθμένω ἦτον | | |
| 3인칭 쌍수 | πεπαιδεθμένω ἦτον | | |
| 1인칭 복수 | πεπαιδεθμένοι ὦμεν | | |
| 2인칭 복수 | πεπαιδεθμένοι ἦτε | | |
| 3인칭 복수 | πεπαιδεθμένοι ὦσι(ν) | | |

| | | 기원법 | |
|---|---|---|---|
| 1인칭 단수 | πεπαιδεθμένος εἴην | | πεπαιδευσοίμην |
| 2인칭 단수 | πεπαιδεθμένος εἴης | | πεπαιδεύσοιο |
| 3인칭 단수 | πεπαιδεθμένος εἴη | | πεπαιδεύσοιτο |
| 2인칭 쌍수 | πεπαιδεθμένω εἶτον, εἴητον | | πεπαιδεύσοισθον |
| 3인칭 쌍수 | πεπαιδεθμένω εἴτην, εἰήτην | | πεπαιδευσοίσθην |
| 1인칭 복수 | πεπαιδεθμένοι εἶμεν, εἴημεν | | πεπαιδευσοίμεθα |
| 2인칭 복수 | πεπαιδεθμένοι εἶτε, εἴητε | | πεπαιδεύσοισθε |
| 3인칭 복수 | πεπαιδεθμένοι εἶεν, εἴησαν | | πεπαιδεύσοιντο |

| | | 명령법 | |
|---|---|---|---|
| 2인칭 단수 | πεπαίδευσο | | |
| 3인칭 단수 | πεπαιδεύσθω | | |
| 2인칭 쌍수 | πεπαίδευσθον | | |
| 3인칭 쌍수 | πεπαιδεύσθων | | |
| 2인칭 복수 | πεπαίδευσθε | | |
| 3인칭 복수 | πεπαιδεύσθων | | |

| | | 부정사 | |
|---|---|---|---|
| | πεπαιδεῦσθαι | | πεπαιδεύσεσθαι |

| | | 분사 | |
|---|---|---|---|
| | πεπαιδευμένος | | πεπαιδευσόμενος |

5. παιδεύω 부정과거 및 미래 수동태

| | 제1부정과거 수동태 | (제1)미래 수동태 |
|---|---|---|

### 직설법

| | | |
|---|---|---|
| 1인칭 단수 | ἐπαιδεύθην | παιδευθήσομαι |
| 2인칭 단수 | ἐπαιδεύθης | παιδευθήσει |
| 3인칭 단수 | ἐπαιδεύθη | παιδευθήσεται |
| 2인칭 쌍수 | ἐπαιδεύθητον | παιδευθήσεσθον |
| 3인칭 쌍수 | ἐπαιδευθήτην | παιδευθήσεσθον |
| 1인칭 복수 | ἐπαιδεύθημεν | παιδευθησόμεθα |
| 2인칭 복수 | ἐπαιδεύθητε | παιδευθήσεσθε |
| 3인칭 복수 | ἐπαιδεύθησαν | παιδευθήσονται |

### 가정법

| | |
|---|---|
| 1인칭 단수 | παιδευθῶ (παιδευθέω) |
| 2인칭 단수 | παιδευθῇς |
| 3인칭 단수 | παιδευθῇ |
| 2인칭 쌍수 | παιδευθῆτον |
| 3인칭 쌍수 | παιδευθῆτον |
| 1인칭 복수 | παιδευθῶμεν |
| 2인칭 복수 | παιδευθῆτε |
| 3인칭 복수 | παιδευθῶσι(ν) |

### 기원법

| | | |
|---|---|---|
| 1인칭 단수 | παιδευθείην | παιδευθησοίμην |
| 2인칭 단수 | παιδευθείης | παιδευθήσοιο |
| 3인칭 단수 | παιδευθείη | παιδευθήσοιτο |
| 2인칭 쌍수 | παιδευθείητον, –θεῖτον | παιδευθήσοισθον |
| 3인칭 쌍수 | παιδευθειήτην, –θείτην | παιδευθησοίσθην |
| 1인칭 복수 | παιδευθείημεν, –θεῖμεν | παιδευθησοίμεθα |
| 2인칭 복수 | παιδευθείητε, –θεῖτε | παιδευθήσοισθε |
| 3인칭 복수 | παιδευθείησαν, –θεῖεν | παιδευθήσοιντο |

### 명령법

| | |
|---|---|
| 2인칭 단수 | παιδεύθητι |
| 3인칭 단수 | παιδευθήτω |
| 2인칭 쌍수 | παιδεύθητον |
| 3인칭 쌍수 | παιδευθήτων |
| 2인칭 복수 | παιδεύθητε |
| 3인칭 복수 | παιδευθέντων |

### 부정사

| | |
|---|---|
| παιδευθῆναι | παιδευθήσεσθαι |

### 분사

| | |
|---|---|
| παιδευθείς | παιδευθησόμενος |

# 부록 6

## 축약동사

1. τιμάω, φιλέω, δηλόω 현재 능동태 (기원법에서 꺽쇠 괄호 [ ] 안의 형태는 잘 사용되지 않는 것들임)

### 직설법

| | | | | | | |
|---|---|---|---|---|---|---|
| 1인칭 단수 | τιμῶ | (τιμάω) | φιλῶ | (φιλέω) | δηλῶ | (δηλόω) |
| 2인칭 단수 | τιμᾷς | (τιμάεις) | φιλεῖς | (φιλέεις) | δηλοῖς | (δηλόεις) |
| 3인칭 단수 | τιμᾷ | (τιμάει) | φιλεῖ | (φιλέει) | δηλοῖ | (δηλόει) |
| 2인칭 쌍수 | τιμᾶτον | (τιμάετον) | φιλεῖτον | (φιλέετον) | δηλοῦτον | (δηλόετον) |
| 3인칭 쌍수 | τιμᾶτον | (τιμάετον) | φιλεῖτον | (φιλέετον) | δηλοῦτον | (δηλόετον) |
| 1인칭 복수 | τιμῶμεν | (τιμάομεν) | φιλοῦμεν | (φιλέομεν) | δηλοῦμεν | (δηλόομεν) |
| 2인칭 복수 | τιμᾶτε | (τιμάετε) | φιλεῖτε | (φιλέετε) | δηλοῦτε | (δηλόετε) |
| 3인칭 복수 | τιμῶσι | (τιμάουσι) | φιλοῦσι | (φιλέουσι) | δηλοῦσι | (δηλόουσι) |

### 가정법

| | | | | | | |
|---|---|---|---|---|---|---|
| 1인칭 단수 | τιμῶ | (τιμάω) | φιλῶ | (φιλέω) | δηλῶ | (δηλόω) |
| 2인칭 단수 | τιμᾷς | (τιμάῃς) | φιλῇς | (φιλέῃς) | δηλοῖς | (δηλόῃς) |
| 3인칭 단수 | τιμᾷ | (τιμάῃ) | φιλῇ | (φιλέῃ) | δηλοῖ | (δηλόῃ) |
| 2인칭 쌍수 | τιμᾶτον | (τιμάητον) | φιλῆτον | (φιλέητον) | δηλῶτον | (δηλόητον) |
| 3인칭 쌍수 | τιμᾶτον | (τιμάητον) | φιλῆτον | (φιλέητον) | δηλῶτον | (δηλόητον) |
| 1인칭 복수 | τιμῶμεν | (τιμάωμεν) | φιλῶμεν | (φιλέωμεν) | δηλῶμεν | (δηλόωμεν) |
| 2인칭 복수 | τιμᾶτε | (τιμάητε) | φιλῆτε | (φιλέητε) | δηλῶτε | (δηλόητε) |
| 3인칭 복수 | τιμῶσι | (τιμάωσι) | φιλῶσι | (φιλέωσι) | δηλῶσι | (δηλόωσι) |

### 기원법

| | | | | | | |
|---|---|---|---|---|---|---|
| 1인칭 단수 | τιμῷην | (τιμαοίην) | φιλοίην | (φιλεοίην) | δηλοίην | (δηλοοίην) |
| 2인칭 단수 | τιμῷης | (τιμαοίης) | φιλοίης | (φιλεοίης) | δηλοίης | (δηλοοίης) |
| 3인칭 단수 | τιμῷη | (τιμαοίη) | φιλοίη | (φιλεοίη) | δηλοίη | (δηλοοίη) |
| 2인칭 쌍수 | [τιμῷητον] | (τιμαοίητον) | [φιλοίητον] | (φιλεοίητον) | [δηλοίητον] | (δηλοοίητον) |
| 3인칭 쌍수 | [τιμῳήτην] | (τιμαοιήτην) | [φιλοιήτην] | (φιλεοιήτην) | [δηλοιήτην] | (δηλοοιήτην) |
| 1인칭 복수 | [τιμῷημεν] | (τιμαοίημεν) | [φιλοίημεν] | (φιλεοίημεν) | [δηλοίημεν] | (δηλοοίημεν) |
| 2인칭 복수 | [τιμῷητε] | (τιμαοίητε) | [φιλοίητε] | (φιλεοίητε) | [δηλοίητε] | (δηλοοίητε) |
| 3인칭 복수 | [τιμῷησαν] | (τιμαοίησαν) | [φιλοίησαν] | (φιλεοίησαν) | [δηλοίησαν] | (δηλοοίησαν) |

### 기원법 기타 형태

| | | | | | | |
|---|---|---|---|---|---|---|
| 1인칭 단수 | [τιμῷμι] | (τιμάοιμι) | [φιλοῖμι] | (φιλέοιμι) | [δηλοῖμι] | (δηλόοιμι) |
| 2인칭 단수 | [τιμῷς] | (τιμάοις) | [φιλοῖς] | (φιλέοις) | [δηλοῖς] | (δηλόοις) |
| 3인칭 단수 | [τιμῷ] | (τιμάοι) | [φιλοῖ] | (φιλέοι) | [δηλοῖ] | (δηλόοι) |
| 2인칭 쌍수 | τιμῷτον | (τιμάοιτον) | φιλοῖτον | (φιλέοιτον) | δηλοῖτον | (δηλόοιτον) |
| 3인칭 쌍수 | τιμῴτην | (τιμαοίτην) | φιλοίτην | (φιλεοίτην) | δηλοίτην | (δηλόοιτην) |
| 1인칭 복수 | τιμομεν | (τιμάοιμεν) | φιλοῖμεν | (φιλέοιμεν) | δηλοῖμεν | (δηλόοιμεν) |
| 2인칭 복수 | τιμῷτε | (τιμάοιτε) | φιλοῖτε | (φιλέοιτε) | δηλοῖτε | (δηλόοιτε) |
| 3인칭 복수 | τιμῷεν | (τιμάοιεν) | φιλοῖεν | (φιλέοιεν) | δηλοῖεν | (δηλόοιεν) |

명령법

| | | | | | | | |
|---|---|---|---|---|---|---|---|
| 2인칭 단수 | τίμα | (τίμαε) | φίλει | (φίλεε) | δήλου | (δήλοε) |
| 3인칭 단수 | τιμάτω | (τιμαέτω) | φιλείτω | (φιλεέτω) | δηλούτω | (δηλοέτω) |
| 2인칭 쌍수 | τιμᾶτον | (τιμάετον) | φιλεῖτον | (φιλέετον) | δηλοῦτον | (δηλόετον) |
| 3인칭 쌍수 | τιμάτων | (τιμαέτων) | φιλείτων | (φιλεέτων) | δηλούτων | (δηλοέτων) |
| 2인칭 복수 | τιμᾶτε | (τιμάετε) | φιλεῖτε | (φιλέετε) | δηλοῦτε | (δηλόετε) |
| 3인칭 복수 | τιμώντων | (τιμαόντων) | φιλούντων | (φιλεόντων) | δηλούντων | (δηλοόντων) |

부정사

| | | | | | | | |
|---|---|---|---|---|---|---|---|
| | τιμᾶν | (τιμάειν) | φιλεῖν | (φιλέειν) | δηλοῦν | (δηλόειν) |

분사

| | | | | | | | |
|---|---|---|---|---|---|---|---|
| | τιμῶν | (τιμάων) | φιλῶν | (φιλέων) | δηλῶν | (δηλόων) |

## 2. τιμάω, φιλέω, δηλόω 미완료 능동태

직설법

| | | | | | | | |
|---|---|---|---|---|---|---|---|
| 1인칭 단수 | ἐτίμων | (ἐτίμαον) | ἐφίλουν | (ἐφίλεον) | ἐδήλουν | (ἐδήλοον) |
| 2인칭 단수 | ἐτίμας | (ἐτίμαες) | ἐφίλεις | (ἐφίλεες) | ἐδήλους | (ἐδήλοες) |
| 3인칭 단수 | ἐτίμα | (ἐτίμαε) | ἐφίλει | (ἐφίλεε) | ἐδήλου | (ἐδήλοε) |
| 2인칭 쌍수 | ἐτιμᾶτον | (ἐτιμάετον) | ἐφιλεῖτον | (ἐφιλέετον) | ἐδηλοῦτον | (ἐδηλόετον) |
| 3인칭 쌍수 | ἐτιμάτην | (ἐτιμαέτην) | ἐφιλείτην | (ἐφιλεέτην) | ἐδηλούτην | (ἐδηλοέτην) |
| 1인칭 복수 | ἐτιμῶμεν | (ἐτιμάομεν) | ἐφιλοῦμεν | (ἐφιλέομεν) | ἐδηλοῦμεν | (ἐδηλόομεν) |
| 2인칭 복수 | ἐτιμᾶτε | (ἐτιμάετε) | ἐφιλεῖτε | (ἐφιλέετε) | ἐδηλοῦτε | (ἐδηλόετε) |
| 3인칭 복수 | ἐτίμων | (ἐτίμαον) | ἐφίλουν | (ἐφίλεον) | ἐδήλουν | (ἐδήλοον) |

## 3. τιμάω, φιλέω, δηλόω 현재 중간태 및 수동태

직설법

| | | | | | | | |
|---|---|---|---|---|---|---|---|
| 1인칭 단수 | τιμῶμαι | (τιμάομαι) | φιλοῦμαι | (φιλέομαι) | δηλοῦμαι | (δηλόομαι) |
| 2인칭 단수 | τιμᾷ | (τιμάῃ, –άει) | φιλῇ, φιλεῖ | (φιλέῃ, –έει) | δηλοῖ | (δηλόῃ, –όει) |
| 3인칭 단수 | τιμᾶται | (τιμάεται) | φιλεῖται | (φιλέεται) | δηλοῦται | (δηλόεται) |
| 2인칭 쌍수 | τιμᾶσθον | (τιμάεσθον) | φιλεῖσθον | (φιλέεσθον) | δηλοῦσθον | (δηλόεσθον) |
| 3인칭 쌍수 | τιμᾶσθον | (τιμάεσθον) | φιλεῖσθον | (φιλέεσθον) | δηλοῦσθον | (δηλόεσθον) |
| 1인칭 복수 | τιμώμεθα | (τιμαόμεθα) | φιλούμεθα | (φιλεόμεθα) | δηλούμεθα | (δηλοόμεθα) |
| 2인칭 복수 | τιμᾶσθε | (τιμάεσθε) | φιλεῖσθε | (φιλέεσθε) | δηλοῦσθε | (δηλόεσθε) |
| 3인칭 복수 | τιμῶνται | (τιμάονται) | φιλοῦνται | (φιλέονται) | δηλοῦνται | (δηλόονται) |

가정법

| | | | | | | | |
|---|---|---|---|---|---|---|---|
| 1인칭 단수 | τιμῶμαι | (τιμάωμαι) | φιλῶμαι | (φιλέωμαι) | δηλῶμαι | (δηλόωμαι) |
| 2인칭 단수 | τιμᾷ | (τιμάῃ) | φιλῇ | (φιλέῃ) | δηλοῖ | (δηλόῃ) |
| 3인칭 단수 | τιμᾶται | (τιμάηται) | φιλῆται | (φιλέηται) | δηλῶται | (δηλόηται) |
| 2인칭 쌍수 | τιμᾶσθον | (τιμάησθον) | φιλῆσθον | (φιλέησθον) | δηλῶσθον | (δηλόησθον) |
| 3인칭 쌍수 | τιμᾶσθον | (τιμάησθον) | φιλῆσθον | (φιλέησθον) | δηλῶσθον | (δηλόησθον) |
| 1인칭 복수 | τιμώμεθα | (τιμαώμεθα) | φιλώμεθα | (φιλεώμεθα) | δηλώμεθα | (δηλοώμεθα) |
| 2인칭 복수 | τιμᾶσθε | (τιμάησθε) | φιλῆσθε | (φιλέησθε) | δηλῶσθε | (δηλόησθε) |
| 3인칭 복수 | τιμῶνται | (τιμάωνται) | φιλῶνται | (φιλέωνται) | δηλῶνται | (δηλόωνται) |

<h2>기원법</h2>

| 1인칭 단수 | τιμῷμην | (τιμαοίμην) | φιλοίμην | (φιλεοίμην) | δηλοίμην | (δηλοοίμην) |
|---|---|---|---|---|---|---|
| 2인칭 단수 | τιμῷο | (τιμάοιο) | φιλοῖο | (φιλέοιο) | δηλοῖο | (δηλόοιο) |
| 3인칭 단수 | τιμῷτο | (τιμάοιτο) | φιλοῖτο | (φιλέοιτο) | δηλοῖτο | (δηλόοιτο) |
| 2인칭 쌍수 | τιμῷσθον | (τιμάοισθον) | φιλοῖσθον | (φιλέοισθον) | δηλοῖσθον | (δηλόοισθον) |
| 3인칭 쌍수 | τιμῷσθην | (τιμαοίσθην) | φιλοίσθην | (φιλιεοίσθην) | δηλοίσθην | (δηλοοίσθην) |
| 1인칭 복수 | τιμῴμεθα | (τιμαοίμεθα) | φιλοίμεθα | (φιλεοίμεθα) | δηλοίμεθα | (δηλοοίμεθα) |
| 2인칭 복수 | τιμῷσθε | (τιμάοισθε) | φιλοῖσθε | (φιλέοισθε) | δηλοῖσθε | (δηλόοισθε) |
| 3인칭 복수 | τιμῷντο | (τιμάοιντο) | φιλοῖντο | (φιλέοιντο) | δηλοῖντο | (δηλόοιντο) |

<h2>명령법</h2>

| 2인칭 단수 | τιμῶ | (τιμάου) | φιλοῦ | (φιλέου) | δηλοῦ | (δηλόου) |
|---|---|---|---|---|---|---|
| 3인칭 단수 | τιμάσθω | (τιμαέσθω) | φιλείσθω | (φιλεέσθω) | δηλούσθω | (δηλοέσθω) |
| 2인칭 쌍수 | τιμᾶσθον | (τιμάεσθον) | φιλεῖσθον | (φιλέεσθον) | δηλοῦσθον | (δηλόεσθον) |
| 3인칭 쌍수 | τιμάσθων | (τιμαέσθων) | φιλείσθων | (φιλεέσθων) | δηλούσθων | (δηλοέσθων) |
| 2인칭 복수 | τιμᾶσθε | (τιμάεσθε) | φιλεῖσθε | (φιλέεσθε) | δηλοῦσθε | (δηλόεσθε) |
| 3인칭 복수 | τιμάσθων | (τιμαέσθων) | φιλείσθων | (φιλεέσθων) | δηλούσθων | (δηλοέσθων) |

<h2>부정사</h2>

| | τιμᾶσθαι | (τιμάεσθαι) | φιλεῖσθαι | (φιλέεσθαι) | δηλοῦσθαι | (δηλόεσθαι) |
|---|---|---|---|---|---|---|

<h2>분사</h2>

| | τιμώμενος | (τιμαόμενος) | φιλούμενος | (φιλεόμενος) | δηλούμενος | (δηλοόμενος) |
|---|---|---|---|---|---|---|

4. τιμάω, φιλέω, δηλόω 미완료 중간태 및 수동태

<h2>직설법</h2>

| 1인칭 단수 | ἐτιμώμην | (ἐτιμαόμην) | ἐφιλούμην | (ἐφιλεόμην) | ἐδηλούμην | (ἐδηλοόμην) |
|---|---|---|---|---|---|---|
| 2인칭 단수 | ἐτιμῶ | (ἐτιμάου) | ἐφιλοῦ | (ἐφιλέου) | ἐδηλοῦ | (ἐδηλόου) |
| 3인칭 단수 | ἐτιμᾶτο | (ἐτιμάετο) | ἐφιλεῖτο | (ἐφιλέετο) | ἐδηλοῦτο | (ἐδηλόετο) |
| 2인칭 쌍수 | ἐτιμᾶσθον | (ἐτιμάεσθον) | ἐφιλεῖσθον | (ἐφιλέεσθον) | ἐδηλοῦσθον | (ἐδηλόεσθον) |
| 3인칭 쌍수 | ἐτιμάσθην | (ἐτιμαέσθην) | ἐφιλείσθην | (ἐφιλεέσθην) | ἐδηλούσθην | (ἐδηλοέσθην) |
| 1인칭 복수 | ἐτιμώμεθα | (ἐτιμαόμεθα) | ἐφιλούμεθα | (ἐφιλεόμεθα) | ἐδηλούμεθα | (ἐδηλοόμεθα) |
| 2인칭 복수 | ἐτιμᾶσθε | (ἐτιμάεσθε) | ἐφιλεῖσθε | (ἐφιλέεσθε) | ἐδηλοῦσθε | (ἐδηλόεσθε) |
| 3인칭 복수 | ἐτιμῶντο | (ἐτιμάοντο) | ἐφιλοῦντο | (ἐφιλέοντο) | ἐδηλοῦντο | (ἐδηλόοντο) |

# 부록 7

## μι-동사

1. τίθημι 현재 및 미완료 능동태, 중간태, 수동태

|  | 현재 능동태 | 미완료 능동태 | 현재 중간태/수동태 | 미완료 중간태/수동태 |
|---|---|---|---|---|
| **직설법** | | | | |
| 1인칭 단수 | τίθημι | ἐτίθην | τίθεμαι | ἐτιθέμην |
| 2인칭 단수 | τίθης | ἐτίθεις | τίθεσαι | ἐτίθεσο |
| 3인칭 단수 | τίθησι | ἐτίθει | τίθεται | ἐτίθετο |
| 2인칭 쌍수 | τίθετον | ἐτίθετον | τίθεσθον | ἐτίθεσθον |
| 3인칭 쌍수 | τίθετον | ἐτιθέτην | τίθεσθον | ἐτιθέσθην |
| 1인칭 복수 | τίθεμεν | ἐτίθεμεν | τιθέμεθα | ἐτιθέμεθα |
| 2인칭 복수 | τίθετε | ἐτίθετε | τίθεσθε | ἐτίθεσθε |
| 3인칭 복수 | τιθέασι | ἐτίθεσαν | τίθενται | ἐτίθεντο |
| **가정법** | | | | |
| 1인칭 단수 | τιθῶ | | τιθῶμα | |
| 2인칭 단수 | τιθῇς | | τιθῇ | |
| 3인칭 단수 | τιθῇ | | τιθῆται | |
| 2인칭 쌍수 | τιθῆτον | | τιθῆσθον | |
| 3인칭 쌍수 | τιθῆτον | | τιθῆσθον | |
| 1인칭 복수 | τιθῶμεν | | τιθώμεθα | |
| 2인칭 복수 | τιθῆτε | | τιθῆσθε | |
| 3인칭 복수 | τιθῶσι | | τιθῶνται | |
| **기원법** | | | | |
| 1인칭 단수 | τιθείην | | τιθείμην | |
| 2인칭 단수 | τιθείης | | τιθεῖο | |
| 3인칭 단수 | τιθείη | | τιθεῖτο | |
| 2인칭 쌍수 | τιθεῖτον / τιθείητον | | τιθεῖσθον | |
| 3인칭 쌍수 | τιθείτην / τιθειήτην | | τιθείσθην | |
| 1인칭 복수 | τιθεῖμεν / τιθείημεν | | τιθείμεθα | |
| 2인칭 복수 | τιθεῖτε / τιθείητε | | τιθεῖσθε | |
| 3인칭 복수 | τιθεῖεν / τιθείησαν | | τιθεῖντο | |
| **명령법** | | | | |
| 2인칭 단수 | τίθει | | τίθεσο | |
| 3인칭 단수 | τιθέτω | | τιθέσθω | |
| 2인칭 쌍수 | τίθετον | | τίθεσθον | |
| 3인칭 쌍수 | τιθέτων | | τιθέσθων | |
| 2인칭 복수 | τίθετε | | τίθεσθε | |
| 3인칭 복수 | τιθέντων | | τιθέσθων | |

### 부정사 & 분사

τιθέναι & τιθείς, -εῖσα, -έν          τίθεσθαι & τιθέμενος, -η, -ον

213

2. δίδωμι 현재 및 미완료 능동태, 중간태, 수동태

| | 현재 능동태 | 미완료 능동태 | 현재 중간태/수동태 | 미완료 중간태/수동태 |
|---|---|---|---|---|
| | | 직설법 | | |
| 1인칭 단수 | δίδωμι | ἐδίδουν | δίδομαι | ἐδιδόμην |
| 2인칭 단수 | δίδως | ἐδίδους | δίδοσαι | ἐδίδοσο |
| 3인칭 단수 | δίδωσι | ἐδίδου | δίδοται | ἐδίδοτο |
| 2인칭 쌍수 | δίδοτον | ἐδίδοτον | δίδοσθον | ἐδίδοσθον |
| 3인칭 쌍수 | δίδοτον | ἐδιδότην | δίδοσθον | ἐδιδόσθην |
| 1인칭 복수 | δίδομεν | ἐδίδομεν | διδόμεθα | ἐδιδόμεθα |
| 2인칭 복수 | δίδοτε | ἐδίδοτε | δίδοσθε | ἐδίδοσθε |
| 3인칭 복수 | διδόασι | ἐδίδοσαν | δίδονται | ἐδίδοντο |
| | | 가정법 | | |
| 1인칭 단수 | διδῶ | | διδῶμαι | |
| 2인칭 단수 | διδῷς | | διδῷ | |
| 3인칭 단수 | διδῷ | | διδῶται | |
| 2인칭 쌍수 | διδῶτον | | διδῶσθον | |
| 3인칭 쌍수 | διδῶτον | | διδῶσθον | |
| 1인칭 복수 | διδῶμεν | | διδώμεθα | |
| 2인칭 복수 | διδῶτε | | διδῶσθε | |
| 3인칭 복수 | διδῶσι | | διδῶνται | |
| | | 기원법 | | |
| 1인칭 단수 | διδοίην | | διδοίμην | |
| 2인칭 단수 | διδοίης | | διδοῖο | |
| 3인칭 단수 | διδοίη | | διδοῖτο | |
| 2인칭 쌍수 | διδοῖτον / διδοίητον | | διδοῖσθον | |
| 3인칭 쌍수 | διδοίτην / διδοιήτην | | διδοίσθην | |
| 1인칭 복수 | διδοῖμεν / διδοίημεν | | διδοίμεθα | |
| 2인칭 복수 | διδοῖτε / διδοίητε | | διδοῖσθε | |
| 3인칭 복수 | διδοῖεν / διδοίησαν | | διδοῖντο | |
| | | 명령법 | | |
| 2인칭 단수 | δίδου | | δίδοσο | |
| 3인칭 단수 | διδότω | | διδόσθω | |
| 2인칭 쌍수 | δίδοτον | | δίδοσθον | |
| 3인칭 쌍수 | διδότων | | διδόσθων | |
| 2인칭 복수 | δίδοτε | | δίδοσθε | |
| 3인칭 복수 | διδόντων | | διδόσθων | |
| | | 부정사 | | |
| | διδόναι | | δίδοσθαι | |
| | | 분사 | | |
| | διδούς, -οῦσα, -όν | | διδόμενος, -η, -ον | |

214

## 3. τίθημι, δίδωμι 제2부정과거 능동태 및 수동태

| | 제2부정과거 능동태 | 제2부정과거 중간태 | 제2부정과거 능동태 | 제2부정과거 중간태 |
|---|---|---|---|---|
| **직설법** | | | | |
| 1인칭 단수 | [ἔθηκα] | ἐθέμην | [ἔδωκα] | ἐδόμην |
| 2인칭 단수 | [ἔθηκας] | ἔθου | [ἔδωκας] | ἔδου |
| 3인칭 단수 | [ἔθηκε] | ἔθετο | [ἔδωκε] | ἔδοτο |
| 2인칭 쌍수 | ἔθετον | ἔθεσθον | ἔδοτον | ἔδοσθον |
| 3인칭 쌍수 | ἐθέτην | ἐθέσθην | ἐδότην | ἐδόσθην |
| 1인칭 복수 | ἔθεμεν | ἐθέμεθα | ἔδομεν | ἐδόμεθα |
| 2인칭 복수 | ἔθετε | ἔθεσθε | ἔδοτε | ἔδοσθε |
| 3인칭 복수 | ἔθεσαν | ἔθεντο | ἔδοσαν | ἔδοντο |
| **가정법** | | | | |
| 1인칭 단수 | θῶ | θῶμαι | δῶ | δῶμαι |
| 2인칭 단수 | θῇς | θῇ | δῷς | δῷ |
| 3인칭 단수 | θῇ | θῆται | δῷ | δῶται |
| 2인칭 쌍수 | θῆτον | θῆσθον | δῶτον | δῶσθον |
| 3인칭 쌍수 | θῆτον | θῆσθον | δῶτον | δῶσθον |
| 1인칭 복수 | θῶμεν | θώμεθα | δῶμεν | δώμεθα |
| 2인칭 복수 | θῆτε | θῆσθε | δῶτε | δῶσθε |
| 3인칭 복수 | θῶσι | θῶνται | δῶσι | δῶνται |
| **기원법** | | | | |
| 1인칭 단수 | θείην | θείμην | δοίην | δοίμην |
| 2인칭 단수 | θείης | θεῖο | δοίης | δοῖο |
| 3인칭 단수 | θείη | θεῖτο | δοίη | δοῖτο |
| 2인칭 쌍수 | θεῖτον / θείητον | θεῖσθον | δοῖτον / δοίητον | δοῖσθον |
| 3인칭 쌍수 | θείτην / θειήτην | θείσθην | δοίτην / δοιήτην | δοίσθην |
| 1인칭 복수 | θεῖμεν / θείημεν | θείμεθα | δοῖμεν / δοίημεν | δοίμεθα |
| 2인칭 복수 | θεῖτε / θείητε | θεῖσθε | δοῖτε / δοίητε | δοῖσθε |
| 3인칭 복수 | θεῖεν / θείησαν | θεῖντο | δοῖεν / δοίησαν | δοῖντο |
| **명령법** | | | | |
| 2인칭 단수 | θές | θοῦ | δός | δοῦ |
| 3인칭 단수 | θέτω | θέσθω | δότω | δόσθω |
| 2인칭 쌍수 | θέτον | θέσθον | δότον | δόσθον |
| 3인칭 쌍수 | θέτων | θέσθων | δότων | δόσθων |
| 2인칭 복수 | θέτε | θέσθε | δότε | δόσθε |
| 3인칭 복수 | θέντων | θέσθων | δόντων | δόσθων |
| **부정사** | | | | |
| | θεῖναι | θέσθαι | δοῦναι | δόσθαι |
| **분사** | | | | |
| | θείς, θεῖσα, θέν | θέμενος, -η, -ον | δούς, δοῦσα, δόν | δόμενος, -η,- ον |

4. ἵστημι 현재 및 미완료 능동태, 중간태, 수동태

| | 현재 능동태 | 미완료 능동태 | 현재 중간태/수동태 | 미완료 중간태/수동태 |
|---|---|---|---|---|
| | | 직설법 | | |
| 1인칭 단수 | ἵστημι | ἵστην | ἵσταμαι | ἱστάμην |
| 2인칭 단수 | ἵστης | ἵστης | ἵστασαι | ἵστασο |
| 3인칭 단수 | ἵστησι | ἵστη | ἵσταται | ἵστατο |
| 2인칭 쌍수 | ἵστατον | ἵστατον | ἵστασθον | ἵστασθον |
| 3인칭 쌍수 | ἵστατον | ἱστάτην | ἵστασθον | ἱστάσθην |
| 1인칭 복수 | ἵσταμεν | ἵσταμεν | ἱστάμεθα | ἱστάμεθα |
| 2인칭 복수 | ἵστατε | ἵστατε | ἵστασθε | ἵστασθε |
| 3인칭 복수 | ἱστᾶσι | ἵστασαν | ἵστανται | ἵσταντο |
| | | 가정법 | | |
| 1인칭 단수 | ἱστῶ | | ἱστῶμαι | |
| 2인칭 단수 | ἱστῇς | | ἱστῇ | |
| 3인칭 단수 | ἱστῇ | | ἱστῆται | |
| 2인칭 쌍수 | ἱστῆτον | | ἱστῆσθον | |
| 3인칭 쌍수 | ἱστῆτον | | ἱστῆσθον | |
| 1인칭 복수 | ἱστῶμεν | | ἱστώμεθα | |
| 2인칭 복수 | ἱστῆτε | | ἱστῆσθε | |
| 3인칭 복수 | ἱστῶσι | | ἱστῶνται | |
| | | 기원법 | | |
| 1인칭 단수 | ἱσταίην | | ἱσταίμην | |
| 2인칭 단수 | ἱσταίης | | ἱσταῖο | |
| 3인칭 단수 | ἱσταίη | | ἱσταῖτο | |
| 2인칭 쌍수 | ἱσταῖτον / ἱσταίητον | | ἱσταῖσθον | |
| 3인칭 쌍수 | ἱσταίτην / ἱσταιήτην | | ἱσταίσθην | |
| 1인칭 복수 | ἱσταῖμεν / ἱσταίημεν | | ἱσταίμεθα | |
| 2인칭 복수 | ἱσταῖτε / ἱσταίητε | | ἱσταῖσθε | |
| 3인칭 복수 | ἱσταῖεν / ἱσταίησαν | | ἱσταῖντο | |
| | | 명령법 | | |
| 2인칭 단수 | ἵστη | | ἵστασο | |
| 3인칭 단수 | ἱστάτω | | ἱστάσθω | |
| 2인칭 쌍수 | ἵστατον | | ἵστασθον | |
| 3인칭 쌍수 | ἱστάτων | | ἱστάσθων | |
| 2인칭 복수 | ἵστατε | | ἵστασθε | |
| 3인칭 복수 | ἱστάντων | | ἱστάσθων | |
| | | 부정사 | | |
| | ἱστάναι | | ἵστασθαι | |
| | | 분사 | | |
| | ἱστάς, -ᾶσα, -άν | | ἱστάμενος, -η, -ον | |

216

## 5. ἵστημι 제2부정과거 및 완료 능동태

|  | 제2부정과거 능동태 |  | (제2)현재완료 능동태 | (제2)과거완료 능동태 |
|---|---|---|---|---|
| **직설법** | | | | |
| 1인칭 단수 | ἔστην | | [ἔστηκα] | [εἱστήκη] |
| 2인칭 단수 | ἔστης | | [ἔστηκας] | [εἱστήκης] |
| 3인칭 단수 | ἔστη | | [ἔστηκε] | [εἱστήκει] |
| 2인칭 쌍수 | ἔστητον | | ἔστατον | ἔστατον |
| 3인칭 쌍수 | ἐστήτην | | ἔστατον | ἐστάτην |
| 1인칭 복수 | ἔστημεν | | ἔσταμεν | ἔσταμεν |
| 2인칭 복수 | ἔστητε | | ἔστατε | ἔστατε |
| 3인칭 복수 | ἔστησαν | | ἑστᾶσι | ἔστασαν |
| **가정법** | | | | |
| 1인칭 단수 | στῶ | | ἑστῶ | |
| 2인칭 단수 | στῇς | | ἑστῇς | |
| 3인칭 단수 | στῇ | | ἑστῇ | |
| 2인칭 쌍수 | στῆτον | | ἑστῆτον | |
| 3인칭 쌍수 | στῆτον | | ἑστῆτον | |
| 1인칭 복수 | στῶμεν | | ἑστῶμεν | |
| 2인칭 복수 | στῆτε | | ἑστῆτε | |
| 3인칭 복수 | στῶσι | | ἑστῶσι | |
| **기원법** | | | | |
| 1인칭 단수 | σταίην | | ἑσταίην | |
| 2인칭 단수 | σταίης | | ἑσταίης | |
| 3인칭 단수 | σταίη | | ἑσταίη | |
| 2인칭 쌍수 | σταῖτον / σταίητον | | ἑσταῖτον / ἑσταίητον | |
| 3인칭 쌍수 | σταίτην / σταιήτην | | ἑσταίτην / ἑσταιήτην | |
| 1인칭 복수 | σταῖμεν / σταίημεν | | ἑσταῖμεν / ἑσταίημεν | |
| 2인칭 복수 | σταῖτε / σταίητε | | ἑσταῖτε / ἑσταίητε | |
| 3인칭 복수 | σταῖεν / σταίησαν | | ἑσταῖεν / ἑσταίησαν | |
| **명령법** | | | | |
| 2인칭 단수 | στῆθι | | ἔσταθι | |
| 3인칭 단수 | στήτω | | ἑστάτω | |
| 2인칭 쌍수 | στῆτον | | ἔστατον | |
| 3인칭 쌍수 | στήτων | | ἑστάτων | |
| 2인칭 복수 | στῆτε | | ἔστατε | |
| 3인칭 복수 | στάντων | | ἑστάντων | |
| **부정사** | | | | |
|  | στῆναι | | ἑστάναι | |
| **분사** | | | | |
|  | στάς, στᾶσα, στάν | | ἑστώς, ἑστῶσα, ἑστός | |

## 6. δείκνυμι 현재 및 미완료 능동태, 중간태, 수동태

| | 현재 능동태 | 미완료 능동태 | 현재 중간태/수동태 | 미완료 중간태/수동태 |
|---|---|---|---|---|
| **직설법** | | | | |
| 1인칭 단수 | δείκνυμι | ἐδείκνυν | δείκνυμαι | ἐδεικνύμην |
| 2인칭 단수 | δείκνυς | ἐδείκνυς | δείκνυσαι | ἐδείκνυσο |
| 3인칭 단수 | δείκνυσι | ἐδείκνυ | δείκνυται | ἐδείκνυτο |
| 2인칭 쌍수 | δείκνυτον | ἐδείκνυτον | δείκνυσθον | ἐδείκνυσθον |
| 3인칭 쌍수 | δείκνυτον | ἐδεικνύτην | δείκνυσθον | ἐδεικνύσθην |
| 1인칭 복수 | δείκνυμεν | ἐδείκνυμεν | δεικνύμεθα | ἐδεικνύμεθα |
| 2인칭 복수 | δείκνυτε | ἐδείκνυτε | δείκνυσθε | ἐδείκνυσθε |
| 3인칭 복수 | δεικνύασι | ἐδείκνυσαν | δείκνυνται | ἐδείκνυντο |
| **가정법** | | | | |
| 1인칭 단수 | δεικνύω | | δεικνύωμαι | |
| 2인칭 단수 | δεικνύῃς | | δεικνύῃ | |
| 3인칭 단수 | δεικνύῃ | | δεικνύηται | |
| 2인칭 쌍수 | δεικνύητον | | δεικνύησθον | |
| 3인칭 쌍수 | δεικνύητον | | δεικνύηστον | |
| 1인칭 복수 | δεικνύωμεν | | δεικνυώμεθα | |
| 2인칭 복수 | δεικνύητε | | δεικνύησθε | |
| 3인칭 복수 | δεικνύωσι | | δεικνύωνται | |
| **기원법** | | | | |
| 1인칭 단수 | δεικνύοιμι | | δεικνυοίμην | |
| 2인칭 단수 | δεικνύοις | | δεικνύοιο | |
| 3인칭 단수 | δεικνύοι | | δεικνύοιτο | |
| 2인칭 쌍수 | δεικνύοιτον | | δεικνύοισθον | |
| 3인칭 쌍수 | δεικνυοίτην | | δεικνυοίσθην | |
| 1인칭 복수 | δεικνύοιμεν | | δεικνυοίμεθα | |
| 2인칭 복수 | δεικνύοιτε | | δεικνύοισθ | |
| 3인칭 복수 | δεικνύοιεν | | δεικνύοιντο | |
| **명령법** | | | | |
| 2인칭 단수 | δείκνυ | | δείκνυσο | |
| 3인칭 단수 | δεικνύτω | | δεικνύσθω | |
| 2인칭 쌍수 | δείκνυτον | | δείκνυσθον | |
| 3인칭 쌍수 | δεικνύτων | | δεικνύσθων | |
| 2인칭 복수 | δείκνυτε | | δείκνυσθε | |
| 3인칭 복수 | δεικνύντων | | δεικνύσθων | |
| **부정사** | | | | |
| | δεικνύναι | | δείκνυσθαι | |
| **분사** | | | | |
| | δεικνύς, -ῦσα, -ύν | | δεικνύμενος, -η, -ον | |

# 7. ἵημι 현재, 미완료 및 제2부정과거 능동태, 중간태, 수동태[82]

| | 현재 능동태 | 미완료 능동태 | 현재 중간/수동태 | 미완료 중간/수동태 | 제2부정과거 능동태 | 제2부정과거 중간태 |
|---|---|---|---|---|---|---|
| **직설법** | | | | | | |
| 1인칭 단수 | ἵημι | ἵην | ἵεμαι | ἱέμην | [ἧκα] | εἵμην |
| 2인칭 단수 | ἵης / ἱεῖς | ἵεις | ἵεσαι | ἵεσο | [ἧκας] | εἷσο |
| 3인칭 단수 | ἵησι | ἵει | ἵεται | ἵετο | [ἧκε] | εἷτο |
| 2인칭 쌍수 | ἵετον | ἵετον | ἵεσθον | ἵεσθον | εἷτον | εἷσθον |
| 3인칭 쌍수 | ἵετον | ἱέτην | ἵεσθον | ἱέσθην | εἵτην | εἵσθην |
| 1인칭 복수 | ἵεμεν | ἵεμεν | ἱέμεθα | ἱέμεθα | εἷμεν | εἵμεθα |
| 2인칭 복수 | ἵετε | ἵετε | ἵεσθε | ἵεσθε | εἷτε | εἷσθε |
| 3인칭 복수 | ἱᾶσι | ἵεσαν | ἵενται | ἵεντο | εἷσαν | εἷντο |
| **가정법** | | | | | | |
| 1인칭 단수 | ἱῶ | | ἱῶμαι | | ᾧ | ὧμαι |
| 2인칭 단수 | ἱῇς | | ἱῇ | | ᾗς | ᾖ |
| 3인칭 단수 | ἱῇ | | ἱῆται | | ᾗς | ἧται |
| 2인칭 쌍수 | ἱῆτον | | ἱῆσθον | | ἧτον | ἧσθον |
| 3인칭 쌍수 | ἱῆτον | | ἱῆσθον | | ἧτον | ἧσθον |
| 1인칭 복수 | ἱῶμεν | | ἱώμεθα | | ὧμεν | ὥμεθα |
| 2인칭 복수 | ἱῆτε | | ἱῆσθε | | ἧτε | ἧσθε |
| 3인칭 복수 | ἱῶσι | | ἱῶνται | | ὧσι | ὧνται |
| **기원법** | | | | | | |
| 1인칭 단수 | ἱείην | | ἱείμην | | εἵην | εἵμην |
| 2인칭 단수 | ἱείης | | ἱεῖο | | εἵης | εἷο |
| 3인칭 단수 | ἱείη | | ἱεῖτο | | εἵη | εἷτο |
| 2인칭 쌍수 | ἱεῖτον / ἱείητον | | ἱεῖσθον | | εἷτον / εἵητον | εἷσθον |
| 3인칭 쌍수 | ἱείτην / ἱειήτην | | ἱείσθην | | εἵτην / εἰήτην | εἵσθην |
| 1인칭 복수 | ἱεῖμεν / ἱείημεν | | ἱείμεθα | | εἷμεν / εἵημεν | εἵμεθα |
| 2인칭 복수 | ἱεῖτε / ἱείητε | | ἱεῖσθε | | εἷτε / εἵητε | εἷσθε |
| 3인칭 복수 | ἱεῖεν / ἱείησαν | | ἱεῖντο | | εἷεν / εἵησαν | εἷντο |
| **명령법** | | | | | | |
| 2인칭 단수 | ἵει | | ἵεσο | | ἕς | οὗ |
| 3인칭 단수 | ἱέτω | | ἱέσθω | | ἕτω | ἕσθω |
| 2인칭 쌍수 | ἵετον | | ἵεσθον | | ἕτον | ἕσθον |
| 3인칭 쌍수 | ἱέτων | | ἱέσθων | | ἕτων | ἕσθων |
| 2인칭 복수 | ἵετε | | ἵεσθε | | ἕτε | ἕσθε |
| 3인칭 복수 | ἱέντων | | ἱέσθων | | ἕντων | ἕσθων |
| **부정사** | | | | | | |
| | ἱέναι | | ἵεσθαι | | εἷναι | ἕσθαι |
| **분사** | | | | | | |
| | ἱείς, ἱεῖσα, ἱέν | | ἱέμενος, -η, -ον | | εἵς, εἷσα, ἕν | ἕμενος, -η, -ον |

---

[82] ἵημι의 제2부정과거 형태는, 복합동사 형태를 제외하고, 단독적으로 쓰이는 경우가 드물다.

8. οἶδα 현재완료 및 과거완료 능동태, φημί 현재 및 미완료 능동태

| | (제2)현재완료 능동태 | (제2)과거완료 능동태 | 현재 능동태 | 미완료 능동태 |
|---|---|---|---|---|
| | | 직설법 | | |
| 1인칭 단수 | οἶδα | ᾔδη / ᾔδειν | φημί | ἔφην |
| 2인칭 단수 | οἶσθα | ᾔδησθα / ᾔδεις | φής | ἔφησθα / ἔφης |
| 3인칭 단수 | οἶδεῐ | ᾔδει / ᾔδειν | φησί | ἔφη |
| 2인칭 쌍수 | ἴστον | ᾖστον | φατόν | ἔφατον |
| 3인칭 쌍수 | ἴστον | ᾔστην | φατόν | ἐφάτην |
| 1인칭 복수 | ἴσμεν | ᾖσμεν / ᾔδεμεν | φαμέν | ἔφαμεν |
| 2인칭 복수 | ἴστε | ᾖστε / ᾔδετε | φατέ | ἔφατε |
| 3인칭 복수 | ἴσασι | ᾖσαν / ᾔδεσαν | φασί | ἔφασαν |
| | | 가정법 | | |
| 1인칭 단수 | εἰδῶ | | φῶ | |
| 2인칭 단수 | εἰδῇς | | φῇς | |
| 3인칭 단수 | εἰδῇ | | φῇ | |
| 2인칭 쌍수 | εἰδῆτον | | φῆτον | |
| 3인칭 쌍수 | εἰδῆτον | | φῆτον | |
| 1인칭 복수 | εἰδῶμεν | | φῶμεν | |
| 2인칭 복수 | εἰδῆτε | | φῆτε | |
| 3인칭 복수 | εἰδῶσι | | φῶσι | |
| | | 기원법 | | |
| 1인칭 단수 | εἰδείην | | φαίην | |
| 2인칭 단수 | εἰδείης | | φαίης | |
| 3인칭 단수 | εἰδείη | | φαίη | |
| 2인칭 쌍수 | εἰδεῖτον | | φαῖτον / φαίητον | |
| 3인칭 쌍수 | εἰδείτην | | φαίτην / φαιήτην | |
| 1인칭 복수 | εἰδεῖμεν / εἰδείημεν | | φαῖμεν / φαίημεν | |
| 2인칭 복수 | εἰδεῖτε / εἰδείητε | | φαῖτε / φαίητε | |
| 3인칭 복수 | εἰδεῖεν / εἰδείησαν | | φαῖεν / φαίησαν | |
| | | 명령법 | | |
| 2인칭 단수 | ἴσθι | | φαθί / φάθι | |
| 3인칭 단수 | ἴστω | | φάτω | |
| 2인칭 쌍수 | ἴστον | | φάτον | |
| 3인칭 쌍수 | ἴστων | | φάτων | |
| 2인칭 복수 | ἴστε | | φάτε | |
| 3인칭 복수 | ἴστων | | φάντων | |
| | | 부정사 | | |
| | εἰδέναι | | φάναι | |
| | | 분사 | | |
| | εἰδώς (속격 εἰδότος), εἰδυῖα, εἰδός | | | |

9. εἰμί 현재 및 미완료 능동태, εἶμι 현재 및 미완료 능동태

| | 현재 능동태 | 미완료 능동태 | 현재 능동태 | 미완료 능동태 |
|---|---|---|---|---|
| **직설법** | | | | |
| 1인칭 단수 | εἰμί | ἦ / ἦν | εἶμι | ἦα / ἤειν |
| 2인칭 단수 | εἶ | ἦσθα | εἶ | ἤεις / ἤεισθα |
| 3인칭 단수 | ἐστί | ἦν | εἶσι | ἤει / ἤειν |
| 2인칭 쌍수 | ἐστόν | ἦστον / ἦτον | ἴτον | ἦτον |
| 3인칭 쌍수 | ἐστόν | ἤστην / ἤτην | ἴτον | ἤτην |
| 1인칭 복수 | ἐσμέν | ἦμεν | ἴμεν | ἦμεν |
| 2인칭 복수 | ἐστέ | ἦστε / ἦτε | ἴτε | ἦτε |
| 3인칭 복수 | εἰσί | ἦσαν | ἴασι | ἦσαν / ἤεσαν |
| **가정법** | | | | |
| 1인칭 단수 | ὦ | | ἴω | |
| 2인칭 단수 | ἦς | | ἴῃς | |
| 3인칭 단수 | ἦ | | ἴῃ | |
| 2인칭 쌍수 | ἦτον | | ἴητον | |
| 3인칭 쌍수 | ἦτον | | ἴητον | |
| 1인칭 복수 | ὦμεν | | ἴωμεν | |
| 2인칭 복수 | ἦτε | | ἴητε | |
| 3인칭 복수 | ὦσι | | ἴωσι | |
| **기원법** | | | | |
| 1인칭 단수 | εἴην | | ἴοιμι / ἰοίην | |
| 2인칭 단수 | εἴης | | ἴοις | |
| 3인칭 단수 | εἴη | | ἴοι | |
| 2인칭 쌍수 | εἶτον / εἴητον | | ἴοιτον | |
| 3인칭 쌍수 | εἴτην / εἰήτην | | ἰοίτην | |
| 1인칭 복수 | εἶμεν / εἴημεν | | ἴοιμεν | |
| 2인칭 복수 | εἶτε / εἴητε | | ἴοιτε | |
| 3인칭 복수 | εἶεν / εἴησαν | | ἴοιεν | |
| **명령법** | | | | |
| 2인칭 단수 | ἴσθι | | ἴθι | |
| 3인칭 단수 | ἔστω | | ἴτω | |
| 2인칭 쌍수 | ἔστον | | ἴτον | |
| 3인칭 쌍수 | ἔστων | | ἴτων | |
| 2인칭 복수 | ἔστε | | ἴτε | |
| 3인칭 복수 | ἔστων | | ἰόντων | |
| **부정사** | | | | |
| | εἶναι | | ἰέναι | |
| **분사** | | | | |
| | ὤν (속격 ὄντος), οὖσα, ὄν | | ἰών (속격 ἰόντος), ἰοῦσα, ἰόν | |

# 부록 8

## 그리스어 구문론 개요: 명사 및 동사

### - 명사 -

1. 주격

    ① 동사의 주어 (3과 3번 참조)

    ② 술어에 동반된 보어 (3과 9번 참조)

2. 속격

    ① 소유 (3과 3번, 3과 8번, 12과 9번, 16과 9번, 27과 5번 참조)

    ② 독립 (21과 6번 참조)

    ③ 부분 (12과 9번 참조)

    ④ 작인 (+ ὑπο) (9과 어휘 및 30과 5번 참조)

    ⑤ 기원, 출처 (14과 독해 10번 도움말 참조)

    ⑥ ~로부터(장소) (+ 전치사) (부록 9 참조)

    ⑦ 시간 영역(범위) (7과 3번 참조)

    ⑧ 비교 (ἤ 없이) (9과 7번 참조)

    ⑨ 분리 (3과 3번 및 17과 독해 1번 도움말 참조)

3. 여격

    ① 간접목적어 (3과 3번 참조)

    ② ~에(위치) (+ 전치사) 어느 장소에 (3과 3번 및 부록 9 참조)

    ③ 시간 순간(시점) (7과 3번 참조)

    ④ 소유 (7과 4번 참조)

    ⑤ 관심 (32과 5번 참조)

    ⑥ 정도 차이 (9과 8번 참조)

    ⑦ 작인 (완료 수동태 구문 및 구어체) (32과 5번 및 40과 3번 참조)

    ⑧ 수단, 도구 (3과 3번 및 30과 4번 참조)

    ⑨ 관점 (11과 7번 참조)

4. 대격

    ① 직접목적어 (3과 3번 참조)

    ② 간접구문에서 부정사나 분사의 의미상 주어 (5과 10번 및 21과 8번 참조)

    ③ 기타 구문에서 부정사의 주어 (26과 4번 참조)

    ④ 시간 지속(공간 연장) (7과 3번 참조)

    ⑤ 관점 (11과 7번 참조)

    ⑥ ~로(장소) (+ 전치사) (부록 9 참조)

5. 호격

    ① 직접 호명 (3과 3번 참조)

# - 동사 -

## 1. 목적절 구문 형성

① ἵνα, ὡς, ὅπως로 도입되는 절은 주절 동사가 일차시제(현재, 미래, 현재완료, 미래완료)일 경우엔 가정법 동사를 사용하며, 이는 일차시제 일치(primary sequence)라고 불린다. 반면에 주절 동사가 이차시제(미완료, 부정과거, 과거완료)일 경우엔 기원법 동사를 사용하며, 이는 이차시제 일치(secondary sequence)라고 불린다. (23과 4번 참조)

② ὡς와 미래 분사를 사용한다. (ὡς는 생략될 수도 있다.) (21과 3번 참조)

③ 노력, 노고, 수고 등을 의미하는 동사 다음에 ὅπως와 (혹은 드물게 ὡς와) 미래 직설법을 사용한다. (40과 4번 참조)

④ 관사와 결합된 부정사의 속격 형태를 사용한다. (15과 독해 7번 도움말 참조)

⑤ (드물지만 간혹) 부정사를 독립적으로 사용한다.

⑥ 모든 목적절 구문의 부정은 μή를 사용한다.

## 2. 결과 표현 (6과 5번 참조)

① ὥστε + 직설법을 써서 사실적인 결과를 나타낸다. (부정은 οὐ)

② ὥστε + 부정사를 써서 자연적인 결과를 나타낸다. (부정은 μή)

## 3. 간접구문

① (느낌이나 생각 등) 심리적 작용을 나타내는 대부분의 동사 또는 '말하다' 등의 의미를 지닌 동사 + 의미상 주어 대격 + 부정사로 나타낸다. (5과 9번 참조)

② '말하다' 등의 의미를 지닌 동사 + ὅτι 또는 ὡς 절로 나타낸다. 주절의 동사에 일차시제(현재, 미래, 현재완료, 미래완료)가 오면, 간접구문의 동사는 직접구문의 동사의 시제와 법을 그대로 유지한다. 주절의 동사에 이차시제(미완료, 부정과거, 과거완료)가 올 때, 간접구문의 동사가 일차시제 직설법 혹은 가정법인 경우 이는 원래 시제의 기원법으로 바뀔 수 있다. (ἄν이 있는 경우 생략될 수 있다.) 그러나 주절의 동사에 이차시제가 오더라도, 간접구문의 동사가 이차시제 직설법인 경우에는 변화가 없다. (24과 4번 참조)

③ 지각 동사 + 의미상 주어 대격 + 분사 또는 지각 동사 + ὅτι 절로 나타낸다. (21과 8번 참조)

④ 간접의문문은 ὅτι 구문의 규칙을 따른다. (24과 3번 및 6번 참조)

## 4. 조건문

|  | 전건/조건절 (부정 μή) | 후건/귀결절 (부정 οὐ) |
|---|---|---|
| 단순 조건문: | εἰ + 직설법 | 직설법 |
| 미래 더 생생한 조건문: | ἐάν + 가정법 (현재 / 부정과거) | 미래 직설법 / 상당어구 (22과 6번 참조) |
| 미래 덜 생생한 조건문: | εἰ + 기원법 (현재 / 부정과거) | 기원법 (현재 / 부정과거) + ἄν (24과 1번 및 7번 참조) |
| 현재 일반 조건문: | ἐάν + 가정법 (현재 / 부정과거) | 현재 직설법 (22과 6번 6번 참조) |
| 과거 일반 조건문: | εἰ + 기원법 (현재 / 부정과거) | 미완료 직설법 (24과 1번 참조) |
| 현재 반사실 조건문: | εἰ + 미완료 직설법 | 미완료 직설법 + ἄν (27과 6번 참조) |
| 과거 반사실 조건문: | εἰ + 부정과거 직설법 | 부정과거 직설법 + ἄν (27과 6번 참조) |
| 미래 가장 생생한 조건문: | εἰ + 미래 직설법 | 미래 직설법 |

## 5. 관계대명사 및 관계부사를 사용한 조건절

① 가정법을 통해 조건문을 구성하는 경우, ἐάν 대신 관계대명사나 관계부사를 사용할 수 있다. (22과 6번 참조)

② 기원법을 통해 조건문을 구성하는 경우, εἰ 대신 관계대명사나 관계부사가 사용될 수 있다. (24과 1번 참조)

6. 시간 표현 구문 (26과 4번 참조)

① 긍정문 다음에 오는 πρίν 구문의 의미는 '~이전에'이며, 구문 안에서 주어는 대격, 동사는 부정사의 형태를 갖는다.

② 부정문 다음에 오는 πρίν 구문의 의미는 '~까지'이며, 이때 πρίν 구문과 '~ 동안'의 의미를 갖는 ἔστε, ἔως, μέχρι 구문은 다음의 규칙을 따른다.

  (a) 한정된 과거의 행동을 가리키기 위해, πρίν, ἔστε, ἔως, μέχρι 구문은 부정과거 직설법 동사를 취한다. ἐπεί (~한 때, ~하고서, 언제), ἐπειδή (이래로, ~한 이후로) 또한 한정된 과거의 행동을 가리키기 위해 구문에서 부정과거 직설법 동사를 취한다.

  (b) 미래 사건이나 반복되는 행위를 가리키기 위해, πρίν, ἔστε, ἔως, μέχρι 구문은 미래의 더 생생한 조건문의 전건(ἐάν + 가정법) 혹은 미래의 덜 생생한 조건문 구문의 전건(εἰ +기원법)과 비슷하게 형성된다. 이때 주절의 동사가 일차시제(현재, 미래, 현재완료, 미래완료)인 경우엔 πρίν, ἔστε, ἔως, μέχρι 구문에 ἄν을 동반한 가정법 동사가 오며, 이차시제(미완료, 부정과거, 과거완료)인 경우엔 구문에 ἄν 없이 기원법 동사가 온다.

7. 두려움 표현 구문 (25과 9번 참조)

① 미래에 발생할 수도 있는 일에 대한 두려움의 경우, 긍정문은 '두려움 동사 + μή' 형태로 목적절을 구성하며, 부정문은 '두려움 동사 + μή – οὐ' 형태로 목적절을 구성한다. 이때 두려움의 의미를 갖는 동사가 주절 안에서 일차시제(현재, 미래, 현재완료, 미래완료)인 경우 목적절 안에서는 가정법 동사가, 이차시제(미완료, 부정과거, 과거완료)인 경우 목적절 안에서는 기원법 동사가 사용된다.

② 현재나 과거 일에 대한 두려움의 경우, 긍정문은 '두려움 동사 + μή 목적절과 직설법' 형태로 목적절을 구성하며, 부정문은 '두려움 동사 + μή – οὐ 목적절과 직설법' 형태로 목적절을 구성한다.

8. 명령 (34과 1번 및 2번 참조)

① 명령은 명령법 형태를 통해 표현하며, 부정은 μή를 붙여 준다.

② 금지 명령은 'μή + 현재 명령법' 또는 'μή + 부정과거 가정법' 형태로 구성하며, 이 둘 사이의 의미 차이는 없다.

③ 명령법 현재시제는 계속적이거나 반복적인 행위를, 부정과거는 일회적인 행위를 표현한다.

9. 권유의 가정법 (28과 3번 참조)

① 가정법은 독립적으로 쓰여 권유, 제안, 요청 등을 표현하기도 한다.

② 이 경우 가정법은 주로 1인칭 복수 형태로 사용되며, 부정은 μή를 붙여 준다.

10. 소망

① 미래의 실현 가능한 소망은 εἴθε 혹은 εἰ γάρ와 함께 (혹은 이것들 없이) 현재 기원법 혹은 부정과거 기원법으로 표현할 수 있다. (23과 5번 참조)

② 실현 불가능한 소망 표현은 다음의 규칙을 따른다. (23과 6번 참조)

  (a) 현재 실현 불가능한 소망의 경우, 'εἴθε + 미완료 직설법' 또는 'εἰ γάρ + 미완료 직설법' 형태로 표현한다.

  (b) 과거 실현 불가능한 소망의 경우, 'εἴθε + 부정과거 직설법' 또는 'εἰ γάρ + 부정과거 직설법' 형태로 표현한다.

  (c) '주어 인칭과 수에 맞춘 ὤφελον 형태 + 현재 또는 부정과거 부정사' 형태로도 표현할 수 있다.

③ 소망을 표현하는 구문의 부정은 모두 μή를 붙여 준다.

# 부록 9

## 전치사

1. 가장 일반적인 의미에서의 전치사

ἀμφί
+ 속격: ~에 관해, ~를 위해
여격: ~에, ~곁에, ~근처에
대격: ~주위에, ~에 관해, ~를 위해, ~동안

ἀνά
+ 대격: ~위에, ~위로, ~를 따라 위로, ~를 통해서, ~에 걸쳐서

ἀντί
+ 속격: ~을 대신해, ~을 대체하여

ἀπό
+ 속격: ~로부터, ~로부터 떨어져

διά
+ 속격: ~(어디)를 통해, ~(누구)를 통해
대격: ~때문에, ~을 이유로, ~로 인해

εἰς
+ 대격: ~으로, ~안으로, ~을 향해
수: ~약, 대략, 거의

ἐν
+ 여격: ~ 안에, ~사이에, ~에

ἐκ
+ 속격: ~로부터 (모음 앞에서는 ἐξ)

ἐπί
+ 속격: ~위에, ~에서
여격: ~위에, ~에 더하여, ~때문에, ~에 반하여
대격: ~에 대하여, ~에 반하여, ~동안

κατά
+ 속격: ~아래로, ~에 반하여, ~와 관련해
대격: ~을 따라 (아래로), ~에 따르면, ~을 거쳐서, ~에 일치해서

μετά
+ 속격: ~와 함께
대격: ~이후에, ~다음에

παρά
+ 속격: ~로부터
여격: ~곁에
대격: ~으로, ~에게로, ~을 향해

περί
+ 속격: ~에 대하여, ~을 고려하여, ~에 관하여
여격: ~주위에, ~둘레에, ~와 관련해
대격: ~주위에, ~둘레에, ~근방에, ~와 관련해

πλήν
+ 속격: ~을 제외하고

πρό[83]
+ 속격: ~ 앞서, ~전에

πρός
+ 속격: ~으로부터, ~쪽에, ~편에
여격: ~근처에, 근방에, ~더하여
대격: ~을 향해, ~에 반하여, ~에 대항하여, ~와 관련해

σύν
+ 여격: ~와 함께, ~와 더불어

ὑπέρ
+ 속격: ~을 넘어서, ~위에, ~대신해, ~을 대표해, ~을 위해
대격: ~을 넘어, ~위에, ~를 가로질러

ὑπό
+ 속격: ~아래, ~밑에, ~에 의해
여격: ~아래
대격: ~아래, ~동안

---

[83] περί와 πρό는, 복합동사로 구성되는 경우, 모음탈락이 발생하지 않는다. 관련하여 본문의 13과 6번 ①과 각주 22 참조.

## 2. 전치사로 사용되는 부사들

| | | |
|---|---|---|
| ἄνευ | + | 속격: ~없이 |
| ἄχρι | + | 속격: ~까지 |
| ἐγγύς | + | 속격: ~가까이, 근방의, 근처의 |
| εἴσω | + | 속격: ~안에, ~사이에 |
| ἐκτός | + | 속격: ~밖에, ~밖으로 |
| ἔμπροσθεν | + | 속격: ~앞에, ~의 전방에, ~에 앞서서 |
| ἐναντίον | + | 속격: ~에 반대해 |
| ἕνεκα | + | 속격: ~을 위해, ~때문에, ~이므로 |
| ἕνεκεν | + | 속격: ~을 위해 |
| ἐντός | + | 속격: ~안에, ~안으로 |
| ἔξω | + | 속격: ~밖에, ~넘어 |
| εὐθύ | + | 속격: ~에 곧바로, 즉시, 곧 |
| μεταξύ | + | 속격: ~사이에 |
| μέχρι | + | 속격: ~하는 한, ~까지 |
| ὄπισθεν | + | 속격: ~뒤에, ~의 후방에, ~에 뒤서서 |
| πλησίον | + | 속격: ~가까이에, 근처에 |
| χωρίς | + | 속격: ~와 떨어져서, 분리되어 |
| ὡς | + | 대격: ~에, ~에게 |

# 부록 10

## 주요 불규칙 동사 75개

어떤 동사 앞에 하이픈(–)이 붙어 있다면, 해당 동사는 복합동사의 형태로 발견된다는 뜻이다. 아래 나와 있는 불규칙 동사의 기본형들은 G. M. Messing이 개정한 H. W. Smyth's *Greek Grammar*(Harvard University Press, Cambridge, 1956)에서 가져온 것들이다.

ἀγγέλω, ἀγγελῶ, ἤγγειλα, ἤγγελκα, ἤγγελμαι, ἠγγέλθην, 알리다, 공표하다, 보고하다, 전하다

ἄγω, ἄξω, ἤγαγον, ἦχα, ἦγμαι, ἤχθην, 이끌다, 인도하다

αἱρέω, αἱρήσω, εἷλον, ἤρηκα, ἤρημαι, ᾑρέθην, 붙잡다, 얻다, 포획하다, 가지다; (중간태) 뽑다, 고르다, 선택하다

αἴρω, ἀρῶ, ἦρα, ἦρκα, ἦρμαι, ἤρθην, 일으키다, 올리다

αἰσθάνομαι, αἰσθήσομαι, ᾐσθόμην, ᾔσθημαι, 지각하다, 감각하다, 인지하다

ἀκούω, ἀκούσομαι, ἤκουσα, ἀκήκοα, ———, ἠκούσθην, 듣다

ἁλίσκομαι, ἁλώσομαι, ἑάλων 혹은 ἥλων, ἑάλωκα 혹은 ἥλωκα, 사로잡히다, 붙잡히다, 얻어지다

ἀποθνήσκω 혹은 ἀποθνῄσκω, ἀποθανοῦμαι, ἀπέθανον, τέθνηκα, 죽다, 사망하다

ἀποκτείνω, ἀποκτενῶ, ἀπέκτεινα, ἀπέκτονα, 죽이다, 살해하다

ἀπόλλυμι, ἀπολῶ, ἀπώλεσα 및 ἀπωλόμην, ἀπολώλεκα 혹은 ἀπόλωλα, 파괴하다, 소멸시키다, 분쇄하다, 죽이다; (중간태와 제2완료시제) 소멸하다, 죽다, 멸망하다

ἁρπάζω, ἁρπάσομαι, ἥρπασα, ἥρπακα, ἥρπασμαι, ἡρπάσθην, 잡다, 붙들다, 움켜쥐다; 제압하다, 압도하다, 사로잡다

ἄρχω, ἄρξω, ἦρξα, ἦρχα, ἦργμαι, ἤρχθην, 다스리다, 지배하다; 시작하다

ἀφικνέομαι, ἀφίξομαι, ἀφικόμην, ἀφῖγμαι, 도착하다, 다다르다

βαίνω, βήσομαι, ἔβην, βέβηκα, 가다

βάλλω, βαλῶ, ἔβαλον, βέβληκα, βέβλημαι, ἐβλήθην, 던지다

βλάπτω, βλάψω, ἔβλαψα, βέβλαφα, βέβλαμμαι, ἐβλάφθην 및 ἐβλάβην, 해를 끼치다, 손상하다

βούλομαι, βουλήσομαι, ———, ———, βεβούλημαι, ἐβουλήθην, 원하다, 바라다

γαμέω, γαμῶ, ἔγημα, γεγάμηκα, 결혼하다, 혼인을 맺다

γίγνομαι, γενήσομαι, ἐγενόμην, γέγονα, γεγένημαι, 되다, ~이 되다, 태어나다, 생기다, 생성되다, ~이다

γιγνώσκω, γνώσομαι, ἔγνων, ἔγνωκα, ἔγνωσμαι, ἐγνώσθην, 알다

γράφω, γράψω, ἔγραψα, γέγραφα, γέγραμμαι, ἐγράφην, 쓰다, 새기다

δείκνυμι, δείξω, ἔδειξα, δέδειχα, δέδειγμαι, ἐδείχθην, 보이다, 보여주다, 전시하다

δίδωμι, δώσω, ἔδωκα, δέδωκα, δέδομαι, ἐδόθην, 주다

δοκέω, δόξω, ἔδοξα, ———, δέδογμαι, ———, ~으로 보이다, 여겨지다, 생각되다; (비인칭) 최고로 보이다, 최고로 여겨지다

δύω, –δύσω, –ἔδυσα 및 ἔδυν, –δέδυκα, –δέδυμαι, –ἐδύθην, 들어가다, 입회하다; 가라앉다; 입다

εἰμί, ἔσομαι, (없는 시제들은 γίγνομαι에서 보충) ~이다, ~있다

εἶμι, 가다

ἐλαύνω, ἐλῶ, ἤλασα, –ἐλήλακα, ἐλήλαμαι, ἠλάθην, 몰다, 행진시키다, 행진하다

ἕπομαι, ἕψομαι, ἑσπόμην, ———, ~의 다음에 오다, 따르다, 뒤따르다, 좇다

ἔρχομαι, ἐλεύσομαι, ἦλθον, ἐλήλυθα, 가다, 오다

ἐσθίω, ἔδομαι, ἔφαγον, ἐδήδοκα, ———, ———, 먹다

εὑρίσκω, εὑρήσω, ηὗρον 혹은 εὗρον, ηὕρηκα 혹은 εὕρηκα, εὕρημαι, εὑρέθην, 발견하다, 찾다

ἔχω, ἕξω 혹은 σχήσω, ἔσχον, ἔσχηκα, ———, ———, 가지다, 소유하다, 고수하다, 지키다

ἵημι, ἥσω, ἧκα, εἷκα, εἷμαι, εἵθην, 던지다, 내던지다

ἵστημι, στήσω, ἔστησα 및 ἔστην, ἕστηκα, ἕσταμαι, ἐστάθην, 세우다, 정립하다, 서다

καίω 혹은 κάω, καύσω, ἔκαυσα, κέκαυκα, κέκαυμαι, ἐκαύθην, 태우다, 불태우다; 타다, 불타다

καλέω, καλῶ, ἐκάλεσα, κέκληκα, κέκλημαι, ἐκλήθην, 부르다, 소환하다

κόπτω, κόψω, ἔκοψα, –κέκοφα, κέκομμαι, ἐκόπην, 자르다, 치다, 때리다, 타격하다

λαμβάνω, λήψομαι, ἔλαβον, εἴληφα, εἴλημμαι, ἐλήφθην, 잡다, 붙잡다, 취하다, 가지다, 획득하다, 얻다

λανθάνω, λήσω, ἔλαθον, λέληθα, ——, ——, 모르게 ~하다, 몰래 ~하다; (중간태) 잊다

λέγω, λέξω, ἔλεξα, εἴρηκα, λέλεγμαι, ἐλέχθην, 말하다

λέγω, –λέξω, –έλεξα, –εἴλοχα, –εἴλεγμαι 혹은 –λέλεγμαι, –ἐλέχθην과 –ἐλέγην, 모으다, 수집하다

λείπω, λείψω, ἔλιπον, λέλοιπα, λέλειμμαι, ἐλείφθην, 떠나다, 남겨두다, 내버려두다

μανθάνω, μαθήσομαι, ἔμαθον, μεμάθηκα, 배우다, 알다

μάχομαι, μαχοῦμαι, ἐμαχεσάμην, μεμάχημαι, 싸우다, 다투다, ~와 전쟁하다

μέλει, μελήσει, ἐμέλησε, μεμέληκε, (비인칭) ~와 관련있다, ~와 관계있다, ~와 관계하다; 신경 쓰다, 주의하다

μέλλω, μελλήσω, ἐμέλλησα, ——, ~할 예정이다, ~하려고 하다, ~하고자 하다

μένω, μενῶ, ἔμεινα, μεμένηκα, 남다, 남아 있다, ~의 상태로 있다

μιμνήσκω, –μνήσω, –έμνησα, ——, μέμνημαι, ἐμνήσθην, 생각나게 하다; (중간태) 기억하다, 생각해내다

νομίζω, νομιῶ, ἐνόμισα, νενόμικα, νενόμισμαι, ἐνομίσθην, 생각하다, 믿다

οἴομαι 혹은 οἶμαι, οἰήσομαι, ᾠήθην, 생각하다, 믿다, 알다

ὁράω, ὄψομαι, εἶδον, ἑόρακα 및 ἑώρακα, ἑώραμαι 및 ὦμμαι, ὤφθην, 보다

πάσχω, πείσομαι, ἔπαθον, πέπονθα, 겪다, 경험하다

πείθω, πείσω, ἔπεισα, πέπεικα 및 πέποιθα, πέπεισμαι, ἐπείσθην, 설득하다; (제2완료시제) 믿다, 신뢰하다; (중간태) 믿다, 따르다, 복종하다

πέμπω, πέμψω, ἔπεμψα, πέπομφα, πέπεμμαι, ἐπέμφθην, 보내다

πίνω, πίομαι 혹은 πιοῦμαι, ἔπιον, πέπωκα, –πέπομαι, ἐπόθην, 마시다

πίπτω, πεσοῦμαι, ἔπεσον, πέπτωκα, 떨어지다, 부딪치다, 접하다, 쓰러지다

πλέω, πλεύσομαι 혹은 πλευσοῦμαι, ἔπλευσα, πέπλευκα, πέπλευσμαι, ἐπλεύσθην, 항해하다

πράττω, πράξω, ἔπραξα, πέπραχα 및 πέπραγα, πέπραγμαι, ἐπράχθην, 행하다, 행동하다, 하다

πυνθάνομαι, πεύσομαι, ἐπυθόμην, πέπυσμαι, 배우다, 알게 되다; 묻다, 탐구하다, 살피다

σκεδάννυμι, σκεδῶ, ἐσκέδασα, ἐσκέδασμαι, ἐσκεδάσθην, 흩어지게 하다, 분산시키다

στρέφω, στρέψω, ἔστρεψα, ——, ἔστραμμαι, ἐστρέφθην 및 ἐστράφην, 회전시키다, 돌리다

τάττω, τάξω, ἔταξα, τέταχα, τέταγμαι, ἐτάχθην, 정렬하다, 늘어놓다, 나열하다, 배치하다; 질서 잡다, 질서지우다, 정돈하다

τέμνω, τεμῶ, ἔτεμον, –τέτμηκα, τέτμημαι, ἐτμήθην, 자르다

τίθημι, θήσω, ἔθηκα, τέθηκα, τέθειμαι, ἐτέθην, 놓다, 두다, 정립하다; 적용시키다

τίκτω, τέξομαι, ἔτεκον, τέτοκα, 낳다, 출산하다, 생산하다

τρέπω, τρέψω, ἔτρεψα, τέτροφα, τέτραμμαι, ἐτρέφθην 및 ἐτράπην, 돌리다, 회전시키다; (중간태) 달아나다, 도망치다

τρέφω, θρέψω, ἔθρεψα, τέτροφα, τέθραμμαι, ἐθρέφθην 혹은 ἐτράφην, 지원하다, 지지하다, 부양하다, 돌보다, 양육하다

τρέχω, δραμοῦμαι, ἔδραμον, –δεδράμηκα, 달리다

τυγχάνω, τεύξομαι, ἔτυχον, τετύχηκα, 마침 ~하다; ~와 마주치다, 만나다, (어떤 일 등이) 일어나다, 발생하다

ὑπισχνέομαι, ὑποσχήσομαι, ὑπεσχόμην, ὑπέσχημαι, 약속하다, 지키다; 착수하다

φαίνω, φανῶ, ἔφηνα, πέφαγκα 및 πέφηνα, πέφασμαι, ἐφάνθην 및 ἐφάνην, 드러내다, 밝히다, (중간태, 제2현재완료 및 제2부정과거 수동태) 나타나다, 보이다, 보이게 되다

φέρω, οἴσω, ἤνεγκα 및 ἤνεγκον, ἐνήνοχα, ἐνήνεγμαι, ἠνέχθην, 낳다, 나르다

φεύγω, φεύξομαι 혹은 φευξοῦμαι, ἔφυγον, πέφευγα, 탈출하다, 도망치다, 도망가다, 달아나다

φημί, φήσω, ἔφησα, ——, 말하다, 주장하다

# 부록 11

## 보충 예문들

(이 예문들에는 아래 어휘 부분에 포함되어 있지 않은 어휘들도 등장한다.)

### 1. 아이소포스(이솝) 우화

① 《까마귀와 여우》 (아이소포스 단편 126)

κόραξ κρέας ἁρπάσας ἐπί τινος δένδρου ἐκάθισεν. ἀλώπηξ δὲ τοῦτον θεασαμένη καὶ βουλομένη τοῦ κρέως περιγενέσθαι στᾶσα ἐπήνει αὐτὸν ὡς εὐμεγέθη τε καὶ καλόν, λέγουσα καὶ ὅτι πρέπει αὐτὸν μάλιστα ὀρνέων βασιλεύειν, καὶ τοῦτο πάντως ἂν γένοιτο, εἰ φωνὴν εἶχεν. ὁ δὲ παραστῆσαι αὐτῇ θέλων, ὅτι καὶ φωνὴν ἔχει, ἀποβαλὼν τὸ κρέας μεγάλα ἐκεκράγει. ἐκείνη δὲ προσδραμοῦσα καὶ τὸ κρέας ἁρπάσασα ἔφη· "ὦ κόραξ, καὶ φρένας εἰ εἶχες, οὐδὲν ἂν ἐδέησας εἰς τὸ πάντων βασιλεῦσαι."

② 《독수리와 여우》 (아이소포스 단편 1)

ἀετὸς καὶ ἀλώπηξ φιλίαν πρὸς ἀλλήλους σπεισάμενοι πλησίον ἑαυτῶν οἰκεῖν διέγνωσαν βεβαίωσιν φιλίας τὴν συνήθειαν ποιούμενοι. καὶ δὴ ὁ μὲν ἀναβὰς ἐπί τι περίμηκες δένδρον ἐνεοττοποιήσατο, ἡ δὲ εἰς τὸν ὑποκείμενον θάμνον ἔτεκεν. ἐξελθούσης δέ ποτε αὐτῆς ἐπὶ νομὴν ὁ ἀετὸς ἀπορῶν τροφῆς καταπτὰς εἰς τὸν θάμνον καὶ τὰ γεννήματα ἀναρπάσας μετὰ τῶν αὐτοῦ νεοττῶν κατεθοινήσατο. ἡ δὲ ἀλώπηξ ἐπανελθοῦσα ὡς ἔγνω τὸ πραχθέν, οὐ μᾶλλον ἐπὶ τῷ τῶν νεοττῶν θανάτῳ ἐλυπήθη, ὅσον ἐπὶ τῆς ἀμύνης· χερσαία γὰρ οὖσα πετεινὸν διώκειν ἠδυνάτει. διόπερ πόρρωθεν στᾶσα, ὃ μόνον τοῖς ἀσθενέσιν καὶ ἀδυνάτοις ὑπολείπεται, τῷ ἐχθρῷ κατηρᾶτο. συνέβη δὲ αὐτῷ τῆς εἰς τὴν φιλίαν ἀσεβείας οὐκ εἰς μακρὰν δίκην ὑποσχεῖν. θυόντων γάρ τινων αἶγα ἐπ᾽ ἀγροῦ καταπτὰς ἀπὸ τοῦ βωμοῦ σπλάγχνον ἔμπυρον ἀνήνεγκεν· οὗ κομισθέντος ἐπὶ τὴν καλιὰν σφοδρὸς ἐμπεσὼν ἄνεμος ἐκ λεπτοῦ καὶ παλαιοῦ κάρφους λαμπρὰν φλόγα ἀνῆψε. καὶ διὰ τοῦτο καταφλεχθέντες οἱ νεοττοί—καὶ γὰρ ἦσαν ἔτι ἀτελεῖς οἱ πτηνοί—ἐπὶ τὴν γῆν κατέπεσον. καὶ ἡ ἀλώπηξ προσδραμοῦσα ἐν ὄψει τοῦ ἀετοῦ πάντας αὐτοὺς κατέφαγεν.

③ 《여우와 나무꾼》 (아이소포스 단편 22)

ἀλώπηξ κυνηγοὺς φεύγουσα ὡς ἐθεάσατό τινα δρυτόμον, τοῦτον ἱκέτευσε κατακρύψαι αὐτήν. ὁ δὲ αὐτῇ παρήνεσεν εἰς τὴν ἑαυτοῦ καλύβην εἰσελθοῦσαν κρυβῆναι. μετ᾽ οὐ πολὺ δὲ παραγενομένων τῶν κυνηγῶν καὶ τοῦ δρυτόμου πυνθανομένων, εἰ τεθέαται ἀλώπεκα τῇδε παριοῦσαν, ἐκεῖνος τῇ μὲν φωνῇ ἠρνεῖτο ἑωρακέναι, τῇ δὲ χειρὶ νεύων ἐσήμαινεν, ὅπου κατεκρύπτετο. τῶν δὲ οὐχ οἷς ἔνευε προσσχόντων, οἷς δὲ ἔλεγε πιστευσάντων, ἡ ἀλώπηξ ἰδοῦσα αὐτοὺς ἀπαλλαγέντας ἐξελθοῦσα ἀπροσφωνητὶ ἐπορεύετο. μεμφομένου δὲ αὐτὴν τοῦ δρυτόμου, εἴ γε διασωθεῖσα ὑπ᾽ αὐτοῦ οὐδὲ διὰ φωνῆς αὐτῷ ἐμαρτύρησεν, ἔφη· "ἀλλ᾽ ἔγωγε ηὐχαρίστησα ἄν σοι, εἰ τοῖς λόγοις ὅμοια τὰ ἔργα τῆς χειρὸς εἶχες."

2. 돈(재물) (메난드로스 『뒤스콜로스』 797~812행)

περὶ χρημάτων λαλεῖς, ἀβεβαίου πράγματος.

εἰ μὲν γὰρ οἶσθα ταῦτα παραμενοῦντά σοι

εἰς πάντα τὸν χρόνον, φύλαττε μηδενὶ

τοῦ σοῦ μεταδιδούς· ὧν δὲ μὴ σὺ κύριος

εἶ, μηδὲ σαυτοῦ τῆς τύχης δὲ πάντ' ἔχεις,

μή τι φθονοίης, ὦ πάτερ, τούτων τινί.

αὕτη γὰρ ἄλλωι, τυχὸν ἀναξίωι τινί,

παρελομένη σοῦ πάντα προσθήσει πάλιν.

διόπερ ἐγώ σε φημὶ δεῖν, ὅσον χρόνον

εἶ κύριος, χρῆσθαι σε γενναίως, πάτερ,

αὐτόν, ἐπικουρεῖν πᾶσιν, εὐπόρους ποεῖν

ὡς ἂν δύνηι πλείστους διὰ σαυτοῦ. τοῦτο γὰρ

ἀθάνατόν ἐστι, κἄν ποτε πταίσας τύχηις,

ἐκεῖθεν ἔσται ταὐτὸ τοῦτό σοι πάλιν.

πολλῶι δὲ κρεῖττόν ἐστιν ἐμφανὴς φίλος

ἢ πλοῦτος ἀφανής, ὃν σὺ κατορύξας ἔχεις.

3. 창조 (『구약성격』 (칠십인역: Ἡ μετάφρασις τῶν Ἑβδομήκοντα) 창세기 1장 1절)

Ἐν ἀρχῇ ἐποίησεν ὁ θεὸς τὸν οὐρανὸν καὶ τὴν γῆν. ἡ δὲ γῆ ἦν ἀόρατος καὶ ἀκατασκεύαστος, καὶ σκότος ἐπάνω τῆς ἀβύσσου, καὶ πνεῦμα θεοῦ ἐπεφέρετο ἐπάνω τοῦ ὕδατος. καὶ εἶπεν ὁ θεός Γενηθήτω φῶς. καὶ ἐγένετο φῶς. καὶ εἶδεν ὁ θεὸς τὸ φῶς ὅτι καλόν. καὶ διεχώρισεν ὁ θεὸς ἀνὰ μέσον τοῦ φωτὸς καὶ ἀνὰ μέσον τοῦ σκότους. καὶ ἐκάλεσεν ὁ θεὸς τὸ φῶς ἡμέραν καὶ τὸ σκότος ἐκάλεσεν νύκτα. καὶ ἐγένετο ἑσπέρα καὶ ἐγένετο πρωί, ἡμέρα μία.

Καὶ εἶπεν ὁ θεός Γενηθήτω στερέωμα ἐν μέσῳ τοῦ ὕδατος καὶ ἔστω διαχωρίζον ἀνὰ μέσον ὕδατος καὶ ὕδατος. καὶ ἐγένετο οὕτως. καὶ ἐποίησεν ὁ θεὸς τὸ στερέωμα, καὶ διεχώρισεν ὁ θεὸς ἀνὰ μέσον τοῦ ὕδατος, ὃ ἦν ὑποκάτω τοῦ στερεώματος, καὶ ἀνὰ μέσον τοῦ ὕδατος τοῦ ἐπάνω τοῦ στερεώματος. καὶ ἐκάλεσεν ὁ θεὸς τὸ στερέωμα οὐρανόν. καὶ εἶδεν ὁ θεὸς ὅτι καλόν. καὶ ἐγένετο ἑσπέρα καὶ ἐγένετο πρωί, ἡμέρα δευτέρα.

Καὶ εἶπεν ὁ θεός Συναχθήτω τὸ ὕδωρ τὸ ὑποκάτω τοῦ οὐρανοῦ εἰς συναγωγὴν μίαν, καὶ ὀφθήτω ἡ ξηρά. καὶ ἐγένετο οὕτως. καὶ συνήχθη τὸ ὕδωρ τὸ ὑποκάτω τοῦ οὐρανοῦ εἰς τὰς συναγωγὰς αὐτῶν, καὶ ὤφθη ἡ ξηρά. καὶ ἐκάλεσεν ὁ θεὸς τὴν ξηρὰν γῆν καὶ τὰ συστήματα τῶν ὑδάτων ἐκάλεσεν θαλάσσας. καὶ εἶδεν ὁ θεὸς ὅτι καλόν. καὶ εἶπεν ὁ θεός Βλαστησάτω ἡ γῆ βοτάνην χόρτου, σπεῖρον σπέρμα κατὰ γένος καὶ καθ᾽ ὁμοιότητα, καὶ ξύλον κάρπιμον ποιοῦν καρπόν, οὗ τὸ σπέρμα αὐτοῦ ἐν αὐτῷ κατὰ γένος ἐπὶ τῆς γῆς. καὶ ἐγένετο οὕτως. καὶ ἐξήνεγκεν ἡ γῆ βοτάνην χόρτου, σπεῖρον σπέρμα κατὰ γένος καὶ καθ᾽ ὁμοιότητα, καὶ ξύλον κάρπιμον ποιοῦν καρπόν, οὗ τὸ σπέρμα αὐτοῦ ἐν αὐτῷ κατὰ γένος ἐπὶ τῆς γῆς. καὶ εἶδεν ὁ θεὸς ὅτι καλόν. καὶ ἐγένετο ἑσπέρα καὶ ἐγένετο πρωί, ἡμέρα τρίτη.

Καὶ εἶπεν ὁ θεός Γενηθήτωσαν φωστῆρες ἐν τῷ στερεώματι τοῦ οὐρανοῦ εἰς φαῦσιν τῆς γῆς τοῦ διαχωρίζειν ἀνὰ μέσον τῆς ἡμέρας καὶ ἀνὰ μέσον τῆς νυκτὸς καὶ ἔστωσαν εἰς σημεῖα καὶ εἰς καιροὺς καὶ εἰς ἡμέρας καὶ εἰς ἐνιαυτοὺς καὶ ἔστωσαν εἰς φαῦσιν ἐν τῷ στερεώματι τοῦ οὐρανοῦ ὥστε φαίνειν ἐπὶ τῆς γῆς. καὶ ἐγένετο οὕτως. καὶ ἐποίησεν ὁ θεὸς τοὺς δύο φωστῆρας τοὺς μεγάλους, τὸν φωστῆρα τὸν μέγαν εἰς ἀρχὰς τῆς ἡμέρας καὶ τὸν φωστῆρα τὸν ἐλάσσω εἰς ἀρχὰς τῆς νυκτός, καὶ τοὺς ἀστέρας. καὶ ἔθετο αὐτοὺς ὁ θεὸς ἐν τῷ στερεώματι τοῦ οὐρανοῦ ὥστε φαίνειν ἐπὶ τῆς γῆς καὶ ἄρχειν τῆς ἡμέρας καὶ τῆς νυκτὸς καὶ διαχωρίζειν ἀνὰ μέσον τοῦ φωτὸς καὶ ἀνὰ μέσον τοῦ σκότους. καὶ εἶδεν ὁ θεὸς ὅτι καλόν. καὶ ἐγένετο ἑσπέρα καὶ ἐγένετο πρωί, ἡμέρα τετάρτη.

Καὶ εἶπεν ὁ θεός Ἐξαγαγέτω τὰ ὕδατα ἑρπετὰ ψυχῶν ζωσῶν καὶ πετεινὰ πετόμενα ἐπὶ τῆς γῆς κατὰ τὸ στερέωμα τοῦ οὐρανοῦ. καὶ ἐγένετο οὕτως. καὶ ἐποίησεν ὁ θεὸς τὰ κήτη τὰ μεγάλα καὶ πᾶσαν ψυχὴν ζῴων ἑρπετῶν, ἃ ἐξήγαγεν τὰ ὕδατα κατὰ γένη αὐτῶν, καὶ πᾶν πετεινὸν πτερωτὸν κατὰ γένος. καὶ εἶδεν ὁ θεὸς ὅτι καλά. καὶ ηὐλόγησεν αὐτὰ ὁ θεὸς λέγων Αὐξάνεσθε καὶ πληθύνεσθε καὶ πληρώσατε τὰ ὕδατα ἐν ταῖς θαλάσσαις, καὶ τὰ πετεινὰ πληθυνέσθωσαν ἐπὶ τῆς γῆς. καὶ ἐγένετο ἑσπέρα καὶ ἐγένετο πρωί, ἡμέρα πέμπτη.

Καὶ εἶπεν ὁ θεός Ἐξαγαγέτω ἡ γῆ ψυχὴν ζῶσαν κατὰ γένος, τετράποδα καὶ ἑρπετὰ καὶ θηρία τῆς γῆς κατὰ γένος. καὶ ἐγένετο οὕτως. καὶ ἐποίησεν ὁ θεὸς τὰ θηρία τῆς γῆς κατὰ γένος καὶ τὰ κτήνη κατὰ γένος καὶ πάντα τὰ ἑρπετὰ τῆς γῆς κατὰ γένος αὐτῶν. καὶ εἶδεν ὁ θεὸς ὅτι καλά.

Καὶ εἶπεν ὁ θεός Ποιήσωμεν ἄνθρωπον κατ᾽ εἰκόνα ἡμετέραν καὶ καθ᾽ ὁμοίωσιν, καὶ ἀρχέτωσαν τῶν ἰχθύων τῆς θαλάσσης καὶ τῶν πετεινῶν τοῦ οὐρανοῦ καὶ τῶν κτηνῶν καὶ πάσης τῆς γῆς καὶ πάντων τῶν ἑρπετῶν τῶν ἑρπόντων ἐπὶ τῆς γῆς. καὶ ἐποίησεν ὁ θεὸς τὸν ἄνθρωπον, κατ᾽ εἰκόνα θεοῦ ἐποίησεν αὐτόν, ἄρσεν καὶ θῆλυ ἐποίησεν αὐτούς. καὶ ηὐλόγησεν αὐτοὺς ὁ θεὸς λέγων Αὐξάνεσθε καὶ πληθύνεσθε καὶ πληρώσατε τὴν γῆν καὶ κατακυριεύσατε αὐτῆς καὶ ἄρχετε τῶν ἰχθύων τῆς θαλάσσης καὶ τῶν πετεινῶν τοῦ οὐρανοῦ καὶ πάντων τῶν κτηνῶν καὶ πάσης τῆς γῆς καὶ πάντων τῶν ἑρπετῶν τῶν ἑρπόντων ἐπὶ τῆς γῆς.

Καὶ εἶπεν ὁ θεός Ἰδοὺ δέδωκα ὑμῖν πᾶν χόρτον σπόριμον σπεῖρον σπέρμα, ὅ ἐστιν ἐπάνω πάσης τῆς γῆς, καὶ πᾶν ξύλον, ὃ ἔχει ἐν ἑαυτῷ καρπὸν σπέρματος σπορίμου— ὑμῖν ἔσται εἰς βρῶσιν—καὶ πᾶσι τοῖς θηρίοις τῆς γῆς καὶ πᾶσι τοῖς πετεινοῖς τοῦ οὐρανοῦ καὶ παντὶ ἑρπετῷ τῷ ἕρποντι ἐπὶ τῆς γῆς, ὃ ἔχει ἐν ἑαυτῷ ψυχὴν ζωῆς, πάντα χόρτον χλωρὸν εἰς βρῶσιν. καὶ ἐγένετο οὕτως. καὶ εἶδεν ὁ θεὸς τὰ πάντα, ὅσα ἐποίησεν, καὶ ἰδοὺ καλὰ λίαν. καὶ ἐγένετο ἑσπέρα καὶ ἐγένετο πρωί, ἡμέρα ἕκτη.

## 4. 수호자(철학자)의 성향 (플라톤 『국가』 2권 375e~376c: 소크라테스와 글라우콘의 대화)

소크라테스: Ἴδοι μὲν ἄν τις καὶ ἐν ἄλλοις ζῴοις, οὐ μεντἂν ἥκιστα ἐν ᾧ ἡμεῖς παρεβάλλομεν τῷ φύλακι. οἶσθα γάρ που τῶν γενναίων κυνῶν, ὅτι τοῦτο φύσει αὐτῶν τὸ ἦθος, πρὸς μὲν τοὺς συνήθεις τε καὶ γνωρίμους ὡς οἷόν τε πρᾳοτάτους εἶναι, πρὸς δὲ τοὺς ἀγνῶτας τοὐναντίον.

글라우콘: Οἶδα μέντοι.

소크라테스: Τοῦτο μὲν ἄρα, ἦν δ' ἐγώ, δυνατόν, καὶ οὐ παρὰ φύσιν ζητοῦμεν τοιοῦτον εἶναι τὸν φύλακα.

글라우콘: Οὐκ ἔοικεν.

소크라테스: Ἆρ' οὖν σοι δοκεῖ ἔτι τοῦδε προσδεῖσθαι ὁ φυλακικὸς ἐσόμενος, πρὸς τῷ θυμοειδεῖ ἔτι προσγενέσθαι φιλόσοφος τὴν φύσιν;

글라우콘: Πῶς δή; ἔφη· οὐ γὰρ ἐννοῶ.

소크라테스: Καὶ τοῦτο, ἦν δ' ἐγώ, ἐν τοῖς κυσὶν κατόψει, ὃ καὶ ἄξιον θαυμάσαι τοῦ θηρίου.

글라우콘: Τὸ ποῖον;

소크라테스: Ὅτι ὃν μὲν ἂν ἴδῃ ἀγνῶτα, χαλεπαίνει, οὐδὲ ἓν κακὸν προπεπονθώς· ὃν δ' ἂν γνώριμον, ἀσπάζεται, κἂν μηδὲν πώποτε ὑπ' αὐτοῦ ἀγαθὸν πεπόνθῃ. ἢ οὔπω τοῦτο ἐθαύμασας;

글라우콘: Οὐ πάνυ, ἔφη, μέχρι τούτου προσέσχον τὸν νοῦν· ὅτι δέ που δρᾷ ταῦτα, δῆλον.

소크라테스: Ἀλλὰ μὴν κομψόν γε φαίνεται τὸ πάθος αὐτοῦ τῆς φύσεως καὶ ὡς ἀληθῶς φιλόσοφον.

글라우콘: Πῇ δή;

소크라테스: Ἧι, ἦν δ' ἐγώ, ὄψιν οὐδενὶ ἄλλῳ φίλην καὶ ἐχθρὰν διακρίνει ἢ τῷ τὴν μὲν καταμαθεῖν, τὴν δὲ ἀγνοῆσαι. καίτοι πῶς οὐκ ἂν φιλομαθὲς εἴη συνέσει τε καὶ ἀγνοίᾳ ὁριζόμενον τό τε οἰκεῖον καὶ τὸ ἀλλότριον;

글라우콘: Οὐδαμῶς, ἦ δ' ὅς, ὅπως οὔ.

소크라테스: Ἀλλὰ μέντοι, εἶπον ἐγώ, τό γε φιλομαθὲς καὶ φιλόσοφον ταὐτόν;

글라우콘: Ταὐτὸν γάρ, ἔφη.

소크라테스: Οὐκοῦν θαρροῦντες τιθῶμεν καὶ ἐν ἀνθρώπῳ, εἰ μέλλει πρὸς τοὺς οἰκείους καὶ γνωρίμους πρᾷός τις ἔσεσθαι, φύσει φιλόσοφον καὶ φιλομαθῆ αὐτὸν δεῖν εἶναι;

글라우콘: Τιθῶμεν, ἔφη.

소크라테스: Φιλόσοφος δὴ καὶ θυμοειδὴς καὶ ταχὺς καὶ ἰσχυρὸς ἡμῖν τὴν φύσιν ἔσται ὁ μέλλων καλὸς κἀγαθὸς ἔσεσθαι φύλαξ πόλεως.

## 5. 시론 (아리스토텔레스 『시학』 4장 1148b4~27, 9장 1451a36~b11)

Ἐοίκασι δὲ γεννῆσαι μὲν ὅλως τὴν ποιητικὴν αἰτίαι δύο τινὲς καὶ αὗται φυσικαί. τό τε γὰρ μιμεῖσθαι σύμφυτον τοῖς ἀνθρώποις ἐκ παίδων ἐστὶ καὶ τούτῳ διαφέρουσι τῶν ἄλλων ζῴων ὅτι μιμητικώτατόν ἐστι καὶ τὰς μαθήσεις ποιεῖται διὰ μιμήσεως τὰς πρώτας, καὶ τὸ χαίρειν τοῖς μιμήμασι πάντας. σημεῖον δὲ τούτου τὸ συμβαῖνον ἐπὶ τῶν ἔργων· ἃ γὰρ αὐτὰ λυπηρῶς ὁρῶμεν, τούτων τὰς εἰκόνας τὰς μάλιστα ἠκριβωμένας χαίρομεν θεωροῦντες, οἷον θηρίων τε μορφὰς τῶν ἀτιμοτάτων καὶ νεκρῶν. αἴτιον δὲ καὶ τούτου, ὅτι μανθάνειν οὐ μόνον τοῖς φιλοσόφοις ἥδιστον ἀλλὰ καὶ τοῖς ἄλλοις ὁμοίως, ἀλλ᾽ ἐπὶ βραχὺ κοινωνοῦσιν αὐτοῦ. διὰ γὰρ τοῦτο χαίρουσι τὰς εἰκόνας ὁρῶντες, ὅτι συμβαίνει θεωροῦντας μανθάνειν καὶ συλλογίζεσθαι τί ἕκαστον, οἷον ὅτι οὗτος ἐκεῖνος· ἐπεὶ ἐὰν μὴ τύχῃ προεωρακώς, οὐχ ᾗ μίμημα ποιήσει τὴν ἡδονὴν ἀλλὰ διὰ τὴν ἀπεργασίαν ἢ τὴν χροιὰν ἢ διὰ τοιαύτην τινὰ ἄλλην αἰτίαν. κατὰ φύσιν δὲ ὄντος ἡμῖν τοῦ μιμεῖσθαι καὶ τῆς ἁρμονίας καὶ τοῦ ῥυθμοῦ (τὰ γὰρ μέτρα ὅτι μόρια τῶν ῥυθμῶν ἐστι φανερὸν) ἐξ ἀρχῆς οἱ πεφυκότες πρὸς αὐτὰ μάλιστα κατὰ μικρὸν προάγοντες ἐγέννησαν τὴν ποίησιν ἐκ τῶν αὐτοσχεδιασμάτων. διεσπάσθη δὲ κατὰ τὰ οἰκεῖα ἤθη ἡ ποίησις· οἱ μὲν γὰρ σεμνότεροι τὰς καλὰς ἐμιμοῦντο πράξεις καὶ τὰς τῶν τοιούτων, οἱ δὲ εὐτελέστεροι τὰς τῶν φαύλων, πρῶτον ψόγους ποιοῦντες, ὥσπερ ἕτεροι ὕμνους καὶ ἐγκώμια.

......

Φανερὸν δὲ ἐκ τῶν εἰρημένων καὶ ὅτι οὐ τὸ τὰ γενόμενα λέγειν, τοῦτο ποιητοῦ ἔργον ἐστίν, ἀλλ᾽ οἷα ἂν γένοιτο καὶ τὰ δυνατὰ κατὰ τὸ εἰκὸς ἢ τὸ ἀναγκαῖον. ὁ γὰρ ἱστορικὸς καὶ ὁ ποιητὴς οὐ τῷ ἢ ἔμμετρα λέγειν ἢ ἄμετρα διαφέρουσιν (εἴη γὰρ ἂν τὰ Ἡροδότου εἰς μέτρα τεθῆναι καὶ οὐδὲν ἧττον ἂν εἴη ἱστορία τις μετὰ μέτρου ἢ ἄνευ μέτρων)· ἀλλὰ τούτῳ διαφέρει, τῷ τὸν μὲν τὰ γενόμενα λέγειν, τὸν δὲ οἷα ἂν γένοιτο. διὸ καὶ φιλοσοφώτερον καὶ σπουδαιότερον ποίησις ἱστορίας ἐστίν· ἡ μὲν γὰρ ποίησις μᾶλλον τὰ καθόλου, ἡ δ᾽ ἱστορία τὰ καθ᾽ ἕκαστον λέγει. ἔστιν δὲ καθόλου μέν, τῷ ποίῳ τὰ ποῖα ἄττα συμβαίνει λέγειν ἢ πράττειν κατὰ τὸ εἰκὸς ἢ τὸ ἀναγκαῖον, οὗ στοχάζεται ἡ ποίησις ὀνόματα ἐπιτιθεμένη· τὸ δὲ καθ᾽ ἕκαστον, τί Ἀλκιβιάδης ἔπραξεν ἢ τί ἔπαθεν.

## 6. 슬기(실천적 지혜)

### ① 슬기의 중요성 (아리스토텔레스 『철학에의 권유』 단편 38~41)

Ὅτι δὲ καὶ μέγιστόν ἐστι τῶν ἀγαθῶν ἡ φρόνησις καὶ πάντων ὠφελιμώτατον τῶν ἄλλων, ἐκ τῶνδε δῆλον· πάντες γὰρ ὁμολογοῦμεν ὅτι δεῖ τὸν μὲν σπουδαιότατον ἄρχειν καὶ τὸν τὴν φύσιν κράτιστον, τὸν δὲ νόμον ἄρχοντα καὶ κύριον εἶναι μόνον· οὗτος δὲ φρόνησίς τις καὶ λόγος ἀπὸ φρονήσεώς ἐστιν.

Ἔτι δὲ τίς ἡμῖν κανὼν ἢ τίς ὅρος ἀκριβέστερος τῶν ἀγαθῶν πλὴν ὁ φρόνιμος; ὅσα γὰρ ἂν οὗτος ἕλοιτο κατὰ τὴν ἐπιστήμην αἱρούμενος, ταῦτ' ἐστὶν ἀγαθὰ καὶ κακὰ δὲ τὰ ἐναντία τούτοις.

Ἐπεὶ δὲ πάντες αἱροῦνται μάλιστα τὰ κατὰ τὰς οἰκείας ἕξεις (τὸ μὲν γὰρ δικαίως ζῆν ὁ δίκαιος, τὸ δὲ κατὰ τὴν ἀνδρείαν ὁ τὴν ἀνδρείαν ἔχων, ὁ δὲ σώφρων τὸ σωφρονεῖν), ὁμοίως δῆλον ὅτι καὶ τὸ φρονεῖν ὁ φρόνιμος αἱρήσεται πάντων μάλιστα· τοῦτο γὰρ ἔργον ταύτης τῆς δυνάμεως. ὥστε φανερὸν ὅτι κατὰ τὴν κυριωτάτην κρίσιν κράτιστόν ἐστι τῶν ἀγαθῶν ἡ φρόνησις.

Ἴδοι δ' ἄν τις τὸ αὐτὸ γνωριμώτερον ἀπὸ τούτων. τὸ φρονεῖν καὶ τὸ γιγνώσκειν ἐστὶν αἱρετὸν καθ' αὑτὸ τοῖς ἀνθρώποις (οὐδὲ γὰρ ζῆν δυνατὸν ὡς ἀνθρώποις ἄνευ τούτων), χρήσιμόν τ' εἰς τὸν βίον ὑπάρχει· οὐδὲν γὰρ ἡμῖν ἀγαθὸν παραγίνεται, ὅ τι μὴ λογισαμένοις καὶ κατὰ φρόνησιν ἐνεργήσασιν τελειοῦται. καὶ μὴν εἴτε τὸ ζῆν εὐδαιμόνως ἐν τῷ χαίρειν ἐστὶν εἴτ' ἐν τῷ τὴν ἀρετὴν ἔχειν εἴτ' ἐν τῇ φρονήσει, κατὰ ταῦτα πάντα φιλοσοφητέον· ταῦτα γὰρ μάλιστα καὶ εἰλικρινῶς διὰ τοῦ φιλοσοφεῖν ἡμῖν παραγίνεται.

### ② 슬기의 정의 (아리스토텔레스 『니코마코스 윤리학』 6권 1140a24~28, 1140b7~12, 1141b8~22)

Περὶ δὲ φρονήσεως οὕτως ἂν λάβοιμεν, θεωρήσαντες τίνας λέγομεν τοὺς φρονίμους. δοκεῖ δὴ φρονίμου εἶναι τὸ δύνασθαι καλῶς βουλεύσασθαι περὶ τὰ αὑτῷ ἀγαθὰ καὶ συμφέροντα, οὐ κατὰ μέρος, οἷον ποῖα πρὸς ὑγίειαν, πρὸς ἰσχύν, ἀλλὰ ποῖα πρὸς τὸ εὖ ζῆν ὅλως.

……

διὰ τοῦτο Περικλέα καὶ τοὺς τοιούτους φρονίμους οἰόμεθα εἶναι, ὅτι τὰ αὑτοῖς ἀγαθὰ καὶ τὰ τοῖς ἀνθρώποις δύνανται θεωρεῖν· εἶναι δὲ τοιούτους ἡγούμεθα τοὺς οἰκονομικοὺς καὶ τοὺς πολιτικούς. ἔνθεν καὶ τὴν σωφροσύνην τούτῳ προσαγορεύομεν τῷ ὀνόματι, ὡς σῴζουσαν τὴν φρόνησιν.

……

Ἡ δὲ φρόνησις περὶ τὰ ἀνθρώπινα καὶ περὶ ὧν ἔστι βουλεύσασθαι· τοῦ γὰρ φρονίμου μάλιστα τοῦτ' ἔργον εἶναί φαμεν, τὸ εὖ βουλεύεσθαι, βουλεύεται δ' οὐδεὶς περὶ τῶν ἀδυνάτων ἄλλως ἔχειν, οὐδ' ὅσων μὴ τέλος τι ἔστι, καὶ τοῦτο πρακτὸν ἀγαθόν. ὁ δ' ἁπλῶς εὔβουλος ὁ τοῦ ἀρίστου ἀνθρώπῳ τῶν πρακτῶν στοχαστικὸς κατὰ τὸν λογισμόν. οὐδ' ἐστὶν ἡ φρόνησις τῶν καθόλου μόνον, ἀλλὰ δεῖ καὶ τὰ καθ' ἕκαστα γνωρίζειν· πρακτικὴ γάρ, ἡ δὲ πρᾶξις περὶ τὰ καθ' ἕκαστα. διὸ καὶ ἔνιοι οὐκ εἰδότες ἑτέρων εἰδότων πρακτικώτεροι, καὶ ἐν τοῖς ἄλλοις οἱ ἔμπειροι· εἰ γὰρ εἰδείη ὅτι τὰ κοῦφα εὔπεπτα κρέα καὶ ὑγιεινά, ποῖα δὲ κοῦφα ἀγνοῖ, οὐ ποιήσει ὑγίειαν, ἀλλ' ὁ εἰδὼς ὅτι τὰ ὀρνίθεια ὑγιεινὰ ποιήσει μᾶλλον. ἡ δὲ φρόνησις πρακτική· ὥστε δεῖ ἄμφω ἔχειν, ἢ ταύτην μᾶλλον.

## 7. 파이드로스의 《에로스 찬가》 (플라톤 『향연』 178a9~189b8)

τὸ γὰρ ἐν τοῖς πρεσβύτατον εἶναι τὸν θεὸν τίμιον, ⋯⋯ τεκμήριον δὲ τούτου· γονῆς γὰρ Ἔρωτος οὔτ' εἰσὶν οὔτε λέγονται ὑπ' οὐδενὸς οὔτε ἰδιώτου οὔτε ποιητοῦ, ἀλλ' Ἡσίοδος πρῶτον μὲν Χάος φησὶ γενέσθαι—

αὐτὰρ ἔπειτα / Γαῖ' εὐρύστερνος, πάντων ἕδος ἀσφαλὲς αἰεί, / ἠδ' Ἔρος

Ἡσιόδῳ δὲ καὶ Ἀκουσίλεως σύμφησιν μετὰ τὸ Χάος δύο τούτω γενέσθαι, Γῆν τε καὶ Ἔρωτα. Παρμενίδης δὲ τὴν γένεσιν λέγει—

πρώτιστον μὲν Ἔρωτα θεῶν μητίσατο πάντων.

οὕτω πολλαχόθεν ὁμολογεῖται ὁ Ἔρως ἐν τοῖς πρεσβύτατος εἶναι. πρεσβύτατος δὲ ὢν μεγίστων ἀγαθῶν ἡμῖν αἴτιός ἐστιν. οὐ γὰρ ἔγωγ' ἔχω εἰπεῖν ὅτι μεῖζόν ἐστιν ἀγαθὸν εὐθὺς νέῳ ὄντι ἢ ἐραστὴς χρηστὸς καὶ ἐραστῇ παιδικά. ὃ γὰρ χρὴ ἀνθρώποις ἡγεῖσθαι παντὸς τοῦ βίου τοῖς μέλλουσι καλῶς βιώσεσθαι, τοῦτο οὔτε συγγένεια οἵα τε ἐμποιεῖν οὕτω καλῶς οὔτε τιμαὶ οὔτε πλοῦτος οὔτ' ἄλλο οὐδὲν ὡς ἔρως. λέγω δὲ δὴ τί τοῦτο; τὴν ἐπὶ μὲν τοῖς αἰσχροῖς αἰσχύνην, ἐπὶ δὲ τοῖς καλοῖς φιλοτιμίαν· οὐ γὰρ ἔστιν ἄνευ τούτων οὔτε πόλιν οὔτε ἰδιώτην μεγάλα καὶ καλὰ ἔργα ἐξεργάζεσθαι. φημὶ τοίνυν ἐγὼ ἄνδρα ὅστις ἐρᾷ, εἴ τι αἰσχρὸν ποιῶν κατάδηλος γίγνοιτο ἢ πάσχων ὑπό του δι' ἀνανδρίαν μὴ ἀμυνόμενος, οὔτ' ἂν ὑπὸ πατρὸς ὀφθέντα οὕτως ἀλγῆσαι οὔτε ὑπὸ ἑταίρων οὔτε ὑπ' ἄλλου οὐδενὸς ὡς ὑπὸ παιδικῶν. ταὐτὸν δὲ τοῦτο καὶ τὸν ἐρώμενον ὁρῶμεν, ὅτι διαφερόντως τοὺς ἐραστὰς αἰσχύνεται, ὅταν ὀφθῇ ἐν αἰσχρῷ τινι ὤν. εἰ οὖν μηχανή τις γένοιτο ὥστε πόλιν γενέσθαι ἢ στρατόπεδον ἐραστῶν τε καὶ παιδικῶν, οὐκ ἔστιν ὅπως ἂν ἄμεινον οἰκήσειαν τὴν ἑαυτῶν ἢ ἀπεχόμενοι πάντων τῶν αἰσχρῶν καὶ φιλοτιμούμενοι πρὸς ἀλλήλους, καὶ μαχόμενοί γ' ἂν μετ' ἀλλήλων οἱ τοιοῦτοι νικῷεν ἂν ὀλίγοι ὄντες ὡς ἔπος εἰπεῖν πάντας ἀνθρώπους. ἐρῶν γὰρ ἀνὴρ ὑπὸ παιδικῶν ὀφθῆναι ἢ λιπὼν τάξιν ἢ ὅπλα ἀποβαλὼν ἧττον ἂν δήπου δέξαιτο ἢ ὑπὸ πάντων τῶν ἄλλων, καὶ πρὸ τούτου τεθνάναι ἂν πολλάκις ἕλοιτο. καὶ μὴν ἐγκαταλιπεῖν γε τὰ παιδικὰ ἢ μὴ βοηθῆσαι κινδυνεύοντι—οὐδεὶς οὕτω κακὸς ὅντινα οὐκ ἂν αὐτὸς ὁ Ἔρως ἔνθεον ποιήσειε πρὸς ἀρετήν, ὥστε ὅμοιον εἶναι τῷ ἀρίστῳ φύσει· καὶ ἀτεχνῶς, ὃ ἔφη Ὅμηρος, μένος ἐμπνεῦσαι ἐνίοις τῶν ἡρώων τὸν θεόν, τοῦτο ὁ Ἔρως τοῖς ἐρῶσι παρέχει γιγνόμενον παρ' αὑτοῦ.

Καὶ μὴν ὑπεραποθνήσκειν γε μόνοι ἐθέλουσιν οἱ ἐρῶντες, οὐ μόνον ὅτι ἄνδρες, ἀλλὰ καὶ αἱ γυναῖκες. τούτου δὲ καὶ ἡ Πελίου θυγάτηρ Ἄλκηστις ἱκανὴν μαρτυρίαν παρέχεται ὑπὲρ τοῦδε τοῦ λόγου εἰς τοὺς Ἕλληνας, ἐθελήσασα μόνη ὑπὲρ τοῦ αὑτῆς ἀνδρὸς ἀποθανεῖν, ὄντων αὐτῷ πατρός τε καὶ μητρός, οὓς ἐκείνη τοσοῦτον ὑπερεβάλετο τῇ φιλίᾳ διὰ τὸν ἔρωτα, ὥστε ἀποδεῖξαι αὐτοὺς ἀλλοτρίους ὄντας τῷ ὑεῖ καὶ ὀνόματι μόνον προσήκοντας, καὶ τοῦτ' ἐργασαμένη τὸ ἔργον οὕτω καλὸν ἔδοξεν ἐργάσασθαι οὐ μόνον ἀνθρώποις ἀλλὰ καὶ θεοῖς, ὥστε πολλῶν πολλὰ καὶ καλὰ ἐργασαμένων εὐαριθμήτοις δή τισιν ἔδοσαν τοῦτο γέρας οἱ θεοί, ἐξ Ἅιδου ἀνεῖναι πάλιν τὴν ψυχήν, ἀλλὰ τὴν ἐκείνης ἀνεῖσαν ἀγασθέντες τῷ ἔργῳ· οὕτω καὶ θεοὶ τὴν περὶ τὸν ἔρωτα σπουδήν τε καὶ ἀρετὴν μάλιστα τιμῶσιν. Ὀρφέα δὲ τὸν Οἰάγρου ἀτελῆ ἀπέπεμψαν ἐξ Ἅιδου, φάσμα δείξαντες τῆς γυναικὸς ἐφ' ἣν ἧκεν, αὐτὴν δὲ οὐ δόντες, ὅτι μαλθακίζεσθαι ἐδόκει, ἅτε ὢν κιθαρῳδός, καὶ οὐ τολμᾶν ἕνεκα τοῦ ἔρωτος ἀποθνήσκειν ὥσπερ Ἄλκηστις, ἀλλὰ διαμηχανᾶσθαι ζῶν εἰσιέναι εἰς Ἅιδου. τοιγάρτοι διὰ ταῦτα δίκην αὐτῷ ἐπέθεσαν, καὶ ἐποίησαν τὸν θάνατον αὐτοῦ ὑπὸ γυναικῶν γενέσθαι, οὐχ ὥσπερ Ἀχιλλέα τὸν τῆς Θέτιδος υἱὸν ἐτίμησαν καὶ εἰς μακάρων νήσους ἀπέπεμψαν, ὅτι πεπυσμένος παρὰ τῆς μητρὸς ὡς ἀποθανοῖτο ἀποκτείνας Ἕκτορα, μὴ ποιήσας δὲ τοῦτο οἴκαδε ἐλθὼν γηραιὸς τελευτήσοι, ἐτόλμησεν ἑλέσθαι βοηθήσας τῷ ἐραστῇ Πατρόκλῳ καὶ τιμωρήσας οὐ μόνον ὑπεραποθανεῖν ἀλλὰ καὶ ἐπαποθανεῖν τετελευτηκότι· ὅθεν δὴ καὶ ὑπεραγασθέντες οἱ θεοὶ διαφερόντως αὐτὸν ἐτίμησαν, ὅτι τὸν ἐραστὴν οὕτω περὶ πολλοῦ ἐποιεῖτο. Αἰσχύλος δὲ φλυαρεῖ φάσκων Ἀχιλλέα Πατρόκλου ἐρᾶν, ὃς ἦν καλλίων οὐ μόνον Πατρόκλου ἀλλ' ἅμα καὶ τῶν ἡρώων ἁπάντων, καὶ ἔτι ἀγένειος, ἔπειτα νεώτερος πολύ, ὥς φησιν Ὅμηρος. ἀλλὰ γὰρ τῷ ὄντι μάλιστα μὲν ταύτην τὴν ἀρετὴν οἱ θεοὶ τιμῶσιν τὴν περὶ τὸν ἔρωτα, μᾶλλον μέντοι θαυμάζουσιν καὶ ἄγανται καὶ εὖ ποιοῦσιν ὅταν ὁ ἐρώμενος τὸν ἐραστὴν ἀγαπᾷ, ἢ ὅταν ὁ ἐραστὴς τὰ παιδικά. θειότερον γὰρ ἐραστὴς παιδικῶν· ἔνθεος γάρ ἐστι. διὰ ταῦτα καὶ τὸν Ἀχιλλέα τῆς Ἀλκήστιδος μᾶλλον ἐτίμησαν, εἰς μακάρων νήσους ἀποπέμψαντες.

Οὕτω δὴ ἔγωγέ φημι Ἔρωτα θεῶν καὶ πρεσβύτατον καὶ τιμιώτατον καὶ κυριώτατον εἶναι εἰς ἀρετῆς καὶ εὐδαιμονίας κτῆσιν ἀνθρώποις καὶ ζῶσι καὶ τελευτήσασιν.

## 8. 프로타고라스의 《인류와 사회의 기원》 (플라톤 『프로타고라스』 320c8~322d5)

Ἦν γάρ ποτε χρόνος ὅτε θεοὶ μὲν ἦσαν, θνητὰ δὲ γένη οὐκ ἦν. ἐπειδὴ δὲ καὶ τούτοις χρόνος ἦλθεν εἱμαρμένος γενέσεως, τυποῦσιν αὐτὰ θεοὶ γῆς ἔνδον ἐκ γῆς καὶ πυρὸς μείξαντες καὶ τῶν ὅσα πυρὶ καὶ γῇ κεράννυται. ἐπειδὴ δ' ἄγειν αὐτὰ πρὸς φῶς ἔμελλον, προσέταξαν Προμηθεῖ καὶ Ἐπιμηθεῖ κοσμῆσαί τε καὶ νεῖμαι δυνάμεις ἑκάστοις ὡς πρέπει. Προμηθέα δὲ παραιτεῖται Ἐπιμηθεὺς αὐτὸς νεῖμαι, "Νείμαντος δέ μου," ἔφη, "ἐπίσκεψαι·" καὶ οὕτω πείσας νέμει. νέμων δὲ τοῖς μὲν ἰσχὺν ἄνευ τάχους προσῆπτεν, τοὺς δ' ἀσθενεστέρους τάχει ἐκόσμει· τοὺς δὲ ὥπλιζε, τοῖς δ' ἄοπλον διδοὺς φύσιν ἄλλην τιν' αὐτοῖς ἐμηχανᾶτο δύναμιν εἰς σωτηρίαν. ἃ μὲν γὰρ αὐτῶν σμικρότητι ἤμπισχεν, πτηνὸν φυγὴν ἢ κατάγειον οἴκησιν ἔνεμεν· ἃ δὲ ηὖξε μεγέθει, τῷδε αὐτῷ αὐτὰ ἔσῳζεν· καὶ τἆλλα οὕτως ἐπανισῶν ἔνεμεν. ταῦτα δὲ ἐμηχανᾶτο εὐλάβειαν ἔχων μή τι γένος ἀϊστωθείη· ἐπειδὴ δὲ αὐτοῖς ἀλληλοφθοριῶν διαφυγὰς ἐπήρκεσε, πρὸς τὰς ἐκ Διὸς ὥρας εὐμάρειαν ἐμηχανᾶτο ἀμφιεννὺς αὐτὰ πυκναῖς τε θριξὶν καὶ στερεοῖς δέρμασιν, ἱκανοῖς μὲν ἀμῦναι χειμῶνα, δυνατοῖς δὲ καὶ καύματα, καὶ εἰς εὐνὰς ἰοῦσιν ὅπως ὑπάρχοι τὰ αὐτὰ ταῦτα στρωμνὴ οἰκεία τε καὶ αὐτοφυὴς ἑκάστῳ· καὶ ὑποδῶν τὰ μὲν ὁπλαῖς, τὰ δὲ θριξὶν καὶ δέρμασιν στερεοῖς καὶ ἀναίμοις. τοὐντεῦθεν τροφὰς ἄλλοις ἄλλας ἐξεπόριζεν, τοῖς μὲν ἐκ γῆς βοτάνην, ἄλλοις δὲ δένδρων καρπούς, τοῖς δὲ ῥίζας· ἔστι δ' οἷς ἔδωκεν εἶναι τροφὴν ζῴων ἄλλων βοράν· καὶ τοῖς μὲν ὀλιγογονίαν προσῆψε, τοῖς δ' ἀναλισκομένοις ὑπὸ τούτων πολυγονίαν, σωτηρίαν τῷ γένει πορίζων. ἅτε δὴ οὖν οὐ πάνυ τι σοφὸς ὢν ὁ Ἐπιμηθεὺς ἔλαθεν αὑτὸν καταναλώσας τὰς δυνάμεις εἰς τὰ ἄλογα· λοιπὸν δὴ ἀκόσμητον ἔτι αὐτῷ ἦν τὸ ἀνθρώπων γένος, καὶ ἠπόρει ὅτι χρήσαιτο. ἀποροῦντι δὲ αὐτῷ ἔρχεται Προμηθεὺς ἐπισκεψόμενος τὴν νομήν, καὶ ὁρᾷ τὰ μὲν ἄλλα ζῷα ἐμμελῶς πάντων ἔχοντα, τὸν δὲ ἄνθρωπον γυμνόν τε καὶ ἀνυπόδητον καὶ ἄστρωτον καὶ ἄοπλον· ἤδη δὲ καὶ ἡ εἱμαρμένη ἡμέρα παρῆν, ἐν ᾗ ἔδει καὶ ἄνθρωπον ἐξιέναι ἐκ γῆς εἰς φῶς. ἀπορίᾳ οὖν σχόμενος ὁ Προμηθεὺς ἥντινα σωτηρίαν τῷ ἀνθρώπῳ εὕροι, κλέπτει Ἡφαίστου καὶ Ἀθηνᾶς τὴν ἔντεχνον σοφίαν σὺν πυρί—ἀμήχανον γὰρ ἦν ἄνευ πυρὸς αὐτὴν κτητήν τῳ ἢ χρησίμην γενέσθαι—καὶ οὕτω δὴ δωρεῖται ἀνθρώπῳ. τὴν μὲν οὖν περὶ τὸν βίον σοφίαν ἄνθρωπος ταύτῃ ἔσχεν, τὴν δὲ πολιτικὴν οὐκ εἶχεν· ἦν γὰρ παρὰ τῷ Διί. τῷ δὲ Προμηθεῖ εἰς μὲν τὴν ἀκρόπολιν τὴν τοῦ Διὸς οἴκησιν οὐκέτι ἐνεχώρει εἰσελθεῖν—πρὸς δὲ καὶ αἱ Διὸς φυλακαὶ φοβεραὶ ἦσαν—εἰς δὲ τὸ τῆς Ἀθηνᾶς καὶ Ἡφαίστου οἴκημα τὸ κοινόν, ἐν ᾧ ἐφιλοτεχνείτην, λαθὼν εἰσέρχεται, καὶ κλέψας τήν τε ἔμπυρον τέχνην τὴν τοῦ Ἡφαίστου καὶ τὴν ἄλλην τὴν τῆς Ἀθηνᾶς δίδωσιν ἀνθρώπῳ, καὶ ἐκ τούτου εὐπορία μὲν ἀνθρώπῳ τοῦ βίου γίγνεται, Προμηθέα δὲ δι' Ἐπιμηθέα ὕστερον, ἧπερ λέγεται, κλοπῆς δίκη μετῆλθεν.

Ἐπειδὴ δὲ ὁ ἄνθρωπος θείας μετέσχε μοίρας, πρῶτον μὲν διὰ τὴν τοῦ θεοῦ συγγένειαν ζῴων μόνον θεοὺς ἐνόμισεν, καὶ ἐπεχείρει βωμούς τε ἱδρύεσθαι καὶ ἀγάλματα θεῶν· ἔπειτα φωνὴν καὶ ὀνόματα ταχὺ διηρθρώσατο τῇ τέχνῃ, καὶ οἰκήσεις καὶ ἐσθῆτας καὶ ὑποδέσεις καὶ στρωμνὰς καὶ τὰς ἐκ γῆς τροφὰς ηὕρετο. οὕτω δὴ παρεσκευασμένοι κατ' ἀρχὰς ἄνθρωποι ᾤκουν σποράδην, πόλεις δὲ οὐκ ἦσαν· ἀπώλλυντο οὖν ὑπὸ τῶν θηρίων διὰ τὸ πανταχῇ αὐτῶν ἀσθενέστεροι εἶναι, καὶ ἡ δημιουργικὴ τέχνη αὐτοῖς πρὸς μὲν τροφὴν ἱκανὴ βοηθὸς ἦν, πρὸς δὲ τὸν τῶν θηρίων πόλεμον ἐνδεής—πολιτικὴν γὰρ τέχνην οὔπω εἶχον, ἧς μέρος πολεμική—ἐζήτουν δὴ ἀθροίζεσθαι καὶ σῴζεσθαι κτίζοντες πόλεις· ὅτ' οὖν ἀθροισθεῖεν, ἠδίκουν ἀλλήλους ἅτε οὐκ ἔχοντες τὴν πολιτικὴν τέχνην, ὥστε πάλιν σκεδαννύμενοι διεφθείροντο. Ζεὺς οὖν δείσας περὶ τῷ γένει ἡμῶν μὴ ἀπόλοιτο πᾶν, Ἑρμῆν πέμπει ἄγοντα εἰς ἀνθρώπους αἰδῶ τε καὶ δίκην, ἵν' εἶεν πόλεων κόσμοι τε καὶ δεσμοὶ φιλίας συναγωγοί. ἐρωτᾷ οὖν Ἑρμῆς Δία τίνα οὖν τρόπον δοίη δίκην καὶ αἰδῶ ἀνθρώποις· "Πότερον ὡς αἱ τέχναι νενέμηνται, οὕτω καὶ ταύτας νείμω; νενέμηνται δὲ ὧδε· εἷς ἔχων ἰατρικὴν πολλοῖς ἱκανὸς ἰδιώταις, καὶ οἱ ἄλλοι δημιουργοί· καὶ δίκην δὴ καὶ αἰδῶ οὕτω θῶ ἐν τοῖς ἀνθρώποις, ἢ ἐπὶ πάντας νείμω;" "Ἐπὶ πάντας," ἔφη ὁ Ζεύς, "καὶ πάντες μετεχόντων· οὐ γὰρ ἂν γένοιντο πόλεις, εἰ ὀλίγοι αὐτῶν μετέχοιεν ὥσπερ ἄλλων τεχνῶν· καὶ νόμον γε θὲς παρ' ἐμοῦ τὸν μὴ δυνάμενον αἰδοῦς καὶ δίκης μετέχειν κτείνειν ὡς νόσον πόλεως."

## 9. 페르시아의 관습 (헤로도토스 『역사』 1권 131~132절)

Πέρσας δὲ οἶδα νόμοισι τοιοισίδε χρεωμένους, ἀγάλματα μὲν καὶ νηοὺς καὶ βωμοὺς οὐκ ἐν νόμῳ ποιευμένους ἱδρύεσθαι, ἀλλὰ τοῖσι ποιεῦσι μωρίην ἐπιφέρουσι, ὡς μὲν ἐμοὶ δοκέειν, ὅτι οὐκ ἀνθρωποφυέας ἐνόμισαν τοὺς θεοὺς κατά περ οἱ Ἕλληνες εἶναι. Οἱ δὲ νομίζουσι Διὶ μὲν ἐπὶ τὰ ὑψηλότατα τῶν ὀρέων ἀναβαίνοντες θυσίας ἔρδειν, τὸν κύκλον πάντα τοῦ οὐρανοῦ Δία καλέοντες. Θύουσι δὲ ἡλίῳ τε καὶ σελήνη καὶ γῇ καὶ πυρὶ καὶ ὕδατι καὶ ἀνέμοισι. Τούτοισι μὲν δὴ θύουσι μούνοισι ἀρχῆθεν, ἐπιμεμαθήκασι δὲ καὶ τῇ Οὐρανίῃ θύειν, παρά τε Ἀσσυρίων μαθόντες καὶ Ἀραβίων· καλέουσι δὲ Ἀσσύριοι τὴν Ἀφροδίτην Μύλιττα, Ἀράβιοι δὲ Ἀλιλάτ, Πέρσαι δὲ Μίτραν.

Θυσίη δὲ τοῖσι Πέρσησι περὶ τοὺς εἰρημένους θεοὺς ἥδε κατέστηκε. Οὔτε βωμοὺς ποιεῦνται οὔτε πῦρ ἀνακαίουσι μέλλοντες θύειν· οὐ σπονδῇ χρέωνται, οὐκὶ αὐλῷ, οὐ στέμμασι, οὐκὶ οὐλῆσι. Τῶν δὲ ὡς ἑκάστῳ τις θύειν θέλῃ, ἐς χῶρον καθαρὸν ἀγαγὼν τὸ κτῆνος καλέει τὸν θεὸν ἐστεφανωμένος τὸν τιήρην μυρσίνη μάλιστα. Ἑωυτῷ μὲν δὴ τῷ θύοντι ἰδίῃ μούνῳ οὔ οἱ ἐγγίνεται ἀρᾶσθαι ἀγαθά, ὁ δὲ τοῖσι πᾶσί τε Πέρσησι κατεύχεται εὖ γίνεσθαι καὶ τῷ βασιλέϊ· ἐν γὰρ δὴ τοῖσι ἅπασι Πέρσησι καὶ αὐτὸς γίνεται. Ἐπεὰν δὲ διαμιστύλας κατὰ μέρεα τὸ ἰρήιον ἑψήσῃ τὰ κρέα, ὑποπάσας ποίην ὡς ἁπαλωτάτην, μάλιστα δὲ τὸ τρίφυλλον, ἐπὶ ταύτης ἔθηκε ὦν πάντα τὰ κρέα. Διαθέντος δὲ αὐτοῦ μάγος ἀνὴρ παρεστεὼς ἐπαείδει θεογονίην, οἵην δὴ ἐκεῖνοι λέγουσι εἶναι τὴν ἐπαοιδήν· ἄνευ γὰρ δὴ μάγου οὔ σφι νόμος ἐστὶ θυσίας ποιέεσθαι. Ἐπισχὼν δὲ ὀλίγον χρόνον ἀποφέρεται ὁ θύσας τὰ κρέα καὶ χρᾶται ὅ τι μιν λόγος αἱρέει.

Ἡμέρην δὲ ἁπασέων μάλιστα ἐκείνην τιμᾶν νομίζουσι τῇ ἕκαστος ἐγένετο. Ἐν ταύτῃ δὲ πλέω δαῖτα τῶν ἀλλέων δικαιοῦσι προτίθεσθαι· ἐν τῇ οἱ εὐδαίμονες αὐτῶν βοῦν καὶ ἵππον καὶ κάμηλον καὶ ὄνον προτιθέαται ὅλους ὀπτοὺς ἐν καμίνοισι, οἱ δὲ πένητες αὐτῶν τὰ λεπτὰ τῶν προβάτων προτιθέαται. Σίτοισι δὲ ὀλίγοισι χρέωνται, ἐπιφορήμασι δὲ πολλοῖσι καὶ οὐκ ἀλέσι· καὶ διὰ τοῦτό φασι Πέρσαι τοὺς Ἕλληνας σιτεομένους πεινῶντας παύεσθαι, ὅτι σφι ἀπὸ δείπνου παραφορέεται οὐδὲν λόγου ἄξιον, εἰ δέ τι παραφέροιτο, ἐσθίοντας ἂν οὐ παύεσθαι. Οἴνῳ δὲ κάρτα προσκέαται. Καί σφι οὐκ ἐμέσαι ἔξεστι, οὐκὶ οὐρῆσαι ἀντίον ἄλλου. Ταῦτα μέν νυν οὕτω φυλάσσεται. Μεθυσκόμενοι δὲ ἐώθασι βουλεύεσθαι τὰ σπουδαιέστατα τῶν πρηγμάτων. Τὸ δ' ἂν ἅδῃ σφι βουλευομένοισι, τοῦτο τῇ ὑστεραίῃ νήφουσι προτιθεῖ ὁ στέγαρχος, ἐν τοῦ ἂν ἐόντες βουλεύωνται· καὶ ἢν μὲν ἅδῃ καὶ νήφουσι, χρέωνται αὐτῷ, ἢν δὲ μὴ ἅδῃ, μετιεῖσι· τὰ δ' ἂν νήφοντες προβουλεύσωνται, μεθυσκόμενοι ἐπιδιαγινώσκουσι.

## 10. 안티폰의 '결혼에 관하여' (스토바이오스 『선집』 4권 22장 66)

Φέρε δὴ προελθέτω ὁ βίος εἰς τὸ πρόσθεν καὶ γάμων καὶ γυναικὸς ἐπιθυμησάτω. αὕτη ἡ ἡμέρα, αὕτη ἡ νὺξ καινοῦ δαίμονος ἄρχει, καινοῦ πότμου. μέγας γὰρ ἀγὼν γάμος ἀνθρώπῳ. εἰ γὰρ τύχοι μὴ ἐπιτηδεία γενομένη, τί χρὴ τῇ συμφορᾷ χρῆσθαι; χαλεπαὶ μὲν ἐκπομπαί, τοὺς φίλους ἐχθροὺς ποιῆσαι, ἴσα φρονοῦντας ἴσα πνέοντας, ἀξιώσαντα καὶ ἀξιωθέντα· χαλεπὸν δὲ καὶ ἐκτῆσθαι κτῆμα τοιοῦτον, δοκοῦντα ἡδονὰς κτᾶσθαι λύπας ἄγεσθαι.

Φέρε δή, μὴ τὰ παλίγκοτα λέγωμεν, λεγέσθω τὰ πάντων ἐπιτηδειότατα. τί γὰρ ἥδιον ἀνθρώπῳ γυναικὸς καταθυμίας; τί δὲ γλυκύτερον ἄλλως τε καὶ νέῳ; ἐν τῷ αὐτῷ δέ γε τούτῳ, ἔνθα τὸ ἡδύ, ἔνεστι πλησίον που καὶ τὸ λυπηρόν· αἱ γὰρ ἡδοναὶ οὐκ ἐπὶ σφῶν αὐτῶν ἐμπορεύονται, ἀλλ' ἀκολουθοῦσιν αὐταῖς λῦπαι καὶ πόνοι. ἐπεὶ καὶ ὀλυμπιονῖκαι καὶ πυθιονῖκαι καὶ οἱ τοιοῦτοι ἀγῶνες καὶ σοφίαι καὶ πᾶσαι ἡδοναὶ ἐκ μεγάλων λυπημάτων ἐθέλουσι παραγίγνεσθαι· τιμαὶ γάρ, ἆθλα, δελέατα, ἃ ὁ θεὸς ἔδωκεν ἀνθρώποις, μεγάλων πόνων καὶ ἱδρώτων εἰς ἀνάγκας καθιστᾶσιν. ἐγὼ γάρ, εἴ μοι γένοιτο σῶμα ἕτερον τοιοῦτον ἐπιμελὲς ὂν οἷον ἐγὼ ἐμαυτῷ, οὐκ ἂν δυναίμην ζῆν, οὕτως ἐμαυτῷ πολλὰ πράγματα παρέχων ὑπέρ τε τῆς ὑγιείας τοῦ σώματος ὑπέρ τε τοῦ καθ' ἡμέραν βίου ἐς τὴν ξυλλογὴν ὑπέρ τε δόξης καὶ σωφροσύνης καὶ εὐκλείας καὶ τοῦ εὖ ἀκούειν. τί οὖν, εἴ μοι γένοιτο σῶμα ἕτερον τοιοῦτον, ὅ γέ μοι οὕτως ἐπιμελὲς εἴη; οὐκ οὖν δῆλον, ὅτι γυνὴ ἀνδρί, ἐὰν ᾖ καταθυμία, οὐδὲν ἐλάττους τὰς φιλότητας παρέχεται καὶ τὰς ὀδύνας ἢ αὐτὸς αὑτῷ ὑπέρ τε τῆς ὑγιείας δισσῶν σωμάτων ὑπέρ τε τοῦ βίου τῆς συλλογῆς καὶ ὑπέρ τε τῆς σωφροσύνης καὶ τῆς εὐκλείας;

Φέρε δὴ καὶ παῖδες γενέσθωσαν· φροντίδων ἤδη πάντα πλέα καὶ ἐξοίχεται τὸ νεοτήσιον σκίρτημα ἐκ τῆς γνώμης καὶ <τὸ> πρόσωπον οὐκέτι τὸ αὐτό.

## 11. 아낙사고라스의 감각론 (테오프라스토스 『감각에 관하여』 27~30절)

Ἀναξαγόρας δὲ γίνεσθαι μὲν τοῖς ἐναντίοις· τὸ γὰρ ὅμοιον ἀπαθὲς ὑπὸ τοῦ ὁμοίου. καθ’ ἑκάστην δ’ ἰδίᾳ πειρᾶται διαριθμεῖν. ὁρᾶν μὲν γὰρ τῇ ἐμφάσει τῆς κόρης, οὐκ ἐμφαίνεσθαι δὲ εἰς τὸ ὁμόχρων, ἀλλ’ εἰς τὸ διάφορον. καὶ τοῖς μὲν πολλοῖς μεθ’ ἡμέραν, ἐνίοις δὲ νύκτωρ εἶναι τὸ ἀλλόχρων, διὸ ὀξυωπεῖν τότε. ἁπλῶς δὲ τὴν νύκτα μᾶλλον ὁμόχρων εἶναι τοῖς ὀφθαλμοῖς. ἐμφαίνεσθαι δὲ μεθ’ ἡμέραν, ὅτι τὸ φῶς συναίτιον τῆς ἐμφάσεως· τὴν δὲ χρόαν τὴν κρατοῦσαν μᾶλλον εἰς τὴν ἑτέραν ἐμφαίνεσθαι.

τὸν αὐτὸν δὲ τρόπον καὶ τὴν ἁφὴν καὶ τὴν γεῦσιν κρίνειν· τὸ γὰρ ὁμοίως θερμὸν καὶ ψυχρὸν οὔτε θερμαίνειν οὔτε ψύχειν πλησιάζον οὐδὲ δὴ τὸ γλυκὺ καὶ τὸ ὀξὺ δι’ αὐτῶν γνωρίζειν, ἀλλὰ τῷ μὲν θερμῷ τὸ ψυχρόν, τῷ δ’ ἁλμυρῷ τὸ πότιμον, τῷ δ’ ὀξεῖ τὸ γλυκὺ κατὰ τὴν ἔλλειψιν τὴν ἑκάστου· πάντα γὰρ ἐνυπάρχειν ἐστὶν ἐν ἡμῖν. ὡσαύτως δὲ καὶ ὀσφραίνεσθαι καὶ ἀκούειν τὸ μὲν ἅμα τῇ ἀναπνοῇ, τὸ δὲ τῷ διικνεῖσθαι τὸν ψόφον ἄχρι τοῦ ἐγκεφάλου· τὸ γὰρ περιέχον ὀστοῦν εἶναι κοῖλον, εἰς ὃ ἐμπίπτειν τὸν ψόφον.

ἅπασαν δ’ αἴσθησιν τὰ λύπης, ὅπερ ἂν δόξειεν ἀκόλουθον εἶναι τῇ ὑποθέσει· πᾶν γὰρ τὸ ἀνόμοιον ἁπτόμενον πόνον παρέχει. φανερὸν δὲ τοῦτο τῷ τε τοῦ χρόνου πλήθει καὶ τῇ τῶν αἰσθητῶν ὑπερβολῇ. τά τε γὰρ λαμπρὰ χρώματα καὶ τοὺς ὑπερβάλλοντας ψόφους λύπην ἐμποιεῖν καὶ οὐ πολὺν χρόνον δύνασθαι τοῖς αὐτοῖς ἐπιμένειν. αἰσθητικώτερα δὲ τὰ μείζω ζῷα καὶ ἁπλῶς εἶναι κατὰ τὸ μέγεθος τὴν αἴσθησιν. ὅσα μὲν γὰρ μεγάλους καὶ καθαροὺς καὶ λαμπροὺς ὀφθαλμοὺς ἔχει, μεγάλα τε καὶ πόρρωθεν ὁρᾶν, ὅσα δὲ μικρούς, ἐναντίως.

ὁμοίως δὲ καὶ ἐπὶ τῆς ἀκοῆς. τὰ μὲν γὰρ μεγάλα τῶν μεγάλων καὶ τῶν πόρρωθεν ἀκούειν, τὰ δ’ ἐλάττω λανθάνειν, τὰ δὲ μικρὰ τῶν μικρῶν καὶ τῶν ἐγγύς. καὶ ἐπὶ τῆς ὀσφρήσεως ὁμοίως· ὄζειν μὲν γὰρ μᾶλλον τὸν λεπτὸν ἀέρα, θερμαινόμενον μὲν γὰρ καὶ μανούμενον ὄζειν. ἀναπνέον δὲ τὸ μὲν μέγα ζῷον ἅμα τῷ μανῷ καὶ τὸ πυκνὸν ἕλκειν, τὸ δὲ μικρὸν αὐτὸ τὸ μανόν, διὸ καὶ τὰ μεγάλα μᾶλλον αἰσθάνεσθαι. καὶ γὰρ τὴν ὀσμὴν ἐγγὺς εἶναι μᾶλλον ἢ πόρρω διὰ τὸ πυκνοτέραν εἶναι, σκεδαννυμένην δὲ ἀσθενῆ. σχεδὸν δὲ ὡς εἰπεῖν οὐκ αἰσθάνεσθαι τὰ μὲν μεγάλα τῆς λεπτῆς, τὰ δὲ μικρὰ τῆς πυκνῆς.

12. 에우클레이데스(유클리드) 증명 (에우클레이데스 『원론』 1권 1명제)

Ἐπὶ τῆς δοθείσης εὐθείας πεπερασμένης τρίγωνον ἰσόπλευρον συστήσασθαι.

Ἔστω ἡ δοθεῖσα εὐθεῖα πεπερασμένη ἡ ΑΒ. δεῖ δὴ ἐπὶ τῆς ΑΒ εὐθείας τρίγωνον ἰσόπλευρον συστήσασθαι.

Κέντρῳ μὲν τῷ Α διαστήματι δὲ τῷ ΑΒ κύκλος γεγράφθω ὁ ΒΓΔ, καὶ πάλιν κέντρῳ μὲν τῷ Β διαστήματι δὲ τῷ ΒΑ κύκλος γεγράφθω ὁ ΑΓΕ, καὶ ἀπὸ τοῦ Γ σημείου, καθ' ὃ τέμνουσιν ἀλλήλους οἱ κύκλοι, ἐπὶ τὰ Α, Β σημεῖα ἐπεζεύχθωσαν εὐθεῖαι αἱ ΓΑ, ΓΒ.

Καὶ ἐπεὶ τὸ Α σημεῖον κέντρον ἐστὶ τοῦ ΓΔΒ κύκλου, ἴση ἐστὶν ἡ ΑΓ τῇ ΑΒ· πάλιν, ἐπεὶ τὸ Β σημεῖον κέντρον ἐστὶ τοῦ ΓΑΕ κύκλου, ἴση ἐστὶν ἡ ΒΓ τῇ ΒΑ. ἐδείχθη δὲ καὶ ἡ ΓΑ τῇ ΑΒ ἴση· ἑκατέρα ἄρα τῶν ΓΑ, ΓΒ τῇ ΑΒ ἐστιν ἴση. τὰ δὲ τῷ αὐτῷ ἴσα καὶ ἀλλήλοις ἐστὶν ἴσα· καὶ ἡ ΓΑ ἄρα τῇ ΓΒ ἐστιν ἴση· αἱ τρεῖς ἄρα αἱ ΓΑ, ΑΒ, ΒΓ ἴσαι ἀλλήλαις εἰσίν.

Ἰσόπλευρον ἄρα ἐστὶ τὸ ΑΒΓ τρίγωνον, καὶ συνέσταται ἐπὶ τῆς δοθείσης εὐθείας πεπερασμένης τῆς ΑΒ. ὅπερ ἔδει ποιῆσαι.

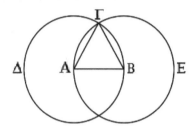

13. 프로디코스의 《헤라클레스의 선택》 (크세노폰 『(소크라테스) 회상』 2권 1장 32절 1행~34절 3행)

Πρόδικος ······ φησὶ γὰρ Ἡρακλέα, ἐπεὶ ἐκ παίδων εἰς ἥβην ὡρμᾶτο, ἐν ᾗ οἱ νέοι ἤδη αὐτοκράτορες γιγνόμενοι δηλοῦσιν εἴτε τὴν δι᾽ ἀρετῆς ὁδὸν τρέψονται ἐπὶ τὸν βίον εἴτε τὴν διὰ κακίας, ἐξελθόντα εἰς ἡσυχίαν καθῆσθαι ἀποροῦντα ποτέραν τῶν ὁδῶν τράπηται· καὶ φανῆναι αὐτῷ δύο γυναῖκας προσιέναι μεγάλας, τὴν μὲν ἑτέραν εὐπρεπῆ τε ἰδεῖν καὶ ἐλευθέριον φύσει, κεκοσμημένην τὸ μὲν σῶμα καθαρότητι, τὰ δὲ ὄμματα αἰδοῖ, τὸ δὲ σχῆμα σωφροσύνῃ, ἐσθῆτι δὲ λευκῇ, τὴν δ᾽ ἑτέραν τεθραμμένην μὲν εἰς πολυσαρκίαν τε καὶ ἁπαλότητα, κεκαλλωπισμένην δὲ τὸ μὲν χρῶμα ὥστε λευκοτέραν τε καὶ ἐρυθροτέραν τοῦ ὄντος δοκεῖν φαίνεσθαι, τὸ δὲ σχῆμα ὥστε δοκεῖν ὀρθοτέραν τῆς φύσεως εἶναι, τὰ δὲ ὄμματα ἔχειν ἀναπεπταμένα, ἐσθῆτα δὲ ἐξ ἧς ἂν μάλιστα ὥρα διαλάμποι· κατασκοπεῖσθαι δὲ θαμὰ ἑαυτήν, ἐπισκοπεῖν δὲ καὶ εἴ τις ἄλλος αὐτὴν θεᾶται, πολλάκις δὲ καὶ εἰς τὴν ἑαυτῆς σκιὰν ἀποβλέπειν.

ὡς δ᾽ ἐγένοντο πλησιαίτερον τοῦ Ἡρακλέους, τὴν μὲν πρόσθεν ῥηθεῖσαν ἰέναι τὸν αὐτὸν τρόπον, τὴν δ᾽ ἑτέραν φθάσαι βουλομένην προσδραμεῖν τῷ Ἡρακλεῖ καὶ εἰπεῖν· "Ὁρῶ σε, ὦ Ἡράκλεις, ἀποροῦντα ποίαν ὁδὸν ἐπὶ τὸν βίον τράπῃ. ἐὰν οὖν ἐμὲ φίλην ποιησάμενος ἕπει, τὴν ἡδίστην τε καὶ ῥᾴστην ὁδὸν ἄξω σε, καὶ τῶν μὲν τερπνῶν οὐδενὸς ἄγευστος ἔσει, τῶν δὲ χαλεπῶν ἄπειρος διαβιώσῃ. πρῶτον μὲν γὰρ οὐ πολέμων οὐδὲ πραγμάτων φροντιεῖς, ἀλλὰ σκοπούμενος διείσῃ τί ἂν κεχαρισμένον ἢ σιτίον ἢ ποτὸν εὕροις, ἢ τί ἂν ἰδὼν ἢ ἀκούσας τερφθείης ἢ τίνων ἂν ὀσφραινόμενος ἢ ἁπτόμενος ἡσθείης, τίσι δὲ παιδικοῖς ὁμιλῶν μάλιστ᾽ ἂν εὐφρανθείης, καὶ πῶς ἂν μαλακώτατα καθεύδοις, καὶ πῶς ἂν ἀπονώτατα τούτων πάντων τυγχάνοις. ἐὰν δέ ποτε γένηταί τις ὑποψία σπάνεως ἀφ᾽ ὧν ἔσται ταῦτα, οὐ φόβος μή σε ἀγάγω ἐπὶ τὸ πονοῦντα καὶ ταλαιπωροῦντα τῷ σώματι καὶ τῇ ψυχῇ ταῦτα πορίζεσθαι, ἀλλ᾽ οἷς ἂν οἱ ἄλλοι ἐργάζωνται, τούτοις σὺ χρήσῃ, οὐδενὸς ἀπεχόμενος ὅθεν ἂν δυνατὸν ᾖ τι κερδᾶναι. πανταχόθεν γὰρ ὠφελεῖσθαι τοῖς ἐμοὶ συνοῦσιν ἐξουσίαν ἐγὼ παρέχω."

καὶ ὁ Ἡρακλῆς ἀκούσας ταῦτα, "Ὦ γύναι, ἔφη, ὄνομα δέ σοι τί ἐστιν;" ἡ δέ, "Οἱ μὲν ἐμοὶ φίλοι, ἔφη, καλοῦσί με Εὐδαιμονίαν, οἱ δὲ μισοῦντές με ὑποκοριζόμενοι ὀνομάζουσι Κακίαν."

καὶ ἐν τούτῳ ἡ ἑτέρα γυνὴ προσελθοῦσα εἶπε· "Καὶ ἐγὼ ἥκω πρὸς σέ, ὦ Ἡράκλεις, εἰδυῖα τοὺς γεννήσαντάς σε καὶ τὴν φύσιν τὴν σὴν ἐν τῇ παιδείᾳ καταμαθοῦσα, ἐξ ὧν ἐλπίζω, εἰ τὴν πρὸς ἐμὲ ὁδὸν τράποιο, σφόδρ᾽ ἄν σε τῶν καλῶν καὶ σεμνῶν ἀγαθὸν ἐργάτην γενέσθαι καὶ ἐμὲ ἔτι πολὺ ἐντιμοτέραν καὶ ἐπ᾽ ἀγαθοῖς διαπρεπεστέραν φανῆναι. οὐκ ἐξαπατήσω δέ σε προοιμίοις ἡδονῆς, ἀλλ᾽ ᾗπερ οἱ θεοὶ διέθεσαν τὰ ὄντα διηγήσομαι μετ᾽ ἀληθείας. τῶν γὰρ ὄντων ἀγαθῶν καὶ καλῶν οὐδὲν ἄνευ πόνου καὶ ἐπιμελείας θεοὶ διδόασιν ἀνθρώποις, ἀλλ᾽ εἴτε τοὺς θεοὺς ἵλεως εἶναί σοι βούλει, θεραπευτέον τοὺς θεούς, εἴτε ὑπὸ φίλων ἐθέλεις ἀγαπᾶσθαι, τοὺς φίλους εὐεργετητέον, εἴτε ὑπό τινος πόλεως ἐπιθυμεῖς τιμᾶσθαι, τὴν πόλιν ὠφελητέον, εἴτε ὑπὸ τῆς Ἑλλάδος πάσης ἀξιοῖς ἐπ᾽ ἀρετῇ θαυμάζεσθαι, τὴν Ἑλλάδα πειρατέον εὖ ποιεῖν, εἴτε γῆν βούλει σοι καρποὺς ἀφθόνους φέρειν, τὴν γῆν θεραπευτέον, εἴτε ἀπὸ βοσκημάτων οἴει δεῖν πλουτίζεσθαι, τῶν βοσκημάτων ἐπιμελητέον, εἴτε διὰ πολέμου ὁρμᾷς αὔξεσθαι καὶ βούλει δύνασθαι τούς τε φίλους ἐλευθεροῦν καὶ τοὺς ἐχθροὺς χειροῦσθαι, τὰς πολεμικὰς τέχνας αὐτάς τε παρὰ τῶν ἐπισταμένων μαθητέον καὶ ὅπως αὐταῖς δεῖ χρῆσθαι ἀσκητέον· εἰ δὲ καὶ τῷ σώματι βούλει δυνατὸς εἶναι, τῇ γνώμῃ ὑπηρετεῖν ἐθιστέον τὸ σῶμα καὶ γυμναστέον σὺν πόνοις καὶ ἱδρῶτι."

καὶ ἡ Κακία ὑπολαβοῦσα εἶπεν, ὥς φησι Πρόδικος· "Ἐννοεῖς, ὦ Ἡράκλεις, ὡς χαλεπὴν καὶ μακρὰν ὁδὸν ἐπὶ τὰς εὐφροσύνας ἡ γυνή σοι αὕτη διηγεῖται; ἐγὼ δὲ ῥᾳδίαν καὶ βραχεῖαν ὁδὸν ἐπὶ τὴν εὐδαιμονίαν ἄξω σε."

καὶ ἡ Ἀρετὴ εἶπεν· "Ὦ τλῆμον, τί δὲ σὺ ἀγαθὸν ἔχεις; ἢ τί ἡδὺ οἶσθα μηδὲν τούτων ἕνεκα πράττειν ἐθέλουσα; ἥτις οὐδὲ τὴν τῶν ἡδέων ἐπιθυμίαν ἀναμένεις, ἀλλὰ πρὶν ἐπιθυμῆσαι πάντων ἐμπίμπλασαι, πρὶν μὲν πεινῆν ἐσθίουσα, πρὶν δὲ διψῆν πίνουσα, καὶ ἵνα μὲν ἡδέως φάγῃς, ὀψοποιεῖς μηχανωμένη, ἵνα δὲ ἡδέως πίῃς, οἴνους τε πολυτελεῖς παρασκευάζῃ καὶ τοῦ θέρους χιόνα περιθέουσα ζητεῖς, ἵνα δὲ καθυπνώσῃς ἡδέως, οὐ μόνον τὰς στρωμνὰς μαλακάς, ἀλλὰ καὶ τὰς κλίνας καὶ τὰ ὑπόβαθρα ταῖς κλίναις παρασκευάζῃ· οὐ γὰρ διὰ τὸ πονεῖν, ἀλλὰ διὰ τὸ μηδὲν ἔχειν ὅ τι ποιῇς ὕπνου ἐπιθυμεῖς· τὰ δ᾽ ἀφροδίσια πρὸ τοῦ δεῖσθαι ἀναγκάζεις, πάντα μηχανωμένη καὶ γυναιξὶ τοῖς ἀνδράσι χρωμένη· οὕτω γὰρ παιδεύεις τοὺς σεαυτῆς φίλους, τῆς μὲν νυκτὸς ὑβρίζουσα, τῆς δ᾽ ἡμέρας τὸ χρησιμώτατον κατακοιμίζουσα. ἀθάνατος δὲ οὖσα ἐκ θεῶν μὲν ἀπέρριψαι, ὑπὸ δὲ ἀνθρώπων ἀγαθῶν ἀτιμάζῃ· τοῦ δὲ πάντων ἡδίστου ἀκούσματος, ἐπαίνου σεαυτῆς, ἀνήκοος εἶ, καὶ τοῦ πάντων ἡδίστου θεάματος ἀθέατος· οὐδὲν γὰρ πώποτε σεαυτῆς ἔργον καλὸν τεθέασαι. τίς δ' ἄν σοι λεγούσῃ τι πιστεύσειε; τίς δ' ἂν δεομένῃ τινὸς ἐπαρκέσειεν; ἢ τίς ἂν εὖ φρονῶν τοῦ σοῦ θιάσου τολμήσειεν εἶναι; οἳ νέοι μὲν ὄντες τοῖς σώμασιν ἀδύνατοί εἰσι, πρεσβύτεροι δὲ γενόμενοι ταῖς ψυχαῖς ἀνόητοι, ἀπόνως μὲν λιπαροὶ διὰ νεότητος τρεφόμενοι, ἐπιπόνως δὲ αὐχμηροὶ διὰ γήρως περῶντες, τοῖς μὲν πεπραγμένοις αἰσχυνόμενοι, τοῖς δὲ πραττομένοις βαρυνόμενοι, τὰ μὲν ἡδέα ἐν τῇ νεότητι διαδραμόντες, τὰ δὲ χαλεπὰ εἰς τὸ γῆρας ἀποθέμενοι. ἐγὼ δὲ σύνειμι μὲν θεοῖς, σύνειμι δὲ ἀνθρώποις τοῖς ἀγαθοῖς· ἔργον δὲ καλὸν οὔτε θεῖον οὔτ' ἀνθρώπειον χωρὶς ἐμοῦ γίγνεται. τιμῶμαι δὲ μάλιστα πάντων καὶ παρὰ θεοῖς καὶ παρὰ ἀνθρώποις οἷς προσήκω, ἀγαπητὴ μὲν συνεργὸς τεχνίταις, πιστὴ δὲ φύλαξ οἴκων δεσπόταις, εὐμενὴς δὲ παραστάτις οἰκέταις, ἀγαθὴ δὲ συλλήπτρια τῶν ἐν εἰρήνῃ πόνων, βεβαία δὲ τῶν ἐν πολέμῳ σύμμαχος ἔργων, ἀρίστη δὲ φιλίας κοινωνός. ἔστι δὲ τοῖς μὲν ἐμοῖς φίλοις ἡδεῖα μὲν καὶ ἀπράγμων σίτων καὶ ποτῶν ἀπόλαυσις· ἀνέχονται γὰρ ἕως ἂν ἐπιθυμήσωσιν αὐτῶν· ὕπνος δ' αὐτοῖς πάρεστιν ἡδίων ἢ τοῖς ἀμόχθοις, καὶ οὔτε ἀπολείποντες αὐτὸν ἄχθονται οὔτε διὰ τοῦτον μεθιᾶσι τὰ δέοντα πράττειν. καὶ οἱ μὲν νέοι τοῖς τῶν πρεσβυτέρων ἐπαίνοις χαίρουσιν, οἱ δὲ γεραίτεροι ταῖς τῶν νέων τιμαῖς ἀγάλλονται· καὶ ἡδέως μὲν τῶν παλαιῶν πράξεων μέμνηνται, εὖ δὲ τὰς παρούσας ἥδονται πράττοντες, δι' ἐμὲ φίλοι μὲν θεοῖς ὄντες, ἀγαπητοὶ δὲ φίλοις, τίμιοι δὲ πατρίσιν· ὅταν δ' ἔλθῃ τὸ πεπρωμένον τέλος, οὐ μετὰ λήθης ἄτιμοι κεῖνται, ἀλλὰ μετὰ μνήμης τὸν ἀεὶ χρόνον ὑμνούμενοι θάλλουσι. τοιαῦτά σοι, ὦ παῖ τοκέων ἀγαθῶν Ἡράκλεις, ἔξεστι διαπονησαμένῳ τὴν μακαριστοτάτην εὐδαιμονίαν κεκτῆσθαι."

οὕτω πως διῴκει Πρόδικος τὴν ὑπ' Ἀρετῆς Ἡρακλέους παίδευσιν· ἐκόσμησε μέντοι τὰς γνώμας ἔτι μεγαλειοτέροις ῥήμασιν ἢ ἐγὼ νῦν. σοὶ δ' οὖν ἄξιον, ὦ Ἀρίστιππε, τούτων ἐνθυμουμένῳ πειρᾶσθαί τι καὶ τῶν εἰς τὸν μέλλοντα χρόνον τοῦ βίου φροντίζειν.

## 14. 뤼시아스의 《병사들을 위하여》 (뤼시아스 연설 9, 1~8절)

Τί ποτε διανοηθέντες οἱ ἀντίδικοι τοῦ μὲν πράγματος παρημελήκασι, τὸν δὲ τρόπον μου ἐπεχείρησαν διαβάλλειν; πότερον ἀγνοοῦντες ὅτι περὶ τοῦ πράγματος προσήκει λέγειν; ἢ τόδε μὲν ἐπίστανται, ἡγούμενοι δὲ λήσειν περὶ τοῦ παντὸς πλείω λόγον ἢ τοῦ προσήκοντος ποιοῦνται; ὅτι μὲν οὐκ ἐμοῦ καταφρονήσαντες ἀλλὰ τοῦ πράγματος τοὺς λόγους ποιοῦνται, σαφῶς ἐπίσταμαι· εἰ μέντοι ὑμᾶς οἴονται δι' ἄγνοιαν ὑπὸ τῶν διαβολῶν πεισθέντας καταψηφιεῖσθαί μου, τοῦτ' ἂν θαυμάσαιμι. ᾤμην μὲν οὖν, ὦ ἄνδρες δικασταί, περὶ τοῦ ἐγκλήματος, οὐ περὶ τοῦ τρόπου τὸν ἀγῶνά μοι προκεῖσθαι· διαβαλλόντων δέ με τῶν ἀντιδίκων ἀναγκαῖόν ἐστι περὶ πάντων τὴν ἀπολογίαν ποιήσασθαι. πρῶτον μὲν οὖν περὶ τῆς ἀπογραφῆς ὑμᾶς διδάξω.

Ἀφικόμενος προπέρυσιν εἰς τὴν πόλιν, οὔπω δύο μῆνας ἐπιδεδημηκὼς κατελέγην στρατιώτης. αἰσθόμενος δὲ τὸ πραχθὲν ὑπετοπούμην εὐθέως ἐπὶ μηδενὶ ὑγιεῖ κατειλέχθαι. προσελθὼν οὖν τῷ στρατηγῷ ἐδήλωσα ὅτι ἐστρατευμένος εἴην, ἔτυχον δὲ οὐδενὸς τῶν μετρίων. προπηλακιζόμενος δὲ ἠγανάκτουν μέν, ἡσυχίαν δ' εἶχον. ἀπορούμενος δὲ καὶ συμβουλευόμενός τινι τῶν πολιτῶν τί χρήσωμαι τῷ πράγματι, ἐπυθόμην ὡς καὶ δήσειν με ἀπειλοῖεν, λέγοντες ὅτι οὐδὲν ἐλάττω χρόνον Καλλικράτους Πολύαινος ἐνδημοίη. κἀμοὶ μὲν τὰ προειρημένα διείλεκτο ἐπὶ τῇ Φιλίου τραπέζῃ· οἱ δὲ μετὰ Κτησικλέους τοῦ ἄρχοντος, ἀπαγγείλαντός τινος ὡς ἐγὼ λοιδοροῖμι, τοῦ νόμου ἀπαγορεύοντος ἐάν τις ἀρχὴν ἐν συνεδρίῳ λοιδορῇ, παρὰ τὸν νόμον ζημιῶσαι ἠξίωσαν. ἐπιβαλόντες δὲ τὸ ἀργύριον πράξασθαι μὲν οὐκ ἐπεχείρησαν, ἐξιούσης δὲ τῆς ἀρχῆς γράψαντες εἰς λεύκωμα τοῖς ταμίαις παρέδοσαν. οἵδε μὲν τάδε διεπράξαντο· οἱ δὲ ταμίαι οὐδὲν ὅμοιον τοῖσδε διανοηθέντες, ἀνακαλεσάμενοι τοὺς παραδόντας τὴν γραφήν, ἐσκοποῦντο τῆς αἰτίας τὴν πρόφασιν. ἀκούσαντες δὲ τὸ γεγενημένον, ἐννοούμενοι οἷα πεπονθὼς ἦν, τὸ μὲν πρῶτον ἔπειθον αὐτοὺς ἀφεῖναι, διδάσκοντες ὡς οὐκ ἐπιεικὲς εἴη τῶν πολιτῶν τινας διὰ τὰς ἔχθρας ἀναγράφεσθαι, ἀποροῦντες δὲ μεταπεῖσαι αὐτούς, τὸν παρ' ὑμῶν κίνδυνον ὑποστάντες ἄκυρον τὴν ζημίαν ἔκριναν ⋯⋯

Ὅτι μὲν οὖν ἀφείθην ὑπὸ τῶν ταμιῶν, ἐπίστασθε· προσήκειν δὲ ἡγούμενος καὶ διὰ ταύτην τὴν ἀπόδειξιν ἀπηλλάχθαι τοῦ ἐγκλήματος, ἔτι πλείονας καὶ νόμους καὶ ἄλλας δικαιώσεις παρασχήσομαι. Καί μοι λαβὲ τὸν νόμον.

⋯⋯

Τοῦ μὲν νόμου διαρρήδην ἀγορεύοντος τοὺς ἐν τῷ συνεδρίῳ λοιδοροῦντας ζημιοῦν ἀκηκόατε· ἐγὼ δ' ὅτι μὲν οὐκ εἰσῆλθον εἰς τὸ ἀρχεῖον, μάρτυρας παρεσχόμην, ἀδίκως δὲ ζημιωθεὶς οὔτ' ὀφείλω οὔτ' ἐκτεῖσαι δίκαιός εἰμι. εἰ γὰρ φανερός εἰμι μὴ ἐλθὼν εἰς τὸ συνέδριον, ὁ δὲ νόμος τοὺς ἐντὸς πλημμελοῦντας ἀγορεύει τὴν ζημίαν ὀφείλειν, ἠδικηκὼς μὲν οὐδὲν φαίνομαι, ἔχθρᾳ δὲ ἄνευ τούτου παραλόγως ζημιωθείς. συνέγνωσαν δὲ καὶ αὐτοὶ σφίσιν ὡς ἠδικηκότες· οὔτε γὰρ εὐθύνας ὑπέσχον, οὔτε εἰς δικαστήριον εἰσελθόντες τὰ πραχθέντα ψήφῳ κύρια κατέστησαν. εἰ δ' οὖν ἐζημίωσαν μὲν οἵδε προσηκόντως, ἐκύρωσαν δ' ἐν ὑμῖν τὴν ἐπιβολήν, τῶν ταμιῶν ἀφέντων εἰκότως ἂν τοῦ ἐγκλήματος ἀπηλλαγμένος εἴην. εἰ μὲν γὰρ μὴ κύριοι ἦσαν πράξασθαι ἢ ἀφεῖναι, ἐννόμως ζημιωθεὶς εὐλόγως ἂν ὤφειλον· εἰ δ' ἔξεστι μὲν αὐτοῖς ἀφεῖναι, διδόασι δὲ λόγους ὑπὲρ ὧν ἂν διαχειρίζωσιν, εἴ τι ἠδικήκασι, τῆς προσηκούσης ῥᾳδίως δίκης τεύξονται.

Ὧι μὲν τρόπῳ παρεδόθην καὶ ἐζημιώθην, ἐπίστασθε· δεῖ δ' ὑμᾶς μὴ μόνον τοῦ ἐγκλήματος τὴν αἰτίαν ἀλλὰ καὶ τῆς ἔχθρας τὴν πρόφασιν εἰδέναι. Σωστράτῳ γὰρ φίλος ἐγενόμην πρότερον μὲν τῆς τούτων ἔχθρας, εἰδὼς δὲ περὶ τὴν πόλιν ἄξιον λόγου γεγενημένον. γνώριμος δὲ γενόμενος διὰ τῆς ἐκείνου δυναστείας οὔτ' ἐχθρὸν ἐτιμωρησάμην οὔτε φίλον εὐηργέτησα· ζῶντος μὲν γὰρ καὶ ἀνάγκη διὰ τὴν ἡλικίαν ἐσχόλαζον, ἐκλιπόντος δὲ τὸν βίον οὔτε λόγῳ οὔτε ἔργῳ ἔβλαψα οὐδένα τῶν κατηγορούντων, ἔχω δὲ καὶ τοιαῦτα εἰπεῖν, ἐξ ὧν ὠφελοίμην ἂν πολὺ δικαιότερον ὑπὸ τῶν ἀντιδίκων ἢ κακῶς πάσχοιμι. τὴν μὲν οὖν ὀργὴν διὰ τὰ προειρημένα συνεστήσαντο, προφάσεως οὐδεμιᾶς πρὸς ἔχθραν ὑπαρχούσης. ὀμόσαντες μὲν οὖν τοὺς ἀστρατεύτους καταλέξειν παρέβησαν τοὺς ὅρκους, προύθεσαν δὲ τῷ πλήθει βουλεύσασθαι περὶ τοῦ σώματος, ζημιώσαντες μὲν ὡς τὴν ἀρχὴν λοιδοροῦντα, κατολιγωρήσαντες δὲ τοῦ δικαίου, βιαζόμενοι βλάπτειν ἐξ ἅπαντος λόγου· τί δ' ἂν ἔπραξαν μέλλοντες μεγάλα μὲν ἐμὲ βλάψειν, πολλὰ δ' ἑαυτοὺς ὠφελήσειν, οἵτινες οὐδὲ τοῦ ἑτέρου τούτων ὑπάρχοντος πάντα περὶ ἐλάττονος ποιοῦνται τοῦ ἀδικεῖν; ἀλλὰ γὰρ κατεφρόνησαν τοῦ ὑμετέρου πλήθους, οὐδὲ φοβηθῆναι τοὺς θεοὺς ἠξίωσαν, ἀλλ' οὕτως ὀλιγώρως καὶ παρανόμως προσηνέχθησαν, ὥστε ἀπολογήσασθαι μὲν περὶ τῶν πεπραγμένων οὐδ' ἐπεχείρησαν, τὸ δὲ τελευταῖον, νομίζοντες οὐχ ἱκανῶς με τετιμωρῆσθαι, τὸ πέρας ἐκ τῆς πόλεως ἐξήλασαν. διατεθέντες δὲ οὕτω παρανόμως καὶ βιαίως, ἐπικρύψασθαι τὴν ἀδικίαν περὶ οὐδενὸς ἐποιήσαντο, παραγαγόντες δὲ πάλιν περὶ τῶν αὐτῶν ἠδικηκότα με οὐδὲν ἐπιδεικνύουσι καὶ λοιδοροῦσι, τοῖς μὲν ἐμοῖς ἐπιτηδεύμασιν οὐ προσηκούσας διαβολὰς ἐπιφέροντες, τοῖς δ' αὐτῶν τρόποις τὰ οἰκείας καὶ συνήθεις.

Οἴδε μὲν οὖν ἐκ παντὸς τρόπου προθυμοῦνταί με τῇ δίκῃ ἁλῶναι· ὑμεῖς δὲ μήτε ταῖς τούτων διαβολαῖς ἐπαρθέντες ἐμοῦ καταψηφίσησθε, μήτε τοὺς βέλτιον καὶ δικαίως βουλευσαμένους ἀκύρους καταστήσητε. οἱ ταμίαι γὰρ ἅπαντα καὶ κατὰ τοὺς νόμους καὶ κατὰ τὸ εἰκὸς ἔπραξαν, καὶ ἠδικηκότες μὲν οὐδὲν φαίνονται, λόγον δὲ πλεῖστον τοῦ δικαίου ποιησάμενοι. τούτων μὲν οὖν ἀδικούντων μετρίως ἠγανάκτουν, ἡγούμενος τετάχθαι τοὺς μὲν ἐχθροὺς κακῶς ποιεῖν, τοὺς δὲ φίλους εὖ· παρ' ὑμῶν δὲ τοῦ δικαίου στερηθεὶς πολὺ ἂν μᾶλλον λυπηθείην. δι' ἔχθραν μὲν γὰρ οὐ δόξω κακῶς πεπονθέναι, διὰ κακίαν δὲ τῆς πόλεως. λόγῳ μὲν οὖν περὶ τῆς ἀπογραφῆς ἀγωνίζομαι, ἔργῳ δὲ περὶ πολιτείας. τυχὼν μὲν γὰρ τῶν δικαίων (πιστεύω δὲ τῇ ὑμετέρᾳ γνώμῃ) μείναιμι ἂν ἐν τῇ πόλει· παραχθεὶς δὲ ὑπὸ τῶνδε εἰ ἀδίκως ἁλοίην, ἀποδραίην ἄν. τίνι γὰρ ἐπαρθέντα ἐλπίδι δεῖ με συμπολιτεύεσθαι, ἢ τί με χρὴ διανοηθέντα, εἰδότα μὲν τῶν ἀντιδίκων τὴν προθυμίαν, ἀποροῦντα δ' ὅθεν χρὴ τῶν δικαίων τινὸς τυχεῖν; περὶ πλείστου οὖν ποιησάμενοι τὸ δίκαιον, καὶ ἐνθυμηθέντες ὅτι καὶ ὑπὲρ τῶν περιφανῶν ἀδικημάτων συγγνώμην ποιεῖσθε, τοὺς μηδὲν ἀδικήσαντας διὰ τὰς ἔχθρας μὴ περιίδητε ἀδίκως τοῖς μεγίστοις ἀτυχήμασι περιπεσόντας.

## 15. 오이디푸스의 탄식 (소포클레스 『참주(왕) 오이디푸스』 771~833행)

Κοὐ μὴ στερηθῇς γ’ ἐς τοσοῦτον ἐλπίδων
ἐμοῦ βεβῶτος· τῷ γὰρ ἂν καὶ μείζονι
λέξαιμ’ ἂν ἢ σοὶ διὰ τύχης τοιᾶσδ’ ἰών;
Ἐμοὶ πατὴρ μὲν Πόλυβος ἦν Κορίνθιος,
μήτηρ δὲ Μερόπη Δωρίς. Ἠγόμην δ’ ἀνὴρ
ἀστῶν μέγιστος τῶν ἐκεῖ, πρίν μοι τύχη
τοιάδ’ ἐπέστη, θαυμάσαι μὲν ἀξία,
σπουδῆς γε μέντοι τῆς ἐμῆς οὐκ ἀξία.
Ἀνὴρ γὰρ ἐν δείπνοις μ’ ὑπερπλησθεὶς μέθῃ
καλεῖ παρ’ οἴνῳ πλαστὸς ὡς εἴην πατρί.
Κἀγὼ βαρυνθεὶς τὴν μὲν οὖσαν ἡμέραν
μόλις κατέσχον, θἀτέρᾳ δ’ ἰὼν πέλας
μητρὸς πατρός τ’ ἤλεγχον· οἱ δὲ δυσφόρως
τοὔνειδος ἦγον τῷ μεθέντι τὸν λόγον.
Κἀγὼ τὰ μὲν κείνοιν ἐτερπόμην, ὅμως δ’
ἔκνιζέ μ’ αἰεὶ τοῦθ’· ὑφεῖρπε γὰρ πολύ.
Λάθρᾳ δὲ μητρὸς καὶ πατρὸς πορεύομαι
Πυθώδε, καί μ’ ὁ Φοῖβος ὧν μὲν ἱκόμην
ἄτιμον ἐξέπεμψεν, ἄλλα δ’ ἀθλίῳ
καὶ δεινὰ καὶ δύστηνα προὔφηνη λέγων,
ὡς μητρὶ μὲν χρείη με μιχθῆναι, γένος δ’
ἄτλητον ἀνθρώποισι δηλώσοιμ’ ὁρᾶν,
φονεὺς δ’ ἐσοίμην τοῦ φυτεύσαντος πατρός.
Κἀγὼ ’πακούσας ταῦτα τὴν Κορινθίαν
ἄστροις τὸ λοιπὸν ἐκμετρούμενος χθόνα
ἔφευγον, ἔνθα μήποτ’ ὀψοίμην κακῶν
χρησμῶν ὀνείδη τῶν ἐμῶν τελούμενα.
Στείχων δ’ ἱκνοῦμαι τούσδε τοὺς χώρους ἐν οἷς
σὺ τὸν τύραννον τοῦτον ὄλλυσθαι λέγεις.
Καί σοι, γύναι, τἀληθὲς ἐξερῶ. Τριπλῆς
ὅτ’ ἦ κελεύθου τῆσδ’ ὁδοιπορῶν πέλας,
ἐνταῦθά μοι κῆρύξ τε κἀπὶ πωλικῆς
ἀνὴρ ἀπήνης ἐμβεβώς, οἷον σὺ φής,
ξυνηντίαζον· κἀξ ὁδοῦ μ’ ὅ θ’ ἡγεμὼν
αὐτός θ’ ὁ πρέσβυς πρὸς βίαν ἠλαυνέτην.
Κἀγὼ τὸν ἐκτρέποντα, τὸν τροχηλάτην,

παίω δι’ ὀργῆς· καί μ’ ὁ πρέσβυς ὡς ὁρᾷ
ὄχον παραστείχοντα, τηρήσας μέσον
κάρα διπλοῖς κέντροισί μου καθίκετο.
Οὐ μὴν ἴσην γ’ ἔτεισεν, ἀλλὰ συντόμως
σκήπτρῳ τυπεὶς ἐκ τῆσδε χειρὸς ὕπτιος
μέσης ἀπήνης εὐθὺς ἐκκυλίνδεται·
κτείνω δὲ τοὺς ξύμπαντας. Εἰ δὲ τῷ ξένῳ
τούτῳ προσήκει Λαΐῳ τι συγγενές,
τίς τοῦδέ γ’ ἀνδρὸς νῦν ἔτ’ ἀθλιώτερος,
τίς ἐχθροδαίμων μᾶλλον ἂν γένοιτ’ ἀνήρ;
ᾧ μὴ ξένων ἔξεστι μηδ’ ἀστῶν τινα
δόμοις δέχεσθαι, μηδὲ προσφωνεῖν τινα,
ὠθεῖν δ’ ἀπ’ οἴκων. Καὶ τάδ’ οὔτις ἄλλος ἦν
ἢ ’γὼ ’π’ ἐμαυτῷ τάσδ’ ἀρὰς ὁ προστιθείς.
Λέχη δὲ τοῦ θανόντος ἐν χεροῖν ἐμαῖν
χραίνω, δι’ ὧνπερ ὤλετ’. Ἆρ’ ἔφυν κακός;
ἆρ’ οὐχὶ πᾶς ἄναγνος; εἴ με χρὴ φυγεῖν,
καί μοι φυγόντι μήστι τοὺς ἐμοὺς ἰδεῖν
μήτ’ ἐμβατεῦσαι πατρίδος, ἢ γάμοις με δεῖ
μητρὸς ζυγῆναι καὶ πατέρα κατακτανεῖν,
Πόλυβον, ὃς ἐξέθρεψε κἀξέφυσέ με.
Ἆρ’ οὐκ ἀπ’ ὠμοῦ ταῦτα δαίμονός τις ἂν
κρίνων ἐπ’ ἀνδρὶ τῷδ’ ἂν ὀρθοίη λόγον;
Μὴ δῆτα, μὴ δῆτ’, ὦ θεῶν ἁγνὸν σέβας,
ἴδοιμι ταύτην ἡμέραν, ἀλλ’ ἐκ βροτῶν
βαίην ἄφαντος πρόσθεν ἢ τοιάνδ’ ἰδεῖν
κηλῖδ’ ἐμαυτῷ συμφορᾶς ἀφιγμένην.

# 그리스어-한글 어휘

## A

ἁ, ἡ의 도리아 그리스어 형태

Ἀβρόκομας, –ου, ὁ, 아브로코마스

ἀγαθός, –ή, –όν, 훌륭한, 좋은

ἄγαν, (부사) 너무 많이, 초과하여, 지나치게

ἀγγέλω, ἀγγελῶ, ἤγγειλα, ἤγγελκα, ἤγγελμαι, ἠγγέλθην, 알리다, 공표하다, 보고하다, 전하다 (간접구문은 ὅτι절이나 분사 사용)

ἄγγελος, –ου, ὁ, 전령, 전달자, 메신저

ἀγείρω, 부정과거 능동태 ἤγειρα, 부정과거 수동태 ἠγέρθην, 모으다, 수집하다 (ἀγορά)

ἀγεωμέτρητος, –ον, 기하학을 이해하지 못하는, 기하학에 무지한

ἁγιάζω, 숭배하다

ἄγκυρα, –ας, ἡ, 닻

ἀγνοέω, –ήσω, ἠγνόησα, 모르다, 무지하다, 알지 못하다 (↔ γιγνώσκω)

ἀγνώμων, –ον (–ονος), 몰지각한, 생각 없는

ἀγορά, –ᾶς, ἡ, 광장, 시장, 아고라

ἀγοράζω, 사다

ἀγράμματος, –ον, 읽고 쓸 줄 모르는, 문맹의 (ἀ + γράφω)

ἄγροικος, –ου, ὁ, 시골뜨기, 농부

ἄγροικος, –η, –ον, 시골사람의, 시골뜨기의, 시골풍의, 농경의, 소박한

ἀγρός, –οῦ, ὁ, 평야, 들, 밭

ἄγω, ἄξω, ἤγαγον, ἦχα, ἦγμαι, ἤχθην, 이끌다, 인도하다

ἀγών, –ῶνος, ὁ, 경합, 경쟁, 겨루기 (ἄγω)

ἀγωνίζομαι, 경합하다, 시합하다, 싸우다

ἀγώνισμα, –τος, τό, 공적, 업적, 무훈, 경합이나 경쟁, 전투에서 이루어낸 것

Ἀδείμαντος, –ου, ὁ, 아데이만토스 (플라톤의 형제)

ἀδελφός, –οῦ, ὁ, 형제

ἄδηλος, –ον, 분명치 않은, 알려지지 않은, 보이지 않는

ἀδικέω, –ήσω, ἠδίκησα, 부정의하다, 정의롭지 않다, 해를 끼치다, 해치다, 손상하다, 상하게 하다

ἀδικία, –ας, ἡ, 부정의, 올바르지 않음

ἄδικος, –ον, 부당한, 부정한, 올바르지 않은, 옳지 않은

ἀδίκως, 부정의하게, 올바르지 않게

ἀεί, (부사) 언제나, 늘, 항상

ἀετός, οῦ, ὁ, 독수리

ἀθάνατος, –ον, 불사의, 죽지 않는 (결여 의미 ἀ + θάνατος 죽음 = 죽음의 결여, 불사)

Ἀθῆναι, –ῶν, 아테나이(아테네)

Ἀθηναῖοι, –ων, οἱ, 아테나이인들(아테네인들)

Ἀθηναῖος, –α, –ον, 아테나이의(아테네의)

ἆθλον, –ου, τό, 상, 상금, 보상

ἀθροίζω, –σω, ἤθροισα, 모으다

ἀθυμέω, 낙담하다, 용기(기운, 희망)를 잃다

ἀθυμητέος, –α, –ον, (동사적 형용사) 낙담하지 않아야 하는, 낙담할 필요가 없는

ἄθυμος, –ον, 기운 없는, 낙담한

Αἰγοσποταμοί, –ῶν, οἱ, 아이고스포타모이 (강)

Αἴγυπτος, –ου, ἡ, 이집트

Ἅιδης, –ου, ὁ, 하이데스(하데스), 지하세계(저승, 명계) 혹은 그곳을 지배하는 신

αἰεί (ἀεί), 항상, 언제나, 늘; 연속적으로, 때때로

αἰθήρ, –έρος, ὁ, 에테르, 천상의 공기

αἴνιγμα, –ατος, τό, 수수께끼

αἱρέω, αἱρήσω, εἷλον, ᾕρηκα, ᾕρημαι, ᾑρέθην, (능동태) 붙잡다, 얻다, 포획하다; (중간태) 뽑다, 고르다, 선택하다 (부정사는 ἑλεῖν, 분사는 ἑλών)

αἴρω, ἀρῶ, ἦρα, ἦρκα, ἦρμαι, ἤρθην, 일으키다, 올리다

αἰσθάνομαι, αἰσθήσομαι, ᾐσθόμην, ᾔσθημαι, 지각하다, 감각하다, 인지하다

αἰσχρός, –ά, –όν, 수치스러운, 불명예스러운

αἰτέω, 묻다, (호의 등을) 요청하다, 요구하다 (두 개의 대격을 취함)

αἰχμάλωτος, –ου, ὁ, 포로

ἀκούω, ἀκούσομαι, ἤκουσα, ἀκήκοα, ———, ἠκούσθην, 듣다

ἀκρίβεια, –ας, ἡ, 정확, 정확성, 엄밀, 정밀

ἀκριβῶς, 정확하게, 정밀하게

ἀκρόπολις, –εως, ἡ, 아크로폴리스

ἀλεκτρυών, –όνος, ὁ, 수탉

Ἀλέξανδρος, –ου, ὁ, 알렉산드로스

ἀλήθεια, –ας, ἡ, 진리, 참

ἀληθεύω, 진실을 말하다, 참이다

ἀληθής, –ές (–οῦς), 참된, 사실의, 옳은

ἀληθῶς, 참되게, 진실로, 실제로

ἁλίσκομαι, ἁλώσομαι, ἑάλων 혹은 ἥλων, ἑάλωκα 혹은 ἥλωκα, 사로잡히다, 붙잡히다, 얻어지다

Ἀλκιβιάδης, –ου, ὁ, 알키비아데스

ἀλλά, 그러나, 그런데, 한데 (뒤에 모음으로 시작하는 단어가 오는 경우 모음생략으로 인해 ἀλλ'로 변화)

ἀλλάττω, ἀλλάξω, ἤλλαξα, 바꾸다, 변경시키다

ἀλλήλων, –οις, –ους, 서로 서로 (복수형만 있음)

ἄλλοθεν, 다른 경우로부터, 다른 곳으로부터

ἄλλος, –η, –ο, 다른, 타자의, 또 다른, 그 외의 (αὐτός처럼 격변화)

ἄλλοτε, (부사) 다른 때

ἀλλότριος, –α, –ον, 다른 이의, 다른 것의

Ἅλυς, –υος, ὁ, 할뤼스 강

ἀλώπηξ, –εκος, ἡ, 여우

ἅμα, 동시에; (+ 여격) ~와 함께

ἁμαρτάνω, ἁμαρτήσομαι, ἥμαρτον, (+ 속격) 표적을 맞추지 못하다; 틀리다, 잘못 생각하다, 잘못하다

ἁμαρτία, 죄, 잘못

ἀμείνων, –ον (–ονος), 더 좋은, 더 나은

ἀμέτρως, 거리낌 없이, 아무 기준 없이, 과도하게

ἀμφί, (+ 속격) ~에 관해, ~를 위해; (+ 여격) ~에, ~곁에, ~근처에; (+ 대격) ~에, ~곁에, ~주위에, 얼추

ἀμφότερος, –α, –ον, 각각; (복수) 둘 모두

ἄν (= ἐάν), 만일, 만약

ἄν, (불변화사, 의미를 약화하는 맥락에서) 아마 ~일 것이다

ἀνά, (+ 대격 또는 + 드물게 여격) ~위로, ~를 따라 위로, ~에 걸쳐서, ~를 통해서

ἀναβαίνω, 위로 오르다, 위로 올라가다, 상승하다

ἀναγκάζω, –σω, ἠνάγκασα, 강요하다, 강제하다

ἀνάγκη, -ης, ἡ, 필연, 운명

ἀναιρέω, 올리다, 들어 올리다; (신이) 명하다, 정하다

ἀναλογισμός, -οῦ, ὁ, 계산, 추론, 숙고

ἀναμένω, 기다리다

ἀνάξιος, -ον, 가치 없는

ἀναπείθω, 설득하다, 현혹시키다

ἀνατίθημι, 놓다, 바치다, 봉헌하다 (ἀνέθηκαν = ἀνέθεσαν)

ἀνδρεία, -ας, ἡ, 용기, 사내다움, 남자다움

ἀνδρεῖος, -α, -ον, 용기 있는, 용감한, 사내다운, 남자다운

ἀνεῖλον (ἀναιρέω의 부정과거), 올렸다, 들어 올렸다, 명했다

ἄνειμι, 오르다, 올라가다

ἀνελπιστός, -όν, ~을 바라지 않는, ~을 기대하지 않는

ἄνεμος, -ου, ὁ, 바람[風]

ἀνεξέταστος, -ον, 조사하지 않는, 검토하지 않는, 반성하지 않는

ἄνευ, (+ 속격) ~없이

ἀνέχομαι, ἀνέξομαι, ἠνεσχόμην 참다, 인내하다, 견디다 (ἔχω, ἀνέχω)

ἀνήρ, ἀνδρός, ὁ, 남자, 남편

ἄνθρωπος, -ου, ὁ, 사람, 인간, 남성

ἀνίστημι, 서다, 일어서다, 일으켜 세우다 (ἵστημι)

ἀνόημα, -ατος, τό, 어리석은 행동, 어리석은 일, 어리석음; 과실, 잘못, 죄

ἀνόητος, -ον, 어리석은, 지각없는

ἀνοίγνυμι와 ἀνοίγω, ἀνοίξω, ἀνέῳξα, ἀνεῴχθην, 열다, 펴다, 드러내다

ἀνόσιος, -α, -ον, 신성하지 않은, 종교적이지 않은, 불경한

ἀντεῖπον, 답하여 말하다, 응답하다 (λέγω)

ἀντί, (+ 속격) ~대신에, ~반대해, ~에 맞서

ἀντιποιέομαι, 권리를 주장하다; 주장하다, 단언하다; 싸우다, 맞서다 (+ 여격 사람, + 속격 이유)

Ἀντισθένης, -ους, ὁ, 안티스테네스

Ἀντιφῶν, Ἀντιφῶντος, ὁ, 안티폰

ἄξιος, -α, -ον, 가치 있는, 훌륭한, ~할 만한, ~의 가치가 있는

ἀξιόω, -ώσω, ἠξίωσα, 기대하다, 요청하다, 요구하다

ἀξίως, 가치 있게

ἀξυνεσίη, -ης, ἡ, 어리석음 (이오니아 그리스어)

ἀπαγγέλλω, 다시 보고하다, 다시 알리다

ἀπάγω, 철수하다, 제자리로 돌아오다

ἅπας, ἅπασα, ἅπαν, 모두, 전체 (πᾶς와 유사)

ἀπατάω, 속이다, 기만하다, 현혹시키다

ἄπειμι, 부재하다, 없다 (ἀπό + εἰμί)

ἄπειμι, 가버리다, 떠나다 (ἀπό + εἶμι)

ἄπειρος, -ον, 숙달되지 않은, 경험 없는

ἀπέρχομαι, 떠나가다, 가버리다

ἀπιστέω, 믿지 않다, 신뢰하지 않다; 불복하다

ἀπιστία, -ας, ἡ, 불신, 믿지 않음

ἀπό, (+ 속격) ~으로부터

ἀποβάλλω, 던져버리다

ἀποδίδωμι, 돌려주다, 갚다

ἀποθνήσκω 혹은 ἀποθνῄσκω, ἀποθανοῦμαι, ἀπέθανον, 죽다, 사망하다 (τέθνηκα)

ἀποκτείνω, ἀποκτενῶ, ἀπέκτεινα (제2부정과거 ἀπέκτανον), ἀπέκτονα, 죽이다, 살해하다

ἀπόλλυμι, ἀπολῶ, ἀπώλεσα (제2부정과거 ἀπωλόμην), ἀπολώλεκα

(제2완료 ἀπόλωλα), 파괴하다, 소멸시키다, 분쇄하다, 죽이다; (중간태와 제2분사 능동태에서) 소멸하다, 죽다, 멸망하다

ἀπομιμέομαι, 모방(모사)하다, 흉내 내다

ἀποπέμπω, 보내다, 보내버리다

ἀπορέω, 막다르다, 난처하다, 도리가 없다 (↔ πορεύομαι)

ἀπορρίπτω, 내던지다, 물리치다, 버리다 (시적 표현으로는 ἀπορίπτω)

ἀποσκοτίζω, 부정과거 ἀπεσκότησα, (~의 생각 내지 견지에서) 벗어나다

ἀποτρέπω (τρέπω, τρέψω, ἔτρεψα, τέτροφα, τέτραμμαι, ἐτρέφθην 혹은 ἐτράπην), 벗어나다, 길에서 빗나가다

ἅπτω, ἅψω, ἧψα, 미완료 ἧπτον, 접하다, 붙다, 결합하다, 접촉하다; 착수하다, 시작하다

ἄρα, (후치사) 그러므로, 고로, 그럼

Ἀρβάκης, -ου, ὁ, 아르바케스

ἀργυροῦς, -ᾶ, -οῦν, 은의, 은으로 된

ἀρέσκω, (+ 여격) ~에 만족하다, 만족스럽다; (+ 대격) ~을 만족시키다, 기쁘게(즐겁게) 하다

ἀρετή, -ῆς, ἡ, 탁월함, 덕

Ἀριαῖος, -ου, ὁ, 아리아이오스

ἀριθμός, -οῦ, ὁ, 수(數)

Ἀριστείδης, -ους, ὁ, 아리스티데스

Ἀριστεύς, -έως, ὁ, 아리스테우스

Ἀρίστιππος, -ου, ὁ, 아리스팁포스

ἄριστον, -ου, τό, 아침식사, 점심식사

ἄριστος, -η, -ον, 가장 좋은, 가장 나은, 최고의

Ἄρκαδες, -ων, οἱ, 아르카디아인들

ἅρμα, -ατος, τό, 전차 (특히 1인승 이륜전차)

ἁρπάζω, ἁρπάσομαι, ἥρπασα, ἥρπακα, ἥρπασμαι, ἡρπάσθην, 잡다, 붙들다, 움켜쥐다, 파악하다; 제압하다, 압도하다, 사로잡다

Ἀρταγέρσης, -ου, ὁ, 아르타게르세스

Ἀρταξέρξης, -ου, ὁ, 아르탁세륵세스

ἄρτιος, -α, -ον, 꼭 맞는, ~에 어울리는, 잘 맞는, 완전한, 전부 갖추어져 있는

ἄρτος, -ου, ὁ, 빵, 양식

ἀρχαῖος, -α, -ον, 오래된, 고대의 (ἀρχή)

ἀρχή, -ῆς, ἡ, 관할지역, 지배지; 다스림, 지배; 시작, 시초, 원리 (ἄρχω)

ἄρχω, ἄρξω, ἦρξα, ἦρχα, ἦργμαι, ἤρχθην, (+ 속격) 다스리다, 지배하다, 통치하다 (종종 중간태로 사용됨, 25과 참조); 시작하다

ἄρχων, -οντος, ὁ, 지배자, 통치자

ἀσθενής, -ές (-οῦς), 약한, 나약한, 병약한

Ἀσία, -ας, ἡ, 아시아

ἀσπίς, -ίδος, ἡ, 방패, 방패를 지닌 병사 무리 = 무장병단 (≒ ὁπλίτης, 중장갑보병)

ἄστυ, -εως, τό, 성채, 주둔지, 거점, 마을, 도시, 아테네

ἀσφαλής, -ές (οῦς), 안전한

ἀσφαλῶς, 안전하게

ἀταξία, -ας, ἡ, 무질서, 혼란, 수양의 부족

ἀτερπέστατος, -η, -ον, (최상급) 가장 불쾌한

ἀτυχέω, 운이 없다, 불행하다

αὖ, (후치사) 반면에, 한편으로는, 다시

αὔριον, (부사) 내일, 내일에

αὐτίκα, (부사) 즉시, 당장, 곧바로

αὖτις, 다시

αὐτομολέω, 버리다, 유기하다, 탈영하다, 탈주하다

αὐτόμολος, –ου, ὁ, 탈주자, 탈영병, 직무 유기자

αὐτός, –ή, –ό, 자신, 같음, 3인칭 대명사

αὐτοῦ, 그의

αὐτοῦ, (부사) 바로 거기에, 바로 그곳에

αὑτοῦ, –ῆς, –οῦ, 그 자신의 (재귀적 용법)

αὐτοφυῶς, (부사) 선천적으로, 자연히, 자연적으로, 타고난, 자발적으로

ἀφαιρέω, 치우다, 제거하다, 없애다; 떠나다

ἀφίημι, 허락하다, 허용하다, 놔두다, 내버려두다; 용서하다; (+ 여격 사람 + 대격) ~에게(여격) ~을(대격) 감면하다, 사하다

ἀφικνέομαι, ἀφίξομαι, ἀφικόμην, ἀφῖγμαι, 도착하다, 다다르다

ἀφίστημι, ~에 돌아서 일어서다, ~에 대항하여 일어서다; 반항하다, 배반하다 (ἵστημι)

ἄφρων, –ον (–ονος), 무분별한, 어리석은, 몰상식한; 감각이 없는, 인사불성의

Ἀχιλλεύς, –έως, ὁ, 아킬레스

### Β

βαίνω, βήσομαι, ἔβην, βέβηκα, 가다

βάλλω, βαλῶ, ἔβαλον, βέβληκα, βέβλημαι, ἐβλήθην, 던지다

βάρβαρος, –ου, ὁ, 이방인 (종종 페르시아인을 가리킴)

βαρύς, –εῖα, –ύ, 무거운, 따분한 (ἡδύς처럼 변화, 17과 참조)

βασιλεία, –ας, ἡ, 왕국

βασιλεύς, –εως, ὁ, 왕

βασιλεύω, –σω, ἐβασίλευσα, 왕이다, 왕이 되다, 지배하다, 통치하다 (βασιλεύς)

βατός, –ή, –όν, 통과할 수 있는, 지날 수 있는

βέβαιος, –α, –ον, 견고한, 안전한

βέλτιστος, –η, –ον, 가장 좋은, 가장 고귀한

βελτίων, –ον (–ονος), 더 좋은, 더 고귀한

βιβλίον, –ου, τό, 책

βίος, –ου, ὁ, 삶, 인생

βιωτός, –ή, –όν, 살 만한, 살 만한 가치가 있는

βλαβερός, –ά, –όν, 해로운, 유해한, 위험한

βλάπτω, βλάψω, ἔβλαψα, βέβλαφα, βέβλαμμαι, ἐβλάφθην 및 ἐβλάβην, 해를 끼치다, 손상시키다

βοάω, βοήσομαι, ἐβόησα, 외치다, 소리 지르다, 큰소리치다, 큰소리로 말하다

βοηθέω, (+ 여격) 돕다, 구원하다, 구조(원조)하다 (ἐπιβοηθέω)

Βορέας, –ου, ὁ, 보레아스, 북풍(北風)

βουλεύω, –σω, ἐβούλευσα, 생각하다, (심사)숙고하다, 계획하다, 고안하다; (중간태) (자신을 위해) 계획하다, 고안하다

βουλή, –ῆς, ἡ, 계획, 숙고, 생각; 의회, 500인 의회

βουλιμιάω, (황소처럼) 무척 굶주리다, 매우 배고프다

βούλομαι, βουλήσομαι, ———, ———, βεβούλημαι, ἐβουλήθην, 원하다, 바라다

βραδέως, 느리게, 천천히, 늦게, 더디게

βραδύς, –εῖα, –ύ, 느린, 늦은, 더딘

βραχύς, –εῖα, –ύ, 짧은, 간결한,

Βρισηίς, –ίδος, ἡ, 브리세이스

βροτός, –οῦ, ὁ, 가사자(可死者), 인간

βρωτός, –ή, –όν, 식용의, 먹을 수 있는

βωμός, –οῦ, ὁ, 제단, 기단, 이정표, 돌무덤

### Γ

γᾶ, γῆ의 도리아 그리스어 형태

γαῖα (= γῆ), 땅, 지구

γαμέω, γαμῶ, ἔγημα, γεγάμηκα, 결혼하다, 혼인을 맺다

γάμος, –ου, ὁ, 결혼, 혼인

γάρ, (접속사, 후치사) ~때문이다

γαστήρ, –τέρος, ἡ, 배, 복부

γε, (전접어) 적어도, 물론

γέγονα, (γίγνομαι의 1인칭 단수 현재완료) 생겼다, 생긴 것

γελάω, 웃다

γενναῖος, –α, –ον, 고귀한, 좋은 출신의, 태생이 좋은

γένος, –ους, τό, 종(種), 가계, 일족

γέρας, γέρως, τό, 선물, 상

γέρων, –οντος, ὁ, 노인

γέφυρα, –ας, ἡ, 다리, 교량

γεωμετρέω, 측량하다, 기하학하다

γεωμετρία, 측량술, 기하학

γεωργός, –οῦ, ὁ, 농부

γῆ, γῆς, γῇ, γῆν, ἡ, 땅, 지구, 흙

γηρύω, γηρύσω, ἐγήρυσα, 발음하다, 말하다, 노래하다

γίγνομαι, γενήσομαι, ἐγενόμην, 되다, ~이 되다, 태어나다, 생기다, 생성되다, ~이다; ~임이 입증되다 (이태동사)

γιγνώσκω, γνώσομαι, ἔγνων, ἔγνωκα, ἔγνωσμαι, ἐγνώσθην, 알다

γλυκύς, –εῖα, –ύ, 달콤한, 유쾌한, 기분 좋은

γλῶττα, –ης, ἡ, 혀, 언어

γνώμη, –ης, ἡ, 의견, 견해, 인식, 지성, 의도, 생각

γονεύς, γονέως, ὁ, 부모

γόνος, –ου, ὁ, 혹은 ἡ, 자손, 후손

γόνυ, γόνατος, τό, 무릎

Γοργώ, –όνος, ἡ, 고르고

γράφω, γράψω, ἔγραψα, γέγραφα, γέγραμμαι, ἐγράφην, (글 등을) 쓰다, 새기다

γυμνάζω, 운동하다, 체력을 단련하다, 연습하다

γυμνικός, –ή, –όν, 운동의, 체육의

γυμνός, –ή, –όν, 벌거벗은, 나체의

γυνή, γυναικός, ἡ, 여자, 아내

Γωβρύας, ὁ, 고브뤼아스

γωνία, –ας, ἡ, 각(角), 각도; 구석, 모서리, 가장자리, 모퉁이

### Δ

δαίμων, –ονος, ὁ, 신, 정령

Δαρεῖος, –ου, ὁ, 다레이오스 (페르시아의 왕)

δέ, (후치사) 그리고, 그러나

–δε, (접미사) ~로의, ~를 향한

δέδοικα, (δείδω의 1인칭 현재완료 직설법) 두려워하다, 두렵다, 무서워하다, 겁내다

δεῖ, ~해야 한다, ~하는 것이 필요하다, ~일 수밖에 없다, ~인 것이 필연적이다 (비인칭 구문으로 사용될 수 있으며, 또한 미완료 형태인 ἔδει나 부정사 형태인 δεῖν의 형태로 사용되는 경

우도 있음. 의미상의 주어를 나타내는 대격과 의미상 주어
의 행위, 행동을 나타내는 부정사를 취함)

δείδω, 부정과거 ἔδεισα, 과거완료 δέδοικα (31과 참조), 두렵다,
　겁나다 (아티카 그리스어에서는 현재시제가 사용되지 않음)

δείκνυμι, δείξω, ἔδειξα, δέδειχα, δέδειγμαι, ἐδείχθην, 보이다, 보여주
　다, 전시하다

δειλός, -ή, -όν, 비겁한, 겁이 많은, 소심한; 불행한, 비참한; 게
　으른, 나태한

δεινός, -ή, -όν, 끔찍한, 무시무시한, 교묘한, 교활한, 영리한
　(δείδω)

δειπνέω, 만찬을 들다, 저녁 식사를 하다, 저녁을 먹다

δεῖπνον, -ου, τό, 식사, 만찬, 음식

δέκα, 십, 열 (10) (격변화 없음)

Δελφοί, -ῶν, οἱ, 델포이/델피

δέμας, τό, 몸, 신체, 물체, 형태, 형체, 신체적 형태

δέομαι, δεήσομαι (+ 속격), 원하다, 요구하다, 요청하다 (비인칭
　구문, δεῖ)

δεσμός, -οῦ, ὁ, 족쇄, 속박, 감금, 구속; 들러붙어 있음, 묶여있음

δεσμωτήριον, -ου, τό, 감옥

δεύτερος, -α, -ον, 두 번째

δέχομαι, δέξομαι, ἐδεξάμην, δέδεγμαι, 받다, 수령하다, 받아들이다
　(προσδέχομαι)

δέω, δεήσω, ἐδέησα, 부족하다, 결여하다; 필요하다

δή, (후치사) 확실히, 실로, 물론

δῆλος εἰμί, (+ 분사) 명백하다, 분명하다

δῆλος, -η, -ον, 분명한, 명백한

Δῆλος, -ου, ἡ, 델로스 (섬)

δηλόω, -ώσω, ἐδήλωσα, 드러내다, 분명히 하다, 명확히 하다
　(δῆλος)

δημοκρατία, -ας, ἡ, 민주주의, 민주정

δῆμος, -ου, ὁ, 민중, 시민, 지역구(區)의 구성원

διά, (+ 속격) ~을 통해; (+ 대격) ~때문에, ~을 이유로, ~로 인해

διαβαίνω, 건너다, 건너가다, 횡단하다

διαβατέος, -α, -ον, 건너야만 하다

διαβεβαίομαι, 확실히 하다, 확언하다, 견고히 유지하다, 확신하
　다

διαδίδωμι, 주욱 돌려서 주다, 나누어주다, 분배하다, 나누다 (복
　합동사에서 διά는 분배 의미)

διακόσιοι, -αι, -α, 이백 (200)

διαμείβομαι, 교환하다, 맞바꾸다

διαμνημονεύω, 기억하다, ~을 분명히 떠올리다

διανοέομαι, 유념하다, 생각하다

διαπράττομαι, 수행하다, 성취하다, 이룩하다, 완성하다

διατίθημι, 배치하다, 정리하다, 관리하다

διαφερόντως, 예외적으로, 이례적으로, 유별나게, 차이나게

διαφέρω, 다르다, 차이나다; 다르게 하다, 구분하다

διαφθείρω, -φθερῶ, 부정과거 능동태 διέφθειρα, 부정과거 수동태
　-εφθάρην, 파괴하다, 부패시키다, 타락시키다

διδάσκαλος, -ου, ὁ, 선생, 스승, 교사

διδάσκω, διδάξω, ἐδίδαξα, 가르치다, 교육하다

διδράσκω, ———, ἔδραν, 달아나다

δίδωμι, δώσω, ἔδωκα, δέδωκα, δέδομαι, ἐδόθην, 주다

δίδωμι δίκην, 죄를 치르다, 죗값을 치르다, 벌을 받다

διέρχομαι, ~을 통해 가다, ~을 거쳐 가다, 다다르다, 완수하다; 세

세히 짚어가다 (= 살피다, 탐구하다)

διήκω, ~을 통과하다, 지나다; ~에 뻗치다, ~에 이르다

διίστημι, (자동사) 따로 놓이다, 각각 놓이다, 배치되다; ~중간에
　서있다, ~사이에 서있다 (ἵστημι)

δίκαιος, δικαία, δίκαιον, 정의로운, 올바른, 공정한, 정당한 (악센
　트 유의)

δικαιοσύνη, -ης, ἡ, 정의, 올바름, 공정함

δικαίως, 정의롭게, 올바르게, 공정하게

δικαστής, -οῦ, ὁ, 재판관, 배심원

δίκη, -ης, ἡ, 바름, 올바름, 정의, 공정

Διονύσιος, -ου, ὁ, 디오니소스

Διός (= Ζεύς), 제우스 = 디오스

διότι, 왜냐하면

διπλάσιος, -α, -ον, 두 배의, 이중의

δίπους, -ουν, 두 발 달린, 두 발이 있는

δίς, (부사) 두 번, 2회, 두 배로

δισχίλιοι, 이천 (2000)

διώκω, διώξω, ἐδίωξα, 추적하다, 추격하다

δοκέω, δόξω, ἔδοξα, ———, δέδογμαι, ———, ~으로 보이다, 여겨
　지다, 생각되다; (비인칭 구문 3인칭 단수) 최고로 보이다,
　최고로 여겨지다

δόξα, -ης, ἡ, 의견, 판단, 믿음, 평판

δουλεία, -ας, ἡ, 노예제, 노예제도; 노예 상태

δουλεύω, 노예이다, 노예가 되다

δοῦλος, -ου, ὁ, 노예

Δράκων, -οντος, ὁ, 드라콘

δράκων, -οντος, ὁ, 뱀, 사악한 존재 (악마), 음흉(교활)한 사람;
　용

δρεπανηφόρος, -ον, (자루가 긴) 낫을 나르는, 낫질하는 기구의

δρόμος, -ου, ὁ, 진로, 경주, 달리기

δρυτόμος, -ου, ὁ, 나무꾼

δύναμαι, δυνήσομαι, δεδύνημαι, ἐδυνήθην, ~할 수 있다, 가능하다

δύναμις, -εως, ἡ, 힘, 권위, 능력, 권세

δυνατός, -ή, -όν, ~할 수 있는, ~할 힘이 있는, 능력 있는, 가능한

δύο, 이, 둘 (2)

δυστυχέω, 운이 나쁘다, 운수가 없다, 불행하다

δυστυχής, -ές, 운이 나쁜, 불운한, 액운을 타고난

δύω, δύσω, ἔδυσα 및 ἔδυν, δέδυκα, δέδυμαι, ἐδύθην, 들어가다, 입
　회하다; 가라앉다; (옷 등을) 입다

δῶρον, -ου, τό, 선물

## E

ἐάν (εἰ + ἄν), 만일, 만약 (조건절을 이끄는 접속사)

ἑαυτοῦ, -ῆς, -οῦ, 그 자신의 (재귀적 용법)

ἐάω, ἐάσω, εἴασα, 미완료 εἴων, 허락하다, 허용하다, 용인하다,
　허가하다, 승인하다

ἐγγράφω, ~에 써넣다, ~안에 새기다, ~위에 쓰다

ἐγγύς, (부사) (+ 속격) 근방의, 근처의, 가까이

ἐγείρω, 일깨우다, 도발하다, 고무하다

ἐγχειρέω, 착수하다, 손에 쥐다 (χείρ)

ἐγώ, 나 (1인칭 대명사)

ἔγωγε, 나로서는, 나 역시도, 적어도 나는 (1인칭 대명사의 강조
　형태)

ἔδαφος, –ους, τό, 바닥, 기초, 기단; 땅, 토양

ἐθέλω, ἐθελήσω, ἠθέλησα, 바라다, 소망하다, 원하다

εἰ, (후접어) 만약

εἰδέναι, (οἶδα의 현재 부정사), 알다, 아는 것, 알기, 앎

εἶδον, (ὁράω의 제2부정과거) 나는 보았다 (부정사 ἰδεῖν) (ὁράω)

εἴδωλον, –ου, τό, 상(像), 모상, 유사함, 이미지

εἴθε, ~라면! ~이길! (+ 기원법)

εἰκάζω, –άσω, ἤκασα, ἠκάσθην, 추측하다, 여기다, 비유하다, 견주다 (εἰκός)

εἰκός, 그럴듯한, 그럴법한, 사실인 듯한, 비유적인

εἴκοσι, 스물, 이십 (20)

εἴκω, εἴξω, εἶξα, 양도하다, 주다, 건네주다

εἶλον, (αἱρέω의 1인칭 단수 및 3인칭 복수 부정과거) 붙잡았다, 얻었다

εἰμί, ἔσομαι, 있다, ~이다 (없는 시제들은 γίγνομαι에서 보충)

εἶμι, 가다, 오다

εἶναι, 있음, ~임 (εἰμί 부정사, 12과 참조)

εἶξαι, (εἴκω의 부정과거 부정사) 양도했음, 주었음

εἶπον, (λέγω의 제2부정과거) 나는 말했다 (부정사 εἰπεῖν, 분사 εἰπών)

εἴργω, εἴρξω, εἶρξα, ~을 막다, 가로막다, ~을 못하게 하다

εἴρημαι, (ἐρῶ의 1인칭 단수 현재완료 직설법 중간태) 말했다 (λέγω)

εἰρήνη, –ης, ἡ, 평화

εἰς, (+ 수) 약, 거의, 대략

εἰς, (+ 대격) ~으로, ~안으로; ~언제 (시간); ~에 대해, ~로, ~향해

εἷς, μία, ἕν, 일, 하나 (1)

εἴσειμι, ~로 (들어)가다, ~로 (들어)오다

εἰσπλέω, ~로 항해하다

εἰσφέρω, 이끌다, 인도하다, ~로 데리고 가다, ~로 나르다

εἶχον, (ἔχω의 1인칭 단수 및 3인칭 복수 미완료 직설법) 가졌다, 소유했다, 지켰다

ἐκ, (+ 속격) ~으로부터 (모음 앞에서는 ἐξ)

ἕκαστος, –η, –ον, (어떤 수든지 간에 그것들) 각각 (서술적 위치를 취함)

ἑκάστοτε, (부사) 매번, 각 경우마다 (ἕκαστος + τότε)

Ἑκαταῖος, –ου, ὁ, 헤카타이오스

ἑκάτερος, –α, –ον, (둘 중의) 각각, 둘 모두, 둘 중 어느 하나의 (서술적 위치를 취함)

ἑκατόν, 일백 (100)

ἐκβάλλω, 내쫓다, 추방하다, 망명시키다

ἐκδιδράσκω, 도망치다

ἐκδύω, 연기하다, 지연시키다

ἐκεῖθεν, 그곳(거기)으로부터 (ἐκεῖνος)

ἐκεῖνος, –η, –ο, 그것, 저것, (둘 중의) 전자

ἐκκαίδεκα, 십육, 열여섯 (16)

ἐκκλησία, –ας, ἡ, 민회, 집회

ἐκλέγομαι, 선택하다, 고르다

ἐκποδών, (부사) 방해가 되지 않도록

ἐκπορεύομαι, 나가다, ~에서 나서다

ἐκφέρω, 내가다, ~을 밖으로 옮기다, 내놓다, (장례를 위해 시신을 밖으로) 나르다

ἔκφορα, –ων, τά, 생산, 산출, 수확; 생산물, 수확물, 열매, 결실

ἐλάττων, –ον (–ονος), ~보다 적은, 덜

ἐλαύνω, ἐλῶ, ἤλασα, ἐλήλακα, ἐλήλαμαι, ἠλάθην, 몰다, 행진시키다, 행진하다 (τιμάω의 현재시제와 같이 미래시제 변화)

ἐλευθερία, –ας, ἡ, 자유

ἐλεύθερος, –α, –ον, 자유로운

ἐλήφθην, (λαμβάνω의 1인칭 단수 및 3인칭 복수 부정과거 직설법) 잡았다, 얻었다, 획득했다, 취했다

ἔλθω, (ἔρχομαι의 1인칭 단수 부정과거 가정법) 갔다, 왔다, 갔다면, 왔다면

Ἑλλάς, –άδος, ἡ, 헬라스 (그리스의 그리스식 명칭)

Ἕλλην, Ἕλληνος, ὁ, 헬렌 (테살리아를 통치하던 데우칼리온의 아들로서, 이후 헬라스(그리스)인들의 시조가 되는 인물)

Ἑλληνικός, –ή, –όν, 헬라스의(그리스의)

ἐλπίς, –ίδος, ἡ, 기대, 희망, 소망

ἕλω, (αἱρέω의 1인칭 단수 부정과거 가정법) 붙잡았다, 얻었다, 붙잡았다면, 얻었다면

ἐμαυτοῦ, –ῆς, 자기 자신의 (재귀적 용법)

ἐμός, –ή, –όν, 나의, 나의 것의

ἔμπεδος, –ον, 견고한, 확고한

ἐμποδών, 방해가 되어

ἔμπροσθεν, (부사) 전방에, ~앞에, ~에 앞서서 (접미사 –θεν)

ἐν, (+ 여격) ~안에, ~사이에, ~중에

ἕν, 하나 (중성 명사)

ἐναρόω, 갈다, 갈아 엎다, (씨 등을) 심다, 묻다, 뿌리다

ἐνδείκνυμι, 보이다, 내보이다, 보여주다, 드러내다

ἔνδοθεν, ~안에, ~안으로부터

ἔνειμι, ~안에 있다

ἕνεκα, ~때문에, ~이므로, ~를 위해

ἐνενήκοντα, 아흔, 구십 (90)

ἔνθα, 거기에, 그곳에서, 어디에, 어디에서

ἐνθάδε, 여기, 여기에, 여기에서; 거기, 거기에, 거기에서

ἐνθουσιασμός, –οῦ, ὁ, 열정, 열의

ἐνί (ἐν), ~안에 (시적 표현)

ἐννέα, 구, 아홉 (9)

ἐνταῦθα, (부사) 여기, 거기, 저기

ἐντεῦθεν, 여기로부터, 이곳으로부터; 거기로부터, 그곳으로부터 (접미사 –θεν)

ἐντίθημι, ~에 놓다, ~에 세우다 (τίθημι)

ἐντός, (+ 속격) ~안에

ἔντοσθε(ν), ~안으로부터, ~안에

ἐξ, (+ 속격) ~으로부터

ἕξ, 육, 여섯 (6)

ἐξαγγέλλω, 공표하다, 알리다, 공시하다, 발표하다, 표명하다

ἐξάγω, 밖으로 끌어내다

ἑξακισχίλιοι, –αι, –α, 육천 (6000)

ἐξαπατάω, ~을 철저히 속이다, 기만하다

ἔξειμι, 가버리다, 떠나버리다

ἐξέρχομαι, 오다, 가다, 가버리다

ἔξεστι(ν), ~이 가능한, ~이 가능하다, ~이 허용된다 (비인칭 구문: + 부정사 + 여격 또는 대격)

ἐξετάζω, 조사하다, 검토하다, 살펴보다 (ἀν-εξέταστος)

ἐξῆγον, (ἐξάγω의 1인칭 단수 및 3인칭 복수 미완료 직설법 능동태), 밖으로 끌어냈다

Ἐξηκεστίδης, –ου, ὁ, 엑세케스티데스 (솔론의 아버지)

ἑξηκοντούτης, –ες, 육십세, 예순

ἐξουσία, –ας, ἡ, ~할 수 있는 능력, 재력; 권리, 권한; 기회

ἔξω, (부사) 외부에, 바깥에

ἔξωθεν, 바깥으로부터, 바깥에

ἑορτή, –ῆς, ἡ, 축제

ἐπαινέω, 칭찬하다, 칭송하다, 찬미하다 (παραινέω)

ἐπεί, ~때 (언제); ~이래로; ~후에; ~이므로

ἐπειδάν (= ἐπειδή ἄν), 언제든, ~하는 때면, ~이래로

ἐπειδή, ~때 (언제); ~이래로; ~이므로

ἔπειτα, (접속사) 그 다음에, 그 후에, 그리고 나서

ἐπεξέρχομαι, 통해 가다, 통과하다; 논하다

ἐπέρχομαι, ~을 향해 오다, 향해 가다; (일 내지 사건 등이) 일어
나다, 발생하다, 열리다(개최되다)

ἐπί, (+ 속격) ~위에(조금 떨어진), ~에서, ~로; (+ 여격) ~위에(붙어
서), ~에 더하여, ~때문에; (+ 대격) ~에 대하여, ~에 반하여

ἐπιβαίνω, ~을 향해 가다, ~쪽으로 향해 가다, ~로 가다

ἐπιβοηθέω, 원조하러 가다, 도우러 가다

ἐπιβουλεύω, (+ 여격) ~에 대하여 음모(계략)를 꾸미다

ἐπιγελάω, 비웃다 (γελάω)

Ἐπιδάμνιοι, οἱ, 에피담노스인들, 에피담노스 사람들

Ἐπιδαύριοι, οἱ, 에피다우로스인들, 에피다우로스 사람들

ἐπιδείκνυμι, 내보이다, 앞으로 내어 보이다, 드러내 보이다, 전시
하다

ἐπιθυμέω, (+ 속격) ~을 욕망하다, 욕구하다, 열망하다, 갈망하다

ἐπιθυμητής, –οῦ, ὁ, 욕망하는 자, 욕구하는 자, 열망하는 자, 갈망
하는 사람, 추종자

ἐπιθυμία, –ας, ἡ, 욕구, 욕망, 갈망

ἐπιμελέομαι, ~을 염려하다, 걱정하다, 신경 쓰다

ἐπιούσιος, –α, –ον, 일용할, 하루에 충분한

ἐπιπόνως, 힘들여, 고생하여, 수고하여, 수고스럽게

ἐπίσταμαι, 알다, ~을 할 줄 알다

ἐπιστολή, –ῆς, ἡ, 편지, 서한

ἐπιτερπέστατος, –η, –ον, 가장 즐거운, 가장 기쁜

ἐπιτίθημι, 사용하다, 적용하다, 활용하다; 더하다, 덧붙이다; 세우
다, 정립하다, 놓다

ἕπομαι, ἕψομαι, ἑσπόμην, ———, 미완료 εἱπόμην, (+ 여격) ~의 다
음에 오다, 따르다, 뒤따르다, 좇다

ἑπτά, 칠, 일곱 (7)

ἐραστής, –οῦ, ὁ, 연인, 사랑하는 사람 (ἐράω, Ἔρως)

ἐράω, 사랑하다, 애욕하다

ἔργον, –ου, τό, 일, 업적, 행위, 행동, 실재 (erg–, '일' 의미의 결
합사)

ἐρημόω, 황폐화하다, 황폐화시키다

ἐρίζω, 다투다, 싸우다, 논쟁하다, 쟁론하다

ἔρχομαι, ἐλεύσομαι, ἦλθον, ἐλήλυθα, 가다, 오다

ἔρομαι, 묻다, 질문하다 (미완료 εἱρόμην 및 제2부정과거 ἠρόμην
형태만 사용)

ἐρωτάω, ἐρωτήσω, ἠρώτησα, 미완료 ἠρόμην, 묻다, 질문하다; 청
하다, 탄원하다

ἐς, εἰς와 같이, ~으로, ~안으로

ἐσθίω, ἔδομαι, ἔφαγον, ἐδήδοκα, ———, ———, 먹다

ἐσθλός, –ή, –όν, 고귀한

ἐσθλῶς, 고귀하게

ἔστε, ~까지, ~동안

ἕστηκα, (ἵστημι의 1인칭 단수 현재완료), 나는 서 있어왔다 (분사
ἑστώς)

ἐστί(ν), 있다, ~이다; 존재하다; ~이 가능하다 (12과 참조)

ἔστω, (εἰμί의 3인칭 단수 현재 명령법) 있어라, ~이어라

ἔσχον, (ἔχω의 1인칭 단수 및 3인칭 복수 제2부정과거) 가졌다

ἑταῖρος, –ου, ὁ, 동료, 벗, 친구

ἕτερος, –α, –ον, 다른 것, (둘 중의) 다른 하나

ἕτερος …… ἕτερος ……, 하나는 ~ 다른 하나는 ~

ἔτι, 여전히, 아직

ἕτοιμος, –η, –ον, 준비된, 수중에 있는

ἔτος, –ους, τό, 해, 년

ἔτυμος, –η, –ον, 참된, 진실된, 진짜의

εὖ, (부사) 좋은, 잘

εὐγενής, –ές, 가문이 좋은, 태생이 좋은, 좋은 출생의

εὐδαιμονίζω, 행복하다고 여기다, 운이 좋다고 여기다

εὐεργετέω, (+ 대격) ~을 좋게 해주다, ~에게 잘 행하다, ~에게 봉
사하다 (εὖ + ἔργον)

εὐθύς, (부사) 곧바로, 즉시, 곧

Εὐκλείδης, –ου, ὁ, 에우클레이데스(유클리드)

εὔλογος, –ον, 합리적인, 이성적인

εὔνοια, –ας, ἡ, 호의, 선의, 충의

εὔνους, –ουν, 호의의, 선의의, 마음씨가 좋은

Εὐριπίδης, –ου, ὁ, 에우리피데스

εὑρίσκω, εὑρήσω, ηὗρον 혹은 εὗρον, ηὕρηκα 혹은 εὕρηκα, εὕρημαι,
εὑρέθην, 발견하다, 찾다

Εὐρώπη, –ης, ἡ, 에우로페(유럽)

εὐσέβεια, –ας, ἡ, 경배, 숭배, 공경의 마음

εὔτακτος, –ον, 잘 자리잡은, 잘 질서잡힌, 잘 교육된, 훈육을 잘
받은

εὖτε, ~때 (언제)

εὐτυχέω, 운이 좋다, 행운을 가지다; 성공하다

εὐτυχής, –ές, 운이 좋은, 행운의, 성공한

εὐφραίνω, 기뻐하다, 즐거워하다

Εὐφράτης, –ου, ὁ, 에우프라테스

εὐφυής, –ές, 좋은 성미의, 좋은 기질의, 태생이 좋은, 잘난

εὐχή, –ῆς, ἡ, 기도, 기원 (εὐχῇσι, 이오니아 그리스어의 여격 복수
형태)

ἔφαγον, (ἐσθίω의 1인칭 단수 및 3인칭 복수 부정과거) 먹다

ἔφασαν, (φημί의 3인칭 복수 미완료 직설법) 말했다, 대답했다

ἔφη, (φημί의 3인칭 단수 미완료 직설법) 말했다, 대답했다
(ἔφασαν과 ἔφη 모두 부정사 구문을 간접구문으로 가질 수
있음)

Ἐφιάλτης, –ου, ὁ, 에피알테스

ἐφίημι, 명령하다, 허가하다

ἐφίστημι, 멈추다; (중간태) 서다, 멈추다, 정지하다

ἔχθρα, –ας, ἡ, 증오, 미움, 원한, 악의

ἐχθρός, –οῦ, ὁ, 적의, 원한

ἔχω, ἕξω 혹은 σχήσω, ἔσχον, ἔσχηκα, ———, ———, 가지다, 소
유하다, 고수하다, 지키다

ἕως, ~까지, ~동안

**Z**

ζάω, ζήσω, 미완료 ἔζων, 살다 (α가 아닌 η로 축약됨에 유의, 부
정사는 ζῆν)

254

Ζεύς, Διός, ὁ, 제우스
ζηλόω, 부러워하다, 시샘하다, 시기하다
ζημία, –ας, ἡ, 벌, 형벌, 처벌, 응보, 벌금
ζητέω, –ήσω, ἐζήτησα, 찾다, 추구하다
ζῷον, –ου, τό, 동물, 살아있는 것 (생명체)

## H

ἤ, 혹은, ~보다
ἤ …… ἤ ……, ~이거나 혹은 ~이거나
ἡγεμών, 지도자, 인도자, 리더
ἡγέομαι, ἡγήσομαι, ἡγησάμην, ἥγημαι, 추측하다, 생각하다 (+ 대격
　　및 부정사); 이끌다, 안내하다
ἡδέως, 행복하게, 기쁘게, 즐겁게, 달콤하게
ἤδη, 이미 (과거), 이제 (현재), 곧 (미래)
ἥδιστος, –η, –ον, 가장 달콤한, 가장 즐거운, 가장 쾌락적인
ἡδίων, –ον (–ονος), 더 달콤한, 더 즐거운, 더 쾌락적인
ἥδομαι, (+ 여격) ~를 즐기다
ἡδονή, –ῆς, ἡ, 즐거움, 쾌락
ἡδύς, ἡδεῖα, ἡδύ, 달콤한, 즐거운, 기쁜 (17과 참조)
ἦθος, –ους, τό, 습성, 성품, 품성
ἥκω, ἥξω, 미완료 ἦκον, 오다, 도착하다, 다다르다
Ἠλεῖοι, –ων, οἱ, 엘리스인들, 엘리스 사람들
ἦλθον, (ἔρχομαι의 1인칭 단수 제2부정과거), 왔다, 갔다 (부정사
　　ἐλθεῖν)
ἠλίθιος, –α, –ον, 어리석은, 우둔한, 미련한
ἡλιόομαι, 햇볕을 쬐다, 일광욕을 하다
ἥλιος, –ου, ὁ, 태양
ἡμεῖς, ἐγώ의 주격 복수
ἡμέρα, –ας, ἡ, 하루, 날
ἡμερήσιος, –α, –ον, 하루의, 날의
ἥμερος, –ον, 친절한, 온화한, 부드러운, 다정한, 유순한, 길들여
　　진
ἡμέτερος, –α, –ον, 우리의
ἦν, (εἰμί의 3인칭 단수 미완료) 있었다, ~이었다
ἦν, (ἠμί의 1인칭 단수 미완료) 말했다
Ἡρακλῆς, –έους, ὁ, 헤라클레스
ἦσαν, (εἰμί의 3인칭 복수 미완료) 있었다, ~이었다
Ἡσίοδος, –ου, ὁ, 헤시오도스
ἡσυχία, –ας, ἡ, 침묵, 고요
ἡσυχίαν ἄγω, 조용하다, 고요하다
ἥσυχος, –ον, 조용한, 고요한
ἤτοι …… ἤ ……, ~이든지 혹은 ~이든지 (양자택일)
ἤτοι, 실로, 진정으로; 너도 알다시피
ἡττάομαι, 패배하다, 지다, 좌절하다

## Θ

θ΄, 숫자 9 (로마숫자 IX)
θάλαττα, –ης, ἡ, 바다
θάλλω, 번영하다, 번성하다, 꽃피우다, 전성기에 있다
θάνατος, –ου, ὁ, 죽음
θανών, (ἀποθνήσκω 및 θνήσκω의 부정과거 분사 남성 주격 단수),
　　죽은, 죽은 자, 죽은 것
θαρσέω, 용기 있다, 용기 내다, 대범하다, 담대하다

θάττων, –ον (–ονος), 더 빠른, 더 날랜, 더 잽싼
θαυμάζω, θαυμάσομαι, ἐθαύμασα, ~에 놀라다, 경탄하다, 경외하다
θαυμαστός, –ή, –όν, 놀라운, 경탄할 만한
θεά, –ᾶς, ἡ, 여신
Θεαγένης, ὁ, 테아게네스
θεάομαι, 보다, 주목하다, 주시하다
θεῖος, –α, –ον, 신성한
θέλημα, –ατος, τό, 의지, 소망, 뜻
θέλω, (ἐθέλω의 1인칭 단수 현재 가정법) 바라다, 원하다, 바라면,
　　원하면
Θεμιστοκλῆς, –έους, ὁ, 테미스토클레스
–θεν, (접미사) ~로부터
θεός, –οῦ, ὁ, (남)신 (πρὸς θεῶν)
θεραπεύω, 돌보다, 고치다, 치유하다, 다루다
Θερμοπύλαι, –ῶν, αἱ, 테르모퓔라이(테르모필라이)
θερμός, –ή, –όν, 온기, 열, 뜨거움
Θετταλός, –ή, –όν, 테살리아의, 테살리아인
θεωρέω, 보다, 관조하다, 관찰하다
θεώρημα, –ατος, τό, 정리, 공리
Θηβαῖος, –α, –ον, 테바이의(테베의), 테바이인(테베인)
θηρεύω (θηράω), 사냥하다
θηρίον, –ου, τό, 짐승, 들짐승, 야생동물
θησαυρός, –οῦ, ὁ, 보물, 재물, 보고(寶庫)
Θησεύς, –έως, ὁ, 테세우스
θνητός, –ή, –όν, 가사(可死)적인, 가사의, 죽기 마련인, 죽음을 피
　　할 수 없는, 인간의
Θρᾷξ, Θρᾳκός, ὁ, 트라키아
θρίξ, τριχός, ἡ, 털, 머리카락
θυγάτηρ, θυγατρός, ἡ, 딸
θύρα, –ας, ἡ, 문, 대문
θύω, θύσω, ἔθυσα, (+ 여격) 희생하다, 제사를 지내다, 제물을 바
　　치다

## I

ἰάομαι, 치료하다, 치유하다, 고치다
ἰατρός, –οῦ, ὁ, 의사
ἴδιος, –α, –ον, 고유한, 개인적인, 사적인 (ἰδιώτης)
ἰδιώτης, –ου, ὁ, 개인, 개별인
ἴδμεν, ἴσμεν의 도리아 그리스어 형태 (ἴσμεν은 οἶδα의 1인칭 복수
　　현재완료 직설법 능동태)
ἱερόν, –οῦ, τό, 사원, 신전 (신성한 장소)
ἱερός, –ά, –όν, 신성한, 경건한 (τὰ ἱερά, 신전)
ἵημι, ἥσω, ἧκα (–εἷμεν), –εἷκα, –εἷμαι, –εἵθην, 던지다, 내던지다
ἱκανός, –ή, –όν, 충분한, 능한, ~할 수 있는
ἱκανῶς, (부사) 충분하게
ἱμάτιον, –ου, τό, 외투, 겉옷
ἵνα, (접속사) ~을 위하여, ~을 위해
Ἰνδοί, –ῶν, οἱ, 인도인들
ἱππεύς, –έως, ὁ, 기병, 기병대 (ἵππος)
ἱππικός, –ή, –όν, 기병의
ἵππος, –ου, ὁ, ἡ, 말[馬]
ἰσθμός, –οῦ, ὁ, 지협, 협부
ἴσος, –η, –ον, 같은, 동등한

ἵστημι, στήσω, ἔστησα 혹은 ἔστην, ἔστηκα, ἔσταμαι, ἐστάθην, 세우다, 정립하다; 서다

ἱστορία, -ας, ἡ, 역사, 조사, 탐구, 기록

Ἰσχυρίων, -ονος, ὁ, 이스퀴리온

ἰσχυρός, -ά, -όν, 강한, 강력한, 힘이 센

ἰσχύω, 도움이 되다, 쓸모 있다, ~할 능력이 있다, ~할 수 있다

ἴσχω, 고수하다, 확보하다, 수중에 두다, 통제하다

ἴσως, 아마, 아마도, 어쩌면

## Κ

κα, ἄν의 도리아 그리스어 형태

καθαίρω, καθαρῶ, ἐκάθηρα, ———, κεκάθαρμαι, ἐκαθάρθην, 정화하다, 깨끗이 하다

κάθημαι, 앉다 (현재와 미완료만이 있으며, 이태동사)

καί, (접속사) 그리고, 그래서; (부사) 또한, 아울러, 심지어, 오직, ~도 (부사인 경우에는 수식하는 어휘에 선행)

καὶ …… καί ……, ~도 그리고 ~도, 둘 모두

καὶ δὴ καί, 게다가, 더구나, 아울러

καίπερ, (+ 분사 = 양보) ~임에도 불구하고, 비록 ~이지만

καιρός, -οῦ, ὁ, 적시, 기회, 때

Καῖσαρ, Καίσαρος, ὁ, 카이사르

καίω 혹은 κάω, καύσω, ἔκαυσα, κέκαυκα, κέκαυμαι, ἐκαύθην, 태우다, 불태우다; 타다, 불타다

κακός, -ή, -όν, 나쁜

κάκφέρῃ, καὶ ἐκφέρῃ의 축약 형태

κακῶς ἔχω, 나쁜 상태에 있다, 사악한 상태에 있다, 나쁘다, 사악하다

κακῶς ποιέω, 나쁜 짓을 하다, 해를 끼치다

κακῶς, 나쁘게, 악의를 품고

καλέω, καλῶ, ἐκάλεσα, κέκληκα, κέκλημαι, ἐκλήθην, 부르다, 소환하다, 모집하다

Καλλίας, -ου, ὁ, 칼리아스

κάλλιστος, -η, -ον, 가장 훌륭한, 가장 좋은, 가장 아름다운, 최고의

καλλίων, -ον (-ονος), 더 훌륭한, 더 좋은, 더 아름다운

κάλλος, -ους, τό, 훌륭함, 좋음, 아름다움[美]

καλοκἀγαθία, -ας, ἡ, 훌륭하고도 좋음, 훌륭하고 좋은 성품 (훌륭한 인성을 지닌 자를 수식하는 표현)

καλός, -ή, -όν, 아름다운, 좋은

καλύπτω, καλύψω, 숨기다, 감추다, 비밀로 하다; 감싸다

καλῶς, 훌륭하게, 좋게, 아름답게

κάμνω, καμοῦμαι, ἔκαμον, κέκμηκα, 일하다, 고생하다, 수고하다, 애쓰다

κἄν, καὶ ἐν의 축약형

κἄν, καὶ ἄν 혹은 καὶ ἐάν의 축약형

καρδία, -ας, ἡ, 심장

καρπός, -οῦ, ὁ, 과일, 열매, 결실

κάρτα, 매우, 무척

κατά, (+ 속격 및 대격) ~을 따라서, ~에 따르면

κατ᾽ ἐμὸν νόον, 내 생각에 따르면

κατὰ σαυτόν, 네 자신에 의해서, 네 자신에 따라서

καταβαΰζω, 짖다, ~을 향해 짖다

κατακαίω (-κάω), 태우다, 소진시키다, 소멸시키다

κατάκειμαι, 눕다, 몸을 눕히다 (κεῖμαι)

καταλαμβάνω, 따라잡다, 만회하다; 잡다, 쥐다; 파악하다

καταλείπω, 버리다, 떠나다, 포기하다, 손을 떼다

καταλύω, 파괴하다, 멸망시키다

κατανύω, 성취하다, 달성하다, 수행하다

καταπλήττω, 놀라게 하다, 놀래다

κατασκάπτω, κατασκάψω, κατέσκαψα, κατέσκαφα, κατέσκαμμαι, κατεσκάφην, 파괴하다, 제거하다, 허물다

κατασκαφή, -ῆς, ἡ, 파괴, 제거

κατασκευάζω, 준비하다, 마련하다, 갖추다, 꾸리다, 구성하다

κατασκευή, -ῆς, ἡ, 준비, 준비된 것, 갖춰진 것, 장비, 건축물, 구성물

κατασκοπή, -ῆς, ἡ, 염탐, 감시, 주시

κατάστασις, -εως, ἡ, 설립, 확립, 수립, 입증

κατατίθημι, (돈 등을) 맡기다, 예치하다 (τίθημι)

καταφυγή, -ῆς, ἡ, 피난처, 도피처, 안식처

καταψηφίζομαι, ~에 반대하여 투표하다, 반대 표를 던지다, 유죄 표를 던지다; (수동태) 유죄로 표를 받다, 유죄판결 받다

κατεργάζομαι, 성취하다, 달성하다

καῦμα, -ατος, τό, 열, 더위

κεῖμαι, κείσομαι, 눕다 (이태동사, τίθημι의 과거완료 수동태로서 사용) (κατάκειμαι)

κεῖνος, ἐκεῖνος의 축약형으로서 시적(詩的) 표현

κελεύω, -σω, ἐκέλευσα, 명하다, 명령하다, 지시하다; (+ 부정사) ~ 하라고 명하다

κέρας, κέρως, τό, 뿔, (군대의) 편대

Κέρβερος, -ου, ὁ, 케르베로스

κερδαίνω, 이익 내다, 이익 얻다, 득보다, 얻다

κέρδος, 이익, 이득, 이점

κεφαλή, -ῆς, ἡ, 머리, 두부(頭部)

κῆρυξ, κήρυκος, ὁ, 전령, 사자(使者)

Κήτω, -οῦς, ἡ, 케토

κινδυνεύω, 위험을 무릅쓰다, 감행하다; ~인 것 같다

κινέω, κινήσω, ἐκίνησα, 움직이다, 움직이게 하다

κλέος, -ους, τό, 명성, 명망

Κλεοφῶν, -ῶντος, ὁ, 클레오폰

κλώψ, κλωπός, ὁ, 도둑

Κνίδος, -ου, ἡ, 크니도스

κοιμάω, 재우다; (중간태) 자다, 잠들다

κοινός, -ή, -όν, 공통의, 공동의

κολάζω, 벌주다, 처벌하다

κομίζω, κομιῶ, ἐκόμισα, 데리고 가다, 동행하다, 수행하다, 배웅하다; (중간태) (드물게) 가버리다, 떠나다

κόπτω, κόψω, ἔκοψα, κέκοφα, κέκομμαι, ἐκόπην, 자르다, 치다, 때리다, 타격하다

κόραξ, -ακος, ὁ, 까마귀, 갈가마귀

Κορίνθιος, -α, -ον, 코린토스의, 코린토스인

Κόρινθος, -ου, ὁ, 코린토스

κόρος, -ου, ὁ, 만족, 포만상태

κόσμος, -ου, ὁ, 질서; 치장, 꾸밈; 우주, 세계

κότινος, -ου, ὁ, 올리브 나무 (야생)

Κρανεῖον, -ου, τό, 크라네이온

κρατέω, 정복하다; (+ 속격) ~보다 더 강력하다, 힘이 세다, 우월하다

κρατήρ, –ῆρος, ὁ, 혼주기(混酒器, 섞는 그릇, 술 등을 섞을 때 사용하는 그릇)

κράτιστος, –η, –ον, 가장 좋은, 가장 강한

κρείττων, –ον (–ονος), 더 좋은, 더 강한

κρεμάννυμι, 걸다, 매달다, 달다

Κρής, Κρητός, ὁ, 크레테인(크레타인)

κρίνω, 판단하다, 결정하다, 판결하다

κρίσις, –εως, ἡ, 판단, 결정, 재판, 판결

κριτής, –οῦ, ὁ, 재판관, 판관, 심사원, 결정가

Κροῖσος, –ου, ὁ, 크로이소스

κρυπτός, –ή, –όν, 숨겨진, 감추어진, 드러나지 않은, 비밀의 (κρύπτω)

κρύπτω, 숨기다, 감추다

κτάομαι, κτήσομαι, ἐκτησάμην, κέκτημαι, 획득하다, 취득하다, 입수하다, 얻다; 소유하다, 가지고 있다

κτῆμα, –ατος, τό, 소유, 점유, 소유물

κυβερνήτης, –ου, ὁ, 선장, 항해사, 조종사, 조타수

Κύλων, –ος, ὁ, 퀼론

Κύπρις, –ιδος, ἡ, 퀴프리스 (아프로디테의 다른 이름, 아프로디테의 출생지가 퀴프로스(키프로스)이기에 퀴프로스 여신이라 불림)

Κῦρος, –ου, ὁ, 퀴로스

κύων, κυνός, ὁ, ἡ, 개

κωλύω, 막다, 방해하다, 금하다

## Λ

λ΄, 숫자 30 (로마숫자 XXX)

Λακεδαιμόνιος, –α, –ον, 라케다이몬의(스파르타의)

λαμβάνω, λήψομαι, ἔλαβον, εἴληφα, εἴλημμαι, ἐλήφθην, 잡다, 붙잡다, 취하다, 가지다, 획득하다, 얻다

λαμπρός, –ά, –όν, 밝은, 빛나는, 눈부신, 광채나는

λανθάνω, λήσω, ἔλαθον, λέληθα, ———, ———, (+ 분사) 모르게 ~하다, 몰래 ~하다; (중간태) 잊다

λέαινα, –ης, ἡ, 사자 (암컷)

λέγω, λέξω 혹은 ἐρῶ, ἔλεξα 혹은 εἶπον, εἴρηκα, λέλεγμαι, ἐλέχθην, 말하다 (간접구문을 이끄는 관계사로, ὅτι절을 이끄는 경우엔 ὅτι절 안에서 직설법 사용. 24과 참조)

λείπω, λείψω, ἔλιπον, λέλοιπα, λέλειμμαι, ἐλείφθην, 떠나다, 남겨두다, 내버려두다

λεπτός, –ή, –όν, 미세한, 섬세한, 가벼운, 가는, 홀쭉한, 작은, 적은

λεχθήσεται, (λέγω의 3인칭 단수 미래 직설법 수동태) 말해질 것이다

λέων, –οντος, ὁ, 사자 (수컷)

Λεωνίδας, –ου, ὁ, 레오니다스

λήγω, λήξω, 중지하다, 그만두다, 그치다, 멎다

λίαν, (부사) 지나치게 많이, 매우, 무척이나

λίθος, –ου, ὁ, 돌

λογισμός, –οῦ, ὁ, 추론, 헤아림, 이성적으로 따짐

λόγος, –ου, ὁ, 말, 연설, 이성, 설명

λοιπός, –ή, –όν, 남겨진, 남아있는

λοχαγός, –οῦ, ὁ, 우두머리, 수장, 사령관

λυπέω, 귀찮다, 성가시다, 짜증나다, 고통을 받다

λύπη, –ης, ἡ, 고통

Λύσανδρος, –ου, ὁ, 뤼산드로스

λύω, λύσω, ἔλυσα, 풀다, 풀어주다, 해소하다, 파괴하다

## Μ

μάθημα, –τος, τό, 배움, 지식, 앎

μαίνομαι, 미치다, 광분하다, 광기에 차다

μακάριος, –α, –ον, 축복받은, 행복한

Μακεδών, –όνος, ὁ, 마케도니아인

μακρός, –ά, –όν, (길이 등이) 긴

μάλιστα,(부사) 무척, 매우, 거의, 특히, 무엇보다도, 가장 (μάλα 의 최상급)

μᾶλλον, 오히려, ~보다 (매우를 의미하는 μάλα의 비교급 형태); μᾶλλον …… ἤ ……, ~보다는 오히려 ~인

μανθάνω, μαθήσομαι, ἔμαθον, μεμάθηκα, 배우다, 알다

Μαραθών, –ῶνος, ὁ, 마라톤

μάτην, (부사) 헛되이

Μαχάων, –ονος, ὁ, 마카온

μάχη, –ης, ἡ, 전투

μάχομαι, μαχοῦμαι, ἐμαχεσάμην, μεμάχημαι, (+여격) 싸우다, 다투다, ~와 전쟁하다

Μέγαρα, –ων, τά, 메가라

Μεγαρεύς, –έως, ὁ, 메가라인

μέγας, μεγάλη, μέγα, 큰, 거대한, 위대한

μέγιστος, –η, –ον, 가장 큰, 가장 거대한, 가장 위대한

μεθίστημι, 바꾸다, 변경하다, 변화시키다

μείζων, –ον (–ονος), 더 큰, 더 거대한, 더 위대한

μέλει, μελήσει, ἐμέλησε, μεμέληκε, (비인칭 구문) ~와 관련있다, ~와 관계있다, ~와 관계하다; 신경 쓰다, 주의하다 (ἐπιμελέομαι)

μελέτη, –ης, ἡ, 연습

μέλλω, μελλήσω, ἐμέλλησα, ———, (+ 부정사) ~할 예정이다, ~하려고 하다, ~하고자 하다 (주로 미래를 나타냄)

μέμνασ' = μέμνησο, 기억하라 (명령법)

μέμνημαι, (μιμνήσκω의 중간태 완료), 기억하다, 상기하다, 회상하다 (라틴어 memini)

μέν …… δέ ……, 동등한 대구를 표현하는데 사용되며, 종종 μέν 은 번역되지 않음

μέν, 한편으로는 (종종 번역되지 않음)

Μένανδρος, –ου, ὁ, 메난드로스

Μενέλαος, –ου, ὁ, 메넬라오스

μένω, μενῶ, ἔμεινα, μεμένηκα, 남다, 남아 있다, ~의 상태로 있다

Μένων, –ωνος, ὁ, 메논

μέρος, –ους, τό, 부분

μέσος, –η, –ον, 중간의, 가운데의; (서술적 위치) ~의 중간

μεστός, –ή, –όν, ~으로 가득 찬

μετά, (+ 속격) 함께; (+ 대격) 이후에, 다음에

μεταδίδωμι, 몫을 주다, 나누다 (δίδωμι)

μετανοέω, 나중에 생각하다, 후회하다

μεταπέμπομαι, 호출하다, 소환하다

μέτριος, –α, –ον, 척도된, 정확히 잰, 정연한, 적당한, 알맞은 (τὸ μέτριον, 중도)

μέτρον, –ου, τό, 척도, 적도

μέχρι, ~까지, ~동안

μή, 아닌

μηδέ, ~도 아닌, ~조차 아닌 (οὐ 대신에 μή가 사용되는 경우에, οὐδέ를 대신하여 사용)

μηδείς, μηδεμία, μηδέν, 아무도(아무 것도) ~아니다, 누구도(무엇도) ~아니다

Μηδικός, –ή, –όν, 메도이의(메데의)

Μῆδος, –ου, ὁ, 메도이인(메데인)

μῆκος, –ους, τό, 길이

Μήλιος, –α, –ον, 멜리오스의

μηνιάω, 화나다, 화내다, 분노하다

μήτε ⋯⋯ μήτε ⋯⋯, ~도 아니고 ~도 아닌, ~도 아니고 ~도 아니다

μήτηρ, –τρός, ἡ, 어머니

μικρός, –ά, –όν, 작은

Μίλητος, –ου, ἡ, 밀레토스

μιμνήσκω, μνήσω, ἔμνησα, ———, μέμνημαι, ἐμνήσθην, 생각나게 하다; (중간태) (+ 속격) 기억하다, 생각해내다

Μίνως, Μίνω, ὁ, 미노스

μισητός, –ή, –όν, 미운, 불쾌한, 증오에 찬, 혐오하는

μνήμη, –ης, ἡ, 기억, 회상

μοῖρα, –ας, ἡ, 운명, 숙명

μόναν, μόνην의 도리아 그리스어 형태

μόνον, (부사) 유일하게, 다만 ~뿐

μόνος, –η, –ον, 유일한, 단독의

Μοῦσα, –ης, ἡ, 무사 여신, 뮤즈

μυριάς, –άδος, ἡ, 일만 (10,000) (집합 명사)

μύριοι, –αι, –α, 일만의

μωρία, –ας, ἡ, 어리석음, 우둔

## N

ναῦς, νεώς, ἡ, 배, 선함 (격변화: νηί, ναῦν; νῆες, νεῶν, ναυσί, ναῦς)

ναύτης, –ου, ὁ, 선원, 뱃사람, 항해사

νάφω, νήφω의 도리아 그리스어 형태

νεανίας, –ου, ὁ, 젊은이, 청년

Νεῖλος, –ου, ὁ, 네일로스(나일) (강)

νενικηκώς, –κότος, 정복한, 승리한 (νικάω의 현재완료 분사)

νέος, –α, –ον, 젊은, 새로운

νεότης, –τητος, ἡ, 젊은이, 청년

νῆσος, –ου, ἡ, 섬

νήφω, 차분하다, 침착하다, 술에 취하지 않다 (도리아 그리스어 형태 νάφω)

νίζω, νίψομαι, ἔνιψα, 씻다, 씻어내다

νικάω, –ήσω, ἐνίκησα, 정복하다, 승리하다, 이기다

νίπτω, 씻다

νιφετός, –οῦ, ὁ, 눈[雪], 눈보라

νιφετός, –ή, –όν, 눈이 오는, 눈 많은, 눈에 쌓인, 눈에 덮인

νοέω, νοήσω, ἐνόησα, 생각하다. 사유하다 (종종 –νοοῦμαι의 형태로 복합동사 구성) (νοῦς)

νόημα, –ατος, τό, 사고(思考), 사유, 생각

νομίζω, νομιῶ, ἐνόμισα, νενόμικα, νενόμισμαι, ἐνομίσθην, 생각하다, 믿다 (간접구문을 부정사 구문으로 취할 수 있음)

νομοθέτης, –ου, ὁ, 입법가

νόμος, –ου, ὁ, 법, 법칙, 법률

νόος, νοῦς의 이오니아 그리스어 형태

νοσέω, 병들다, 앓다, 아프다

νόσος, –ου, ἡ, 병, 질병

νοῦς (νόος), νοῦ, νῷ, νοῦν, νοῦ, ὁ, 마음, 정신, 지성

νῦν, (시간적 부사) 지금, 이 순간

νύξ, νυκτός, ἡ, 밤[夜]

## Ξ

ξανθός, –ή, –όν, 노란, 금색의

ξένος, –η, –ον, 외국의, 타지의 (서사시 및 이오니아 그리스어 형태 ξεῖνος)

ξένος, –ου, ὁ, 외지 친구, 손님, 내빈, 이방인, 용병

Ξενοφάνης, –εως, ὁ, 크세노파네스

Ξενοφῶν, –ῶντος, ὁ, 크세노폰

Ξέρξης, –ου, ὁ, 크세륵세스

ξύγκειται, 구성되다, 작성되다, 함께 놓이다

ξύμπας, 전적으로, 아주, 완전히 (πᾶς)

ξύνεσις, –εως, ἡ, 이해, 분별, 이해력, 분별력

## Ο

ὁ, ἡ, τό, 그 (정관사, 영어의 the)

ὁ δέ, 그리고 그(녀, 것)는, 그런데 그(녀, 것)는, 반면에 그(녀, 것)는; 반면에 그것은 (ὁ μέν과 함께 대구를 구성)

ὁ μέν, 한편 이것은, 한편으로는 (ὁ δέ와 함께 대구를 구성)

ὅδε, ἥδε, τόδε, 이것, 그것, 저것; 다음의 것, 뒤따르는 것

ὁδός, –οῦ, ἡ, 길, 여정

ὀδούς, ὀδόντος, ὁ, 이빨, 치아

οἶδα, 알다

οἴκαδε, 집(으로), 집으로 향하여 (접미사 –δε) (οἰκία, 집)

οἰκέω, –ήσω, ᾤκησα, ~에 살다, ~에 거주하다

οἰκία, –ας, ἡ, 집, 가정

οἴκοθεν, 집으로부터, 집에서부터

οἶκος, –ου, ὁ, 집

οἶμαι 혹은 οἴομαι, οἰήσομαι, ᾠήθην, 미완료 ᾤμην, 생각하다, 믿다, 알다

οἰμωγή, –ῆς, ἡ, (비탄 혹은 슬픔에 빠진) 통곡, 울부짖음

οἷόν τέ ἐστι, ~이 가능하다, ~할 수 있다

οἷος, –α, –ον, (관계사) 어떤 종류의; ~로서, 가령 ~로서

ὀκτώ, 팔, 여덟 (8)

ὄλβος, –ου, ὁ, 행복, 행운, 부, 재물

ὀλίγος, –η, –ον, 적은, 소수의, 조금

ὅλος, –η, –ον, 전체의, 전부의

Ὀλύμπια, τά, 올림피아(올림픽)

Ὀλυμπιονίκης, –ου, ὁ, 올림피아에서의 승리

Ὀλύμπιος, –α, –ον, 올림피아의

Ὄλυνθος, –ου, ὁ, 올린토스

ὅλως, (부사) 전적으로, 완전히, 아주

ὄμβρος, –ον, ὁ, 뇌우, 천둥을 동반한 세찬 비

Ὅμηρος, –ου, ὁ, 호메로스

ὄμμα, –ατος, τό, 눈[目]

ὅμοιος, –α, –ον, (서사시 형태 ὁμοίιος), 유사한, 비슷한, 닮은

ὁμολογέω, 인정하다; 동의하다, 합의하다 (~와 같은 말을 하다)

ὁμονοέω, 동의하다, 합의하다, ~와 같이 생각하다, 한 생각하다

ὄναρ, τό, 꿈 (주격과 대격에서만 사용되며 격변화 없음)

ὀνειδίζω, 업신여기다, 깔보다, 경멸하다, 얕보다, 꾸중하다

ὄνειρος, –ου, ὁ, 꿈 (ὄνειρον, –ου, τό)

ὄνομα, –ατος, τό, 이름, 단어, 명사, 용어

ὀνομάζω, 호명하다, 이름을 부르다

ὅπῃ, (부사) ~에서, 어떤 방식에서, ~식으로

ὄπισθεν, (부사) 후방에, ~뒤에, ~에 뒤서서

ὁπλίτης, –ου, ὁ, 중장갑보병

ὅπλον, –ου, τό, 무기; (복수) 병기, 무장병사 (= ὁπλῖται)

ὁπόσος, –η, –ον, 무척이나 큰; ~만큼이나 큰; 복수로 무척이나 많은; πόσος로부터 유래된 관계사

ὁπόταν, 언제, 언제든, ~하는 경우면 어느 때든

ὁπότε, ~때, ~하는 때, ~하는 때마다, 언제든 (언제)

ὁπότερος, –α, –ον, (둘 중의) 어느 것, 무엇, ~한 쪽, ~한 것

ὅπου, 어디, ~곳, 어디든, 어느 곳이든, ~하는 곳이든

ὅπως, (접속사) ~을 위하여, ~을 위해, ~하도록; (부사) ~인 식으로, ~인 방식에서, 어떻게든

ὁράω, ὄψομαι, εἶδον, ἑόρακα 혹은 ἑώρακα, ἑώραμαι 혹은 ὦμμαι, ὤφθην, (미완료 ἑώρων), 보다

ὀργή, –ῆς, ἡ, 화, 분노, 성미, 성질, 기질

ὀργίζομαι, 화나다, 성나다

ὀρθῶς, (부사) 옳게, 올바르게, 곧게, 똑바로

ὅρκος, –ου, ὁ, 서약, 맹세

ὄρνις, ὄρνιθος, ἡ, 새

Ὀρόντας, –ου, ὁ, 오론타스

ὅς, ἥ, ὅ, (관계대명사) 누구 (~하는 사람), 어느 것 (~인 것)

ὅσος, –η, –ον, 얼마큼, 얼마나, ~만큼 많이, ~만큼 모두

ὅσπερ, ἥπερ, ὅπερ, 바로 그것, 바로 그 사람

Ὄσσα, –ης, ἡ, 오싸

ὅστις, ἥτις, ὅ τι, 누구든지, ~하는 사람은 누구나

ὄστρακον, –ου, τό, 도자기 파편(도편), 도자기 조각, 오스트라콘

ὅταν (ὅτε ἄν), ~때, 언제든, ~하는 경우면 어느 때든 (언제)

ὅτε, ~때, ~하는 때, ~하는 때마다, 언제든 (언제)

ὅτι, (접속사) (간접구문을 이끌어) 것, 왜냐하면

οὐ, (부사, 후접어) 아닌, ~아니다 (연숨표 앞에서는 οὐκ, 강숨표 앞에서는 οὐχ)

οὐδέ, ~도 아닌, ~도 아니다

οὐδείς, 아무도 아니다, 누구도 ~아니다

οὐδέν, 아무 것도 ~이 아니다, 무엇도 ~이 아니다

οὐκέτι (= οὐκ + ἔτι), 더 이상 ~않는

οὐκοῦν, (의문이나 질문의 도입) 그렇다면, 그렇지 않은가; 그러므로, 따라서, 그러니까

οὖν, (후치사) 그러므로, 그러니까; (구어체에서) 이제, 자

οὔποτε, (부사) 결코 ~않다

οὐρανός, –οῦ, ὁ, 하늘, 천상

οὖς, ὠτός, τό, 귀

οὐσία, –ας, ἡ, 재산, 소유물; 실체, (~에게 실로) 있는 것

οὔτε, ~도 아니다 (종종 문장에서 다른 οὔτε와 함께 쌍을 이루어 사용)

οὗτος, αὕτη, τοῦτο, 이것, (둘 중의) 후자; 앞서 말한 것

οὕτω, 이처럼, 이렇게, 이와 같이; 그처럼, 그렇게, 그와 같이 (모음 앞에서는 οὕτως)

οὐχί (= οὐ), (부정어) 아닌, 아니다 (οὐ의 서사시 형태)

ὀφειλέτης, –ου, ὁ, 빚을 진 사람, 채무자, 은혜를 입고 있는 사람,

(종교적 의미에서) 죄지은 자

ὀφείλημα, –ατος, τό, 빚, 채무, 부채, (종교적 의미에서) 죄

ὀφείλω, 빚지다, 책임이 있다, ~할 의무가 있다

ὀφθαλμός, –οῦ, ὁ, 눈[目]

ὄψις, –εως, ἡ, 시야, 시각, 시력; 외양

# Π

πάθος, –ους, τό, 경험, 겪음, 겪은 상태, 사태

παιδεία, –ας, ἡ, 교육, 훈련, 가르침

παίδευσις, –εως, ἡ, 교육, 훈련, 가르침

παιδεύω, παιδεύσω, ἐπαίδευσα, πεπαίδευκα, 현재완료 중간태 및 수동태 πεπαίδευμαι, ἐπαιδεύθην, 가르치다, 교육하다

παιδίον, –ου, τό, 아이

παῖς, παιδός, ὁ, ἡ, 아이, 시종 (호격 παῖ, 복수 속격 παίδων) (παιδεύω)

πάλαι, (부사) 오래 전에 (παλαιός)

παλαιός, –ά, –όν, 오래된, 고대의

Πάν, Πανός, ὁ, 판 (신)

πανδημεί, (부사) 모든 힘을 다해, 사력을 다해, 총력을 기울여

πανταχοῦ, 모든 곳에서, 어디서나

παντοδαπός, –ή, –όν, 모든 종류의, 온갖의

πάντως, (부사) 전적으로, 완전히, 아주

πάνυ, (부사) 매우; 전적으로 (πᾶς)

παρά, (+ 속격) ~의 편에서, ~곁에서; (+ 여격) ~의 앞에서; (+ 대격) ~을 넘어서, ~에 반(反)해서

παραγγέλλω, 지시하다, 명령하다

παράγγελμα, –τος, τό, 지시, 명령; 교훈

παραγίγνομαι, 곁에 있다, 함께 있다, 현재하다, 이르다, 다다르다

παράδεισος, –ου, ὁ, 공원, 정원, 과수원, (가꾸어진) 숲

παραδίδωμι, 건네주다, 항복하다

παράδοξος, –ον, 역설적인, 기대에 반하는, 생각했던 바와 다른

παραινέω, 권고하다, 훈계하다

Πάραλος, –ου, ἡ, 파랄로스 호(號) (아테네 3단노 함선의 명칭)

τὸ παράπαν, 전적으로, 완전히

παρατυγχάνω, 우연히 ~근처에 있다, 마침 ~곁에 있다, 마침 ~곁에서 조우하다

παραυτίκα, (부사) 즉시, 당장, 곧바로, 즉각적으로 (αὐτίκα)

παραχρῆμα, (부사) 즉시, 당장, 곧바로

πάρειμι, 곁에 있다, 지금 (옆에) 있다 (παρά + εἰμί)

παρέρχομαι, 앞으로 나아가다, 진격하다

παρίστημι, 거들다, 돕다, 곁에 서다; (중간태) 준비하다, 대기하다

πάροδος, –ου, ἡ, 통로, 입구

παρόντα, –ων, τά, 현재 상황, 현재의 처지, 현재 주어진 상태

παρρησία, –ας, ἡ, 자유발언, 파레시아 (민회에서의 자유 연설)

Παρυσάτις, –άτιδος, ἡ, 파뤼사티스

πᾶς, πᾶσα, πᾶν, 모두, 모든, 전체, 전부

πάσχω, πείσομαι, ἔπαθον, πέπονθα, 경험하다, 겪다

πατήρ, πατρός, ὁ, 아버지

πατρίς, –ίδος, ἡ, 조국, 모국, 나라

παχύς, –εῖα, –ύ, 두꺼운

πεδίον, –ου, τό, 평야, 평원

πεζός, –οῦ, ὁ, 보병, 보병대

πείθω, πείσω, ἔπεισα, πέπεικα 혹은 πέποιθα, πέπεισμαι, ἐπείσθην, (+

259

대격) 설득하다; (제2완료시제) 믿다, 신뢰하다; (중간태) (+ 여격) 믿다, 따르다, 복종하다

πεινάω, 굶주리다, 배고프다, 허기지다

πεῖρα, -ας, ἡ, 시도, 노력

Πειραιεύς, -έως, ὁ, 페이라이에우스(피레아스), 아테네의 항구

πειρασμός, -οῦ, ὁ, 시도, 시험, 유혹

πειράω, 시도하다; (보통 수동태로) 시도하다, 꾀하다, 하려하다

πείσεσθαι, (πάσχω의 미래 부정사) 겪을 것, 겪을 일

Πεισίστρατος, -ου, ὁ, 페이시스트라토스

πελοποννήσιος, -α, -ον, (형용사) 펠로폰네소스의

Πελοπόννησος, -ου, ἡ, 펠로폰네소스

πελταστής, -οῦ, ὁ, 경장갑보병

πέμπω, πέμψω, ἔπεμψα, πέπομφα, πέπεμμαι, ἐπέμφθην, 보내다

πένης, -ητος, ὁ, 빈자, 가난한 이

πενθέω, 슬퍼하다, 애도하다, 한탄하다

πένομαι, 가난하다, 빈곤하다; 힘들여 일하다, 애쓰다

πεντακισχίλιοι, -αι, -α, 오천 (5000)

πεντακόσιοι, -αι, -α, 오백 (500)

πέντε, 오, 다섯 (5)

πεντήκοντα, 쉰, 오십 (50)

-περ, (접미사) 바로, 바로 그

Περδίκκας, ὁ, 페르디카스

περί, (+ 속격) ~에 대하여, ~을 고려하여, ~에 관하여; (+ 여격 혹은 대격) ~주위에, ~둘레에

περὶ πολλοῦ ποιέομαι (또는 ποιεῖσθαι), 중요하게 생각하다, 고려하다, 신경 쓰다 (πολλοῦ가 비교급이나 최상급으로 쓰이는 경우: 더 중요하게, 가장 중요하게)

περίειμι, 돌아다니다, 돌아가다, 돌아서 가다

Περικλῆς, -έους, ὁ, 페리클레스

περιμένω, 주위에 남다, ~부근에(둘레에) 남다, 남아서 기다리다

περίπατος, -ου, ὁ, 산책, 소요

περισπείρω, ~을 둥글게 만들다, ~을 둘러싸다

περιτίθημι, ~주위에 (둘러싸서) 놓다, 세우다 (τίθημι)

Πέρσαι, -ῶν, οἱ, 페르시아인들

πέτρα, -ας, ἡ, 돌, 바위

Πήλιον, -ου, τό, 펠리온

πήρα, -ας, ἡ, 자루, 부대

πικρός, -ά, -όν, 쓴, 고된, 모진, 혹독한

πίνω, πίομαι 혹은 πιοῦμαι, ἔπιον, πέπωκα, πέπομαι, ἐπόθην, 마시다

πίπτω, πεσοῦμαι, ἔπεσον, πέπτωκα, 떨어지다, 부딪치다, 접하다, 쓰러지다

πιστεύω, πιστεύσω, (+ 여격) 믿다, 따르다, 복종하다

πιστός, -ή, -όν, 신뢰할 만한, 믿을 만한

πλανάω, 배회하다, 방랑하다, 떠돌다

πλαστῶς, 날조된, 거짓된, 위조된, 모조의

Πλάτων, -ωνος, ὁ, 플라톤

πλεῖστος, -η, -ον, 가장, 최고로

πλείων 혹은 πλέων, -ον (-ονος), 더, 더욱

πλέκω, 짜다, 엮다, 땋다; 고안하다

πλευρά, -ᾶς, ἡ, 옆구리, 갈비, 늑골

πλέω, πλεύσομαι 혹은 πλευσοῦμαι, ἔπλευσα, πέπλευκα, πέπλευσμαι, ἐπλεύσθην, 항해하다

πλῆθος, -ους, τό, 수, 수량, 다수, 군중

πλήν, (+ 속격) ~을 제외하고, ~를 빼고, ~외에

πλησίον, (+ 속격) ~가까이에, 근처에

πλησίος, -α, -ον, 가까운, 근접한, 밀접한

πλοῖον, -ου, τό, 배, 보트

πλοῦς, -οῦ, ὁ, 항해

πλούσιος, -α, -ον, 부유한, 풍요로운

πλουτέω, 부유하다

πλοῦτος, -ου, ὁ, 부, 재산

πνεῦμα, -τος, τό, 숨, 흡기

πνέω, 숨쉬다; (입김, 바람 등을) 불다

ποθέν, (부사) 어디에선가, 어디에선가부터

ποιέω, -ήσω, ἐποίησα, 하다, 행하다, 만들다, 제작하다

ποιητέος, -α, -ον, 행해져야만 한다, 행해야 한다, 만들어져야만 한다, 만들어야 한다

ποιητής, -οῦ, ὁ, 시인, 제작자

ποῖος, -α, -ον, 어떤 종류의?

πολεμέω, 싸우다, 전투하다, 전쟁하다

πολέμιοι, -ων, οἱ, 적, 적군

πολέμιος, -α, -ον, 적의에 찬, 호전적인

πόλεμος, -ου, ὁ, 전쟁

πολιορκέω, 포위하다, 둘러싸다

πόλις, -εως, ἡ, 도시

πολιτεία, -ας, ἡ, 정치체제, 정부, 시민권

πολίτης, -ου, ὁ, 시민

πολιτικός, -ή, -όν, 정치의, 도시의, 나라의, 시민의

πολλάκις, (부사) 종종, 자주, 대개

πολυμαθίη, -ης, ἡ, 박학다식, 많은 지식

πολύς, πολλή, πολύ, 많은, 매우

πονηρός, -ά, -όν, 악학, 사악한, 심술궂은

πόνος, -ου, ὁ, 수고, 노동, 일, 노력, 고역

πορεύομαι, -σομαι, 나아가다, 계속하다, 진행되다, 속행하다, 가다

Ποσειδῶν, -ῶνος, ὁ, 포세이돈

ποταμός, -οῦ, ὁ, 강

πότε, ~때? 언제?

ποτέ, (전접어, 후치사) 한때, 언젠가, 이전의 어느 불특정한 때

Ποτείδαια, -ας, ἡ, 포테이다이아(포티다이아)

Ποτειδειάτης, -ου, ὁ, 포테이다이아인(포티다이아인)

πότερον (πότερα), ~인지 어떤지?

πότερον …… ἤ ……, ~인지 혹은 ~인지

πότερος, -α, -ον, (둘 중에서) 무엇을? 무엇이?

ποῦ, 어디? 어디에? 어디서?

πού, 어디에선가, 어딘가에

που, (전접어) 어딘가, 어딘가에; 어쨌든, 아무튼, 내 생각에

πρᾶγμα, -ατος, τό, 것, 사물, 대상, 사태, 사안; (복수) 사태, 정세, 상황, 문제; νεώτερα πράγματα, 더 새로운 상황, 보다 새로운 것들, 변화, 변혁 (라틴어 novae res) (πράττω, 행하다, 실천하다, 하다)

πρᾶξις, -εως, ἡ, 행위, 행동, 일, 작업, 실천

Πραξιτέλης, -ου, ὁ, 프락시텔레스

πράττω, πράξω, ἔπραξα, πέπραχα 혹은 πέπραγα, πέπραγμαι, ἐπράχθην, 행하다, 행동하다, 하다, 실천하다

πράττω κακῶς, 잘못 행하다, 잘못 지내다, 나쁘게 살아가다

πράττω καλῶς, 잘 행하다, 잘 살아가다

πρέσβυς, -εως, ὁ, 노인, 연장자; 대사, 사절

πρεσβύτερος, –α, –ον, 더 나이 많은, 더 늙은, 더 오래된

πρίν, ~전에, ~까지

πρό (+ 속격) ~전에, ~앞에; ~을 대신하여

προδίδωμι, 배신하다, 배반하다

προέρχομαι, 앞으로 나아가다, 진군하다, 진행하다; 앞서 가다, 돌진하다

πρόθυμος, –ον, 열망하는, 갈망하는, ~을 바라는 (πρό + θυμός, 기운, 정신)

προίστημι, ~앞에 서다, ~의 책임을 가지다, 책임을 지고 있다 (ἵστημι)

πρόκειμαι, ~앞에 눕다

προμαχέω, ~에 맞서 싸우다, ~에 대항하여 전투(전쟁)하다

Προμηθεύς, –έως, ὁ, 프로메테우스

προνοέω, 앞서 생각하다, 미리 생각하다, 앞서 고려하다

Πρόξενος, –ου, ὁ, 프록세노스

πρός, (+ 속격) ~으로부터, ~쪽에, ~편에; (+ 여격) ~근처에, 근방에; (+ 대격) ~을 향해, ~에 반하여, ~에 대항하여, ~와 관련해

πρὸς θεῶν, 신의 이름으로! 신에 맹세코! 신에 대고서! (호소나 강한 주장을 하는 경우 사용됨)

προσαγορεύω, 부르다, 지칭하다

προσδέχομαι, 기다리다, 고대하다, 받다

προσδοκάω, 기대하다, 예측하다

πρόσειμι, ~에 속하다

προσέρχομαι, 다가가다, 접근하다, 가까이 가다, ~향해 가다

προσέχω, (+ τὸν νοῦν + 여격) ~에 주의를 기울이다, ~에 주의하다

προσήκω, ~을 향해 가다; 적절하다, 적당하다, 알맞다

προσκαθέζομαι, ~에 맞서 자리를 잡다

πρότερον, 이전에는, 원래는, 예전에는, 앞서서

προτρέχω, ~보다 앞서 달리다 (τρέχω)

προφέρω, 앞으로 나르다; 낳다, 산출하다

προφύλαξ, –ακος, ὁ, 보초장, 파수장, 상급 보초; 외곽 경비대, 외곽 파수꾼

πρῶτον, (부사) 처음에, 최초로, 우선

πρῶτος, –η, –ον, 처음의, 최초의, 우선하는

πτέρυξ, –υγος, ἡ, 날개

Πυθαγόρας, –ου, ὁ, 퓌타고라스(피타고라스) (이오니아 그리스어 형태 Πυθαγόρης)

πυνθάνομαι, πεύσομαι, ἐπυθόμην, πέπυσμαι, 배우다, 알게 되다; (+ περί) ~에 관해 묻다, 탐구하다, 살피다 (간접절에서 종종 분사를 취함)

πῦρ, πυρός, τό, 불

Πύρρων, –ωνος, ὁ, 퓌론 (회의주의 철학자)

πυρκαϊή, –ῆς, ἡ, 불 붙은 곳, 화장용 장작, 화재

πῶς, 어떻게? 어찌?

πως, (전접어) 어쨌든, 어떻든


**Ρ**

ῥάδιος, –α, –ον, 쉬운, 손쉬운

ῥαδίως, 쉽게, 손쉽게, 쉽사리

ῥαθύμως, 손쉽게; 태평하게, 평안하게; 대수롭지 않게, 부주의하게

ῥέω, 흐르다

ῥῆμα, –τος, τό, 말, 구문, 동사

Ῥόδιος, –α, –ον, 로도스의, 로도스인

ῥώμη, –ης, ἡ, 힘, 세기


**Σ**

σαλπιγκτής, –οῦ, ὁ, 나팔수

σάλπιγξ, σάλπιγγος, ἡ, 나팔, 트럼펫

σατράπης, –ου, ὁ, 지역 관리자, 지역 총수

σβέννυμι, σβέσω, ἔσβεσα, 끄다, 소멸시키다

σεαυτοῦ, –ῆς, –οῦ, 네 자신의, 당신 자신의 (재귀적 용법)

σελήνη, –ης, ἡ, 달

σήμερον, (부사) 오늘, 오늘에

σιγή, –ῆς, ἡ, 침묵, 고요

Σικυώνιος, –α, –ον, 시퀴오니아의

σῖτος, –ου, ὁ, 음식, 식량, 곡물, 곡식

σιωπάω, 침묵을 지키다, 조용히 하다, 고요하다

σκεδάννυμι, σκεδῶ, ἐσκέδασα, ἐσκέδασμαι, ἐσκεδάσθην, 흩어지게 하다, 분산시키다

σκηνή, –ῆς, ἡ, 천막, 무대

σκιά, –ᾶς, ἡ, 그림자

σκότος, –ου, ὁ, 어둠, 암흑

Σόλων, –ωνος, ὁ, 솔론

σός, –ή, –όν, 너의, 당신의

Σοφοκλῆς, –έους, ὁ, 소포클레스

σοφός, –ή, –όν, 지혜로운, 현명한

Σπαρτιάτης, –ου, ὁ, 스파르타인

σπέρμα, –τος, τό, 씨, 씨앗, 종자

σπεύδω, –σω, ἔσπευσα, 서두르다, 재촉하다, 열망하다, 갈망하다

σπονδαί, –ῶν, αἱ, 휴전, (일시적인) 휴지, 중지

σπονδή, –ῆς, ἡ, 제주(祭酒)

στέλλω, 부정과거 ἔστειλα, 보내다

στέφανος, –ου, ὁ, 왕관

στορέννυμι, στορῶ, ἐστόρεσα, 평평하게 하다, 수평으로 하다

στράτευμα, –ατος, τό, 군대

στρατεύομαι, 전투를 벌이다

στρατεύω, 전투(전쟁)을 치르다, 전투(전쟁)에 참가하다, 군대에 가다

στρατηγέω, 장군이다, 장군이 되다 (+ 속격 사람)

στρατηγός, –οῦ, ὁ, 장군

στρατιά, –ᾶς, ἡ, 군대 (στράτευμα)

στρατιώτης, –ου, ὁ, 군인, 병사

στρατοπεδεύομαι, 주둔하다, 야영하다, 숙영하다

στρατόπεδον, –ου, τό, 진지, 막사

στρέφω, στρέψω, ἔστρεψα, ———, ἔστραμμαι, ἐστρέφθην 혹은 ἐστράφην, 회전시키다, 돌리다

σύ, 너, 당신

συλλαμβάνω, 한데 붙잡다, 모으다; (사람을) 붙잡다, 구류하다

συλλέγω, 모으다

συμβουλεύομαι, (+ 여격) 상의하다, 논의하다, 상담하다 (자신을 위한 충고)

συμβουλεύω, 충고하다, 조언하다; (중간태 및 수동태) 상담하다, 조언 받다

σύμμαχος, –ου, ὁ, 동맹

συμφέρον, –οντος, τό, 수단, 방책, 방편, 묘책

συμφορά, −ᾶς, ἡ, 불운, 불행, 재난, 재앙; 상황; 기회

σύν, (+ 여격) ~와 함께

συναγείρω, συνήγειρα, 모으다, 수집하다

συνακολουθέω, ~을 함께 따르다, 동반하다, 수반하다

συνάπτω, συνάψω, συνῆψα, 함께 묶다, ~을 ~에 붙이다, 함께 접하다; (중간태) 거들다, 돕다

συνάρχων, −οντος, ὁ, 동료 지휘관, 동료 지배자, 동료 통치자, 동료 집정관 (σύν + ἄρχων)

σύνειμι, (+ 여격) ~와 함께 있다

συνίστημι, 소개하다, 추천하다, 함께 세우다

συντάττω, 질서 잡다, 배열하다, 정돈하다

σύντομος, −ον, 간결한, 간명한

συσπεύδω, 열성적으로 돕다

σφεῖς, 3인칭 간접 재귀대명사

Σφίγξ, Σφιγγός, ἡ, 스핑크스

σφυρόν, −οῦ, τό, 발목

σῴζω, 구하다, 구조하다

Σωκράτης, −ους, ὁ, 소크라테스

σῶμα, −ατος, τό, 몸, 신체, 물체, 육적인 것

Σῶσος, −ου, ὁ, 소소스

Σωσώ, −ῶτος, ἡ, 소소

σωτήρ, −ῆρος, ὁ, 구원자, 구호자, 구제자

σωφροσύνη, −ης, ἡ, 절제, 절도, 분별, 신중함

σώφρων, −ον (−ονος), 신중한, 분별 있는

## Τ

τάλαντον, −ου, τό, 탈란톤(탈란트) (고대 그리스 화폐 단위)

τάν, τήν의 도리아 그리스어 형태

τἄνδοθεν, (τὰ ἔνδοθεν의 모음축합 형태) 안으로부터의 것들, 안에 있는 것들, 내면

Ταρσεύς, −έως, ὁ, 타르세우스

τάττω, τάξω, ἔταξα, τέταχα, τέταγμαι, ἐτάχθην, 정렬하다, 늘어놓다, 나열하다, 배치하다; 질서 잡다, 질서지우다, 정돈하다

ταῦρος, −ου, ὁ, 황소

τάφρος, −ου, ἡ, 수로, 도랑

ταχύς, −εῖα, −ύ, 빠른, 재빠른

τε, (전접어, 후치사) 그리고 (종종 문장에서 다른 τε와 쌍을 이루어 '~도 ~도')

τεθνάναι, (ἀποθνήσκω 및 θνήσκω의 현재완료 부정사) 죽음, 죽었음

τέθνηκα, (ἀποθνήσκω 및 θνήσκω의 1인칭 현재완료 직설법) 죽었다

τείνω, 부정과거 ἔτεινα, 뻗치다, 늘이다, 펴다 (ὑποτείνω)

τεῖχος, −ους, τό, 벽, 성벽

τέκνον, −ου, τό, 아이, 어린이, 자식

τέλεος, −α, −ον, 끝이 난, 완전히 이룬, 마지막의, 완전한

τελευτάω, 마지막에 이르다, 끝에 다다르다, 죽다, 죽음에 이르다 (τελευτή)

τελευτή, −ῆς, ἡ, 끝, 마지막, 종(終)

τέλος, −ους, τό, 끝, 목적; (대격 형태로 부사) 끝으로, 최후로, 마지막으로, 마침내, 결국

τέμνω, τεμῶ, ἔτεμον, τέτμηκα, τέτμημαι, ἐτμήθην, 자르다

τέρπω, τέρψω, ἔτερψα, 즐겁게 하다, 위안하다; 즐기다, 향유하다

τέρψις, −εως, ἡ, 즐김, 오락, 여흥, 유쾌

τετρακόσιοι, −αι, −α, 사백 (400)

τετράπους, ὁ, ἡ, 네 발 달림, 네 발 달린 동물 혹은 사물

τετταράκοντα, 마흔, 사십 (40)

τέτταρες, −α, 사, 넷 (4)

τῇδε, 여기서, 이곳에서

Τίγρης, −ητος, ὁ, 티그레스(티그리스)

τίθημι, θήσω, ἔθηκα (ἔθεμεν), τέθηκα, τέθειμαι (κεῖμαι), ἐτέθην, 놓다, 두다, 정립하다; (중간태) (자신에게) 놓다, (자신에게) 적용시키다

τίκτω, τέξομαι, ἔτεκον, τέτοκα, 낳다, 출산하다, 생산하다

τιμάω, −ήσω, ἐτίμησα, 존중하다, 경의를 표하다, ~에게 영예를 주다

τιμή, −ῆς, ἡ, 존중, 평판, 명예

Τιμοκρέων, −οντος, ὁ, 티모크레온

τίς, τί, 누구? 어느? 무엇?

τις, τι, 누군가, 무엇인가, 어떤, 일종의

Τισσαφέρνης, −ου, ὁ, 티사페르네스

τὸ παράπαν, 전적으로, 완전히

τοι, (전접어) 알다시피, 너도

τοιοῦτος, τοιαύτη, τοιοῦτο 혹은 τοιοῦτον, 그러한, 그와 같은 (정도의)

τοσοῦτος, τοσαύτη, τοσοῦτο, 그처럼, 그와 같이, 무척이나, 매우; (복수) 매우 많이 (τοιοῦτος)

τότε, (부사) 그때 (과거의 특정한 때를 가리킴)

τραῦμα, −ατος, τό, 상처, 외상

τραχύς, −εῖα, −ύ, 거친, 엄한, 사나운

τρεῖς, τρία, 삼, 셋 (3)

τρέπω, τρέψω, ἔτρεψα, τέτροφα, τέτραμμαι, ἐτρέφθην 혹은 ἐτράπην, 돌리다, 회전시키다; (중간태) 달아나다, 도망치다 (ἀποτρέπω)

τρέφω, θρέψω, ἔθρεψα, τέτροφα, τέθραμμαι, ἐθρέφθην 혹은 ἐτράφην, 지원하다, 지지하다, 부양하다, 돌보다, 양육하다

τρέχω, δραμοῦμαι, ἔδραμον, δεδράμηκα, 달리다 (προτρέχω)

τριάκοντα, 서른, 삼십 (30), 삼십인참주정

τρίβω, 문지르다, 윤내다

τρίγωνον, −ου, τό, 삼각형

τρίπους, −ουν, 세 발 달린

τρισχίλιοι, −αι, −α, 삼천 (3000)

τρίτος, −η, −ον, 셋의

τριώβολον, −ου, τό, 3오볼 (오볼: 고대 그리스의 은화, 일 드라크마의 반)

τρόπαιον, −ου, τό, 전리품, 전승 기념비

τρόπος, −ου, ὁ, 특성, 성격, 특질, 방식, 식(式)

τροφή, −ῆς, ἡ, 양육, 훈육

Τρῶες, οἱ, 트로이인들

τυγχάνω, τεύξομαι, ἔτυχον, τετύχηκα, (+ 분사) 마침 ~하다; ~와 마주치다, 만나다, (어떤 일 등이) 일어나다, 발생하다; (+ 속격) 가지다, 획득하다

τυραννέω, 참주가 되다, 다스리다, 지배하다

τυραννίς, −ίδος, ἡ, 참주정, 전제정, 독재정

τύραννος, −ου, ὁ, 참주

τυφλός, −ή, −όν, 장님의, 맹인의, 눈이 보이지 않는, 보지 못하는

τύχη, −ης, ἡ, 운, 운명, 행운, 요행

## Υ

ὑβρίζω, 오만하다, 거만하다, 무례하다, 거만하게 행동하다; 자만
하다

ὕβρις, –εως, ἡ, 오만, 방종, 거만, 무례, 자만

ὑγίεια, –ας, ἡ, 건강

Ὑδάρνης, –ου, ὁ, 휘다르네스

ὕδωρ, –ατος, τό, 물

υἱός, –οῦ, ὁ, 아들, 자손

ὕλη, –ης, ἡ, 재목, 목재, 재료, 질료

ὑμεῖς, σύ의 주격 복수

ὑμέτερος, –α, –ον, 너희들의, 당신들의

ὑπακούω, (+ 여격) ~에 귀를 기울이다, 복종하다

ὑπέρ, (+ 속격) ~을 넘어서, ~위에, ~대신하여, ~을 대표하여, ~을
위하여; (+ 대격) ~을 넘어서, ~위에

ὑπερβάλλω, 내던지다, ~을 능가하다, ~을 넘다, ~을 초과하다

ὑπισχνέομαι, ὑποσχήσομαι, ὑπεσχόμην, ὑπέσχημαι, 약속하다, 지키
다; 착수하다

ὕπνος, –ου, ὁ, 잠, 수면

ὑπό, (+ 속격 혹은 + 대격) ~아래서; (+ 작인의 속격) ~에 의해서

ὑποπτεύω, –σω, ὑπώπτευσα, 의심하다, 여기다, ~라고 추측하다, ~
라고 생각하다 (ὑπό = 라틴어 sub) (οπ– = 라틴어 어근
spec–) (ὁράω로부터 유래된 ὄψομαι와 비교)

ὑποτείνω, ὑποτενῶ, ὑπέτεινα, ὑποτέτακα, ὑποτέταμαι, ὑπετάθην, 아래
로 뻗다; 대(응)하다

ὑστεραῖος, –α, –ον, 그 다음, 후자, 나중의 것 (ἡ ὑστεραία = 다음
날)

ὕστερος, –α, –ον, 이후의, 나중의, 후자의

## Φ

φάγοι, (ἐσθίω의 3인칭 단수 부정과거 기원법) 먹었다, 먹었길

φαγών, (ἐσθίω의 부정과거 분사 남성 단수 주격) 먹은, 먹은 자

φαίνω, φανῶ, ἔφηνα, πέφηνα, ἐφάνην, 드러내다, 밝히다; (중간태)
나타나다, 보이다, 보이게 되다

φανερός, –ά, –όν, 분명한, 명백한, 확실한

φάρμακον, –ου, τό, 약, 약물

φαῦλος, –η, –ον, 비열한, 비참한, 우스꽝스러운

φαύλως, 비열하게, 비참하게, 저열하게

φέρω, οἴσω, ἤνεγκα 혹은 ἤνεγκον, ἐνήνοχα, ἐνήνεγμαι, ἠνέχθην, 낳
다, 나르다

φεῦ, (감탄사) 아아! (슬픔, 비통, 연민, 걱정 등 표현)

φεύγω, φεύξομαι, ἔφυγον, πέφευγα, 탈출하다, 도망치다, 도망가다,
달아나다

φημί, φήσω, ἔφησα, ———, 말하다, 주장하다

φθάνω, φθήσομαι, ἔφθην, (+ 분사) 앞서 ~하다, 먼저 ~하다

φθονέω, 질투하다, 시기하다, 부러워하다

φθόνος, –ου, ὁ, 질투, 시기, 부러움

φιλέω, 사랑하다

φιλία, –ας, ἡ, 친애, 우애, 우정

φίλιος, –α, –ον, 우정 어린, 사이가 좋은, 친한, 친구사이인, 친애
하는, 사랑하는 (φίλος, φιλία)

φιλόπονος, –ον, 일하기를 좋아하는, 애쓰길 주저하지 않는, 노력
하길 좋아하는, 기꺼이 수고하는

φίλος, –η, –ον, 친애하는, 사랑하는

φίλος, –ου, ὁ, 친구

φιλοσοφέω, 지혜를 사랑하다, 철학하다

φιλόσοφος, –ου, ὁ, 지혜를 사랑하는 자, 철학자

φοβέομαι, φοβήσομαι, 두렵다, 겁나다 (이태동사)

φοβερός, –ά, –όν, 두려운, 겁나는, 무서운

φόβος, –ου, ὁ, 두려움, 겁 (φοβερός)

φορητός, –ή, –όν, 견딜 수 있는, 참을 수 있는

Φόρκυς, –υος, ὁ, 포르퀴스

φράζω, 미래 φράσω, 지적하다, 보이다, 가리키다, ~을 분명히 밝
히다, 단언하다; (중간태) 고려하다, 고찰하다, 숙고하다

φρήν, φρενός, ἡ, 마음, 정신, 이해(력)

φρονέω, 지혜롭다, 현명하다

φρόνησις, –εως, ἡ, 슬기, 분별, 지혜, 실천적 지혜

φρόνιμος, –ον, 신중한, 분별 있는, 슬기로운

φρονίμως, 신중하게, 분별 있게, 지각 있게

φροντίς, –ίδος, ἡ, 사고(思考), 생각

φυλακή, –ῆς, ἡ, 보초, 파수, 호위병; 감시, 보호, 순찰

φύλαξ, –ακος, ὁ, 보초, 파수, 수호자

φυλάττω, φυλάξω, ἐφύλαξα, 수호하다, 지키다, 보호하다; (중간태)
~을 조심하다

φύσις, –εως, ἡ, 자연, 본성, 천성

φωνή, –ῆς, ἡ, 소리, 목소리, 음성

φῶς, φωτός, τό, 빛

## Χ

χαλεπός, –ή, –όν, 어려운, 거친, 고된

χαλεπῶς φέρω, 괴롭다, 성가시다, 견디기 어렵다, 약이 오르다

χαλκός, –οῦ, ὁ, 청동

χαλκοῦς, –ῆ, –οῦν, 금속으로 된, 청동으로 된, 구리로 된

χάριν, (부사) (+ 속격) ~을 위하여 (= ἕνεκα)

χάρις, –ιτος, ἡ, 호의, 감사, 은총

χείρ, χειρός, ἡ, 손

χείρων, –ον (–ονος), 더 나쁜, 더 저열한

χίλιοι, –αι, –α, 천 (1,000)

Χίλων, –ωνος, ὁ, 킬론

χιών, –όνος, ἡ, 눈[雪], 눈밭, 겨울 폭풍

χράομαι, χρήσομαι, ἐχρησάμην, κέχρημαι, (+ 여격) 사용하다, 쓰다;
청하다 (직설법에서 α가 아니라 η로 축약)

χρή, (비인칭 구문) ~이 필요하다, ~이 필연적이다, ~해야만 하다
(의미상 주어로 대격을 취하며 의미상 동사는 부정사를 가
짐)

χρῆμα, –ατος, τό, 물건, 사물, 것, 필요한 것, 쓸모 있는 것; (복
수) 재물, 재화, 돈

χρήσιμος, –η, –ον, 유용한, 유익한, 이득이 되는, 쓸모 있는

χρηστός, –ή, –όν, 유용한, 유익한, 좋은, 쓸모 있는

χρόνος, –ου, ὁ, 시간

χρυσός, –οῦ, ὁ, 금, 황금

χρυσοῦς, –ῆ, –οῦν, 금의, 금으로 된

χρυσοφόρος, –ον, 금으로 치장한, 금을 (몸에) 두른

χὠ, καὶ ὁ의 모음축합

χώρα, –ας, ἡ, 국가, 나라, 땅, 영역 (χωρίον)

χωρέω, 가다, 나아가다, 진군하다

χωρίζω, 분리하다, 가르다, 나누다, 떼어놓다

χωρίον, –ου, τό, 장소, 구역, 공간, 지점

χωρίς, (부사) (+ 속격) ~로부터 분리된, 갈라진, 나누어진, 떨어진

## Ψ

ψευδής, –ές, 거짓된, 그릇된, 옳지 않은, 진짜가 아닌

ψεῦδος, –ους, τό, 거짓, 그름, 잘못, 가짜

ψεύδω, ψεύσω, ἔψευσα, ἔψευσμαι, ἐψεύσθην, 속이다, 기만하다, 현
혹시키다; (중간태) 거짓말하다

ψηφίζομαι, 투표하다, 표를 던지다

ψυχή, –ῆς, ἡ, 혼, 숨

## Ω

ὦ, (+ 호격) ~여, 오!

ὤν, οὖσα, ὄν, (εἰμί 현재 분사) 있는, ~인 (분사의 변화형과 관련해
19과 그리고 용법과 관련해 21과 참조)

ὥρα, –ας, ἡ, 시간, 계절, 시기

ὡραῖος, –η, –ον, 적시의, 시기에 알맞은, 제때의

ὡς, (부사, 후접어) ~로서, ~라고, ~처럼

ὡς, (+ 형용사 또는 부사의 최상급) 가능한 ~한, 가능한 ~하게;
(간접구문에서) ~라는 것, ~라는 점, ~라는 바; (부사를 수식하
는 부사로서) 어떻게, 어찌, 어찌나, 얼마나; (+ 분사) ~라고
하여, ~라는 이유로; ~이기에, 왜냐하면; ~을 위해; ~일 때

ὡς, (접속사) 어떻게, 어찌

ὥσπερ, 마치 ~처럼, 마치 ~와 같이

ὥστε, 그래서, 그 결과 (약숨표 앞에서는 ὥστ’, 강숨표 앞에서는
ὥσθ’)

Ὦτος, –ου, ὁ, 오토스 (거인)

ὠφελέω, 돕다, 원조하다, 이롭다, 이득 주다 (ὠφέλιμος)

ὠφέλιμος, –ον, 도움이 되는, 이득이 되는, 쓸모 있는, 유용한, 이
로운

# 한글-그리스어 어휘

## ㄱ

가까운, 근접한, πλησίος, -α, -ον
가까이에, 근처에 πλησίον (+ 속격)
가난하다, 빈곤하다; 힘들여 일하다, 애쓰다, πένομαι
가난한 자, πένης, -ητος, ὁ
가능하다, 할 수 있다, οἷόν τέ ἐστι
가능하다, 허용된다, ἔξεστιν
가능하다, ἔστι(ν)
가능한 ~한, 가능한 ~하게, ὡς (+ 형용사 혹은 부사의 최상급)
가다, 오다, εἶμι
가다, βαίνω, βήσομαι, ἔβην, βέβηκα
가다, 나아가다, 진군하다, χωρέω
가다, 오다, ἔρχομαι, ἐλεύσομαι, ἦλθον, ἐλήλυθα
가득 찬, μεστός, -ή, -όν
가라앉다, δύω, δύσω, ἔδυσα 및 ἔδυν, δέδυκα, δέδυμαι, ἐδύθην
가문이 좋은, 좋은 출생의, εὐγενής, -ές
가버리다, 떠나다, ἄπειμι (ἀπό + εἶμι)
가버리다, 떠나버리다 ἔξειμι
가사자(可死者), 인간, βροτός, -οῦ, ὁ
가사(可死)적인, 가사의, 죽기 마련, 인간의 θνητός, -ή, -όν
가장 달콤한, ἥδιστος, -η, -ον
가장 불쾌한, ἀτερπέστατος, -η, -ον
가장 아름다운, 가장 좋은, 가장 훌륭한, κάλλιστος, -η, -ον
가장 좋은, 가장 나은, 최고의, ἄριστος, -η, -όν,
가장 좋은, 가장 고귀한, βέλτιστος, -η, -ον
가장 좋은, 가장 강한, κράτιστος, -η, -ον
가장 즐거운, 가장 기쁜, ἐπιτερπέστατος, -η, -ον
가장 큰, μέγιστος, -η, -ον
가장, 최고로, πλεῖστος, -η, -ον
가지다, 소유하다, ἔχω, ἕξω 혹은 σχήσω, ἔσχον, ἔσχηκα, ———, ——
———
가치 없는, ἀνάξιος, -ον
가치 있게, ἀξίως
가치 있는, ἄξιος, -α, -ον
각(角), 구석, γωνία, -ας, ἡ
각각, ἕκαστος, -η, -ον (서술적 위치를 취함)
간결한, 간명한, σύντομος, -ον
갈다, 갈아 엎다, ἐναρόω
감각하다, 지각하다, 인지하다, αἰσθάνομαι, αἰσθήσομαι, ἠσθόμην, ἤσθημαι
감시, 보호, 순찰; 보초, 파수꾼, 호위병, φυλακή, -ῆς, ἡ
감옥, δεσμωτήριον, -ου, τό
강, ποταμός, -οῦ, ὁ
강요하다, 강제하다, ἀναγκάζω, -σω, ἠνάγκασα
강한, ἰσχυρός, -ά, -όν
같은, 동등한, ἴδος, -η, -ον
갚다, 돌려주다 ἀποδίδωμι,
개, κύων, κυνός, ὁ, ἡ
개인, 개별인, ἰδιώτης, -ου, ὁ
거기로부터, 그곳으로부터, ἐκεῖθεν
거기에, 그곳에, ἔνθα

거들다, 돕다 (중간태), συνάπτω, συνάψω, συνῆψα
거들다, 돕다, 곁에 서다; 준비하다, 대기하다 (중간태), παρίστημι
거리낌 없이, 아무 기준 없이, ἀμέτρως
거짓, 그름, ψεῦδος, -ους, τό
거짓된, 그릇된, ψευδής, -ές
거친, 엄한, τραχύς, -εῖα, -ύ
건강, ὑγίεια, -ας, ἡ
건너다, 횡단하다, διαβαίνω
건너야만 하다, διαβατέος, -α, -ον
건네주다, 양도하다, εἴκω, εἴξω, εἶξα
건네주다, 항복하다, παραδίδωμι
걸다, 매달다, 달다, κρεμάννυμι
것, 사물, 대상, 사태, 사안; (복수) 사태, 정세, 상황, 문제, πρᾶγμα, -ατος, τό
~것, ὅτι (간접구문을 이끄는 that)
게다가, 더구나, 아울러, καὶ δὴ καί
게으른, 나태한, δειλός, -ή, -όν
견고한, βέβαιος, -α, -ον
견고한, ἔμπεδος, -ον
견딜 수 있는, 참을 수 있는, φορητός, -ή, -όν
결코 ~않다, οὔποτε (부사)
결혼, γάμος, -ου, ὁ
결혼하다, γαμέω, γαμῶ, ἔγημα, γεγάμηκα
경배, 숭배, εὐσέβεια, -ας, ἡ
경장갑보병, πελταστής, -οῦ, ὁ
경합, 겨루기, ἀγών, -ῶνος, ὁ
경합하다, 겨루다, ἀγωνίζομαι
경험 없는, 숙달되지 않은, ἄπειρος, -ον
경험, 감정, 겪은 상태, πάθος, -ους, τό
경험하다, 겪다, πάσχω, πείσομαι, ἔπαθον, πέπονθα
곁에 있다, 지금 (옆에) 있다, πάρειμι (παρά + εἰμί)
곁에 있다, 함께 있다, 현재하다, 이르다, 다다르다, παραγίγνομαι
계산, 추론, 숙고, ἀναλογισμός, -οῦ, ὁ
계획, 숙고, 생각, βουλή, -ῆς, ἡ
계획하다, 고안하다, 생각하다, βουλεύω, -σω, ἐβούλευσα
고귀하게, ἐσθλῶς
고귀한, ἐσθλός, -ή, -όν
고귀한, 좋은 출신의, γενναῖος, -α, -ον
고려하다, 고찰하다, 숙고하다 (중간태), φράζω, φράσω
고수하다, 확보하다, 수중에 두다, 통제하다, ἴσχω
고요, 침묵, ἡσυχία, -ας, ἡ
고요한, ἥσυχος, -ον
고유한, 개인적인, ἴδιος, -α, -ον
고통, λύπη, -ης, ἡ
곧바로, 즉시, εὐθύς (부사)
공기, 에테르, αἰθήρ, -έρος, ὁ
공원, 정원, 과수원, (가꾸어진) 숲, παράδεισος, -ου, ὁ
공적, 업적, 무훈, ἀγώνισμα, -τος, τό
공통의, 공동의, κοινός, -ή, -όν
공표하다, 알리다, ἐξαγγέλλω
과실, 잘못, 죄; 어리석은 행동, 어리석은 일, 어리석음, ἀνόημα, -ατος, τό
과일, 열매, 결실, καρπός, -οῦ, ὁ
관련있다, 관계하다, μέλει, μελήσει, ἐμέλησε, μεμέληκε (비인칭 구

문)

관할지역, 지배지; 다스림, 지배, ἀρχή, -ῆς, ἡ

광장, 시장, 아고라, ἀγορά, -ᾶς, ἡ

괴롭다, 성가시다, 견디기 어렵다, 약이 오르다, χαλεπῶς φέρω

교육, 가르침, παιδεία, -ας, ἡ

교육, 가르침, παίδευσις, -εως, ἡ

교육하다, 가르치다, διδάσκω, διδάξω, ἐδίδαξα

교육하다, 가르치다, παιδεύω, παιδεύσω, ἐπαίδευσα, πεπαίδευκα, 현재완료 중간태 및 수동태 πεπαίδευμαι, ἐπαιδεύθην

교환하다, διαμείβομαι

구, 아홉 (9), ἐννέα

구성되다, 작성되다, 함께 놓이다, ξύγκειται

구원자, 구호자, σωτήρ, -ῆρος, ὁ

구하다, 구조하다, σώζω

국가, 나라, 땅, 영역, χώρα, -ας, ἡ

군대, στράτευμα, -ατος, τό

군대, στρατιά, -ᾶς, ἡ

군인, 병사, στρατιώτης, -ου, ὁ

굶주리다, 배고프다, 허기지다, πεινάω

권고하다, 훈계하다, παραινέω

권리, 권한, ἐξουσία, -ας, ἡ

권리를 주장하다 ἀντιποιέομαι

귀, οὖς, ὠτός, τό

귀를 기울이다, 복종하다, ὑπακούω (+ 여격)

귀찮다, 성가시다, λυπέω

그 다음, 나중의 것, ὑστεραῖος, -α, -ον

그 (정관사, 영어의 the), ὁ, ἡ, τό

그 다음에, 그 후에, 그리고 나서, ἔπειτα (접속사)

그것, 저것, (둘 중의) 전자 ἐκεῖνος, -η, -ο

그때, τότε (부사)

그래서, 그 결과, ὥστε

그러나, 그런데, 한데, ἀλλά

그러므로, 고로, 그럼, ἄρα (후치사)

그러므로, οὖν (후치사)

그러한, 그와 같은 정도의, τοιοῦτος, τοιαύτη, τοιοῦτο 혹은 τοιοῦτον

그럴듯한, 그럴법한, 사실인 듯한, 비유적인, εἰκός

그렇다면, 그렇지 않은가, οὐκοῦν (의문이나 질문의 도입)

그리고, 그래서, καί (접속사)

그리스, Ἑλλάς, -άδος, ἡ

그리스의, Ἑλληνικός, -ή, -όν

그림자, σκια, -ᾶς, ἡ

그의, αὐτοῦ

그처럼, 그렇게, 그와 같이; 이처럼, 이렇게, 이와 같이, οὕτω (모음 앞에서는 οὕτως)

그처럼, 그와 같이, 무척이나, τοσοῦτος, τοσαύτη, τοσοῦτο

근방의, 근처의, 가까이, ἐγγύς (+ 속격)

근처에, 근방에, πρός (+ 여격)

금, χρυσός, -οῦ, ὁ

금으로 치장한, χρυσοφόρος, -ον

금의, 금으로 된, χρυσοῦς, -ῆ, -οῦν

기다리다, ἀναμένω

기대, 희망, ἐλπίς, -ίδος, ἡ

기대하다, 예측하다, προσδοκάω

기대하다, 요구하다, ἀξιόω, -ώσω, ἠξίωσα

기도, εὐχή, -ῆς, ἡ

기병, 기병대 ἱππεύς, ἱππέως, ὁ

기병의, ἱππικός, -ή, -όν

기뻐하다, 즐거워하다, εὐφραίνω

기억, 회상, μνήμη, -ης, ἡ

기억하다, ~을 분명히 떠올리다, διαμνημονεύω

기억하다, 생각해내다, μιμνήσκω, μνήσω, ἔμνησα, ————, μέμνημαι, ἐμνήσθην (+ 속격)

기운 없는, 낙담한, ἄθυμος, -ον

기하학, 측량술, γεωμετρία

기하학을 이해하지 못하는, 기하학에 무지한, ἀγεωμέτρητος, -ον

기하학하다, 측량하다, γεωμετρέω

기회, ἐξουσία, -ας, ἡ

긴 (길이 등이), μακρός, -ά, -όν

길, 여정, ὁδός, -οῦ, ἡ

길이, μῆκος, -ους, τό

까마귀, 갈가마귀, κόραξ, -ακος, ὁ

~까지, ~동안 ἔστε

~까지, ~동안 μέχρι

~까지, ~동안 ἕως

~까지, ~이전에 πρίν

꿈 (주격과 대격에서만 사용되며 격변화 없음), ὄναρ, τό

꿈, ὄνειρος, -ου, ὁ (ὄνειρον, -ου, τό)

끄다, 소멸시키다, σβέννυμι, σβέσω, ἔσβεσα

끌어내다 (밖으로), ἐξάγω

끔찍한, 무시무시한, 교묘한, 교활한, 영리한 δεινός, -ή, -όν

끝, 마지막, τελευτή, -ῆς, ἡ

끝, 목적, τέλος, -ους, τό

끝이 난, 마지막의, 완전한, τέλεος, -α, -ον


## ㄴ

나, ἐγώ, ἐμοῦ

나가다, ~에서 나가다, ἐκπορεύομαι

나누어주다, 분배하다, 주욱 돌려서 주다, 나누다, διαδίδωμι

나로서는, 나 역시도, 적어도 나는, ἔγωγε

나쁘게, κακῶς

나쁜 상태에 있다, 사악한 상태에 있다, 나쁘다, 사악하다, κακῶς ἔχω

나쁜 짓을 하다, 해를 끼치다, κακῶς ποιέω

나쁜, κακός, -ή, -όν

나무꾼, δρυτόμος, -ου, ὁ

나아가다, 계속하다, 진행되다, 속행하다, πορεύομαι, -σομαι

나의, 나의 것의, ἐμός, -ή, -όν

나중에 생각하다, 후회하다, μετανοέω

나타나다, 보이다, 보이게 되다 (중간태), φαίνω, φανῶ, ἔφηνα, πέφηνα, ἐφάνην

나팔, 트럼펫, σάλπιγξ, σάλπιγγος, ἡ

나팔수, σαλπιγκτής, -οῦ, ὁ

낙담하다, ἀθυμέω

낙담하지 않아야 하는, 낙담할 필요가 없는, ἀθυμητέος, -α, -ον

날개 πτέρυξ, -υγος, ἡ

날조된, 거짓된, 위조된, 모조의, πλαστῶς

남겨진, 남아있는, λοιπός, –ή, –όν

남다, 남아 있다, μένω, μενῶ, ἔμεινα, μεμένηκα

남자, 남편, ἀνήρ, ἀνδρός, ὁ

낫질하는 기구의, (자루가 긴) 낫을 나르는, δρεπανηφόρος, –ον

낳다, 나르다, φέρω, οἴσω, ἤνεγκον 혹은 ἤνεγκα, ἐνήνοχα, ἐνήνεγμαι,
　　ἠνέχθην

낳다, 출산하다, 생산하다, τίκτω, τέξομαι, ἔτεκον, τέτοκα

내 생각에 따르면, κατ’ ἐμὸν νόον

내가다, ~을 밖으로 옮기다, 내놓다, (장례를 위해 시신을 밖으로)
　　나르다, ἐκφέρω

내던지다, ~을 능가하다, ~을 넘다, ὑπερβάλλω

내던지다, 물리치다, 버리다, ἀπορρίπτω (시적 표현으로는
　　ἀπορίπτω)

내일, αὔριον (부사)

내쫓다, 추방하다, 망명시키다, ἐκβάλλω

너 자신의, 당신 자신의 (재귀적 용법), σεαυτοῦ, –ῆς, –οῦ

너, 당신, σύ

너무 많이, 초과하여, 지나치게, ἄγαν (부사)

너의, 당신의, σός, –ή, –όν

너희들의, 당신들의, ὑμέτερος, –α, –ον

넘어서, ~위에, ~대신하여, ὑπέρ (+ 속격 내지 대격)

네 자신에 의해서, 네 자신에 따라서, κατὰ σαυτόν

네 발 달림, 네 발 달린 것, τετράπους, ὁ, ἡ

네이로스(나일) (강), Νεῖλος, –ου, ὁ

년, 해, ἔτος, –ους, τό

노란, 금색의, ξανθός, –ή, –όν

노예, δοῦλος, –ου, ὁ

노예이다, 노예가 되다, δουλεύω

노예제, 노예제도; 노예 상태, δουλεία, –ας, ἡ

노인, γέρων, γέροντος, ὁ

노인, 연장자; 대사, 사절, πρέσβυς, –εως, ὁ

논하다; 통해 가다, 통과하다, ἐπεξέρχομαι

놀라게 하다, 놀래다, καταπλήττω

놀라다, 경탄하다, θαυμάζω, θαυμάσομαι, ἐθαύμασα

놀라운, 경탄할 만한, θαυμαστός, –ή, –όν

농부, γεωργός, –οῦ, ὁ

놓다, 바치다, 봉헌하다, ἀνατίθημι

놓다, ~에 세우다, ἐντίθημι (τίθημι)

놓다, 두다, 정립하다; (중간태) (자신에게) 놓다, (자신에게) 적용
　　시키다, τίθημι, θήσω, ἔθηκα, τέθηκα, τέθειμαι, ἐτέθην

뇌우, 천둥을 동반한 세찬 비, ὄμβρος, –ον, ὁ

누구 (~하는 사람), 어느 것 (~인 것), ὅς, ἥ, ὅ, (관계대명사)

누구? 어느? 무엇?, τίς, τί

누구든지, 하는 사람은 누구나, ὅστις, ἥτις, ὅ τι

누군가, 무엇인가, 어떤, 일종의, τις, τι

눈[目], ὄμμα, –ατος, τό

눈[目], ὀφθαλμός, –οῦ, ὁ

눈[雪], 눈보라, νιφετός, –οῦ, ὁ

눈이 오는, 눈이 쌓인, νιφετός, –ή, –όν

눈[雪], 눈밭, 겨울 폭풍, χιών, –όνος, ἡ

눕다, 몸을 눕히다, κατάκειμαι

눕다, κεῖμαι, κείσομαι

느리게, 천천히, βραδέως

느린, βραδύς, –εῖα, –ύ

능력, 재력, ἐξουσία, –ας, ἡ

## ㄷ

다가가다, 접근하다, 가까이 가다, ~향해 가다, προσέρχομαι

다르다, 차이나다; 다르게 하다, 구분하다, διαφέρω

다른 것, (둘 중의) 다른 하나, ἕτερος, –α, –ον

다른 경우로부터, 다른 곳으로부터, ἄλλοθεν

다른 때, ἄλλοτε (부사)

다른 사람(것)의, ἀλλότριος, –α, –ον

다른, 타자의, 또 다른, 그 외의, ἄλλος, –η, –ο

다리, γέφυρα, –ας, ἡ

다스리다, 지배하다, 통치하다, ἄρχω, ἄρξω, ἦρξα, ἦρχα, ἦργμαι,
　　ἤρχθην (+ 속격)

다스림, 지배, 관할지역, 지배지, ἀρχή, –ῆς, ἡ

다시 보고하다, 다시 알리다, ἀπαγγέλλω

다시, αὖτις

다음 날, τῇ ὑστεραίᾳ

다음에, 이후에, μετά (+ 대격)

다음의 것, 뒤따르는것; 이것, 그것, 저것, ὅδε, ἥδε, τόδε

다투다, 싸우다, 논쟁하다, 쟁론하다, ἐρίζω

달, σελήνη, –ης, ἡ

달리다, τρέχω, δραμοῦμαι, ἔδραμον, δεδράμηκα

달콤한, γλυκύς, –εῖα, –ύ

달콤한, 즐거운, ἡδύς, ἡδεῖα, ἡδύ

답하여 말하다, 응답하다, ἀντεῖπον

닻, ἄγκυρα, –ας, ἡ

대사, 사절; 노인, 연장자, πρέσβυς, –εως, ὁ

대상, 사물, 사태, 사안, 것; (복수) 사태, 정세, 상황, 문제,
　　πρᾶγμα, –ατος, τό

대수롭지 않게, 부주의하게; 손쉽게; 태평하게, 평안하게,
　　ῥᾳθύμως

대신에, ~반대해, ~에 맞서, ἀντί (+ 속격)

대하여, 관하여, περί (+ 속격)

대하여, 반하여, ἐπί (+ 여격)

대해, ~로, ~향해; 으로, ~안으로, εἰς (+ 대격)

더, 더욱, πλείων 혹은 πλέων, –ον (–ονος)

더 강력하다, 힘이 세다, 우월하다, κρατέω (+ 속격)

더 나쁜, 더 저열한, χείρων, –ον (–ονος)

더 나이 많은, 더 늙은, 더 오래된, πρεσβύτερος, –α, –ον

더 달콤한, 더 즐거운, ἡδίων, –ον (–ονος)

더 빠른, 더 날랜, 더 잽싼, θάττων, –ον (–ονος)

더 아름다운, 더 좋은, 더 훌륭한, καλλίων, –ον (–ονος)

더 이상 ~않는, οὐκέτι (οὐκ + ἔτι)

더 좋은, 더 강한, κρείττων, –ον (–ονος)

더 좋은, 더 고귀한, βελτίων, –ον (–ονος)

더 좋은, 더 나은, ἀμείνων, –ον (–ονος)

더 큰, 더 거대한, 더 위대한, μείζων, –ον (–ονος)

던져버리다, ἀποβάλλω

던지다, βάλλω, βαλῶ, ἔβαλον, βέβληκα, βέβλημαι, ἐβλήθην

던지다, 내던지다, ἵημι, ἥσω, ἧκα (–εἷμεν), εἷκα, εἷμαι, εἵθην

덧붙이다, 더하다, ἐπιτίθημι

데리고 가다, 동행하다, κομίζω, κομιῶ, ἐκόμισα

~도 그리고 ~도, 둘 모두, καί …… καί ……

도둑, κλώψ, κλωπός, ὁ

도망치다, ἐκδιδράσκω

도시, πόλις, –εως, ἡ

도우러 가다, 원조하러 가다, ἐπιβοηθέω

도움이 되는, 이득이 되는, 쓸모 있는, 유용한, 이로운, ὠφέλιμος, –ον

도움이 되다, 쓸모 있다, ~할 능력이 있다, ἰσχύω

도자기 파편(도편), 도자기 조각, 오스트라콘, ὄστρακον, –ου, τό

도착하다, 다다르다, ἀφικνέομαι, ἀφίξομαι, ἀφικόμην, ἀφῖγμαι

독수리, ἀετός, οῦ, ὁ

돌, λίθος, –ου, ὁ

돌, 바위, πέτρα, –ας, ἡ

돌리다, 회전시키다, τρέπω, τρέψω, ἔτρεψα, τέτροφα, τέτραμμαι, ἐτρέφθην 혹은 ἐτράπην

돌보다, 고치다, 치유하다, θεραπεύω

돌아다니다, 돌아가다, περίειμι

돕다, 구원하다, 구조(원조)하다, βοηθέω (+ 여격)

돕다, 원조하다, 이롭다, 이득 주다, ὠφελέω

동료, 벗, 친구, ἑταῖρος, –ου, ὁ

동료 지휘관, 동료 지배자, 동료 통치자, 동료 집정관, συνάρχων, –οντος, ὁ

동맹, σύμμαχος, –ου, ὁ

동물, 살아있는 것 (생명체), ζῷον, –ου, τό

동반하다, 수반하다, ~을 함께 따르다, συνακολουθέω

동시에, ἅμα

동의하다, 합의하다, 같은 생각하다, 한 생각하다, ὁμονοέω

동의하다, 인정하다, ὁμολογεω

되다, ~이 되다, 태어나다, 생기다, 생성되다, ~이다; ~임이 입증되다 (이태동사), γίγνομαι, γενήσομαι, ἐγενόμην

두 발 달린, 두 발이 있는, δίπους, –ουν

두 배의, 이중의, διπλάσιος, –α, –ον

두 번, 두 배로, δίς (부사)

두 번째, δεύτερος, –α, –ον

두꺼운, παχύς, –εῖα, –ύ

두려운, 겁나는, 무서운, φοβερός, –ά, –όν

두려움, 겁, φόβος, –ου, ὁ

두렵다, 겁나다, δείδω (부정과거 ἔδεισα, 과거완료 δέδοικα)

두렵다, 겁나다, φοβέομαι, φοβήσομαι

이, 둘 (2), δύο

둘 각각 (단수), ἀμφότερος, –α, –ον

둘 모두 (복수), ἀμφότερος, –α, –ον

둘러싸다, 둥글게 만들다, περισπείρω

드러내 보이다, 전시하다, 내보이다, ἐπιδείκνυμι

드러내다, 밝히다, φαίνω, φανῶ, ἔφηνα, πέφηνα, ἐφάνην

드러내다, 분명히 하다, δηλόω, –ώσω, ἐδήλωσα

듣다, ἀκούω, ἀκούσομαι, ἤκουσα, ἀκήκοα, ———, ἠκούσθην

들어가다, 들어오다, εἴσειμι

들어가다, 입회하다, δύω, δύσω, ἔδυσα 및 ἔδυν, δέδυκα, δέδυμαι, ἐδύθην

따라서, 따르면, κατά (+ 속격 및 대격)

따라잡다, 잡다, 쥐다, καταλαμβάνω

따르다, 뒤따르다, 좇다, ἕπομαι, ἕψομαι, ἑσπόμην (+ 여격)

딸, θυγάτηρ, –τρός, ἡ

땅, 흙, γῆ, ἡ

~때 (언제), ἐπεί

~때 (언제), ἐπειδή

~때 (언제), εὖτε

~때? 언제?, πότε

~때, ~하는 때, ~하는 때마다, 언제든, ὁπότε

~때, ~하는 때, ~하는 때마다, 언제든, ὅτε

때문에, 이유로, διά (+ 대격)

때문이다, γάρ (접속사, 후치사)

떠나가다, 가버리다, ἀπέρχομαι

떠나다, 남겨두다, λείπω, λείψω, ἔλιπον, λέλοιπα, λέλειμμαι, ἐλείφθην

떨어지다, 부딪치다, 접하다, 쓰러지다, πίπτω, πεσοῦμαι, ἔπεσον, πέπτωκα

또한, 아울러, 심지어, 오직, ~도 (부사인 경우에는 수식하는 어휘에 선행), καί (부사)


### ㄹ

~라면! ~이길!, εἴθε (+ 기원법)

라케다이몬의(스파르타의), Λακεδαιμόνιος, –α, –ον

레오니다스, Λεωνίδας, –ου, ὁ

로도스의, Ῥόδιος, –α, –ον

~로부터, ἐκ (+ 속격)

~로부터, ἐξ (+ 속격)

~로부터, ~쪽에, ~편에, πρός (+ 속격)

~로서, 가령 ~로서, οἷος, –α, –ον

~로서, ~처럼, ὡς (부사, 후접어)

뤼산드로스, Λύσανδρος, –ου, ὁ


### ㅁ

마라톤, Μαραθών, –ῶνος, ὁ

마시다, πίνω, πίομαι 혹은 πιοῦμαι, ἔπιον, πέπωκα, πέπομαι, ἐπόθην

마음, 정신, 이해(력), φρήν, φρενός, ἡ

마음, 정신, 지성, νοῦς (νόος), νοῦ, νῷ, νοῦν, νοῦ, ὁ

마지막에 이르다, 끝에 다다르다, 죽다, τελευτάω

마치 ~처럼, 마치 ~와 같이, ὥσπερ

마침 ~하다; ~와 마주치다, 만나다, (어떤 일 등이) 일어나다, 발생하다; (+ 속격) 가지다, 획득하다, τυγχάνω, τεύξομαι, ἔτυχον, τετύχηκα (+ 분사)

마카온, Μαχάων, –ονος, ὁ

마케도니아인, Μακεδών, –όνος, ὁ

막다, 가로막다, ~을 못하게 하다, εἴργω, εἴρξω, εἶρξα

막다, 방해하다, 금하다, κωλύω

막다르다, 난처하다, 도리가 없다, ἀπορέω

만 (10,000), μυρίας, –άδος, ἡ

만들다, 제작하다, 하다, 행하다, ποιέω, –ήσω, ἐποίησα

만의, μύριοι, –αι, –α

만족, 포만상태, κόρος, –ου, ὁ

만족시키다, ἀρέσκω (+ 대격)

만족하다, ἀρέσκω (+ 여격)

만찬을 들다, 저녁 식사를 하다, 저녁을 먹다, δειπνέω

많은, 매우, πολύς, πολλή, πολύ

말[馬], ἵππος, –ου, ὁ, ἡ

말, 연설, 설명, λόγος, –ου, ὁ

말, 구문, 동사, ῥῆμα, –τος, τό

말하다, λέγω, λέξω, ἔλεξα, εἴρηκα, λέλεγμαι, ἐλέχθην

말하다, 주장하다, φημί, φήσω, ἔφησα, ———

맞서 싸우다, ~에 대항하여 전투(전쟁)하다, προμαχέω

맞서 자리잡다, προσκαθέζομαι

맡기다, 예치하다, κατατίθημι

매번, 각 경우마다, ἑκάστοτε (부사) (ἕκαστος + τότε)

매우, 무척, κάρτα

매우, 전적으로, πάνυ (부사)

맹세, 서약, ὅρκος, –ου, ὁ

머리, 두부(頭部), κεφαλή, –ῆς, ἡ

머리카락, 털, θρίξ, τριχός, ἡ

먹다, ἐσθίω, ἔδομαι, ἔφαγον, ἐδήδοκα, ———, ———

멈추다, 서다, ἐφίστημι

메가라, Μέγαρα, –ων, τά

메가라인, Μεγαρεύς, –έως, ὁ

메난드로스, Μένανδρος, –ου, ὁ

메넬라오스, Μενέλαος, –ου, ὁ

메논, Μένων, –ωνος, ὁ

메도이인(메데인), Μῆδος, –ου, ὁ

메도이의(메데의), Μηδικός, –ή, –όν

멜리오스의, Μήλιος, –α, –ον

명령하다, 명하다, 지시하다, κελεύω, –σω, ἐκέλευσα

명령하다, 허가하다, ἐφίημι

명백하다, 분명하다, δῆλός εἰμί (+ 분사)

명성, κλέος, –ους, τό

모두, 모든, 전체, 전부, πᾶς, πᾶσα, πᾶν

모두, 전체, ἅπας, ἅπασα, ἅπαν

모든 곳에서, πανταχοῦ

모든 종류의, 온갖의, παντοδαπός, –ή, –όν

모든 힘을 다해, 사력을 다해, πανδημεί

모르다, 무지하다, 알지 못하다, ἀγνοέω, –ήσω, ἠγνόησα

모방(모사)하다, 흉내 내다, ἀπομιμέομαι

모으다, 수집하다, ἀγείρω

모으다, ἀθροίζω, –σω, ἤθροισα

모으다, συλλέγω

모으다, 한데 모으다, 수집하다, συναγείρω, συνήγειρα

몫을 주다, 나누다 μεταδίδωμι

몰다, 행진시키다, 행진하다, ἐλαύνω, ἐλῶ, ἤλασα, ἐλήλακα,
　　ἐλήλαμαι, ἠλάθην

몰래 ~하다 (+ 분사), λανθάνω, λήσω, ἔλαθον, λέληθα, ———, —
　　——

몰지각한, 생각 없는, ἀγνώμων, –ον (–ονος)

몸, 신체, 물체, 형태, 형체, 신체적 형태, δέμας, τό

몸, 신체, 물체, σῶμα, σώματος, τό

무거운, βαρύς, –εῖα, –ύ

무기, 병기, ὅπλον, –ου, τό

무릎, γόνυ, γόνατος, τό

무분별한, 어리석은, 몰상식한, ἄφρων, –ον (–ονος)

무사 여신, 뮤즈, Μοῦσα, –ης, ἡ

무엇을? 무엇이?(둘 중에서), πότερος, –α, –ον

무질서, 혼란, ἀταξία, –ας, ἡ

무척, 매우, 거의, 특히, 무엇보다도, 가장, μάλιστα

무척이나 큰, 만큼이나 큰; (복수) 무척이나 많은, ὁπόσος, –η, –ον

---

문, 대문, θύρα, –ας, ἡ

문지르다, 윤내다, τρίβω

묻다, 탐구하다 (+ περί); 배우다, 알게 되다, πυνθάνομαι, πεύσομαι,
　　ἐπυθόμην, πέπυσμαι (간접절에서 종종 분사를 취함)

묻다, 질문하다, ἔρομαι

묻다, 질문하다; 청하다, 탄원하다, ἐρωτάω, ἐρωτήσω, ἠρώτησα, 미
　　완료 ἠρόμην

물, ὕδωρ, ὕδατος, τό

물건, 사물, 것, 필요한 것, 쓸모 있는 것, 재물, 재화, 돈, χρῆμα,
　　–ατος, τό

미노스, Μίνως, Μίνω, ὁ

미세한, 섬세한, 가벼운, 가는, 홀쭉한, 작은, 적은 λεπτός, –ή, –
　　όν

미운, 불쾌한, 증오에 찬, 혐오하는, μισητός, –ή, –όν

미치다, 광분하다, 광기에 차다, μαίνομαι

민주주의, 민주정, δημοκρατία, –ας, ἡ

민중, 시민, 지역구(區)의 구성원, δῆμος, –ου, ὁ

민회, 집회, ἐκκλησία, –ας, ἡ

믿다, 따르다, πείθω, πείσω, ἔπεισα, πέπεικα 혹은 πέποιθα,
　　πέπεισμαι, ἐπείσθην (+ 여격)

믿다, 따르다, πιστεύω, πιστεύσω (+ 여격)

믿을 만한, 신뢰할 만한, πιστός, –ή, –όν

밀레토스, Μίλητος, –ου, ἡ

## ㅂ

바깥에, 외부에, ἔξω

바깥으로부터, 바깥에, ἔξωθεν

바꾸다, 변경하다, 변화시키다, μεθίστημι

바꾸다, 변경시키다, ἀλλάττω, ἀλλάξω, ἤλλαξα

바다, θάλαττα, –ης, ἡ

바닥, 기초, 기단; 땅, 토양, ἔδαφος, –ους, τό

바라다, 소망하다, 원하다, ἐθέλω, ἐθελήσω, ἠθέλησα

바라지 않는, 기대하지 않는, ἀνέλπιστός, –όν

바람, ἄνεμος, –ου, ὁ

바로 거기에, 바로 그곳에, αὐτοῦ (부사)

바로 그것, 바로 그 사람, ὅσπερ, ἥπερ, ὅπερ

바름, 올바름, 정의, 공정, δίκη, –ης, ἡ

박학다식, 많은 지식, πολυμαθίη, –ης, ἡ

반대해 투표하다, 반대 표를 던지다, 유죄 표를 던지다,
　　καταψηφίζομαι

반면에, 다시, αὖ (후치사)

기다리다, 고대하다, 받다, προσδέχομαι

받아들이다, 수용하다, δέχομαι, δέξομαι, ἐδεξάμην, δέδεγμαι

발견하다, 찾다, εὑρίσκω, εὑρήσω, ηὗρον 혹은 εὗρον, ηὕρηκα 혹은
　　εὕρηκα, εὕρημαι, εὑρέθην

발목, σφυρόν, –οῦ, τό

발음하다, 말하다, 노래하다, γηρύω, γηρύσω, ἐγήρυσα

밝은, 빛나는, 눈부신, 광채나는, λαμπρός, –ά, –όν

밤[夜], νύξ, νυκτός, ἡ

방패, 방패, 방패를 지닌 병사 무리 = 무장병단, ἀσπίς, –ίδος, ἡ
　　(≒ ὁπλίτης, 중장갑보병)

방해가 되어, ἐμποδών (부사)

방해가 되지 않게, ἐκποδών (부사)

---

배, 선함, ναῦς, νεώς, ἡ
배, 보트, πλοῖον, –ου, τό
배, 복부, γαστήρ, –τέρος, ἡ
배신하다, 배반하다, προδίδωμι
배심원, 재판관, δικαστής, –οῦ, ὁ
배우다, 알다, μανθάνω, μαπήσομαι, ἔμαθον, μεμάθηκα
배우다, 알게 되다; (+ περὶ) ~에 관해 묻다, 탐구하다, 살피다, πυνθάνομαι, πεύσομαι, ἐπυθόμην, πέπυσμαι (간접절에서 종종 분사를 취함)
배움, 지식, 앎, μάθημα, –τος, τό
배치되다, 따로 놓이다, 각각 놓이다, διίστημι (자동사)
배치하다, 정리하다, 관리하다, διατίθημι
배회하다, 방랑하다, 떠돌다, πλανάω
버리다, 떠나다, 포기하다, καταλείπω
버리다, 유기하다, 탈영하다, 탈주하다, αὐτομολέω
번영하다, 번성하다, θάλλω
벌, 벌금, ζημία, –ας, ἡ
벌거벗은, 나체의, γυμνός, –ή, –όν
벌을 받다, 죄값을 치르다, δίδωμι δίκην
벌주다, 처벌하다, κολάζω
법, 법칙, 법률, νόμος, –ου, ὁ
벗어나다 (누군가의 생각 내지 견지에서), ἀποσκοτίζω
벗어나다, 빗나가다 (길에서), ἀποτρέπω
벽, 성벽, τεῖχος, –ους, τό
병, 질병, νόσος, –ου, ἡ
병들다, 앓다, νοσέω
보내다, 보내버리다, ἀποπέμπω
보내다, πέμπω, πέμψω, ἔπεμψα, πέπομφα, πέπεμμαι, ἐπέμφθην
보내다, στέλλω
보다 적은, 덜, ἐλάττων, –ον (–ονος)
보다, ὁράω, ὄψομαι, εἶδον, ἑόρακα 혹은 ἑώρακα, ἑώραμαι 혹은 ὦμμαι, ὤφθην (미완료는 ἑώρων)
보다, 관조하다, 관찰하다, θεωρέω
보다, 주목하다, 주시하다, θεάομαι
보물, 재물, 보고(寶庫), θησαυρός, –οῦ, ὁ
보병, 보병대, πεζός, –οῦ, ὁ
보여주다, 드러내다 ἐνδείκνυμι
보여주다, 전시하다, δείκνυμι, δείξω, ἔδειξα, δέδειχα, δέδειγμαι, ἐδείχθην
보이다, 여겨지다, δοκέω, δόξω, ἔδοξα, ———, δέδογμαι, ———
보초, 파수, 호위병; 감시, 보호, 순찰, φυλακή, –ῆς, ἡ
보초, 파수, 수호자, φύλαξ, –ακος, ὁ
보초장, 파수장, 상급 보초; 외곽 경비대, 외곽 파수꾼, προφύλαξ, –ακος, ὁ
부, 재산, πλοῦτος, –ου, ὁ
부러워하다, 시기하다, ζηλόω
부르다, 소환하다, καλέω, καλῶ, ἐκάλεσα, κέκληκα, κέκλημαι, ἐκλήθην
부르다, 지칭하다, προσαγορεύω
부모, γονεύς, γονέως, ὁ
부분, μέρος, –ους, τό
부유하다, πλουτέω
부유한, 풍요로운, πλούσιος, –α, –ον
부재하다, 없다, ἄπειμι (ἀπό + εἰμί)

부정의, 올바르지 않음, ἀδικία, –ας, ἡ
부정의하게, 올바르지 않게, ἀδίκως
부정의하다, 해를 끼치다, 해치다, ἀδικέω, –ήσω, ἠδίκησα
부정의한, 옳지 않은, ἄδικος, –ον
부족하다, 결여하다; 필요하다, δέω, δεήσω, ἐδέησα
부터, ἀπό (+ 속격)
분리된, 갈라진, 떨어진, χωρίς (+ 속격)
분리하다, 가르다, 나누다, 떼다, χωρίζω
분명하지 않은, 알려지지 않은, ἄδηλος, –ον
분명한, 명백한, 확실한, δῆλος, –η, –ον
분명한, φανερός, –ά, –όν
불, πῦρ, πυρός, τό
불경한, 신성하지 않은, ἀνόσιος, –α, –ον
불사의, 죽지 않는, ἀθάνατος, –ον
불신, ἀπιστία, –ας, ἡ
불신하다, 믿지 않다, ἀπιστέω
불운, 불행, 재난, 재앙, συμφορά, –ᾶς, ἡ
불행한, 비참한, δειλός, –ή, –όν
붙잡다, 얻다, 포획하다, αἱρέω, αἱρήσω, εἷλον, ᾕρηκα, ᾕρημαι, ᾑρέθην
붙잡다 (사람을), 구류하다; 한데 붙잡다, 모으다, συλλαμβάνω
비겁한, 겁이 많은, 소심한, δειλός, –ή, –όν
비열하게, 저열하게, φαύλως
비열한, 비참한, 우스꽝스러운, φαῦλος, –η, –ον
비웃다, ἐπιγελάω
빚, 채무, 부채, (종교적 의미에서) 죄, ὀφείλημα, –ατος, τό
빚을 진 사람, 채무자, 은혜입은 사람, (종교적 의미에서) 죄지은 자, ὀφειλέτης, –ου, ὁ
빚지다, 책임이 있다, ~할 의무가 있다, ὀφείλω
빛, φῶς, φωτός, τό
빠른, 재빠른, ταχύς, –εῖα, –ύ
빵, 양식, ἄρτος, –ου, ὁ
뻗치다, 늘이다, 펴다, τείνω
뿔, κέρας, κέρως, τό

## ㅅ

사, 넷 (4), τέτταρες, –α
사고(思考), 사유, 생각, νόημα, –ατος, τό
사고(思考), 생각, φροντίς, –ίδος, ἡ
사고하다, 생각하다, νοέω, νοήσω, ἐνόησα
사냥하다, θηρεύω (θηράω)
사다, ἀγοράζω
사람, 인간, 남성, ἄνθρωπος, –ου, ὁ
사랑하다, 애욕하다, ἐράω
사랑하다, φιλέω
사로잡히다, ἁλίσκομαι, ἁλώσομαι, ἑάλων 혹은 ἥλων, ἑάλωκα 혹은 ἥλωκα
사물, 사태, 사안, 대상, 것; (복수) 사태, 정세, 상황, 문제, πρᾶγμα, –ατος, τό
사백 (400), τετρακόσιοι, –αι, –α
사십 (40), τετταράκοντα
사용하다, 쓰다, χράομαι, χρήσομαι, ἐχρησάμην, κέχρημαι (+ 여격)
사용하다, 적용하다, ἐπιτίθημι

사원, 신전, ἱερόν, –οῦ, τό

사자 (수컷), λέων, λέοντος, ὁ

사자 (암컷), λέαινα, –ης, ἡ

산책, 소요, περίπατος, –ου, ὁ

살다, ζάω, ζήσω, 미완료 ἔζων

살다, 거주하다, οἰκέω, –ήσω, ᾤκησα

살 만한, 살 만한 가치가 있는 βιωτός, –ή, –όν

삶, 인생, βίος, –ου, ὁ

삼, 셋 (3), τρεῖς, τρία

삼각형, τρίγωνον, –ου, τό

삼십 (30), τριάκοντα

삼십인참주정, τριάκοντα

삼오볼, 3오볼, τριώβολον, –ου, τό (오볼: 고대 그리스의 은화, 일 드라크마의 반)

삼천 (3000), τρισχίλιοι, –αι, –α

상, 상금, 보상, ἆθλον, –ου, τό

상(像), 모상, 유사함, 이미지, εἴδωλον, –ου, τό

상의하다, 논의하다, συμβουλεύομαι (+ 여격)

상처, 외상, τραῦμα, –ατος, τό

새, ὄρνις, ὄρνιθος, ἡ

생각하다, 믿다, νομίζω, νομιῶ, ἐνόμισα, νενόμικα, νενόμισμαι, ἐνομίσθην

생각하다, 믿다, 알다, οἶμαι 혹은 οἴομαι, οἰήσομαι, ᾠήθην (미완료 는 ᾤμην)

생산, 수확; 생산물, 수확물, 열매, 결실, ἔκφορα, –ων, τά

서다, ἵστημι, στήσω, ἔστησα 혹은 ἔστην, ἕστηκα, ἕσταμαι, ἐστάθην

서다, 일어서다, 일으켜 세우다, ἀνίστημι

서두르다, 열망하다, σπεύδω, –σω, ἔσπευσα

서로 서로, ἀλλήλων, –οις, –ους,

선물, 상, γέρας, γέρως, τό

선물, δῶρον, –ου, τό

선생, 스승, 교사, διδάσκαλος, –ου, ὁ

선원, 뱃사람, 항해사, ναύτης, –ου, ὁ

선장, 항해사, 조종사, 조타수, κυβερνήτης, –ου, ὁ

선천적으로, 자연히, 자연적으로, 타고난, 자발적으로, αὐτοφυῶς (부사)

선택하다, 뽑다, 고르다 (중간태), αἱρέω, αἱρήσω, εἷλον, ᾕρηκα, ᾕρημαι, ᾑρέθην

선택하다, 고르다, ἐκλέγομαι

설득하다, 현혹시키다, ἀναπείθω

설득하다, πείθω, πείσω, ἔπεισα, πέπεικα 혹은 πέποιθα, πέπεισμαι, ἐπείσθην (+ 대격)

설립, 확립, 수립, 입증, κατάστασις, –εως, ἡ

섬, νῆσος, –ου, ἡ

성채, 주둔지, 거점, 마을, 도시, 아테네, ἄστυ, –εως, τό

성취하다, 달성하다, 수행하다, κατανύω

성취하다, 달성하다, κατεργάζομαι

세 발 달린, τρίπους, –ουν

세우다, 정립하다, ἵστημι, στήσω, ἔστησα 혹은 ἔστην, ἕστηκα, ἕσταμαι, ἐστάθην

세우다, 정립하다, 놓다, ἐπιτίθημι

셋의, τρίτος, –η, –ον

소개하다, 추천하다, 함께 세우다, συνίστημι

소리, 목소리, 음성, φωνή, ῆς, ἡ

소소, Σωσώ, –ῶτος, ἡ

소소스, Σῶσος, –ου, ὁ

소유, 점유, 소유물, κτῆμα, –ατος, τό

소크라테스, Σωκράτης, –ους, ὁ

소포클레스, Σοφοκλῆς, –έους, ὁ

속이다, 기만하다, 현혹시키다, ἀπατάω

속이다, 기만하다, 거짓말하다, ψεύδω, ψεύσς, ἔψευσα, ἔψευσμαι, ἐψεύσθην

속하다 (~에), πρόσειμι

손, χείρ, χειρός, ἡ

손쉽게;  태평하게,  평안하게;  대수롭지  않게,  부주의하게, ῥαθύμως

솔론, Σόλων, –ωνος, ὁ

수, 수량, 다수, 군중, πλῆθος, –ους, τό

수고, 노동, 일, 노력, 고역, πόνος, –ου, ὁ

수단, 방책, 방편, 묘책, συμφέρον, –οντος, τό

수로, 도랑, τάφρος, –ου, ἡ

수(數), ἀριθμός, –οῦ, ὁ

수수께끼, αἴνιγμα, –ατος, τό

수치스러운, 불명예스러운, αἰσχρός, –ά, –όν

수탉, ἀλεκτρυών, –όνος, ὁ

수행하다, 성취하다, 이룩하다, 완성하다, διαπράττομαι

수호하다, 지키다, φυλάττω, φυλάξω, ἐφύλαξα

숙고하다, βουλεύω, –σω, ἐβούλευσα

숨, πνεῦμα, –τος, τό

숨겨진, 드러나지 않은, κρυπτός, –ή, –όν

숨기다, 감추다, κρύπτω

숨기다, 감추다, 비밀로 하다; 감싸다, καλύπτω, καλυψω

숨쉬다, (입김, 바람 등을) 불다, πνέω

숭배하다, ἁγιάζω

쉬운, 손쉬운, ῥάδιος, –α, –ον

쉽게, 쉽사리, 손쉽게, ῥαδιώς

스파르타인, Σπαρτιάτης, –ου, ὁ

스핑크스, Σφίγξ, Σφιγγός, ἡ

슬기, 분별, 지혜, 실천적 지혜, φρόνησις, –εως, ἡ

슬퍼하다, 애도하다, 한탄하다, πενθέω

습성, 성품, 품성, ἦθος, –ους, τό

시각, 시야, 시력; 외양, ὄψις, –εως, ἡ

시간, χρόνος, –ου, ὁ

시간, 계절, 시기, ὥρα, –ας, ἡ

시골뜨기, 농부, ἄγροικος, –ου, ὁ

시골뜨기의, 시골사람의, 시골풍의, 농경의, 소박한, ἄγροικος, –η, –ον

시도, 노력, πεῖρα, –ας, ἡ

시도, 시험, 유혹, πειρασμός, –οῦ, ὁ

시도하다, πειράω

시민, πολίτης, –ου, ὁ

시민권, 정치체제, 정부, πολιτεία, –ας, ἡ

시인, 제작자, ποιητής, –οῦ, ὁ

시작, 시초, 원리, ἀρχή, –ῆς, ἡ

시작하다 (중간태), ἄρχω, ἄρξω, ἦρξα, ἦρχα, ἦργμαι, ἤρχθην

시퀴오니아의, Σικυώνιος, –α, –ον

식사 (아침, 점심), ἄριστον, –ου, τό

식사, 만찬, 음식, δεῖπνον, –ου, τό

식용의, 먹을 수 있는, βρωτός, –ή, –όν

신(남), θεός, –οῦ, ὁ

신(여), θεά, –ᾶς, ἡ

신, 정령, δαίμων, –ονος, ὁ

신경 쓰다, 주의하다, μέλει, μελήσει, ἐμέλησε, μεμέληκε (ἐπιμελέομαι)

신성한, θεῖος, –α, –ον

신성한, 경건한, ἱερός, –ά, –όν

신의 이름으로, 신에 맹세코, πρὸς θεῶν

신중하게, 분별 있게, 지각 있게, φρονίμως

신중한, 분별 있는, σώφρων, –ον (–ονος)

신중한, 분별 있는, 슬기로운, φρόνιμος, –η, –ον

실천, 행위, 행동, 일, 작업, πρᾶξις, –εως, ἡ

실체, (~에게 실로) 있는 것; 재산, 소유물, οὐσία, –ας, ἡ

심다, 묻다, 뿌리다 (씨 등을), ἐναρόω

심장, καρδία, –ας, ἡ

십, 열 (10), δέκα

싸우다, ~와 전쟁하다, μάχομαι, μαχοῦμαι, ἐμαχεσάμην, μεμάχημαι (+여격)

싸우다, 맞서다 ἀντιποιέομαι (+ 여격 사람, + 속격 이유)

싸우다, 전투하다, 전쟁하다, πολεμέω

써넣다, 새기다, ~안에 쓰다, ~위에 쓰다, ἐγγράφω

쓰다, 새기다, γράφω, γράψω, ἔγραψα, γέγραφα, γέγραμμαι, ἐγράφην

쓴, 고된, πικρός, –ά, –όν

씨, 씨앗, 종자, σπέρμα, –τος, τό

씻다, 씻어내다, νίζω, νίψομαι, ἔνιψα

씻다, νίπτω

## ㅇ

아내, 여자, γυνή, γυναικός, ἡ

아닌, ~아니다, οὐ (부사, 후접어) (연숨표 앞에서는 οὐκ, 강숨표 앞에서는 οὐχ)

아들, 자손, υἱός, –οῦ, ὁ

아래로 뻗다, 대(응)하다, ὑποτείνω, ὑποτενῶ, ὑπέτεινα, ὑποτέτακα, ὑποτέταμαι, ὑπετάθην

아래서, ~에 의해서, ὑπό (+ 속격, 대격)

아름다운, 좋은, καλός, –ή, –όν

아름다움[美], 좋음, 훌륭함, κάλλος, –ους, τό

아름답게, 좋게, 훌륭하게, καλῶς

아마, 아마도, 어쩌면, ἴσως

아무 것도 ~이 아니다, 무엇도 ~이 아니다, οὐδέν

아무도(아무 것도) ~아니다, 누구도(무엇도) ~아니다, μηδείς, μηδεμία, μηδέν

아무도 ~아니다, 누구도 ~아니다, οὐδείς

아버지, πατήρ, πατρός, ὁ

아아 (슬픔, 비통, 연민, 걱정 등을 나타내는 감탄사), φεῦ

아이, παιδίον, –ου, τό

아이, 시종, παῖς, παιδός, ὁ, ἡ

아이, 어린이, 자식, τέκνον, –ου, τό

아크로폴리스, ἀκρόπολις, –εως, ἡ

아테나이(아테네), Ἀθῆναι, –ῶν

아테나이의(아테네의), Ἀθηναῖος, –α, –ον

아테나이인들(아테네인들), Ἀθηναῖοι, –ων, οἱ

악한, 사악한, 심술궂은, πονηρός, –ά, –όν

안에, ~안으로부터, ἔνδοθεν

안에 있다, ἔνειμι

안에, ἐντός (+ 속격)

안에, 사이에, ἐν (+ 여격)

으로, ~안으로도, ; ~에 대해, ~로, ~향해, εἰς (+ 대격)

안으로부터, 안에, ἔντοσθε(ν)

안전하게, ἀσφαλῶς

안전한, ἀσφαλής, –ές, (οῦς)

안전한, βέβαιος, –α, –ον

앉다, κάθημαι

알다, γιγνώσκω, γνώσομαι, ἔγνων, ἔγνωκα, ἔγνωσμαι, ἐγνώσθην

알다, οἶδα

알다, ~을 할 줄 알다, ἐπίσταμαι

알다시피, 너도, τοι (전접어)

알리다, 보고하다, 전하다, ἀγγέλω, ἀγγελῶ, ἤγγειλα, ἤγγελκα, ἤγγελμαι, ἠγγέλθην

앞서 달리다, ~보다 앞서 달리다, προτρέχω

앞서 말한 것; 이것, (둘 중의) 후자, οὗτος, αὕτη, τοῦτο

앞서 생각하다, 미리 생각하다, 앞서 고려하다, προνοέω

앞서 ~하다, 먼저 ~하다, φθάνω, φθήσομαι, ἔφθην (+ 분사)

앞에 눕다, πρόκειμαι

앞에 서다, ~의 책임을 가지다, 책임을 지고 있다, προΐστημι

앞으로 나르다; 낳다, 산출하다, προφέρω

앞으로 나아가다, 진군하다, 진행하다; 앞서 가다, 돌진하다, προέρχομαι

약, 거의, 대략, εἰς (+ 수)

약, 약물, φάρμακον, –ου, τό

약속하다, 지키다; 착수하다, ὑπισχνέομαι, ὑποσχήσομαι, ὑπεσχόμην, ὑπέσχημαι

약한, 나약한, 병약한, ἀσθενής, –ές (–οῦς)

양육, 훈육, τροφή, –ῆς, ἡ

어느 것, 무엇, ~한 쪽, ~한 것 (둘 중의), ὁπότερος, –α, –ον

어둠, 암흑, σκότος, –ου, ὁ

어디, ~곳, 어디든, 어느 곳이든, ~하는 곳이든, ὅπου

어디? 어디에? 어디서? ποῦ

어디에선가, 어딘가에, πού

어딘가, 어딘가에, που (전접어)

어딘가에서, 어딘가에서부터, ποθέν

어떤 방식에서, ~식으로, ~에서, ὅπη (부사)

어떤 종류의, οἷος, –α, –ον (관계사)

어떤 종류의? ποῖος, –α, –ον

어떻게, 어찌, πῶς

어려운, 거친, 고된, χαλεπός, –ή, –όν

어리석은, 지각없는, ἀνόητος, –ον

어리석은, 우둔한, 미련한, ἠλίθιος, –α, –ον

어리석은 행동, 어리석은 일, 어리석음; 과실, 잘못, 죄, ἀνόημα, –ατος, τό

어리석음, 우둔, μωρία, –ας, ἡ

어머니, μήτηρ, μητρός, ἡ

어쨌든, 어떻든, πως (전접어)

어쨌든, 아무튼, 내 생각에, που (전접어)

어찌, 어떻게, ὡς (부사)

언제, 언제든, 하는 경우면 어느 때든, ὁπόταν

언제나, 늘, 항상, ἀεί (부사)

언제든, ~때, ~하는 때, ~하는 때마다, ὁπότε

언제든, ~때, ~하는 때, ~하는 때마다, ὅτε

언제든, 하는 경우면 어느 때든, ὅταν (ὅτε ἄν)

언제든, ~하는 때면, ~이래로, ἐπειδάν (ἐπειδή ἄν)

얼마나, 얼마큼, ~만큼 많이, ~만큼 모두, ὅσος, –η, –ον

업신여기다, 깔보다, 경멸하다, 얕보다, 꾸중하다, ὀνειδίζω

~없이, ἄνευ (+ 속격)

~에 돌아서 일어서다, ~에 대항하여 일어서다; 반항하다, 배반하
　다, ἀφίστημι

~에서, 어떤 방식에서, ~식으로, ὅπῃ (부사)

에우로페(유럽), Εὐρώπη, –ης, ἡ

에우리피데스, Εὐριπίδης, –ου, ὁ

에우클레이데스(유클리드), Εὐκλείδης, –ου, ὁ

에우프라테스, Εὐφράτης, –ου, ὁ

에피알테스, Ἐφιάλτης, –ου, ὁ

엑세케스티데스 (솔론의 아버지), Ἐξηκεστίδης, –ου, ὁ

엘리스인들, 엘리스 사람들, Ἠλεῖοι, –ων, οἱ

여기, 거기, 저기, ἐνταῦθα (부사)

여기, 여기에, 여기에서; 거기, 거기에, 거기에서, ἐνθάδε

여기로부터, 이곳으로부터; 거기로부터, 그곳으로부터, ἐντεῦθεν

여기서, 이곳에서, τῇδε

여우, ἀλώπηξ, –εκος, ἡ

여전히, 아직, ἔτι

역사, 조사, 탐구, 기록, ἱστορία, –ας, ἡ

역설적인, 기대에 반하는, 생각했던 바와 다른, παράδοξος, –ον

연기하다, 지연시키다, ἐκδύω

연습, μελέτη, –ης, ἡ

연인, 사랑하는 사람, ἐραστής, –οῦ, ὁ

열, 더위, καῦμα, –ατος, τό

열, 뜨거움, θερμός, –ή, –όν

열다, 펴다, 드러내다, ἀνοίγνυμι 혹은 ἀνοίγω, ἀνοίξω, ἀνέῳξα,
　ἀνεῴχθην

열망하는, 갈망하는, ~을 바라는, πρόθυμος, –ον

열성적으로 돕다, συσπεύδω

열정, 열의, ἐνθουσιασμός, –οῦ, ὁ

염려하다, 걱정하다, 신경 쓰다, ἐπιμελέομαι

염탐, 감시, 주시, κατασκοπή, –ῆς, ἡ

옆구리, 갈비, 늑골, πλευρά, –ᾶς, ἡ

예외적으로, 이례적으로, 유별나게, 차이나게, διαφερόντως

예정이다, ~하려고 하다, ~하고자 하다, μέλλω, μελλήσω, ἐμέλλησα,

────

오, 다섯 (5), πέντε

오늘, 오늘에, σήμερον (부사)

오다, 가다, 가버리다, ἐξέρχομαι

오다, 도착하다, 다다르다, ἥκω, ἥξω

오래 전에, πάλαι (부사)

오래된, 고대의, ἀρχαῖος, –α, –ον

오래된, 고대의, παλαιός, –ά, –όν

오론타스, Ὀρόντας, –ου, ὁ

오르다, 올라가다, ἄνειμι

오만하다, 거만하다, 무례하다, 거만하게 행동하다; 자만하다,
　ὑβρίζω

오만, 방종, 거만, 무례, 자만, ὕβρις, –εως, ἡ

오백 (500), πεντακόσιοι, –αι, –α

오십 (50), πεντήκοντα

오싸, Ὄσσα, –ης, ἡ

오천 (5000), πεντακισχίλιοι, –αι, –α

오토스, Ὦτος, –ου, ὁ

오히려, ~보다, μᾶλλον (μᾶλλον …… ἤ ……, ~보다는 오히려 ~한)

올리다, 들어 올리다; (신이) 명하다, 정하다, ἀναιρέω

올리브 나무 (야생), κότινος, –ου, ὁ

올륀토스, Ὄλυνθος, –ου, ὁ

올륌피아(올림픽), Ὀλύμπια, τά

올륌피아의, Ὀλύμπιος, –α, –ον

올륌피아에서의 승리, Ὀλυμπιονίκης, –ου, ὁ

옳게, 올바르게, 곧게, 똑바로, ὀρθῶς

완전한, 끝이 난, 마지막의, τέλεος, –α, –ον

왕, βασιλεύς, –εως, ὁ

왕관, στέφανος, –ου, ὁ

왕국, βασιλεία, –ας, ἡ

왕이다, 왕이 되다, 지배하다, 통치하다, βασιλεύω, –σω,
　ἐβασίλευσα

왜냐하면, διότι

왜냐하면, ὅτι

왜냐하면, ὡς (접속사)

외치다, 소리 지르다, 큰소리치다, 큰소리로 말하다, βοάω,
　βοήσομαι, ἐβόησα

외투, 겉옷, ἱμάτιον, –ου, τό

요청하다, 요구하다 (호의 등을), 묻다, αἰτέω

욕망, 열망, 갈망, ἐπιθυμία, –ας, ἡ

욕망하는 자, 욕구하는 자, 열망하는 자, 갈망하는 자, 추종자,
　ἐπιθυμητής, –οῦ, ὁ

욕망하다, 욕구하다, 열망하다, 갈망하다, ἐπιθυμέω (+ 속격)

용기, 사내다움, 남자다움, ἀνδρεία, –ας, ἡ,

용기 있는, 용감한, 사내다운, 남자다운, ἀνδρεῖος, –α, –ον,

용기 있다, 용기 내다, 대범하다, 담대하다, θαρσέω

용서하다; (+ 여격 사람 + 대격) ~에게(여격) ~을(대격) 감면하다,
　사하다, ἀφίημι

우두머리, 수장, 사령관, λοχαγός, –οῦ, ὁ

우리의, ἡμέτερος, –α, –ον

우연히 ~근처에 있다, 마침 ~곁에 있다, 마침 ~곁에서 조우하다,
　παρατυγχάνω

우정, 우애, 친애, φιλία, –ας, ἡ

우정 어린, 친구사이인 φίλος, –α, –ον

우정 어린, 사이가 좋은, 친한, 친구사이인, 친애하는, 사랑하는,
　φίλος, – α, –ον

우주, 세계, κόσμος, –ου, ὁ

운, 운명, 행운, 요행, τύχη, –ης, ἡ

운동하다, 체력을 단련하다, 연습하다, γυμνάζω

운동의, 체육의, γυμνικός, –ή, –όν

운명, 숙명, μοῖρα, –ας, ἡ

운이 나쁘다, 운수가 없다, 불행하다, δυστυχέω

운이 나쁜, 불운한, 액운을 타고난, δυστυχής, –ές

운이 없다, 불행하다, ἀτυχέω

운이 좋다, 행운을 가지다; 성공하다, εὐτυχέω

운이 좋은, 행운의, 성공한, εὐτυχής, –ές

움직이다, 움직이게 하다, κινέω, κινήσω, ἐκίνησα

273

웃다, γελάω

원하다, 바라다, βούλομαι, βουλήσομαι, ——, ——, βεβούλημαι, ἐβουλήθην

원하다, 요구하다, 요청하다, δέομαι, δεήσομαι (+ 속격)

위로 오르다, 위로 올라가다, 상승하다, ἀναβαίνω

위에 (붙어서), ~에 더하여, ἐπί (+ 여격)

위에 (조금 떨어진), ~에서, ἐπί (+ 속격)

위로, ~를 따라 위로, ~에 걸쳐서, ~를 통해서, ἀνά (+ 대격 또는 드물게 여격)

위하여, ~을 위해, ~하도록, ὅπως (접속사)

위하여, χάριν (부사) (+ 속격) (= ἕνεκα)

위하여, 위해, ἵνα (접속사)

위하여, 위해, ὡς (접속사)

위해, ~때문에, ἕνεκα (+ 속격)

위험을 무릅쓰다, 감행하다; ~인 것 같다, κινδυνεύω

유념하다, 생각하다, διανοέομαι

유사한, 비슷한, 닮은, ὅμοιος, -α, -ον

유용한, 유익한, 이득이 되는, 쓸모 있는, χρήσιμος, -η, -ον

유용한, 유익한, 좋은, 쓸모 있는, χρηστός, -ή, -όν

유일하게, 다만 ~뿐, μόνον (부사)

유일한, 단독의, μόνος, -η, -ον

유죄 표를 던지다, 반대해 투표하다, 반대 표를 던지다, καταψηφίζομαι

유죄로 표를 받다, 유죄판결 받다 (수동태로), καταψηφίζομαι

육, 여섯 (6), ἕξ

은의, 은으로 된 ἀργυροῦς, -ᾶ, -οῦν,

음모(계략)를 꾸미다, ἐπιβουλεύω (+ 여격)

음식, 식량, 곡물, 곡식, σῖτος, -ου, τό

의견, 견해, 인식, 지성, 의도, 생각, γνώμη, -ης, ἡ

의견, 판단, 믿음, 평판, δόξα, -ης, ἡ

의사, ἰατρός, -οῦ, ὁ

의심하다, 여기다, ~라고 추측하다, ~라고 생각하다, ὑποπτεύω, -σω, ὑπώπτευσα

의지, 소망, 뜻, θέλημα, -ματος, τό

의회, 500인 의회, βουλή, -ῆς, ἡ

이것, (둘 중의) 후자; 앞서 말한 것, οὗτος, αὕτη, τοῦτο

이것, 그것, 저것; 다음의 것, 뒤따르는것, ὅδε, ἥδε, τόδε

이끌다, 인도하다, ἄγω, ἄξω, ἤγαγον, ἦχα, ἦγμαι, ἤχθην

이끌다, 안내하다, ἡγέομαι, ἡγήσομαι, ἡγησάμην, ἥγημαι

이끌다, 인도하다, ~로 데리고 가다, ~로 나르다, εἰσφέρω

이름, 단어, 명사, 용어, ὄνομα, -ατος, τό

이름을 부르다, 호명하다, ὀνομάζω

~이래로; ~후에; ~이므로, ἐπεί

~이래로; ~이므로, ἐπειδή

~이래로, 언제든, ~하는 때면, ἐπειδάν (= ἐπειδή ἄν)

이미 (과거), 이제 (현재), 곧 (미래), ἤδη

이방의, 타지의, ξένος, -η, -ον (서사시 및 이오니아 그리스어 형태 ξεῖνος)

이방인 (종종 페르시아인을 가리킴), βάρβαρος, -ου, ὁ

이방인, 외지 친구, 손님, 내빈, 용병, ξένος, -ου, ὁ

이빨, 치아, ὀδούς, ὀδόντος, ὁ

이성, λόγος, -ου, ὁ

이스퀴리온, Ἰσχυρίων, -ονος, ὁ

이득, 이익, 이점, κέρδος

이익 내다, 이익 얻다, 득보다, 얻다, κερδαίνω

이전에는, 원래는, 예전에는, 앞서서, πρότερον

이처럼, 이렇게, 이와 같이; 그처럼, 그렇게, 그와 같이, οὕτω (모음 앞에서는 οὕτως)

이해, 분별, 이해력, 분별력, ξύνεσις, -εως, ἡ

이후의, 나중의, 후자의, ὕστερος, -α, -ον

~인 식으로, ~인 방식에서, 어떻게든, ὅπως (부사)

인생, 삶, βίος, -ου, ὁ

인식, 지성, 의견, 견해, γνώμη, -ης, ἡ

~인지 어떤지? πότερον (πότερα)

일, 하나 (1), εἷς, μία, ἕν

일, 업적, 행위, 행동, 실제, ἔργον, -ου, τό

일깨우다, 도발하다, 고무하다, ἐγείρω

일용할, 하루에 충분한, ἐπιούσιος, -α, -ον

일으키다, 올리다, αἴρω, ἀρῶ, ἦρα, ἦρκα, ἦρμαι, ἤρθην

일하기를 좋아하는, 애쓰기를 주저하지 않는, 노력하길 좋아하는, 기꺼이 수고하는, φιλόπονος, -ο

일하다, 고생하다, 수고하다, 애쓰다, κάμνω, καμοῦμαι, ἔκαμον, κέκμηκα

읽고 쓸 줄 모르는, 문맹의, ἀγράμματος, -ον

~임에도 불구하고, 비록 ~이지만, καίπερ (+ 분사 = 양보)

입법가, νομοθέτης, -ου, ὁ

있다, ~이다, εἰμί, ἔσομαι

있다, ~이다, ἔστι(ν)


### ㅈ

자기 자신의 (재귀적 용법), αὑτοῦ, -ῆς, -οῦ

자기 자신의 (재귀적 용법), ἑαυτοῦ, -ῆς, -οῦ

자기 자신의 (재귀적 용법), ἐμαυτοῦ, -ῆς

자다 (중간태), κοιμάω

자루, 부대, πήρα, -ας, ἡ

자르다, 치다, 때리다, 타격하다, κόπτω, κόψω, ἔκοψα, κέκοφα, κέκομμαι, ἐκόπην

자르다, τέμνω, τεμῶ, ἔτεμον, τέτμηκα, τέτμημαι, ἐτμήθην

자손, 후손, γόνος, -ου, ὁ 혹은 ἡ

자신, 같음, 3인칭 대명사, αὐτός, -ή, -ό

자연, 본성, φύσις, -εως, ἡ

자유, ἐλευθερία, -ας, ἡ

자유발언, 파레시아 (민회에서의 자유 연설), παρρησία, -ας, ἡ

자유로운, ἐλεύθερος, -α, -ον

작은, μικρός, -ά, -όν

잘 맞는, 어울리는, ἄρτιος, -α, -ον

잘 자리잡은, 잘 질서잡힌, 잘 교육된, 훈육을 잘 받은, εὔτακτος, -ον

잘 행하다, 훌륭히 행하다, 잘 살아가다, πράττω καλῶς

잘못 행하다, 잘못 지내다, 나쁘게 살아가다, πράττω κακῶς

잘못, 죄, ἁμαρτία

잘못하다, 틀리다, ἁμαρτάνω, ἁμαρτήσομαι, ἥμαρτον

잠, 수면, ὕπνος, -ου, ὁ

잡다, 붙들다, 움켜쥐다; 제압하다, 압도하다, 사로잡다, ἁρπάζω, ἁρπάσομαι, ἥρπασα, ἥρπακα, ἥρπασμαι, ἡρπάσθην

잡다, 붙잡다, 취하다, 가지다, 획득하다, 얻다, λαμβάνω, λήψομαι, ἔλαβον, εἴληφα, εἴλημμαι, ἐλήφθην

장군, στρατηγός, –οῦ, ὁ

장군이다, 장군이 되다, στρατηγέω (+ 사람 속격)

장님의, 맹인의, 눈이 보이지 않는, 보지 못하는, τυφλός, –ή, –όν

장소, 구역, 공간, 지점, χωρίον, –ου, τό

재목, 목재, 재료, 질료, ὕλη, –ης, ἡ

재산, 소유물; 실체, (~에게 실로) 있는 것, οὐσία, –ας, ἡ

재우다, κοιμάω

재판관, 배심원, δικαστής, –οῦ, ὁ

재판관, 판관, 심사원, 결정가, κριτής, –οῦ, ὁ

적, 적군, πολέμιοι, –ων, οἱ

적시, 때, καιρός, –οῦ, ὁ

적시의, 시기에 알맞은, 제때의, ὡραῖος, –η, –ο

적어도, 물론, γε (전접어)

적은, 소수의, ὀλίγος, –η, –ον

적의, 원한, ἐχθρός, –οῦ, ὁ

적의에 찬, 호전적인, πολέμιος, –α, –ον

적절하다, 적당하다, 알맞다, προσήκω

전령, 전달자, 메신저, ἄγγελος, –ου, ὁ

전령, 사자(使者), κῆρυξ, κήρυκος, ὁ

전리품, 전승 기념비, τρόπαιον, –ου, τό

전방에, 앞에, ~에 앞서서, ἔμπροσθεν (부사)

전에, 앞에; ~을 대신하여, πρό (+ 속격)

전쟁, πόλεμος, –ου, ὁ

전적으로, 아주, 완전히, ξύμπας (πᾶς)

전적으로, 완전히, 아주, ὅλως (부사)

전적으로, 완전히, 아주, πάντως (부사)

전적으로, 완전히, τὸ παράπαν

전차 (특히 1인승 이륜전차), ἅρμα, –ατος, τό

전체의, 전부의, ὅλος, –η, –ον

전투, μάχη, –ης, ἡ,

전투를 벌이다, στρατεύομαι

전투(전쟁)을 치르다, 전투(전쟁)에 참가하다, 군대에 가다, στρατεύω

절제, 절도, 분별, 신중함, σωφροσύνη, –ης, ἡ

젊은, 새로운, νέος, –α, –ον

젊은이, 청년, νεανίας, –ου, ὁ

젊은이, 청년, νεότης, –τητος, ἡ

접하다, 붙다, 결합하다, 접촉하다, ἅπτω, ἅψω, ἧψα, 미완료 ἧπτον

정렬하다, 늘어놓다, 나열하다, 배치하다; 질서 잡다, 질서지우다, 정돈하다, τάττω, τάξω, ἔταξα, τέταχα, τέταγμαι, ἐτάχθην

정리, 공리, θεώρημα, –ατος, τό

정복하다, 승리하다, 이기다, νικάω, –ήσω, ἐνίκησα

정복하다, κρατέω

정의, 올바름, 공정함, δικαιοσύνη, –ης, ἡ

정의, 공정, 바름, 올바름, δίκη, –ης, ἡ

정의로운, 올바른, 공정한, 정당한, δίκαιος, δικαία, δίκαιον

정의롭게, 올바르게, 공정하게, δικαίως

정치의, 도시의, 나라의, 시민의, πολιτικός, –ή, –όν

정치체제, 정부, 시민권, πολιτεία, –ας, ἡ

정화하다, 깨끗이 하다, καθαίρω, καθαρῶ, ἐκάθηρα, ———, κεκάθαρμαι, ἐκαθάρθην

정확, 정확성, 엄밀, 정밀, ἀκρίβεια, –ας, ἡ

정확하게, 정밀하게, ἀκριβῶς

제단, 기단, 이정표, 돌무덤, βωμός, –οῦ, ὁ

제외하고, ~를 빼고, ~외에, πλήν (+ 속격)

제우스, Ζεύς, ὁ (= Διός, 디오스)

제주(祭酒), σπονδή, –ῆς, ἡ

조국, 모국, 나라, πατρίς, –ίδος, ἡ

조사하다, 검토하다, 살펴보다, ἐξετάζω

조사하지 않는, 검토하지 않는, 반성하지 않는, ἀνεξέταστος, –ον

조용하다, 고요하다, ἡσυχίαν ἄγω

족쇄, 속박, 감금, 구속; 둘러붙어 있음, 묶여있음, δεσμός, –οῦ, ὁ

존재하다, ἔστι(ν)

존중, 평판, 명예, τιμή, –ῆς, ἡ

존중하다, 경의를 표하다, ~에게 영예를 주다, τιμάω, –ήσω, ἐτίμησα

종(種), 가계, 일족, γένος, –ους, τό

종종, 자주, 대개, πολλάκις (부사)

좋게 해주다, ~에게 잘 행하다, ~에게 봉사하다, εὐεργετέω (+ 대격)

좋은 성미의, 좋은 기질의, 태생이 좋은, 잘난, εὐφυής, –ές

좋은, 잘, εὖ

좋은, 훌륭한, ἀγαθός, –ή, –όν

주다, δίδωμι, δώσω, ἔδωκα, δέδωκα, δέδομαι, ἐδόθην

주둔하다, 야영하다, 숙영하다, στρατοπεδεύομαι

주위에 (둘러싸서) 놓다, 세우다, περιτίθημι

주위에 남다, ~부근에(둘레에) 남다, 남아서 기다리다, περιμένω

주위에, 둘레에, περί (+ 여격 혹은 대격)

주의를 기울이다, 주의하다, προσέχω (+ τὸν νοῦν + 여격: ~에 주의를 기울이다)

주장하다, 단언하다, ἀντιποιέομαι

죽음, θάνατος, –ου, ὁ

죽다, 사망하다, ἀποθνῄσκω 혹은 ἀποθνήσκω

죽이다, ἀποκτείνω

준비, 준비된 것, 갖춰진 것, 장비, 건축물, 구성물, κατασκευή, –ῆς, ἡ

준비된, 수중에 있는, ἕτοιμος, –η, –ον

준비하다, 대기하다 (중간태); 거들다, 돕다, 곁에 서다, παρίστημι

준비하다, 마련하다, 갖추다, 꾸리다, 구성하다, κατασκευάζω

중간에 서있다, 사이에 서있다, διίστημι (자동사)

중간의, 가운데의, μέσος, –η, –ον

중요하게 생각하다, 고려하다, 신경 쓰다, περὶ πολλοῦ ποιέομαι (또는 ποιεῖσθαι) (πολλοῦ가 비교급이나 최상급으로 쓰이는 경우: 더 중요하게, 가장 중요하게)

중장갑보병, ὁπλίτης, –ου, ὁ

중지하다, 그만두다, 그치다, 멎다, λήγω, λήξω

즉시, 당장, 곧바로, αὐτίκα (부사)

즉시, 당장, 곧바로, 즉각적으로, παραυτίκα (부사)

즉시, 당장, 곧바로, παραχρῆμα (부사)

즐거움, 쾌락, ἡδονή, –ῆς, ἡ

즐겁게 하다, 위안하다; 즐기다, 향유하다, τέρπω, τέρψω, ἔτερψα

즐기다, ἥδομαι (+ 여격)

즐김, 오락, 여흥, 유쾌, τέρψις, –εως, ἡ

증오, 미움, 원한, 악의, ἔχθρα, –ας, ἡ

지금, 이 순간, νῦν (시간적 부사)

지나치게 많이, 매우, 무척이나, λίαν (부사)

지배자, 통치자, ἄρχων, –οντος, ὁ

지시, 명령; 교훈, παράγγελμα, –τος, τό

지시하다, 명령하다, παραγγέλλω

지역 관리자, 지역 총수, σατράπης, –ου, ὁ

지원하다, 지지하다, 부양하다, 돌보다, 양육하다, τρέφω, θρέψω,
  ἔθρεψα, τέτροφα, τέθραμμαι, ἐθρέφθην 혹은 ἐτράφην

지적하다, 보이다, 가리키다, ~을 분명히 밝히다, 단언하다,
  φράζω, φράσω

지협, 협부, ἰσθμός, –οῦ, ὁ

지혜로운, 현명한, σοφός, –ή, –όν

지혜롭다, 현명하다, φρονέω

지혜를 사랑하는 자, 철학자, φιλόσοφος, –ου, ὁ

지혜를 사랑하다, 철학하다, φιλοσοφέω

진로, 경주, 달리기, δρόμος, –ου, ὁ

진리, 참, ἀλήθεια, –ας, ἡ

진실을 말하다, 참이다, ἀληθεύω

진지, 막사, στρατόπεδον, –ου, τό

질서 잡다, 질서지우다, 정돈하다; 정렬하다, 늘어놓다, 나열하다,
  배치하다, τάττω, τάξω, ἔταξα, τέταχα, τέταγμαι, ἐτάχθην

질서 잡다, 배열하다, 정돈하다, συντάττω

질서, κόσμος, –ου, ὁ

질투, 시기, 부러움, φθόνος, –ου, ὁ

질투하다, 시기하다, 부러워하다, φθονέω

짐승, 들짐승, 야생동물, θηρίον, –ου, τό

집, οἶκος, –ου, ὁ

집, 가정, οἰκία, –ας, ἡ

집에서부터, 집으로부터, οἴκοθεν

집으로, 집을 향하여, οἴκαδε

짖다, ~을 향해 짖다, καταβαΰζω

짜다, 엮다, 땋다; 고안하다, πλέκω

짧은, 간결한, βραχύς, –εῖα, –ύ

## ㅊ

차분하다, 침착하다, 술에 취하지 않다, νήφω

착수하다, 손에 쥐다, ἐγχειρέω (χείρ)

착수하다, 시작하다; 접하다, 붙다, 결합하다, 접촉하다, ἅπτω,
  ἅψω, ἦψα, 미완료 ἦπτον

참다, 인내하다, 견디다, ἀνέχομαι

참되게, 진실로, 실제로, ἀληθῶς

참된, 사실의, 옳은, ἀληθής, –ές (–οῦς)

참된, 진실된, 진짜의, ἔτυμος, –η, –ον

참주, τύραννος, –ου, ὁ

참주정, 전제정, 독재정, τυραννίς, –ίδος, ἡ

참주가 되다, 다스리다, 지배하다, τυραννέω

찾다, 추구하다, ζητέω, –ήσω, ἐζήτησα

책, βιβλίον, –ου, τό

처음에, 최초로, 우선, πρῶτον (부사)

처음의, 최초의, 우선하는, πρῶτος, –η, –ον

척도, 적도, μέτρον, –ου, τό

척도된, 정확히 잰, μέτριος, –α, –ον

천 (1,000), χίλιοι, –αι, –α

천막, 무대, σκηνή, –ῆς, ἡ

철수하다, 제자리로 돌아오다, ἀπάγω

철저히 속이다, 기만하다, ἐξαπατάω

청동, χαλκός, –οῦ, ὁ

청동으로 된, χαλκοῦς, –ῆ, –οῦν

청하다, χράομαι, χρήσομαι, ἐχρησάμην, κέχρημαι

추론, 헤아림, 이성적으로 따짐, λογισμός, –οῦ, ὁ

추적하다, 추격하다, διώκω, διώξω, ἐδίωξα

추측하다, 여기다, 비유하다, 견주다, εἰκάζω, –άσω, ᾔκασα,
  ᾐκάσθην

추측하다, 생각하다, ἡγέομαι, ἡγήσομαι, ἡγησάμην, ἥγημαι (+ 대격
  및 부정사)

축복받은, 행복한, μακάριος, –α, –ον

축제, ἑορτή, –ῆς, ἡ

충고하다, 조언하다; 상담하다, 조언 받다 (중간태 및 수동태),
  συμβουλεύω

충분하게, ἱκανῶς (부사)

충분한, 능한, ~할 수 있는, ἱκανός, –ή, –όν

측량하다, 기하학하다, γεωμετρέω

치료하다, 치유하다, 고치다, ἰάομαι

치우다, 제거하다, 없애다; 떠나다, ἀφαιρέω

치장, 꾸밈, κόσμος, –ου, ὁ

친구, φίλος, –ου, ὁ

친애, 우애, 우정, φιλία, –ας, ἡ

친애하는, 사랑하는, φίλος, –η, –ον

친절한, 온화한, 다정한, 길들여진, ἥμερος, –ον

칠, 일곱 (7), ἑπτά

침묵, 고요, σιγή, –ῆς, ἡ

침묵을 지키다, 조용히 하다, 고요하다, σιωπάω

칭찬하다, 칭송하다, 찬미하다, ἐπαινέω

## ㅋ

카이사르, Καῖσαρ, Καίσαρος, ὁ

칼리아스, Καλλίας, –ου, ὁ

케르베로스, Κέρβερος, –ου, ὁ

케토, Κήτω, –οῦς, ἡ

코린토스(인)의, Κορίνθιος, –α, –ον

코린토스, Κόρινθος, –ου, ὁ

퀴로스, Κῦρος, –ου, ὁ

퀴프리스, Κύπρις, –ιδος, ἡ (아프로디테의 다른 이름, 아프로디테
  의 출생지가 퀴프로스(키프로스)이기에 퀴프로스 여신이라
  불림)

퀼론, Κύλων, –ος, ὁ

크니도스, Κνίδος, –ου, ἡ

크라네이온, Κρανεῖον, –ου, τό

크레테인(크레타인), Κρής, Κρητός, ὁ

크로이소스, Κροῖσος, –ου, ὁ

크세노파네스, Ξενοφάνης, –εως, ὁ

크세노폰, Ξενοφῶν, –ῶντος, ὁ

크세륵세스, Ξέρξης, –ου, ὁ

큰, 거대한, 위대한, μέγας, μεγάλη, μέγα

클레오폰, Κλεοφῶν, –ῶντος, ὁ

퀼론 Χίλων, –ωνος, ὁ

## ㅌ

타다, 불타다; 태우다, 불태우다, καίω 혹은 κάω, καύσω, ἔκαυσα,
  κέκαυκα, κέκαυμαι, ἐκαύθην

타르세우스, Ταρσεύς, –έως, ὁ

탁월함, 덕, ἀρετή, –ῆς, ἡ

탈란톤(탈란트), τάλαντον, –ου, τό

탈주자, 탈영병, 직무 유기자, αὐτόμολος, –ου, ὁ

탈출하다, 도망치다, 도망가다, 달아나다, φεύγω, φεύξομαι, ἔφυγον, πέφευγα

태우다, 불태우다; 타다, 불타다, καίω 혹은 κάω, καύσω, ἔκαυσα, κέκαυκα, κέκαυμαι, ἐκαύθην

태우다, 소진시키다, 소멸시키다, κατακαίω (–κάω)

태평하게, 평안하게; 손쉽게; 대수롭지 않게, 부주의하게, ῥαθύμως

털, 머리카락, θρίξ, τριχός, ἡ

테르모퓔라이(테르모필라이), Θερμοπύλαι, –ῶν, αἱ

테미스토클레스, Θεμιστοκλῆς, –έους, ὁ

테바이의(테베의), 테바이인(테베인), Θηβαῖος, –α, –ον

테살리아(인)의, Θετταλός, –ή, –όν

테세우스, Θησεύς, –έως, ὁ

테아게네스, Θεαγένης, ὁ

통곡, 울부짖음 (비탄 혹은 슬픔에 빠진), οἰμωγή, –ῆς, ἡ

통과하다, 지나다; ~에 뻗치다, ~에 이르다, διήκω

통과할 수 있는, 지날 수 있는, βατός, –ή, –όν

통로, 입구, πάροδος, –ου, ἡ

통해 가다, 통과하다; 논하다, ἐπεξέρχομαι

통해 가다, 거쳐 가다, 다다르다, 완수하다; 세세히 짚어가다 (= 살피다, 탐구하다), διέρχομαι

~통해, διά (+ 속격)

투표하다, 표를 던지다, ψηφίζομαι

트라키아인(트라케인), Θρᾷξ, Θρᾳκός, ὁ

트로이인들, Τρῶες, οἱ

특성, 성격, 특질, 방식, 식(式), τρόπος, –ου, ὁ

특히, 무엇보다도, 가장, 매우, 무척, 거의, μάλιστα

티그레스(티그리스), Τίγρης, –ητος, ὁ

티모크레온, Τιμοκρέων, –οντος, ὁ

티사페르네스, Τισσαφέρνης, –ου, ὁ


**Π**

파괴, 제거, κατασκαφή, –ῆς, ἡ

파괴하다, 부패시키다, 타락시키다, διαφθείρω, –φθερῶ, διέφθειρα

파괴하다, 멸망시키다, καταλύω

파괴하다, 제거하다, 허물다, κατασκάπτω, κατασκάψω, κατέσκαψα, κατέσκαφα, κατέσκαμμαι, κατεσκάφην

파괴하다, 소멸시키다, 분쇄하다; (중간태와 제2분사 능동태에서) 소멸하다, 죽다, 멸망하다, ἀπόλλυμι, ἀπολῶ, ἀπώλεσα, ἀπολώλεκα

파랄로스 호(號) (아테네 3단노 함선의 명칭), Πάραλος, –ου, ἡ

파뤼사티스, Παρυσάτις, –άτιδος, ἡ

파악하다, 쥐다, καταλαμβάνω

판 (신), Πάν, Πανός, ὁ

판단, 결정, 재판, 판결, κρίσις, –εως, ἡ

판단하다, 결정하다, 판결하다, κρίνω

팔, 여덟 (8), ὀκτώ

패배하다, 지다, 좌절하다, ἡττάομαι

페르디카스, Περδίκκας, ὁ

페르시아인들, Πέρσαι, –ῶν, οἱ

페리클레스, Περικλῆς, –έους, ὁ

페이라이에우스(피레아스), 아테네의 항, Πειραιεύς, –έως, ὁ

페이시스트라토스, Πεισίστρατος, –ου, ὁ

펠로폰네소스, Πελοπόννησος, –ου, ἡ

펠로폰네소스의, πελοποννήσιος, –α, –ον

펠리온, Πήλιον, –ου, τό

편대 (군대의), κέρας, κέρως, τό

편지, 서한, ἐπιστολή, –ῆς, ἡ

평야, 평원, πεδίον, –ου, τό

평야, 들, 밭, ἀγρός, –ου, ὁ

평평하게 하다, 수평으로 하다, στορέννυμι, στορῶ, ἐστόρεσα

평화, εἰρήνη, –ης, ἡ

포로, αἰχμάλωτος, –ου, ὁ

포르퀴스, Φόρκυς, –υος, ὁ

포세이돈, Ποσειδῶν, –ῶνος, ὁ

포위하다, 둘러싸다, πολιορκέω

포테이다이아(포티다이아), Ποτείδαια, –ας, ἡ

포테이다이아인(포티다이아인), Ποτειδειάτης, –ου, ὁ

표적을 맞추지 못하다, ἁμαρτάνω, ἁμαρτήσομαι, ἥμαρτον (+ 속격)

풀다, 풀어주다, 해소하다, 파괴하다, λύω, λύσω, ἔλυσα

퓌론, Πύρρων, –ωνος, ὁ

퓌타고라스(피타고라스), Πυθαγόρας, –ου, ὁ (이오니아 그리스어 형태 Πυθαγόρης)

프락시텔레스, Πραξιτέλης, –ου, ὁ

프로메테우스, Προμηθεύς, –έως, ὁ

프록세노스, Πρόξενος, –ου, ὁ

플라톤, Πλάτων, –ωνος, ὁ

피난처, 도피처, 안식처, καταφυγή, –ῆς, ἡ

필연, 운명, ἀνάγκη, –ης, ἡ

필요하다, 필연적이다, 해야만 하다, χρή, (비인칭 구문)

필요하다; 부족하다, 결여하다, δέω, δεήσω, ἐδέησα


**ㅎ**

하나는 ~ 다른 하나는 ~, ἕτερος ······ ἕτερος ······

하늘, 천상, οὐρανός, –οῦ, ὁ

하다, 행하다, 만들다, 제작하다, ποιέω, –ήσω, ἐποίησα

하이데스(하데스), 지하세계(저승, 명계) 혹은 그곳을 지배하는 신, Ἅιδης, –ου, ὁ

하루, 날, ἡμέρα, –ας, ἡ

하루의, 날의, ἡμερήσιος, –α, –ον

한데 붙잡다, 모으다; (사람을) 붙잡다, 구류하다, συλλαμβάνω

한때, 언젠가, 이전의 어느 불특정한 때, ποτέ, (전접어, 후치사)

한편 이것은, 한편으로는, ὁ μέν (ὁ δέ와 함께 대구를 구성)

~할 수 있는, ~할 힘이 있는, 능력 있는, 가능한, δυνατός, –ή, –όν

함께 묶다, 붙이다, 함께 접하다, συνάπτω, συνάψω, συνῆψα

함께 있다, σύνειμι (+ 여격)

함께, 동시에, ἅμα (+ 여격)

함께, μετά (+ 속격)

함께, σύν (+ 여격)

합리적인, 이성적인, εὔλογος, –ον

항해, πλοῦς, –οῦ, ὁ

항해하다 (~로), εἰσπλέω

항해하다, πλέω, πλεύσομαι 혹은 πλευσοῦμαι, ἔπλευσα, πέπλευκα, πέπλευσμαι, ἐπλεύσθην

해, 태양, ἥλιος, –ου, ὁ

해로운, 유해한, 위험한, βλαβερός, –ά, –όν

해를 끼치다, 손상시키다, βλάπτω, βλάψω, ἔβλαψα, βέβλαφα, βέβλαμμαι, ἐβλάφθην 및 ἐβλάβην

해소하다, 풀어주다, 풀다, 파괴하다, λύω, λύσω, ἔλυσα

~해야 한다, 틀림없다, 일 수밖에 없다, 필연적이다, δεῖ (비인칭)

햇볕을 쬐다, 일광욕을 하다, ἡλιόομαι

행복, 행운, 부, 재물, ὄλβος, –ου, ὁ

행복하게, 기쁘게, 달콤하게, 즐겁게, ἡδέως

행복하다고 여기다, 운이 좋다고 여기다, εὐδαιμονίζω

행위, 행동, 일, 작업, 실천, πρᾶξις, –εως, ἡ

행하다, 행동하다, 하다, 실천하다, πράττω, πράξω, ἔπραξα, πέπραχα 혹은 πέπραγα, πέπραγμαι, ἐπράχθην

~향해, 반하여, 대항하여, πρός (+ 대격)

~향해 가다, ~쪽으로 향해 가다, ~로 가다, ἐπιβαίνω

~향해 가다, προσήκω

~향해 오다, 향해 가다; (일 내지 사건 등이) 일어나다, 발생하다, 열리다(개최되다), ἐπέρχομαι

허락하다, 허용하다, 용인하다, 허가하다, 승인하다, ἐάω, ἐάσω, εἴασα (미완료, εἴων)

허락하다, 허용하다, 놔두다, 내버려두다, ἀφίημι

헛되이, μάτην (부사)

헤라클레스, Ἡρακλῆς, –έους, ὁ

헤시오도스, Ἡσίοδος, –ου, ὁ

헬라스(그리스), Ἑλλάς, –άδος, ἡ

헬라스의(그리스의), Ἑλληνικός, –ή, –όν

헬렌 (테살리아를 통치하던 데우칼리온의 아들로서, 이후 헬라스(그리스)인들의 시조가 되는 인물), Ἕλλην, Ἕλληνος, ὁ

혀, 언어, γλῶττα, –ης, ἡ

현재 상황, 현재의 처지, 현재 주어진 상태, παρόντα, –ων, τά

형제, ἀδελφός, –οῦ, ὁ

호메로스, Ὅμηρος, –ου, ὁ

호의, 감사, 은총, χάρις, –ιτος, ἡ

호의, 선의, 충의, εὔνοια, –ας, ἡ

호의의, 선의의, 마음씨가 좋은, εὔνους, –ουν

호출하다, 소환하다, μεταπέμπομαι

혼, 숨, ψυχή, –ῆς, ἡ

혼주기(混酒器, 섞는 그릇, 술 등을 섞을 때 사용하는 그릇), κρατήρ, –ῆρος, ὁ

화, 분노, 성미, 성질, 기질, ὀργή, –ῆς, ἡ

화나다, 화내다, 분노하다, μηνιάω

화나다, 성나다, ὀργίζομαι

확실히, 실로, 물론, (후치사)

확실히 하다, 확언하다, 견고히 유지하다, 확신하다, διαβεβαιόομαι

황소, ταῦρος, –ου, ὁ

황폐화하다, 황폐화시키다, ἐρημόω

회전시키다, 돌리다, στρέφω, στρέψω, ἔστρεψα, ————, ἔστραμμαι, ἐστρέφθην 혹은 ἐστράφην

획득하다, 취득하다, 입수하다, 얻다; 소유하다, 가지고 있다, κτάομαι, κτήσομαι, ἐκτησάμην, κέκτημαι

후방에, 뒤에, ~에 뒤서서, ὄπισθεν (부사)

~후에, ἐπεί

훌륭하고도 좋음, 훌륭하고 좋은 성품 (훌륭한 인성을 지닌 자를 수식하는 표현), καλοκἀγαθία, –ας, ἡ

휘다르네스, Ὑδάρνης, –ου, ὁ

휴전, (일시적인) 휴지, 중지, σπονδαί, –ῶν, αἱ

흐르다, ῥέω

흩어지게 하다, 분산시키다, σκεδάννυμι, σκεδῶ, ἐσκέδασα, ἐσκέδασμαι, ἐσκεδάσθην

희생하다, 제사를 지내다, 제물을 바치다, θύω, θύσω, ἔθυσα (+ 여격)

힘, 세기, ῥώμη, –ης, ἡ

힘, 권위, 능력, 권세, δύναμις, –εως, ἡ

힘들여, 고생하여, 수고하여, 수고스럽게, ἐπιπόνως

# 역자 후기

이 책은 『하버드 고전 그리스어 기본 문법』(인터하우스, 2022)의 개정본으로서, 애스톤 체이스^A. H. Chase와 헨리 필립스 주니어^Henry Phillips Jr.가 쓴 *A New Introduction to Greek* (Harvard University Press, 1961) 제3판을 우리말로 옮긴 것이다. 원서는 고전 그리스어 학습을 위한 여러 장점들을 지니고 있다. 우선 원서는, 전통적인 그리스어 문법서의 구성 형태를 탈피해, 고전 그리스어에 입문하는 자들이 효율적으로 언어 학습을 진행해 나갈 수 있도록 유기적이면서도 간략하게 그러면서도 가능한 한 놓치는 부분 없이 고전 그리스어 구문론의 체계를 정리할 수 있도록 구성되어 있다. 이와 더불어, 저자들이 자신들의 서문에서도 밝히고 있듯, 원서는 고전기에서부터 헬레니즘 시대에 이르기까지의 그리스 생활사를 엿볼 수 있는 다양한 문화적 및 사회적 배경 내용들을 사진들과 함께 제공하여 학습자가 고전 그리스어 학습을 향한 흥미를 지속적으로 유지할 수 있도록 도모하고 있다. 그리고 원서에서 소개되고 있는 방대한 양의 어휘들과 이의 변화형들은 학습자가 기초부터 고급 과정에 이르기까지 고전 그리스어 문장들을 단계에 맞춰 효과적으로 이해할 수 있도록 도움을 준다. 무엇보다도 원서는 고전 그리스어로 작성된 여러 사상가들의 텍스트들로부터 주요한 예문들을 신중히 발췌하여 문법 학습 과정에 맞춰 연습 독해 과정으로 제공함으로써 학습자가 고전 텍스트에 접하게 될 경우 겪을 수도 있는 구문의 생경함과 어려움을 줄이면서도 동시에 그리스어로 이루어진 문장들에 담긴 깊은 사상적 배경에 익숙해지도록 배려하고 있다. 이와 같은 장점들 덕분에 원서는, 초판이 발행되었던 1941년부터 현재에 이르기까지 80년이 넘는 긴 시간에 걸쳐, 고전 그리스어를 학습하는 데 가장 우선적으로 활용되는 기본 문법서 가운데 하나로 인정받고 있다.

역자는 고대 그리스 철학을 전공하기 위해 대학원에 진학했던 2002년에 원서를 처음 접했으며, 이를 통해 고전 그리스어가 지닌 변화의 기본 형태와 구문의 특징들을 익힐 수 있었다. 그리고 책의 후반부에 들어서면서부터는 그간 익혔던 고전 그리스어 구문의 체계를 적용하여 플라톤과 아리스토텔레스 등의 원전 텍스트들을 직접 독해하는 시도를 시작할 수 있었다. 박사 과정에 진학한 후 역자는 2005년부터 2006년까지 서울대학교에서 동계 집중 고전어 강좌의 일환으로 기초 고전 그리스어를 강의할 기회를 얻었으며, 원서를 교재로 사용하여 강좌를 진행하였다. 그러나 강의 과정에서 외국어(고전 그리스어)를 외국어(영어)로 작성된 문법서를 통해 학습해야 하는 상황을 불편하게 느끼는 학생들이 적지 않다는 것을 볼 수 있었다. 게다가 고전 그리스어의 구문 체계가 영어의 그것과는 같지 않다 보니, 영어로 소개되어 있는 생소한 문법 설명을 어려워하는 학생들도 많았다. 당시에 학생들에게 조금이라도 도움이 되고자 원서의 본문 부분에서 다루어지는 문법 내용들만을 우리말로 옮겨 제공하면서 강좌를 진행하였는데, 그때 작성해 놓은 자료들이 이 책의 기초가 되었다. 이후 공역자로부터 그리스어 입력 및 부록과 어휘 부분의 작성을 제안 받아, 이를 기존에 옮겨 놓았던 문법 내용들과 종합하여 원서에 대한 우리말 번역의 틀을 전반적으로 갖추어서 『하버드 고전 그리스어 기본 문법』이라는 제목으로 출판하였다.

그리고 다시 이의 개정본을 준비하면서, 그리스어 입력 부분에서의 오타 및 오기들을 직접 확인하여 수정하였고, 이와 함께 강의를 위한 교재로서만이 아니라 개인적으로 학습을 할 때에도 편히 활용될 수 있도록 본문 문법 부분의 설명을 보다 간결하면서도 직관적으로 재구성하였다. 필요한 경우에는, 원서의 구도를 벗어나, 보다 세분된 방식으로 문법 설명의 내용을 나누거나 종합하여 정리하기도 하였다. 그리고 원서의 문법 설명에서 다소 부족한 내용들은, *Greek Grammar* (H. W. Smyth: Harvard University Press, 1920, 1956 & renewed 1984) 및 *The Greek Particle* (J. D. Denniston: Oxford University Press, 1954) 등의 고전 그리스어 기본 구문론 저술만이 아니라, *Learn to Greek* (A. Keller and S. Russel: Yale University Press, 2012) 및 *Introduction to Attic Greek* (D. J. Mastronarde: University of California Press, 2013) 그리고 *The Cambridge Grammar of Classical Greek* (E. van Emde Boas, A. Rijksbaron, L. Huitink, and M. de Bakker: Cambridge University Press, 2019) 등의 기타 그리스어 문법 개론서들을 참조하여, 추가적인 설명들과 함께 보충하였다. 아울러, 비록 원서에는 포함되어 있지 않으나, 학습자가 기본 구문론을 전반

적으로 학습하고 난 후 고전 그리스어로 작성된 원문들의 독해를 직접 시도해 볼 수 있도록 플라톤과 아리스토텔레스 등의 철학자들 및 크세노폰과 헤로도토스 등의 사가들 그리고 아이소포스와 호메로스 등의 문학가들의 여러 텍스트들로부터 기초적이면서 흥미롭고 또한 중요한 내용을 담고 있는 15개의 예문들을 발췌하여 부록 부분에 부록 11로 추가하였다. 단순히 번역의 정정이나 윤문이 아니라, 문법 설명의 보충과 어휘 및 새로운 예문 텍스트들의 추가가 함께 이루어진 만큼, 출판사와 논의하여 개정본은 『고전 그리스어 기본 문법』이라는 서명으로 출판하기로 하였다.

개정본을 준비하면서 진행한 고전 그리스어 스터디에 여러 학생들이 참여하여 『하버드 고전 그리스어 기본 문법』에서의 그리스어 오타 및 오기들을 지적해 주었으며, 이는 개정본을 보다 바르게 구성하는 데 많은 도움이 되었다. 스터디에 참여하여 의미 있는 제안을 아끼지 않았던 모든 학생들에게 감사를 표한다. 특히 바쁜 학업 일정에도 불구하고, 초판과 개정본을 원서에 대조해가면서 부록 10과 그리스어-한글 어휘 부분의 그리스어를 꼼꼼하게 살피며 오타와 오기를 확인해 준 충남대학교 언어학과의 이유진 양에게 진심 어린 감사의 마음을 전한다. 그리고 원서가 지닌 고전 그리스어 학습의 유용성을 인지하여 이의 우리말 출판을 맡아준 인터하우스에도 고마움을 표한다. 이 책이 수많은 그리스어 어휘들을 포함하고 있다 보니, 여러 차례 되짚으며 신경을 썼음에도 불구하고 놓친 오타와 오기가 있을 수 있다. 탓은 모두 역자의 몫이다.

고전 그리스어는, 때론 지나치게 간결하게 때론 믿을 수 없이 장황하게, 하나의 문장을 구성하면서 그 안에 심오하고 그윽한 사려를 또는 신랄한 해학을 담아 의미를 갖춘다. 그렇기에 고전 그리스어 학습은, 단순히 학문 언어를 배우는 일이기만 한 것이 아니라, 동시에 사유의 깊이와 넓이를 확장하는 일이기도 하다. 하지만 고전 그리스어는 학문 언어들 중에서도 학습하기가 가장 까다로운 언어 가운데 하나이기도 하거니와 시간을 들여 익히더라도 이후 계속해서 구문의 체계를 재확인해야 하는 언어로도 악명이 높다. 고전 그리스어의 이와 같은 특징을 유념할 때, 그리고 앞서 언급된 바와 같이 원서의 간결하면서도 체계적인 구성과 풍부한 원문 제공의 장점을 고려하면, 이 책은 고전 그리스어를 학습하는 초심자들만이 아니라 원전 텍스트를 독해하는 독자들 또한 가까이 두면서 유용하게 활용할 수 있는 언어 학습 및 확인의 길잡이로 역할을 하리라 기대한다.

이윤철

고전 그리스어 기본 문법(개정판)

초판 인쇄  1판 1쇄 2023년 2월 10일
초판 발행  1판 1쇄 2023년 2월 15일

지 은 이 애스톤 체이스 • 헨리 필립스 주니어
역      자 이윤철 • 유재민
펴 낸 이 조성길
펴 낸 곳 인터하우스

출판등록 제 2014-000135호

주      소 서울시 마포구 잔다리로 35 서운빌딩 4층
전      화 02-6015-0308
팩      스 02-3141-0308
이 메 일 kilhodos@naver.com

I S B N 979-11-977620-1-7 (93790)